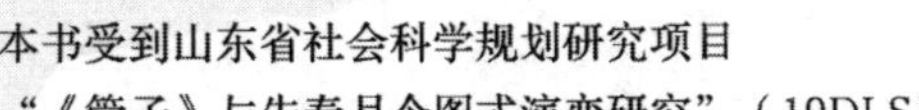
本书受到山东省社会科学规划研究项目
“《管子》与先秦月令图式演变研究”（19DLSJ04）资助

王制到民时

秦汉月令演变研究

月令演变

霍耀宗／著

山西出版传媒集团
山西人民出版社

图书在版编目（CIP）数据

王制到民时 ：秦汉月令演变研究 / 霍耀宗著．—
太原 ：山西人民出版社，2023.7
ISBN 978-7-203-12957-8

Ⅰ．①王… Ⅱ．①霍… Ⅲ．①时令－政治制度－研究
－中国－秦汉时代 Ⅳ．①D691.2

中国国家版本馆CIP数据核字（2023）第120508号

王制到民时 ：秦汉月令演变研究

著　　者： 霍耀宗
责任编辑： 秦继华
复　　审： 魏美荣
终　　审： 梁晋华
装帧设计： 谢蔓玉

出 版 者：山西出版传媒集团·山西人民出版社
地　　址： 太原市建设南路21号
邮　　编： 030012
发行营销： 0351-4922220　4955996　4956039　4922127（传真）
天猫官网： https://sxrmcbs.tmall.com　电话：0351-4922159
E-mail： sxskcb@163.com　发行部
sxskcb@126.com　总编室
网　　址： www.sxskcb.com

经 销 者：山西出版传媒集团·山西人民出版社
承 印 厂： 三河市元兴印务有限公司

开　　本： 710mm×1000mm　1/16
印　　张： 19.5
字　　数： 350千字
版　　次： 2023年7月　第1版
印　　次： 2023年7月　第1次印刷
书　　号： ISBN 978-7-203-12957-8
定　　价： 79.80元

如有印装质量问题请与本社联系调换

目录

contents

绪　论

月令反映了先民对自然节律的认知和把握。自先秦开始，人们为了存续发展，便着力总结时令经验，编撰了诸如《夏小正》《诗经·七月》《管子·四时》《吕氏春秋》十二纪等文本，并将其引入政治运作和社会管理过程中，形成了一系列具有月令色彩的制度规范和政策律令。在此基础上，经过不断吸纳整合，以《礼记·月令》为代表的成熟月令图式最终成型。

它以天人关系为核心思想，依循自然节律对天子起居、官府行政、礼仪祭祀、司法实践以及民众生产生活进行程序化表达，强调“毋变天之道，毋绝地之理，毋乱人之纪”。[1] 可以说，月令图式从不同角度和层面，有效论述了天子与天意“合一”的可能性与必要性，为天子循天治国，进而实现天人合一，以及保障社会节奏与自然节律契合，提供了系统的理论依据和参照标准。

深邃的哲思、别样的体例、极强的工具性推动月令在秦汉时期获得了突破性发展。当天下一统已然成为社会现实，如何使四时合序，天地合德，成为备受统治者关注的问题。在不断尝试过程中，月令迅速引来时人的兴趣和关注。因此，戴圣编纂《礼记》时，便收录《月令》于其中，使之脱离诸子百家言而一跃为经学，并在以经治国的时代背景下，不断被统治者采纳和援引，改革礼制以承继天命，改良行政以体现天命，损益律令以保障天人合一，从而将朴素的“以时序政”，由“因自然”提升到“顺天意”的高度，为自身统治笼上一层神圣的意蕴，《月令》遂在汉政中留下了深重的影响。但是，随着汉代社会经济结构的变迁，官府控制社会，驱民趣时的功能渐趋弱化，地方社会生产生活的组织者和管理者，由基层官吏向地方豪族的让渡，出现了带有《月

[1]〔清〕阮元校刻：《十三经注疏·礼记正义·月令》，北京：中华书局，1980 年影印版，第 1357 页。

令》基本特征，但以地方社会民间生产生活为中心的《四民月令》。

月令在秦汉时期的这种演变，不仅体现了一种文本及其地位、影响的变迁，也涉及天人关系、经学与政治、秦汉社会结构等诸多方面，是考察传统文化与中国历史发展的重要切入点，学术意义是不言而喻的。同时，月令中也包含有丰富的自然科学认知，在人与自然关系有些紧张的当下，这些对于正确理解和处理人与自然关系，缓解社会矛盾，构建和谐社会，也可以提供一定的思路和借鉴，因而这一问题的研究同样具有不可忽视的现实意义。此外，秦汉月令研究虽然在前贤时哲的努力下，已经取得诸多成就，但仍存在一些聚讼纷纭的疑问，而史学研究理念和方法的推陈出新，特别是相关出土资料的不断发现与整理，为辨析解答相关疑问，推动秦汉月令研究走向深化，提供了便利和支持。因此，在综合前人研究的基础上，以长时段的眼光，对秦汉月令的形成、地位的变迁、功能的演变、影响的拓展等问题进行系统的考察，显得很有必要。

一、国内外研究回顾

学界对于秦汉月令问题的研究，一直保持着相当的热情，各种成果不断涌现。当然，在这其中，既有开拓创新之见，也有陈陈相因之处，既存在着共鸣，也不乏异议。概而言之，学界研究主要围绕以下几个方面：

（一）辨析月令渊源流变

月令的源起流变、成熟完善和经学跃变是一个历史的过程。自汉以来，历代学者对此尤为关注，用力极深，不过，受研究材料、视角和时代等因素的影响，对这一问题的见解莫衷一是，呈现治丝益棼之势。但是，对这一问题的把握关乎全局，不容忽视。学界为此从各方面进行了积极的尝试，将月令流变问题解作几个方面，分别加以廓析，以期打破僵局。

首先，对于月令源起问题，学界关注到月令意识与月令文本的差别，并强调意识的出现要早于文字文本。胡厚宣在《释殷代求年于四方和四方风的祭祀》中认为甲骨卜辞中的四方和四方风，反映了殷人的时令观念，但这只是一种趋势和萌芽，相对系统明确的月令配伍制度，应当还未出现，通过与《山海经》《尚书·尧典》比对分析之后，他进一步提出“从甲骨文山海经演变，直到尧典，才把东南西北四方和春夏秋冬四时明白地相配合起来”。[1] 这一研究思路和观点受到学界的关注和继

[1] 胡厚宣：《释殷代求年于四方和四方风的祭祀》，《复旦学报——人文科学》，1956 年第 1 期。

承。于省吾《岁、时起源初考》[1] 对此表示赞同。李学勤也在《商代的四风与四时》中认为，四方风的记录反映了古人的历象知识，证明了时人已经意识到季候变迁、风向变化、昼夜长短与社会生活的密切关系，所以，对四方风的记录，不可单纯地视为神话，而应透视其中的时令意识和宇宙观。[2] 金春峰在《汉代思想史》中论述《月令》源起时，明确提出这一问题可以追溯到殷商，他关注到甲骨文中“已有五方观念并发现有小麦拔节到抽穗期间整整一旬的气象记录。这个记录的特点正是把天气与农业生态即天与人，从实用价值的角度联系起来。卜辞的五方观念也是与农业相联系的”。[3] 同时，他强调月令图式终居于中国文化和思维的主导和统治地位，对我们民族的文化产生了重要影响。陈振中进而对月令意识的源起进行了初步探讨，认为它与当时的生产实践需求密不可分，在《夏商周时代的农时与农历》[4] 中，他提出随着社会历史发展和经验技术的累积，在强烈的生产生活诉求的持续刺激下，月令才逐渐从观念意识演变为文字文本，从零散朴素走向系统抽象。卢嘉锡主编的《中国科学技术史·农学卷》关注到《月令》在取材、成文方面的时间差异问题，“《月令》的写成应该是相对晚后的。但这只是一方面。另一方面，《月令》的取材又是相当古老的”。[5] 这种将观念意识和文字文本加以区分的方式，能帮助人们更加合理地把握月令的渊流问题。

其次，对于月令的流变定型问题，学界已经意识到是一个层累的过程，但对具体过程却观点各异。20世纪三四十年代顾颉刚、容肇祖、胡适等人就曾对此产生争论。容肇祖在《月令的来源考》[6] 中曾据《月令》的结构、内容和特征，认为属于阴阳家作品，其源头应当是邹子。这一观点受到卷章先生的反对，他在《读容肇祖先生“月令的来源考”质疑》中通过对五帝系统和明堂制度的分析，认为《月令》虽然是阴阳家的作品，但不是出自邹衍，而是汉代逐渐编订的伪书。[7] 但是却为胡适和侯外庐所认可，胡适以祥瑞灾异为切入口，侯外庐通过分析五德终始之说，都认为《月令》

[1] 于省吾：《岁、时起源初考》，《历史研究》，1961 年第 4 期。

[2] 李学勤：《商代的四风与四时》，《中州学刊》，1985 年第 5 期。

[3] 金春峰：《汉代思想史》，北京：中国社会科学出版社，1987 年版，第 641—642 页。

[4] 陈振中：《夏商周时代的农时与农历》，《古今农业》，1996 年第 4 期。

[5] 卢嘉锡总主编：《中国科学技术史·农学卷》，北京：科学出版社，2000 年版，第 73 页。

[6] 容肇祖：《月令的来源考》，《燕京学报》，1935 年第 18 期。

[7] 卷章：《读容肇祖先生“月令的来源考”质疑》，《益世报》之《读书周刊》，第 38 期，1936 年 3 月 5 日第 11 版。

虽然出自《吕氏春秋》，但源头却当是邹衍。[1]

杨宽为此专撰《月令考》一文，详细总结了历史上关于《月令》的源起主要包括以下几种观点，其中，贾逵、马融、鲁恭、蔡邕、王肃、杜台卿、戴震、孙星衍、黄以周等认为《月令》作于周代；郑玄、卢植、高诱认为出于《吕氏春秋》；束皙认为《月令》为夏书而经后人增益；牛弘、徐文靖等认为其杂有虞、夏、殷、周之说；方以智认为《月令》因《夏小正》，《吕氏春秋》因《月令》；汪鋆、康有为、崔适认为《月令》乃是周、秦之书，后经汉人修改而成。杨宽先生从土地制度、官职设置、历法变迁、阴阳五行思想等几个方面对上述观点进行系统勘察，最终认为"《月令》既不得谓周公所作，亦不得谓秦制。盖出于晋太史之学，经春秋、战国陆续补订而成者"。同时，"《吕氏春秋·十二纪》之首章，《明堂阴阳》之《月令》，皆出抄袭。而《礼记》之《月令》，则又抄自《明堂阴阳》"。[2] 因为杨宽先生考证有据，辨析合理，为后世众多学者所注重。

几位先生的研究不仅材料多样，考证严谨，观点新颖，而且研究视角多样，研究方法不拘一格，这从诸多方面启发了后人，这一问题的研究随即呈现出勃勃生机，相关研究成果层出不穷。

通过考校文本异同以辨析月令流变的方式仍受学界重视。郭沫若在《管子集校》[3]中将《管子·幼官》视作《吕氏春秋》十二纪的雏形。而徐复观《两汉思想史》第二卷分析了先秦时期各月令类文本之间的相同和差异之处，通过词句的差异，以分析文本形成时代的早晚，认为《夏小正》是中国最古老的一部月令文献，《吕氏春秋》十二纪"吸收了《夏小正》及《周书》的《周月》《时训》，加以整理，而另发展了邹衍的思想，以此为经；在综合了许多因素及政治行为，以组织成'同气'的政治理想的系统"。[4] 胡家聪在此基础上进行了补充，并推断《吕氏春秋》十二纪的成文，介于《管子·幼官》成文和公元前 239 年之间。[5] 陈振中《夏商周时代的农时与

[1] 胡适：《中国中古思想史长编》，上海：华东师范大学出版社，1996 年版，第 17—18 页。侯外庐等：《中国思想通史》第 1 卷，北京：人民出版社，1957 年版，第 645 页。

[2] 杨宽：《月令考》，《齐鲁学报》，1941 年第 2 期。

[3] 郭沫若等：《管子集校》，北京：科学出版社，1956 年版。

[4] 徐复观：《两汉思想史》第二卷，上海：华东师范大学出版社，2001 年版，第 9 页。

[5] 胡家聪：《〈管子·幼官篇〉新考——兼论〈吕氏春秋·十二纪〉的年代》，《社会科学战线》，1981 年第 2 期。

农历》[1]、晁福林《先秦民俗史》[2]对徐复观的观点表示认可。而韩高年在《上古授时仪式与仪式韵文》[3]《上古授时仪式与农事诗——以〈夏小正〉〈七月〉、彝族‘根谱’为例》两篇文章中，对这一观点重新加以强调，认为“《夏小正》是口头流传的‘月令’的口传文本，”应是由当时的巫祝汇集先夏时历物候谣谚而成的授时“月令”，而《诗经·七月》对《夏小正》的取材与叙述存在脉络式的承袭，“《七月》是依据《夏小正》一类的时历韵文加以创编而成”。[4]曾锦华《〈吕氏春秋·十二纪〉纪首、〈淮南子·时则训〉及〈礼记·月令〉之比较研究》经过详细比较，认为《淮南子·时则训》《礼记·月令》承自《吕氏春秋》十二纪。[5]而刘宗迪《古代月令文献的源流》则提出《夏小正》是源自民间实际经验的日用之书，《管子》是强调王者治国安邦的礼书正典，《礼记·月令》是二者糅合的产物。[6]庞慧《〈吕氏春秋·十二纪〉纪首用历问题辩证》提出文本在先秦流传过程的改写和不同传本的问题，提醒学界避免先入之见，影响对文本的解读。[7]他们对先秦月令文本关系的考辨做了大量细致且有益的工作。

从学派角度辨析月令流变取得很大进展。冯友兰在《三松堂全集》中认为《月令》是战国阴阳五行家综合发展《夏小正》与《管子·幼官》思想而成。[8]白奚对这一问题用力很深，曾先后就此发表多篇文章，形成了较为系统的认知。在《中国古代阴阳与五行说的合流——〈管子〉阴阳五行思想新探》中提出并论证了《管子》中的《幼官》《四时》《五行》《轻重己》是阴阳五行家作品，它们各自配成了不同的阴阳五行图式，标志着阴阳与五行合流的实现。之后的邹衍、《吕氏春秋》《淮南子》等，都是对这一理路的沿袭、补充和完善。[9]在《邹衍四时教令思想考索》一文中，他进一步认

[1] 陈振中：《夏商周时代的农时与农历》，《古今农业》，1996 年第 4 期。

[2] 晁福林：《先秦民俗史》，上海：上海人民出版社，2001 年版，第 211 页。

[3] 韩高年：《上古授时仪式与仪式韵文》，《文献》，2004 年第 4 期。

[4] 韩高年：《上古授时仪式与农事诗——以〈夏小正〉〈七月〉、彝族‘根谱’为例》，《西北师大学报（社会科学版）》，2006 年第 6 期。

[5] 曾锦华：《〈吕氏春秋·十二纪〉纪首、〈淮南子·时则训〉及〈礼记·月令〉之比较研究》，新北：花木兰文化出版社，2010 年版。

[6] 刘宗迪：《古代月令文献的源流》，《节日研究》第 2 辑，济南：山东大学出版社，2010 年，第 102—111 页。

[7] 庞慧：《〈吕氏春秋·十二纪〉纪首用历问题辩证》，《北京师范大学学报（社会科学版）》，2020 年第 1 期。

[8] 冯友兰：《三松堂全集》卷七，郑州：河南人民出版社，2001 年版，第 430—437 页。

[9] 白奚：《中国古代阴阳与五行说的合流——〈管子〉阴阳五行思想新探》，《中国社会科学》，1997 年第 5 期。

为上述诸篇是邹衍学说的直接理论来源，邹衍受其影响，构建了以五行相生为理论依据的四时教令思想，进而深刻影响了《吕氏春秋》十二纪。[1] 最近，他在《帛书〈黄帝四经〉的阴阳思想及其思想史地位》中又细致考察了《黄帝四经》中的四时教令思想，对以往观点做了补充，提出“从帛书《黄帝四经》经《管子》到《吕氏春秋》，黄老道家的阴阳思想呈现出一条连续的、清晰的、不断推进的发展线索”。[2] 这种从阴阳五行学派入手，探究先秦月令流变的思路，值得我们关注。

从地域角度考察月令由差异多样走向统一规范，也取得诸多成果。陈梦家很早就注意到这一点，他在《战国楚帛书考》中认为先秦时期存在齐、楚、秦三种月令。[3] 在楚月令研究方面，曹锦炎《楚帛书〈月令〉篇考释》[4] 通过对楚帛书的分析，认为《吕氏春秋》十二纪是吕不韦门人参考了帛书月令篇和《夏小正》而成，此后礼家抄合十二纪而成《礼记·月令》，所以，楚帛书《月令》篇可视作《礼记·月令》篇的滥觞。随后，刘信芳《中国最早的物候历月名——楚帛书月名及神祇研究》[5]，杨宽《楚帛书的四季神像及其创世神话》[6]，陈斯鹏《楚帛书甲篇的神话构成、性质及其神话学意义》[7]，王勇《楚帛书的宇宙观与古代思想》[8]，张玉新、李立《楚帛书〈四时〉篇神话研究》[9] 都从不同层面强调了楚帛书在月令流变过程中的重要地位。在齐月令研究方面，乐爱国《〈管子〉与〈月令〉科学思想之比较》[10] 对《管子》与《月令》中所蕴含的阴阳五行说、物候思想、农时思想、生态思想等进行比较研究，结论认为《月令》似出于《管子》。丁鼎《〈礼记·月令〉月令与“齐学”的关系——〈礼记·月

---

[1] 白奚：《邹衍四时教令思想考索》，《文史哲》，2001 年第 6 期。

[2] 白奚：《帛书〈黄帝四经〉的阴阳思想及其思想史地位》，《文史哲》，2021 年第 2 期。

[3] 陈梦家：《战国楚帛书考》，《考古学报》，1984 年第 2 期。

[4] 曹锦炎：《楚帛书〈月令〉篇考释》，《江汉考古》，1985 年第 1 期。

[5] 刘信芳：《中国最早的物候历月名——楚帛书月名及神祇研究》，《中华文史论丛》第 53 辑，上海：上海古籍出版社，1994 年版，第 103—104 页。

[6] 杨宽：《楚帛书的四季神像及其创世神话》，《文学遗产》，1997 年第 4 期。

[7] 陈斯鹏：《楚帛书甲篇的神话构成、性质及其神话学意义》，《文史哲》，2006 年第 6 期。

[8] 王勇：《楚帛书的宇宙观与古代思想》，《湖南大学学报（社会科学版）》，2011 年第 4 期。

[9] 张玉新，李立：《楚帛书〈四时〉篇神话研究》，《清华大学学报（哲学社会科学版）》，2013 年第 2 期。

[10] 乐爱国：《〈管子〉与〈月令〉科学思想之比较》，《管子学刊》，2005 年第 2 期。

令〉的作者与成篇时代再探讨》[1]，孙凤娟、任晓霏《玄宫图式与月令思维：〈管子〉早期农本思想脞论》[2]，霍耀宗《论〈管子〉与先秦月令变迁》[3]，王子剑《阴阳与政教：关于四时五行合流何以可能的再考察——重读〈管子〉中〈幼官〉〈四时〉〈五行〉诸篇》[4]从不同侧面关注到《月令》与齐地学术，特别是《管子》的密切关系。此外，薛梦潇《“五音”配置与齐、楚月令源流》[5]认为，《管子》反映了齐月令，楚帛书则反映了楚月令，《吕纪》继承发展了《管子》齐月令，并深刻影响了秦汉社会。杨华《“顺时应节”：时令与中国古代礼制》[6]观点与之相类。

结合天文历法以考察月令流变，也是学界常用的方法。与文献考据不同，天文星象的流转具有客观规律性，因此，考察各类月令文本中相关天文星象，对于确定月令流变具有很高的参考价值。于省吾《岁、时起源初考》[7]指出，时令知识起源于古人对自然界天象变动、物候循环的认识，应当关注它对月令流变问题的价值。陈美东在《月令、阴阳家与天文历法》[8]中，通过对赤道宿次、旦中星、昏中星等天文星象的考订，认为月令符合十二月太阳历，其中所蕴含的节气、物候系统具有很强的真实性，并提出它应当属于阴阳家的作品。梁韦弦《〈礼记·月令〉〈吕氏春秋·十二月纪〉及〈周髀算经〉所记之节气》则通过对天文星象、物候气候、历法节气的考辨，断言《月令》大体为先秦旧典。[9]这种研究视角，对于深化月令研究，具有很强的参考意义。

进入新世纪后，对月令流变进行综合考察渐成趋势。其中，杨振红《月令与秦汉政治再探讨——兼论月令源流》详细梳理了出土秦汉律令材料和传世月令文本，

[1] 丁鼎：《〈礼记·月令〉月令与“齐学”的关系——〈礼记·月令〉的作者与成篇时代再探讨》，《海岱学刊》，2016 年第 2 期。

[2] 孙凤娟、任晓霏：《玄宫图式与月令思维：〈管子〉早期农本思想脞论》，《贵州社会科学》，2020 年第 1 期。

[3] 霍耀宗：《论〈管子〉与先秦月令变迁》，《山东理工大学学报（社会科学版）》，2021 年第 3 期。

[4] 王子剑：《阴阳与政教：关于四时五行合流何以可能的再考察——重读〈管子〉中〈幼官〉〈四时〉〈五行〉诸篇》，《管子学刊》，2020 年第 1 期。

[5] 薛梦潇：《“五音”配置与齐、楚月令源流》，《江汉考古》，2015 年第 5 期。

[6] 杨华：《“顺时应节”：时令与中国古代礼制》，《武汉文史资料》，2017 年第 3 期。

[7] 于省吾：《岁、时起源初考》，《历史研究》，1961 年第 4 期。

[8] 陈美东：《月令、阴阳家与天文历法》，《中国文化》，1995 年第 2 期。

[9] 梁韦弦：《〈礼记·月令〉〈吕氏春秋·十二月纪〉及〈周髀算经〉所记之节气》，《古籍整理研究学刊》，2001 年第 5 期。

特别是《管子》后，认为《月令》“当时已经存在一本以‘明堂’名义命名的月令书，它应当出自战国齐人邹衍阴阳五行家一派，很可能就是汉宣帝时丞相魏相所上《明堂月令》。《吕氏春秋·十二纪》《淮南子·时则》《礼记·月令》应分别采自《明堂月令》。三种传世月令书之间没有直接的继承关系，但后出者很可能参阅了前出者”。[1] 其文资料翔实，论证有力，吸引了学界关注。林甸甸《先秦月令文体研究》则区分了思想内容和文本结构，认为“《四方风》《尧典》展现了月令的观念渊源，《周礼》《十二月神图》则印证了月令的制度基础，《夏小正》是为月令的原始雏形，《月令》则为其成熟形态”。[2] 这种思考方式颇为新颖，为考察月令流变提供了一种新的思路。霍耀宗《春秋战国时期诸子的月令思辨与图式建构》则从周秦之际社会秩序重构的角度出发，讨论了诸子对月令体例结构、理论内涵、叙事逻辑和社会应用的完善。[3]

张小稳《月令源流考》是近年考辨月令源流最为系统的一篇专文。与以往研究思路不同，她首先从月令流变说的时代差异性入手，以此追索文献源头，兼论诸种月令文本的关系，辨析《月令》的成文过程。在经过详细论证之后，提出：“月令编撰于春秋时期，此即《周书·月令》，其文本依据是西周时期类似于《夏小正》的国家政令书；战国时期后儒为之加入五行系统，收入《明堂阴阳》中，此即《明堂月令》，《周书·月令》随即淡出人们的视线，至迟到东汉初年就已经亡佚。西汉后期，戴圣将《明堂月令》收入《礼记》之中，就是我们现在所看到的《礼记·月令》，《明堂月令》则逐渐亡佚。《吕氏春秋》十二纪当以《明堂月令》为主要参考文本，二者皆为《淮南子》的主要参考文本。”[4] 这种研究思路和观点应当引起学界重视。

值得注意的是，从五行角度考察月令流变在近年备受学者关注，涌现出诸多成果。马涛《先秦“五行时令”探赜——论〈月令〉所言“中央土”》认为《月令》类文献的形成有其自身的复杂性，其发展过程体现了各种文化因素的杂糅，其中五行时令是月令发展的主线之一，纳五行于四时，体现了不同文化因素的交融。[5] 程苏东《〈洪范五行传〉灾异思想析论——以战国秦汉五行及时月令文献为背景》[6] 也认为阴阳与

---

[1] 杨振红：《月令与秦汉政治再探讨——兼论月令源流》，《历史研究》，2004 年第 3 期。

[2] 林甸甸：《先秦月令文体研究》，《北京师范大学学报（社会科学版）》，2014 年第 4 期。

[3] 霍耀宗：《春秋战国时期诸子的月令思辨与图式建构》，《苏州教育学院学报》，2020 年第 6 期。

[4] 张小稳：《月令源流考》，《中国史研究》，2020 年第 4 期。

[5] 马涛：《先秦“五行时令”探赜——论〈月令〉所言“中央土”》，《史学月刊》，2017 年第 10 期。

[6] 程苏东：《〈洪范五行传〉灾异思想析论——以战国秦汉五行及时月令文献为背景》，《苏州大学学报（哲学社会科学版）》，2018 年第 6 期。

五行理论自春秋时代开始渐趋融汇，并直接体现在四时月令、星占、日书等文献中，最终呈现为《吕氏春秋》十二纪《礼记·月令》等文献中的月令模式。此外，余欣、周金泰《从王政到时妖：汉唐间正史〈五行志〉中的违时灾异记录》[1] 以时令灾异为切入口，苏筱《先秦时期“月令方帝系统”的建构》[2] 从方帝系统，刘爱敏《从五行历到四时历——三十时的形成、发展和消亡》[3] 从《管子》中的三十时节，梁韦弦、赵辉《历数和五行的结合与战国秦汉的相关学术》[4] 从历数角度，分别讨论了五行与月令的结合，这些成果对于月令流变问题的梳理，具有很高的参考价值。

第三，对于《月令》何时被辑入《礼记》，实现地位的跃变，涉及《礼记》的成书时间以及大小戴《礼记》的关系问题。学界对此主要存在两种观点：一种认为它成书于东汉，为东汉经师删补而成，持此观点者如洪业、王文锦和钱玄等先生，他们的依据是西汉今古文经相互敌对，西汉盛行今文经，戴圣为今文经学家，不会收录古文经的部分篇目而编撰《礼记》，所以《月令》非戴圣所传，《礼记》成书应在东汉。而另一种观点认为《礼记》成书于西汉，为戴圣删订古“记”而成，持此观点者有蒋伯潜、李学勤、姜亦刚、林正义、林开甲等先生，蒋伯潜在《十三经概论》考辨《隋书·经籍志》所言小戴《礼记》为戴圣删减大戴《礼记》时，详细备述历代学者观点，并旁证史籍，认为这一点并不符合史实，戴圣《礼记》为自编，其中各篇多为周秦间作品，撰辑或始自叔孙通，后来亦有所增益，而四十九篇之定本，应当是戴圣所为，其中《月令》篇也非东汉马融所增益，《礼记》成书当在西汉武宣以前。[5] 李学勤《郭店简与〈礼记〉》[6]、姜亦刚先生《〈礼记〉成书于西汉考》[7] 也认为它是西汉戴圣裁定而成。林正义、林开甲在《关于〈礼记〉的成书时代及编撰人》中，依据《礼记》的授受系统以及汉代经学内部今古文两家斗争的具体情况，总结认为《礼记》的成书时间以及编撰人是西汉宣帝时期的戴圣。此后，马晓玲《后

[1] 余欣、周金泰：《从王政到时妖：汉唐间正史〈五行志〉中的违时灾异记录》，《学术月刊》，2018 年第 7 期。

[2] 苏筱：《先秦时期“月令方帝系统”的建构》，《济南大学学报（社会科学版）》，2020 年第 1 期。

[3] 刘爱敏：《从五行历到四时历——三十时的形成、发展和消亡》，《文史哲》，2021 年第 5 期。

[4] 梁韦弦，赵辉：《历数和五行的结合与战国秦汉的相关学术》，《哈尔滨师范大学社会科学学报》，2021 年第 4 期。

[5] 蒋伯潜：《十三经概论》，上海：上海古籍出版社，1983 年版。

[6] 李学勤：《郭店简与〈礼记〉》，《中国哲学史》，1998 年第 4 期。

[7] 姜亦刚：《〈礼记〉成书于西汉考》，《齐鲁学刊》，1990 年第 2 期。

苍及其弟子礼学传承考述》一文，研究了后苍及其弟子闻人通汉、戴德、戴圣、庆普等人的礼学传承活动，不仅有力廓清了两汉礼学传承面貌及后氏礼学对礼制改革实践的作用，而且有助于理解《仪礼》《大戴礼记》《礼记》等典籍的整理和形成情况，文章认为“戴圣重新拟定的《仪礼》十七篇次第是他自创家法之举，是其得立博士的重要依据，可能也是其参与石渠会议的前提”。[1]

而《月令》被采择辑入的时间，王葆玹根据《汉书・韦玄成传》等资料，推定约为元帝永光五年（前 39 年）。[2] 杨振红《月令与秦汉政治再探讨——兼论月令源流》认为“月令掺入《礼记》应是在元帝之后，王莽时对月令加以整理，《月令》的独尊地位因此确立”。[3] 王锷对于《礼记》有一系列研究成果。他在总结了前人研究成果的基础上，作《〈月令〉与农业生产的关系及其成篇年代》[4] 一文，认为《月令》成篇于战国末期；在《战国楚简的发现和〈礼记〉研究的反思》中，从《礼记》研究存在的问题、《礼记》的真伪、《礼记》与秦汉学者的关系、《礼记》研究的意义等四个方面，探讨《礼记》研究的现状及其在中国传统文化中的地位。在《戴圣生平和〈礼记〉的编选》一文中，他细致梳理了史书中关于戴圣的记述，并参照《汉书・百官公卿表》《何武传》等相关资料，对戴圣的生平，以及《礼记》的编纂时间进行大体推定，认为戴圣“约生于汉昭帝始元六年（前 81）左右，治学、从政主要在汉宣帝甘露年间（前 53—前 50）以后，即汉元帝、成帝时期，先后两次为《礼》经学博士”，“《礼记》是后苍弟子戴圣所编选，编选时间在汉宣帝甘露三年（前 51）以后，汉成帝阳朔四年（前 21）以前的三十年中”。[5] 此后，他出版专著《〈礼记〉成书考》，辟专章对东汉以来学者关于《礼记》成书的观点进行总结考辨，再次重申关于《礼记》成书时间“很可能是在汉元帝时期”。[6] 其说资料详备，论述合理，可供借鉴。

总之，月令的源起流变问题因关涉全局，自古至今就是学者谈论的重点，以传世文献为基本材料，结合甲骨文、金文、简牍、帛书等材料，考据内容，辨析异同，旁及制度、礼仪、历法等，是早期研究的主要方式，虽成就斐然，为后世研究打下

[1] 马晓玲：《后苍及其弟子礼学传承考述》，《孔子研究》，2013 年第 5 期。

[2] 王葆玹：《今古文经学新论》，北京：中国社会科学出版社，1997 年版，第 310 页。

[3] 杨振红：《月令与秦汉政治再探讨——兼论月令源流》，《历史研究》，2004 年第 3 期。

[4] 王锷：《〈月令〉与农业生产的关系及其成篇年代》，《古籍整理研究学刊》，2006 年第 5 期。

[5] 王锷：《戴圣生平和〈礼记〉的编选》，《中国文化研究》，2006 年春之卷。

[6] 王锷：《〈礼记〉成书考》，北京：中华书局，2007 年版，第 324 页。

了坚实基础，但也因理解的不同而陷入纷争，久积之下，不仅未能彻底解决这一问题，反而使之治丝益棼，莫衷一是。近年来学界尝试从不同方面推进这一问题的研究，虽然尚未形成统一而权威的结论，但观点共性渐强，这既为今后的研究提供了有利基础，也留下了用力的空间。

（二）挖掘月令思想内涵

月令以四时十二个月为基本架构，融汇阴阳五行理论，依时有序地配以物候气象、天文星象、天子起居、政治运作、社会管理等事项，从而构建了一个完整的由“道”统摄，循阴阳消长，合五行规范，按四时流转的节律网络。在这个结构中，天地万物处于自己“应该”的位置，依循天道运转，有序地循环运作，显得整齐有序、合情合理。自然、国家和社会实现了高度的组织化、程序化和规范化。如此规范的结构、深邃的理论和严密的逻辑，无疑蕴含有丰富的思想内涵，学界对此主要从政治指导、天人关系、生态思想等几个方面进行了深入挖掘和阐发。

首先，对于月令政治指导功能，徐复观认为月令有效协调了政治与四时的关系，法天而行的政治就是最理想、最稳固、最强大的政治。[1] 萧放《岁时——传统中国民众的时间生活》也表达了相同的看法，他认为“月令包括两方面的内容：它既是自然的律令（时令），也是王者为适应时序所发布的政令，前者为后者提供了规范社会的自然依据，后者为前者增添了神秘威严的气氛”。[2] 因循自然时序，以时开展政治活动，是基本的月令内涵。傅道彬《〈月令〉模式的时间意义与思想意义》认为《月令》“把四季结构进一步上升为政治表现，建构了自然的运转与政治的运转相统一，自然的法则与政治法则相契合的行为系统，实现了从生存的农时向文化的政时的转变”。[3] 张三夕、毋燕燕《〈月令〉单篇别行现象论析》，也认为《月令》体现出与时偕动的施政理念，对帝王治国有借鉴意义。[4] 毋燕燕在《〈月令〉四时模式对中国古典文学情感四时气象的影响》中，再次强调《月令》四时模式体现了儒家理想的治国模式。[5] 许迪《论月令系统的时间图示嬗变》认为月令不仅可做历法指导，而且

[1] 徐复观：《两汉思想史》第二卷，上海：华东师范大学出版社，2001 年版，第 21 页。

[2] 萧放：《岁时——传统中国民众的时间生活》，北京：中华书局，2002 年版，第 22 页。

[3] 傅道彬：《〈月令〉模式的时间意义与思想意义》，《北方论丛》，2009 年第 3 期。

[4] 张三夕，毋燕燕：《〈月令〉单篇别行现象论析》，《海南大学学报·人文社会科学版》，2015 年第 1 期。

[5] 毋燕燕：《〈月令〉四时模式对中国古典文学情感四时气象的影响》，《重庆第二师范学院学报》，2019 年第 5 期。

更是一种神化了的政令之书。[1] 贾海鹏《〈吕氏春秋〉“月令篇”的编排规律及文化内涵探析》则强调了《吕氏春秋》十二纪的主旨是为了即将到来的大一统提供理论依据。[2] 王光华、李秀茹《月令禁忌视域下战国秦汉时期的政治运行机理管窥》则以禁忌为视角，提出禁忌对现实政治具有更强烈的约束力。[3]

其次，对于月令蕴含的别样天人关系，薛富兴《〈月令〉：农耕民族的人生模型》在分析月令结构与内容的基础上，提出月令的立足点乃是天子，其所传达的政治理念是“施政亦当遵自然之道、依自然之律而行”，[4] 杨雅丽《“月令”语义文化溯源——〈礼记·月令〉解读》赞同这一观点，虽然《月令》是先民处理天人关系过程中逐渐摸索出来的，但天子才是整个月令图式体系的中心，[5] 他们对月令天人关系中“人”的内涵剖析，颇具新意。陈文《〈礼记·月令〉的生态智慧》认为月令生态智慧的核心，就是天人合一，主张尽心知性以知天，天人相参而合一，进而尊重自然规律，保护生态环境。[6] 徐朝旭《中国古代科技伦理思想》较为系统地概述了月令的思想内涵，并着重指出《礼记·月令》实现了对此前各类月令文本的消化和继承，并实现了长足发展，其对天人合一理念的完善，既具有敬授民时的规范功能，也具有道德律令的属性，体现出天文与人文、天时与人时、自然秩序与社会秩序的统一。[7] 陈业新从哲学层面对此有一系列的研究成果，他认为月令天人观具有典型的农业文明特征，[8] 在《儒家天人“合一”思想探析》中提出天人之间的合一，强调的是人的主动性，为了实现合一，应当总结并合理运用自然规律。[9]

第三，月令中的生态智慧，也备受学界关注。郭文韬在《〈月令〉中的传统农

---

[1] 许迪：《论月令系统的时间图示嬗变》，《武汉科技大学学报（社会科学版）》，2014 年第 4 期。

[2] 贾海鹏：《〈吕氏春秋〉“月令篇”的编排规律及文化内涵探析》，《天中学刊》，2018 年第 1 期。

[3] 王光华，李秀茹：《月令禁忌视域下战国秦汉时期的政治运行机理管窥》，《重庆科技学院学报（社会科学版）》，2019 年第 6 期。

[4] 薛富兴：《〈月令〉：农耕民族的人生模型》，《社会科学》，2007 年第 10 期。

[5] 杨雅丽：《“月令”语义文化溯源——〈礼记·月令〉解读》，《贵州文史丛刊》，2010 年第 2 期。

[6] 陈文：《〈礼记·月令〉的生态智慧》，《武夷学院学报》，2016 年第 1 期。

[7] 徐朝旭：《中国古代科技伦理思想》，北京：科学出版社，2010 年版，第 200、213 页。

[8] 陈业新：《儒家生态意识特征论略》，《史学理论研究》，2007 年第 3 期。

[9] 陈业新：《儒家天人“合一”思想探析》，《孔子研究》，2009 年第 4 期。

业哲学略论》[1]和《〈月令〉中的生态农学思想初探》中[2]，从传统农学的角度，考察了《月令》中的生态农学思想，认为月令立足于生产实践以及国家管理经验，并吸收了三才论、元气论和阴阳五行说，作为一种科学总结和哲学概括，它统筹天地万物，形成了严密的系统，构建了传统农学的基本框架。庞朴虽然批评月令附会有诸多虚幻的理论，结构过于机械，但它是建立在天文和农事知识上的，并且将宇宙、自然和社会作为一个整体看待，是值得充分肯定的。[3]刘希庆《从敦煌悬泉置〈四时月令诏条〉看西汉生态环境保护的国家意志》[4]结合出土资料，认为汉代国家具有明确的生态环境保护意识。徐长波《〈礼记·月令〉生态哲学思想探析》[5]强调阴阳五行在构建人与自然有机协调中的重要作用，以及月令的整体性思维，对其中所蕴含的生态智慧进行了深入阐发。李欣《由"律""令"到"时令"——秦汉林业立法及森林保护体系变迁》[6]在系统考察了相关出土资料与传世文献后，认为月令中所强调"以时禁发""生态利用"等理念深刻影响了秦汉政府，也切实贯彻到了行政运作之中。

可见，学界从多个方面，对月令所蕴含的思想内涵进行了持续的挖掘与深入的阐发，不仅使人们对月令本身的理解更为深刻，也有助于更好地把握月令在思想史、学术史上的地位。特别是在生态环境问题日益凸显、国家大力倡导绿色发展理念的今天，月令所蕴含的相关内涵理念更值得人们重视。

（三）缕析月令与政治的关系

月令"和阴阳之气，理日月之光，节开塞之时，列星辰之行，知逆顺之变，避忌讳之殃，顺时运之应，法五神之常，使人有以仰天承顺，而不乱其常者也"。[7]其别样的理论、丰富的内容和程序化设计，从抽象与具体两个角度对天人合一问题，强调了必要性，肯定了可能性，彰显了实现途径。这为统治者顺阴阳而合德于天提供了理论依据和经典依据，备受统治者青睐，在以经治国的时代背景下，月令被有条不紊地引入行政改良、礼制改革、律法损益过程中。学界围绕着这一问题展开了系统的探索，涌现出诸多水准极高的成果，使之成为秦汉月令研究的亮点。

[1] 郭文韬：《〈月令〉中的传统农业哲学略论》，《中国农史》，1998 年第 2 期。
[2] 郭文韬：《〈月令〉中的生态农学思想初探》，《古今农业》，2000 年第 1 期。
[3] 庞朴：《庞朴文集》第一卷《六家浅说》，济南：山东大学出版社，2005 年版，第 275 页。
[4] 刘希庆：《从敦煌悬泉置〈四时月令诏条〉看西汉生态环境保护的国家意志》，《北京城市学院学报》，2013 年第 4 期。
[5] 徐长波：《〈礼记·月令〉生态哲学思想探析》，《中州学刊》，2014 年第 9 期。
[6] 李欣：《由"律""令"到"时令"——秦汉林业立法及森林保护体系变迁》，《北京林业大学学报（社会科学版）》，2015 年第 4 期。
[7] 冯逸、乔华点校：《淮南鸿烈集解·要略》，北京：中华书局，1989 年版，第 701 页。

首先，月令对行政影响广泛。秦汉社会节奏高度依赖自然节律，国家行政的展开也不例外，月令在回应“如何以及为何”以时序政问题上，表现出极强的工具性和实用性，因此备受整个社会关注。王梦鸥《读〈月令〉》是较早的关于月令与汉代制度的研究成果。尹湾汉简《集簿》有“以春令成户”条，邢义田就此发表《月令与西汉政治——从尹湾集簿中的“以春令成户”说起》[1]，在概述先秦时令问题的基础上，将秦汉时期分为秦、昭宣以前、元成以降三段，并对每段历史时期月令影响官府制度、赐赏、赈贷、礼仪、行政加以辨析，大体廓清了月令对秦及西汉从行政影响问题，此外，他还尝试探究月令与西汉刑律、司法之间的关系，并提出月令对东汉政治的影响也大有讨论的空间。杨振红《月令与秦汉政治再探讨——兼论月令源流》也从“以春令成户”说起，并与邢先生就月令与西汉政治问题进行商榷，提出自己的见解，文章细致梳理了出土简牍资料与传世文献，在比对分析的基础上，以时间为线索，系统阐释了西汉文帝时期的赈贷法、养老法、籍田礼，武帝时期的高禖礼、郊祀赏赐，宣帝时期“毋得以春夏巢探卵， 弹射飞鸟”令，元帝“毋犯四时之禁”令，成帝时期二千石行春令，平帝颁布《四时月令五十条》等与月令之间的关系，使月令在西汉时期的实施得到细致梳理。[2] 此文后被收录于其专著《出土简牍与秦汉社会》[3] 时，又概括性地总结和梳理了月令与东汉政治的关系，作为附录。此后，邢义田另撰《月令与西汉政治再议——重读尹湾“春种树”和“以春令成户”的再省思》[4] 对自己的旧文作了补充和检讨，以回应杨振红的疑问。两位先生的三篇文章，将月令与西汉政治关系问题进行了很好的分析，是近年来最为重要的研究成果，不仅为今后的研究奠定了良好的基础，而且他们之间交流沟通、商榷切磋、共同进益的精神也值得我们学习。

其次，月令对礼仪影响深刻。秦汉时期，礼仪是沟通天人，神化统治，强化国家控制的重要手段，在其建构和完善过程中，月令曾深度参与其中。对于这一问题，学界关注也很多。张鹤泉《东汉五郊迎气祭祀考》[5] 详细考辨了东汉五郊迎气祭祀礼仪的制定，以及具体的神祇、兆坛设置、献祭方式、乐舞、祭服、主祭者和参与者，

---

[1] 邢义田：《月令与西汉政治——从尹湾集簿中的“以春令成户”说起》，《新史学》（台北），1998 年第 9 卷第 1 期。

[2] 杨振红：《月令与秦汉政治再探讨——兼论月令源流》，《历史研究》，2004 年第 3 期。

[3] 杨振红：《出土简牍与秦汉社会》，桂林：广西师范大学出版社，2009 年版，第 230 页。

[4] 邢义田：《月令与西汉政治再议——重读尹湾“春种树”和“以春令成户”的再省思》，《新史学》（台北），2005 年第 16 卷第 1 期。

[5] 张鹤泉：《东汉五郊迎气祭祀考》，《人文杂志》，2011 年第 3 期。

认为它是西汉旧制与《月令》相结合的结果，完全适应了东汉国家的统治需要，是《月令》影响东汉礼仪的重要体现。周金泰《王莽围绕时令的礼仪与职官改革——从古典国制的视角出发》认为王莽时期国家礼仪及其职官改革曾深受月令的影响，而且这些改革并未因王莽败亡而废止。[1] 以具体礼仪改革为案例，细致分析月令影响礼制的研究也有进展，白坤《从“周礼”到“汉制”——汉代亲蚕礼的制作与实行》就以亲蚕礼为例进行分析，“经典记载的三月行礼，因合于蚕事节律，被原样采纳；《月令》设计的‘东向行礼’，因不能直接体现春令与东方的对应关系，被改为‘东郊行礼’；《祭义》《祭统》反映的后、夫人同具执礼资格，因不符‘天子之制’的政治需求，让位于《内宰》《月令》的唯后执礼；《内宰》《祭统》载籍的北郊行礼，因悖逆‘汉家月令’而无缘实践”。[2] 亲蚕礼的变革生动呈现了《月令》与国家礼制结合的程度。他认为国家需要、经典论述之间的差异和互动，赋予了经典文本以活力，推动儒家经典文本的“再创造”。

第三，月令对法律影响重大。将月令内容转化为具体律条，将月令精神融入国家司法理念，贯彻到司法实践中，是秦汉统治阶层热衷的举措。对这一问题的考察近年来俨然已经成为学界探讨的一大热点。杨鸿烈《中国法律思想史》也很早就讨论过中国古代行刑时间的选择与月令的关系，并对相关情况进行了概述。[3] 舒国滢《“司法时令说”及其对中国古代司法制度的影响》在对相关资料加以梳理的基础上，经辨析后认为“司法时令说”这一经典的法律学说的源头，应当来自《月令》文献中有关四时禁律的规定，同时，文章还对这一学说的影响进行了简述。[4] 陈业新《秦汉生态法律文化初探》[5] 从秦汉诏书与律令入手，结合出土资料，辨析了秦汉在水资源利用、动植物保护、林木培育等方面的举措。雷戈《后战国时期自然合理性观念研究》[6]、杨巨中《世界上最早的自然保护法典——云梦秦简〈田律〉刍议》[7] 以出土的云梦秦简《田律》为基本材料，讨论了秦制定实施的一系列自然保护措施，并

[1] 周金泰：《王莽围绕时令的礼仪与职官改革——从古典国制的视角出发》，《史学月刊》，2018 年第 9 期。

[2] 白坤：《从“周礼”到“汉制”——汉代亲蚕礼的制作与实行》，《古代文明》，2020 年第 3 期。

[3] 杨鸿烈：《中国法律思想史》，上海书店，1984 年版。

[4] 舒国滢：《“司法时令说”及其对中国古代司法制度的影响》，《政法论坛》，1996 年第 4 期。

[5] 陈业新：《秦汉生态法律文化初探》，《华中师范大学学报》，1998 年第 2 期。

[6] 雷戈：《后战国时期自然合理性观念研究》，《河南大学学报》，2007 年第 6 期。

[7] 杨巨中：《世界上最早的自然保护法典——云梦秦简〈田律〉刍议》，《人文杂志》，2000 年第 5 期。

认为这应当是世界上第一部自然保护法典。蔡万进《张家山汉简〈奏谳书〉研究》[1]对张家山汉简《奏谳书》中的案例进行统计分析，认为县道官吏向中央廷尉奏谳的月份集中在秋七月、秋八月，另外，汉代断狱行刑、奏谳、治谳等的时间规定和变动，这些既受到先秦司法时令说的影响，也受到《月令》的影响。孙喆《略论汉代"秋冬行刑制"及其影响》[2]系统分析了汉代秋冬行刑的原因、历史基础和相关事例，认为它对汉代法律的影响没有停留在理论思想层面，而是切实贯彻到司法实践领域。陈鸣《东汉秋冬行刑的立法及其思想嬗变》[3]从立法变革、立法论争以及背后的思想观念几个方面，对东汉秋冬行刑问题加以分析，彰显了月令对汉代法律制度建设、司法运作改革的影响。另外，刘海鸥《〈月令〉的生态保护思想与中国传统生态法律》[4]、律璞《汉代的生态保护意识及其法律实现》[5]、吴志勇《周秦时期生态保护法制解读——以睡虎地云梦秦简为依据》[6]则主要对秦汉生态保护法中的月令影响进行了细致探究。

值得注意的是，薛梦潇在月令与秦汉政治这一问题上进行了持续研究，发表了一系列成果，涉及行政、礼仪和律令等方面。其中，《东汉的行刑时间——以〈月令〉的司法实践为中心》[7]一文，系统考察了东汉元和、永元、永初三次改律与月令的关系；《东汉郡守"行春"考》[8]则区分了行春与行县的差异，认为郡守行春带有明显的礼仪性质，目的在于强调国家权威，这与月令密切相关；《"周人明堂"的本义、重建与经学想象》[9]系统论述了汉代汶上明堂、元始明堂与洛阳明堂的构建问题，认为郑玄与蔡邕对周人明堂存在误解，它实际上是周公故事与月令明堂理论的结合。

[1] 蔡万进：《张家山汉简〈奏谳书〉研究》，桂林：广西师范大学出版社，2006年版，第124页。

[2] 孙喆：《略论汉代"秋冬行刑制"及其影响》，《史学月刊》，2011年第7期。

[3] 陈鸣：《东汉秋冬行刑的立法及其思想嬗变》，《同济大学学报（社会科学版）》，2015年第3期。

[4] 刘海鸥：《〈月令〉的生态保护思想与中国传统生态法律》，《光明日报》，2010年6月29日第12版。

[5] 律璞：《汉代的生态保护意识及其法律实现》，《唐都学刊》，2016年第1期。

[6] 吴志勇：《周秦时期生态保护法制解读——以睡虎地云梦秦简为依据》，《黑龙江生态工程职业学院学报》，2019年第4期。

[7] 薛梦潇：《东汉的行刑时间——以〈月令〉的司法实践为中心》，载武汉大学中国三至九世纪研究所编《魏晋南北朝隋唐史资料》第二十八辑，第12页。

[8] 薛梦潇：《东汉郡守"行春"考》，《中国史研究》，2014年第1期。

[9] 薛梦潇：《"周人明堂"的本义、重建与经学想象》，《历史研究》，2015年第6期。

在博士论文的基础上，结合自己的研究成果，出版专著《早期中国的月令与“政治时间”》[1]，对不同月令类文本的源流、整合以及在秦汉时期的影响进行了系统考察。

总之，月令与秦汉政治关系问题，因关涉国家形态的演变、以经治国的开展、传世文献和出土资料的结合等，难度较大且意义重大，因此备受学界关注，用力极深，成果丰硕且见解深刻，可谓近年来秦汉月令研究最令人瞩目的方面。

（四）探究月令与民间社会

秦汉基层民众虽受知识水平的限制，无法像知识精英那样以文字文本形式论析月令，从而缺少在历史中留言的机会和意识，但这并不能否认他们对月令也有深刻的理解和别样的表达。赵敏《中国古代农时观初探》[2]将一般民众对自然时令的掌握和运用称之为“农夫式”的智慧，体现出民众对农事节奏与自然节律合拍的重视。惠富平《试论中国农书的起源》[3]认为中国农书的起源是以农业生产知识的积累为基础的，基层民众对农时知识和经验的传习，多以口传身授为主，这种积累对中国农书，以及各类月令文献影响深刻。萧放《天时与人时——民众时间意识探源》[4]认为从起源上看，民众时间意识主要源自自然时序、原始宗教信仰和社会生活节奏，而且在历史的发展中，也经历了一个从自然时序向社会生活节奏转变的发展变化。傅道彬《〈月令〉模式的时间意义与思想意义》也关注到文化的普及程度和时令经验的关系，认为“在民间即使目不识丁的文盲，也具有一般的岁时知识。时令知识总是通过歌谣、韵语等口耳相传的形式在民间流传，成为对农事活动和世俗生活的指导原则”。[5]

月令与汉代民间社会日常生产生活最重要的文献是《四民月令》，围绕它所展开的研究也取得了丰硕成果。杨联陞早在1935年就发表了《从〈四民月令〉所见到的汉代家族的生产》[6]，对《四民月令》所体现的汉代基层生产生活状况做了相关研究。张景书《〈四民月令〉农业教育思想初探》[7]、张睿《从〈四民月令〉看汉代宗

[1] 薛梦潇：《早期中国的月令与“政治时间”》，上海：上海古籍出版社，2018年版。

[2] 赵敏：《中国古代农时观初探》，《中国农史》，1993年第2期。

[3] 惠富平：《试论中国农书的起源》，《西北农业大学学报》，1994年第3期。

[4] 萧放：《天时与人时——民众时间意识探源》，《湖北大学学报（哲学社会科学版）》，2004年第5期。

[5] 傅道彬：《〈月令〉模式的时间意义与思想意义》，《北方论丛》，2009年第3期。

[6] 杨联陞：《从〈四民月令〉所见到的汉代家族的生产》，《食货》，1935年第1卷第6期。

[7] 张景书：《〈四民月令〉农业教育思想初探》，《西北农林科技大学学报（自然科学版）》，2003年第1期。

族的日常生活》[1]、包艳杰《汉代因时耕作研究——以〈四民月令〉为中心的考察》[2]分别从农业教育、家族生活、农业耕作、商业贸易等不同方面探讨了民众日常生活与时令的紧密联系。

学界对《四民月令》的研究，既有诸多共识，也存在许多分歧。比如对《四民月令》的描述对象问题上，学界存在不同观点。其中，邱汉生《从“四民月令”看东汉大地主的田庄》[3]，石声汉《四民月令校注》[4]，萧放《〈四民月令〉与东汉贵族庄园生活》[5]，樊志民、朱宏斌《月令书与中国传统农业管理思想之嬗变》[6]认为《四民月令》所描述的是东汉末年豪族并兴的历史背景下发达的地主田庄经济；而李成贵《〈四民月令〉新论》[7]则认为它的描述对象并非地主庄园经济，而是东汉农村大众日常行事的反映；刘修明《“汉以孝治天下”发微》[8]，柳春藩、沈捷《〈四民月令〉完全反映地主田庄经济说质疑》[9]，许倬云《汉代农业：中国农业经济的起源及特性》则兼采两说，认为《四民月令》所描述的对象，既包括地主田庄经济，也囊括个体小农家庭生产，对两者都具有指导意义。

虽然学界在《四民月令》描述对象问题上存在分歧，但都对《四民月令》的历史地位表示肯定，认为《四民月令》是王官月令向地方岁时演变的分水岭，在农家月令书方面，具有开创意义，因此，在整个传统农书系统中毫无疑问占据一席之地。张居兰《从〈四民月令〉看古代农书编纂的新走向》[10]对此加以总结，认为《四民月令》首创面向民众的月令体农书，开农书记录广义农业的先河，创新对乡村礼法体系的书写。汤勤福《〈月令〉祛疑——兼论政令、农书分离趋势》也认为综合性的

[1] 张睿：《从〈四民月令〉看汉代宗族的日常生活》，《中国城市经济》，2012 年第 2 期。

[2] 包艳杰：《汉代因时耕作研究——以〈四民月令〉为中心的考察》，《农业考古》，2016 年第 1 期。

[3] 邱汉生：《从“四民月令”看东汉大地主的田庄》，《历史教学》，1959 年第 11 期。

[4] 石声汉：《四民月令校注》，北京：中华书局，1965 年版，第 98—109 页。

[5] 萧放：《〈四民月令〉与东汉贵族庄园生活》，《文史知识》，2001 年第 5 期。

[6] 樊志民、朱宏斌：《月令书与中国传统农业管理思想之嬗变》，《中国农史》，2002 年第 3 期。

[7] 李成贵：《〈四民月令〉新论》，《古今农业》，1993 年第 1 期。

[8] 刘修明：《“汉以孝治天下”发微》，《历史研究》，1983 年第 6 期。

[9] 柳春藩、沈捷：《〈四民月令〉完全反映地主田庄经济说质疑》，《吉林大学社会科学学报》，1996 年第 2 期。

[10] 张居兰：《从〈四民月令〉看古代农书编纂的新走向》，《兰台世界》，2015 年第 6 期。

《月令》，逐渐演化出律令、农书等不同类型，[1] 这反映了古代农书编纂的新走向。

将《四民月令》与《礼记·月令》《氾胜之书》等文献联系在一起进行讨论，以揭示月令发展趋向成为近年来的趋向。王利华《〈月令〉中的自然节律与社会节奏》[2] 不仅分析了月令对相关地方性经验知识、列国诸侯“时宪”和诸子“时政”思想的综合，以及对汉代政治的影响，实现“自下而上”的发展，还辟专章讨论月令传播与下移，最终回到民间和地方、影响普通民众的生产生活。霍耀宗《农家“月令”的发端：从〈礼记·月令〉到〈四民月令〉》[3] 也以长时段视角，考察了月令下移问题，认为《四民月令》虽然对《礼记·月令》多有承继，但叙述重心却转移到民间社会，它的出现显示了月令王命意义的淡化、发展取向的下移以及农家月令的发端。张楠《〈四民月令〉中农业商品交易研究三题》[4] 则以商品贸易为切入点，比较了两种月令文本的记述，认为二者在立场、目的和指导思想上存在重大区别，这反映出东汉后期社会经济的变动。徐福举《读〈四民月令〉札记两则》[5] 认为《四民月令》与《氾胜之书》的重大区别在于，《氾胜之书》是一份农业种植技术指导手册，而《四民月令》则是在此基础上，合理统筹资料，实现农事安排的最优化的家庭事务手册，它的出现反映了地主田庄经济的发展，以及田庄内部多种经营的可能。这种通过文本演变，透视社会变动的研究思路，值得我们借鉴。

可见，学界对于月令与民间社会关系问题的研究，虽然在部分问题上存在争议，但整体而言，并未阻碍研究向更为深入层面前进。特别是通过借助文本比对，长时段的考察社会变迁，已经吸引了相当学者的注意力，若假以时日，相信定能取得更多成果。

（五）运用出土资料开展研究

近年来各类简牍、帛书等资料不断被发掘、整理和发布，其中包含有大量与月令相关的内容，对以往研究起到补充缺失，修正谬误，澄清争议，以及开辟新的研究路径等作用，所以迅速引起学者们的关注，一系列研究成果得以问世，其中不乏高质量的成果。这也成为秦汉月令研究引人关注的方面。

---

[1] 汤勤福：《〈月令〉祛疑——兼论政令、农书分离趋势》，《学术月刊》，2016 年第 10 期。

[2] 王利华：《〈月令〉中的自然节律与社会节奏》，《中国社会科学》，2014 年第 2 期。

[3] 霍耀宗：《农家“月令”的发端：从〈礼记·月令〉到〈四民月令〉》，《太原师范学院学报（社会科学版）》，2019 年第 6 期。

[4] 张楠：《〈四民月令〉中农业商品交易研究三题》，《农业考古》，2019 年第 4 期。

[5] 徐福举：《读〈四民月令〉札记两则》，《农业考古》，2020 年第 1 期。

常见的出土简牍资料有楚帛书、各类“日书”、青川秦牍《更修为田律》、睡虎地秦简《田律》、岳麓秦简《为吏治官及黔首》、张家山汉简《田律》、银雀山汉简《三十时》《四时令》、敦煌悬泉置《四时月令诏条》、北大简《阴阳家言》《节》《堪舆》、清华简《四时》等，另外西北地区还有部分零散简牍。

对于楚帛书，陈梦家《战国楚帛书考》[1]，李零《长沙子弹库战国楚帛书研究》[2]，刘信芳《中国最早的物候历月名——楚帛书月名及神祇研究》[3]，曹锦炎《楚帛书〈月令〉篇考释》[4]，李学勤《楚帛书研究》[5]等对楚帛书的性质、内容、思想渊源做了讨论，并从地域、阶层等角度探究了与月令的关系。前文对此已有涉及，此不赘述。

对于银雀山汉简，整理小组编《银雀山汉墓竹简》[6]、吴九龙《银雀山汉简释文》[7]对简牍内容做了较好释读。其中《禁》《三十时》《迎四时》《四时令》《不时之应》等篇与月令关系密切。学界对《三十时》篇尤其关注，李零《读银雀山汉简〈三十时〉》[8]认为它表明时令书存在两大系统，各自内部又存在不同版本，这使学界对时令书复杂性和规律的认识都有提高。邢义田也据此认为“自先秦以来时令说法之多，恐怕远远超过今人所能想象的”。[9]陈侃理《从阴阳书到明堂礼——读银雀山汉简〈三十时〉》[10]则据《太平御览》卷五二八引《释文》对《三十时》篇补正脱漏，纠正吴九龙《银雀山汉简释文》的失误，并认为由阴阳术而被纳入礼书系统，反映出儒家对阴阳家思想和文献的吸收与整合。王利华提出《三十时》与传世月令书不同，但与《管

[1] 陈梦家：《战国楚帛书考》，《考古学报》，1984 年第 2 期，第 147 页。

[2] 李零：《长沙子弹库战国楚帛书研究》，北京：中华书局，1985 年版。

[3] 刘信芳：《中国最早的物候历月名——楚帛书月名及神祇研究》，《中华文史论丛》，1994 年，第 75—107 页。

[4] 曹锦炎：《楚帛书〈月令〉篇考释》，《江汉考古》，1985 年第 1 期。

[5] 李学勤：《楚帛书研究》，载《简帛佚籍与学术史》，南昌：江西教育出版社，2001 年版。

[6] 银雀山汉墓竹简整理小组编：《银雀山汉墓竹简（一）》，北京：文物出版社，1985 年版；《银雀山汉墓竹简（二）》，北京：文物出版社，2010 年版。

[7] 吴九龙：《银雀山汉简释文》，北京：文物出版社，1985 年版。

[8] 李零：《读银雀山汉简〈三十时〉》，《简帛研究》第二辑，北京：法律出版社，1996 年版，第 208—209 页。

[9] 邢义田：《月令与西汉政治——从尹湾集簿中的“以春令成户”说起》，《新史学》（台北），1998 年，第 9 卷第 1 期。

[10] 陈侃理：《从阴阳书到明堂礼——读银雀山汉简〈三十时〉》，《中华文史论丛》，2010 年第 1 辑。

子·幼官》一致，所以应当属于齐地月令。[1] 此外，刘爱敏《银雀山汉简〈迎四时〉与周秦之际的历法整合》[2] 认为《迎四时》的作者应当是邹衍，其思想主旨是阴阳五行家的四时教令思想，作为齐地文化，融入国家礼制，反映出国家对民间文化的整合。

对于青川秦牍《更修为田律》，黄胜璋《青川新出秦田律木牍及相关问题》[3]，张金光《论青川秦牍中的"为田"制度》[4]《青川秦牍〈更修为田律〉适用范围管见》[5]，罗玉开《青川秦牍〈为田律〉所规定的"为田"制》[6]《青川秦牍〈为田律〉再研究》[7] 诸文，都关注到木牍中时令类表述，认为与月令关系密切，并就其适用范围提出了不同见解。

对于日书，各地考古过程中多有发现，其中，睡虎地、放马滩、九店、周家台、孔家坡等处所出日书相对完整且系统，备受学界关注。在睡虎地日书研究方面，饶宗颐与曾宪通《云梦秦简日书研究》较早指出日书研究的重要意义[8]，刘乐贤《睡虎地秦简日书研究》[9]、李学勤《睡虎地秦简〈日书〉与楚、秦社会》[10]、《日书》研读班《日书：秦国社会的一面镜子》[11]、刘信芳《秦简中的楚国〈日书〉试析》[12] 对睡虎地秦简日书做了大量梳理释读工作，讨论了成文年代、内容与性质，指出并探究了日书与社会生活的关系。而王桂钧《〈日书〉所见早期秦俗发微——信仰、习尚、婚俗及贞节观》[13]，晏昌贵、梅莉《楚秦〈日书〉所见的居住习俗》[14]，刘道超《秦简〈日书〉择吉民俗研究》[15] 分别从不同方面，考察了日书与民间习俗的

[1] 王利华：《〈月令〉中的自然节律与社会节律》，《中国社会科学》，2014 年第 2 期。
[2] 刘爱敏：《银雀山汉简〈迎四时〉与周秦之际的历法整合》，《孔子研究》，2018 年第 6 期。
[3] 黄胜璋：《青川新出秦田律木牍及相关问题》，《文物》，1982 年第 9 期。
[4] 张金光：《论青川秦牍中的"为田"制度》，《文史哲》，1985 年第 6 期。
[5] 张金光：《青川秦牍〈更修为田律〉适用范围管见》，《四川文物》，1995 年第 5 期。
[6] 罗玉开：《青川秦牍〈为田律〉所规定的"为田"制》，《考古》，1988 年第 8 期。
[7] 罗玉开：《青川秦牍〈为田律〉再研究》，《四川文物》，1992 年第 3 期。
[8] 饶宗颐、曾宪通：《云梦秦简日书研究》，香港：香港中文大学出版社，1982 年版。
[9] 刘乐贤：《睡虎地秦简日书研究》，北京：文津出版社，1994 年版。
[10] 李学勤：《睡虎地秦简〈日书〉与楚、秦社会》，《江汉考古》，1985 年 4 期。
[11]《日书》研读班：《日书：秦国社会的一面镜子》，《文博》，1986 年第 5 期。
[12] 刘信芳：《秦简中的楚国〈日书〉试析》，《文博》，1992 年第 4 期。
[13] 王桂钧：《〈日书〉所见早期秦俗发微——信仰、习尚、婚俗及贞节观》，《文博》，1988 年第 4 期。
[14] 晏昌贵、梅莉：《楚秦〈日书〉所见的居住习俗》，《民俗研究》，2002 年第 2 期。
[15] 刘道超：《秦简〈日书〉择吉民俗研究》，《广西师范大学学报（哲学社会科学版）》，2004 年第 3 期。

关系。王子今《睡虎地秦简〈日书〉甲种疏证》[1]征引诸家观点，查遗补缺，可谓集成之作。在放马滩日书研究方面，何双全《天水放马滩秦简甲种〈日书〉考述》[2]，林剑鸣《〈睡〉简与〈放〉简〈日书〉比较研究》[3]《从放马滩〈日书〉（甲种）再论秦文化的特点》[4]，孙占宇《天水放马滩秦简集释》[5]都作出了有益的探究。在孔家坡日书研究方面，刘乐贤《孔家坡汉简〈日书〉“岁” 篇初探》[6]指出它与楚帛书之间的紧密关系，从性质上看应当出自阴阳家之手。他在《楚秦选择术的异同及影响——以出土文献为中心》[7]中着力从地域差异角度探讨了战国秦汉时期择时问题的异同以及发展趋势。另外，在综合研究方面，吴小强《秦简日书集释》收录相关日书材料，并有准确释读，特别是对章节内容的评述具有很强的学术价值。[8]陈伟主编《秦简牍合集》[9]在材料收集、断字、缀合、编联方面用力很深，在释文补正方面成果显著，可谓博采众长，是近年来日书综合性研究方面重要的成果。

对于悬泉汉简，其中的《四时月令五十条》与月令关系极为密切，是学界研究的焦点。何双全《新出土元始五年〈诏书四时月令五十条〉考述》[10]，中国文物研究所、甘肃省文物考古研究所编《敦煌悬泉月令诏条》[11]，胡平生、张德芳编撰《敦煌悬泉汉简释粹》[12]，谢继忠《敦煌悬泉置〈四时月令诏条〉释文补证》[13]，黄人

---

[1] 王子今：《睡虎地秦简〈日书〉甲种疏证》，武汉：湖北教育出版社，2003 年版。

[2] 何双全：《天水放马滩秦简甲种〈日书〉考述》，载甘肃省文物考古研究所编《秦汉简牍论文集》，甘肃人民出版社，1989 年版。

[3] 林剑鸣：《〈睡〉简与〈放〉简〈日书〉比较研究》，《文博》，1993 年第 5 期。

[4] 林剑鸣：《从放马滩〈日书〉（甲种）再论秦文化的特点》，《简帛研究》第 1 辑，1993 年版。

[5] 孙占宇：《天水放马滩秦简集释》，兰州：甘肃文化出版社，2013 年版。

[6] 刘乐贤：《孔家坡汉简〈日书〉“岁” 篇初探》，载《战国秦汉简帛丛考》，北京：文物出版社，2010 年。

[7] 刘乐贤：《楚秦选择术的异同及影响——以出土文献为中心》，《历史研究》，2006 年第 6 期。

[8] 吴小强：《秦简日书集释》，长沙：岳麓书社，2000 年版。

[9] 陈伟主编：《秦简牍合集》，武汉：武汉大学出版社，2014 年版。

[10] 何双全：《新出土元始五年〈诏书四时月令五十条〉考述》，《国际简牍学会会刊》第 3 号，台北：兰台出版社，2001 年版。

[11] 中国文物研究所、甘肃省文物考古研究所：《敦煌悬泉月令诏条》，北京：中华书局，2001 年版。

[12] 胡平生、张德芳编撰：《敦煌悬泉汉简释粹》，上海：上海古籍出版社，2001 年版。

[13] 谢继忠：《敦煌悬泉置〈四时月令诏条〉释文补证》，《河西学院学报》，2006 年第 4 期。

二《敦煌悬泉置〈四时月令诏条〉整理与研究》[1]、魏启鹏《敦煌悬泉〈诏书四时月令五十条〉校笺》[2]对其历史背景进行了阐述，并就内容进行了系统的释读和考证，强调了其重要学术价值。而于振波《从悬泉置壁书看〈月令〉对汉代法律的影响》[3]、南玉泉《中国古代的生态环保思想与法律规定》[4]据此从法律角度探讨了月令对汉代社会的影响。李并成《敦煌文献中蕴涵的生态哲学思想探析》[5]主要分析了其中所蕴含的生态思想。余欣、周金泰《从王化到民时：汉唐间敦煌地区的皇家〈月令〉与本土时令》[6]认为它反映了国家意识形态向地方社会的贯彻落实。高伟洁《敦煌悬泉置〈四时月令五十条〉的思想史坐标》[7]主要辨析了它在月令思想发展史中的地位问题。艾中帅《敦煌悬泉置〈四时月令诏条〉所见汉代灾害预防思想》[8]认为虽然受政治环境的影响，它的实际效果有限，但它充分体现了汉代社会重视协调人与自然关系，预防自然灾害的理念。

对于西北陆续出土的《王杖十简》《王杖诏令册》《旱滩坡残简》和各地发现的王杖实物，学界在考述过程中，意识到这与《礼记·月令》中仲秋赐授王杖的表述关系密切，遂展开了热烈讨论。甘肃省博物馆、中国科学院考古研究所编著《武威汉简》[9]不仅对王杖十简进行了排序，还对简文做了详尽的考释。甘肃省文物工作队所编《汉简研究文集》[10]收录并考释了王杖诏令册，并对受杖主权利进行了简要分析。臧知非《"王杖诏书"与汉代养老制度》[11]认为汉代赐王杖不具有普遍性，

[1] 黄人二：《敦煌悬泉置〈四时月令诏条〉整理与研究》，武汉：武汉大学出版社，2010 年版。

[2] 魏启鹏：《敦煌悬泉〈诏书四时月令五十条〉校笺》，长沙市文物考古研究所编，《长沙三国吴简暨百年来简帛发现与研究国际学术研讨会论文集》，北京：中华书局，2005 年版。

[3] 于振波：《从悬泉置壁书看〈月令〉对汉代法律的影响》，《湖南大学学报（社会科学版）》，2002 年第 5 期。

[4] 南玉泉：《中国古代的生态环保思想与法律规定》，《北京理工大学学报（社会科学版）》，2005 年第 2 期。

[5] 李并成：《敦煌文献中蕴涵的生态哲学思想探析》，《甘肃社会科学》，2014 年第 4 期。

[6] 余欣、周金泰：《从王化到民时：汉唐间敦煌地区的皇家〈月令〉与本土时令》，《史林》，2014 年第 4 期。

[7] 高伟洁：《敦煌悬泉置〈四时月令五十条〉的思想史坐标》，《史学月刊》，2018 年第 6 期。

[8] 艾中帅：《敦煌悬泉置〈四时月令诏条〉所见汉代灾害预防思想》，《河西学院学报》，2021 年第 6 期。

[9] 甘肃省博物馆、中国科学院考古研究所编：《武威汉简》，北京：文物出版社，1964 年版。

[10] 武威县博物馆：《武威新出王杖诏令册》，载甘肃省文物工作队编《汉简研究文集》，兰州：甘肃人民出版社，1984 年版。

[11] 臧知非：《"王杖诏书"与汉代养老制度》，《史林》，2002 年第 2 期。

王杖制度不等于养老制度，目的是为了巩固王朝统治，维护社会秩序。马智全《王杖制度与汉代养老的多样化政策》[1]也认为汉代赐杖并不是普遍的，这反映了汉代养老因人而异的多样化政策。而刘奉光《汉简所记敬老制度研究》[2]观点与之相左，认为王杖法令无等级差异，具有普遍性。此后，朱红林《汉代“七十赐杖”制度及相关问题考辨——张家山汉简〈傅律〉初探》[3]对汉代受杖者的年龄变化进行历史的考察，认为这是一个逐渐平民化和普遍化的过程，他在《张家山汉简〈二年律令〉研究》中对此进行了补充。[4]另外，郝树声《武威“王杖”简新考》[5]，魏燕利《王杖“考辨”》[6]《汉代“王杖制”新探》[7]，刘敏《论汉代“敬老”道德的法律化》[8]，张海霞《汉代孝治刍议》[9]，郭浩《汉代王杖制度若干问题考辨》[10]，赵凯《〈汉书·文帝纪〉“养老令”新考》[11]则主要考述了赐授王杖的历史渊源、制度构建、实施状况和社会影响。

另外，在岳麓秦简、里耶秦简、居延汉简、北大汉简、帛书四经中，也有零散简牍与月令相关。李强《秦简“归田农”考》[12]认为“种时、治苗时各二旬”这种规定不是随意的，而是国家对社会经验的依循，是重农思想的律法体现，此后他又在《秦简“归田农”与战国时期的农业生产管理制度》[13]中重申了这一看法。欧扬《岳麓秦简“毋夺田时令”探析》[14]，杨振红《岳麓秦简中的“作功上”与秦王朝大兴土木——兼论〈诗·豳风·七月〉“上入执宫功”

[1] 马智全：《王杖制度与汉代养老的多样化政策》，《简牍学研究》，2020年第2期。

[2] 刘奉光：《汉简所记敬老制度研究》，《西南政法大学学报》，2003年第6期。

[3] 朱红林：《汉代“七十赐杖”制度及相关问题考辨——张家山汉简〈傅律〉初探》，《东南文化》，2006年第4期。

[4] 朱红林：《张家山汉简〈二年律令〉研究》，哈尔滨：黑龙江人民出版社，2008年版。

[5] 郝树声：《武威“王杖”简新考》，《简牍学研究》，2004年刊。

[6] 魏燕利：《王杖“考辨”》，《简牍学研究》，2004年刊。

[7] 魏燕利：《汉代“王杖制”新探》，《许昌学院学报》，2005年第1期。

[8] 刘敏：《论汉代“敬老”道德的法律化》，《天津社会科学》，2005年第3期。

[9] 张海霞：《汉代孝治刍议》，《宜宾学院学报》，2007年第2期。

[10] 郭浩：《汉代王杖制度若干问题考辨》，《史学集刊》，2008年第3期。

[11] 赵凯：《〈汉书·文帝纪〉“养老令”新考》，《南都学刊》，2011年第6期。

[12] 李强：《秦简“归田农”考》，《史学集刊》，2014年第4期。

[13] 李强：《秦简“归田农”与战国时期的农业生产管理制度》，《中国农史》，2015年第6期。

[14] 欧扬：《岳麓秦简“毋夺田时令”探析》，《湖南大学学报（社会科学版）》，2015年第3期。

句义》[1] 都认为相关简牍体现了国家运作对时令的考虑。白宏刚《略论秦代的农业政策与地方农业发展——以里耶秦简为中心的探讨》[2] 认为里耶秦简揭示了国家政策对毋妨农时的强调。李零《北大汉简中的数术书》[3] 认为北大简《日书》《日忌》《日约》三种“日书”类数术书，是迄今为止数量最大、内容最丰富的日书材料。杨振红、贾丽英《北大藏汉简〈仓颉篇·颛顼〉校释与解读》[4] 认为颛顼和祝融是战国秦汉阴阳五行宇宙体系中的重要人物，又与《礼记·月令》《吕氏春秋·十二纪》《淮南子·时则》关系密切，所以两类文本可对读。陈直《居延汉简研究》[5] 和王子今《秦汉时期生态环境研究》[6] 提出居延汉简中“毋犯四时禁”“毋得伐树木”之类的简文，体现了国家对生态环境的保护。徐莹《春夏与三时：帛书〈黄帝四经〉“先德后刑”考辨》[7] 辨析了刑德之间的关系，认为黄帝四经强调了君主治国应当效法四时轮转，春夏施德、秋冬行刑。

最近海昏侯墓的发掘与资料的整理，也为秦汉月令问题的研究提供了新的切入点。张克宾《海昏竹书〈易占〉六十四卦时月吉凶与方位问题管窥》[8] 提到其中的《易占》将一年划分为十二月与四维，并匹配六十四卦以论其吉凶，并关联不同动物。这种体例及其运行机理，似乎与月令有一定关系，可以进一步讨论。杨博《海昏侯墓出土简牍与儒家“六艺”典籍》介绍了《礼记》中部分内容的出土情况，提出“《礼记》类文献直到宣帝时期仍处于‘单篇别行’的状态”。[9] 这为我们考察《礼记》的编纂和月令的经学化，提供了新的思考点。

此外，值得注意的是，画像石中所蕴含的月令问题也受到学界的关注。王玉金《从

[1] 杨振红：《岳麓秦简中的“作功上”与秦王朝大兴土木——兼论〈诗·豳风·七月〉“上入执宫功”句义》，《湖南师范大学社会科学学报》，2019 年第 1 期。

[2] 白宏刚：《略论秦代的农业政策与地方农业发展——以里耶秦简为中心的探讨》，《简牍学研究》，2020 年第 2 期。

[3] 李零：《北大汉简中的数术书》，《文物》，2011 年第 6 期。

[4] 杨振红、贾丽英：《北大藏汉简〈仓颉篇·颛顼〉校释与解读》，《简帛研究》，2016 年春夏卷。

[5] 陈直：《居延汉简研究》，天津：天津古籍出版社，1986 年版。

[6] 王子今：《秦汉时期生态环境研究》，北京：北京大学出版社，2007 年版，第 389 页。

[7] 徐莹：《春夏与三时：帛书〈黄帝四经〉“先德后刑”考辨》，《天津社会科学》，2021 年第 1 期。

[8] 张克宾：《海昏竹书〈易占〉六十四卦时月吉凶与方位问题管窥》，《中国哲学史》，2021 年第 4 期。

[9] 杨博：《海昏侯墓出土简牍与儒家“六艺”典籍》，《江西社会科学》，2021 年第 3 期。

汉画像看四川、山东、陕北的汉代农业》[1]、李真玉《从汉画图像看汉代农俗》[2]认为汉画像体现出明显的民俗地域差异。唐光孝《从〈养老图〉谈汉代养老、抚孤等民政问题》[3]，卢升弟《“养老”画像砖与两汉时期的尊老爱老传统》[4]，王晓晖《汉代鸠杖敬老制度的考古学观察》[5]通过对画像砖石中王杖主领受政府赐赏的分析，讨论了月令对汉代养老问题的影响。刘克《古代节令生态习俗对汉画像石艺术的影响》[6]认为汉画像石艺术反映了当时的节令生态习俗，与月令文化关系密切。而汪悦进《入地如何再升天？——马王堆美术时空论》[7]较为系统地考察了马王堆、银雀山等汉墓中，不同位置的画像以及衣服纹饰等内容，提出它们的内容和位置安排遵循了时令节气的规律，体现了顺天意、尊时序、以时禁发的思想倾向。这种从画像石中辨析月令的思路值得我们重视。

总之，出土资料为秦汉月令问题的研究注入了新的活力，有力推动了相关问题研究的深化，使旧的话题获得新的突破成为可能，使新的研究领域的开拓成为可能。不过，综合各类出土资料，加以全面系统考察尚有欠缺，刘娇《试说出土文献中的“时令”类内容》[8]结合《管子》相关诸篇和上博简、青川《田律》、张家山汉简《田律》、银雀山汉简“阴阳时令”等资料，讨论了“时”与“令”的区别，进而叙及各类日书材料，考察其社会影响，可以说在综合研究方面做了很好的尝试。相信随着各类新出简牍资料的整理和发布，秦汉月令问题研究相信也会有新的突破。

（六）国外相关研究

月令问题牵涉天文历法、物候星象、国家形态、思想演变、社会生活等诸多方面，而先秦两汉又是一个大变革的时代，因此，在这一历史背景下的月令问题自然彰显出别样的研究价值。国外学者对此也表现出强烈的兴趣，并形成一系列研究成果。

日本学者对月令问题用力尤著。早在1934年藤川熊一郎就撰著《月令诸文考》，对包括《夏小正》《周书·月令》《王居明堂礼》《明堂月令》《吕氏春秋》十二纪、《淮南子·时则训》《礼记·月令》等诸多月令类文献进行考订，认为《夏小正》“作

[1] 王玉金：《从汉画像看四川、山东、陕北的汉代农业》，《南都学坛》，1990年第5期。
[2] 李真玉：《从汉画图像看汉代农俗》，《农业考古》，2005年第8期。
[3] 唐光孝：《从〈养老图〉谈汉代养老、抚孤等民政问题》，《四川文物》，2001年第4期。
[4] 卢升弟：《“养老”画像砖与两汉时期的尊老爱老传统》，《中华文化论坛》，2015年第1期。
[5] 王晓晖：《汉代鸠杖敬老制度的考古学观察》，《华夏考古》，2020年第4期。
[6] 刘克：《古代节令生态习俗对汉画像石艺术的影响》，《装饰》，2007年第3期。
[7] 汪悦进：《入地如何再升天？——马王堆美术时空论》，《文艺研究》，2015年第12期。
[8] 刘娇：《试说出土文献中的“时令”类内容》，《语言研究集刊》第7辑，上海：上海辞书出版社，2010年，第299—314页。

为其他诸文的原始根据，发挥了重要的作用，特别是明堂《月令》，因袭它的地方很多。明堂《月令》又通过七十子等人，删定为原本《礼记·月令》，原本《礼记·月令》又作了若干发展”。他还认为，“在残存至今的《礼记·月令》系统的文献中，《吕览》最富原始性，其次是《礼记》《淮南子》等，但都不是完整的原型，都存在着若干混杂的情况”。[1]

能田忠亮 1949 年在《东方学报》第十二册发表的题为《夏小正星象论》的论文，对《夏小正》文本中的星象纪录进行分析、计算和比较，结果发现《夏小正》大部分的星象都是公元前 2000 年前后的星象。此外，他的《礼记·月令·天文考》，还从天象角度考察《礼记·月令》，并推定《礼记·月令》中的天象应当是公元前 620 年前后一百年之间的天象[2]。这为我们考察《月令》形成提供了参考。

守屋美都雄对中国民间岁时文化用力颇深，曾出版专著《校注荆楚岁时记》[3]以及《中国古岁时记的研究》[4]。他从民俗学的角度，在考虑到《月令》影响的前提下，以民间岁时文化为切入点，系统梳理中国人的日常生活，并希望借此拓展关于中国社会结构的认知。

岛邦男在《五行思想与〈礼记·月令〉之研究》[5]中，提出《吕氏春秋》十二纪是根据《管子》的“四时”“幼官”和《夏小正》写作而成的，在汉初，经过增补，成为《淮南子·时则训》。《礼记·月令》是根据《淮南子·时则训》撰就，并非袭自《吕氏春秋》十二纪，相反，现存《吕氏春秋》十二纪，则是根据《礼记·月令》写成于东汉时期。

金谷治的《管子研究》，认为“适应一年四季的推移，作为人有着应该遵守的特殊事业，把这作为政令而加以确定。而且，依照其政令，自然界和人类社会都会万事顺利，但是一旦违背就会引起灾祸，从而形成了这样的一种观念”。[6]同时，他还认为《管子》中的时令思想也包含着邹衍的主张。

渡部武将石声汉先生的《四民月令校注》翻译为日文本，并以“汉代的岁时与农事”

[1] [日] 藤川熊一郎：《月令诸文考》，载《东方学报》第五册，1934 年版。

[2] [日] 能田忠亮：《礼记·月令·天文考》，《东方学报》第十二册，1949 年刊。

[3] [日] 守屋美都雄：《校注荆楚岁时记》，东京：帝国书院，1950 年版。

[4] [日] 守屋美都雄：《中国古岁时记的研究》，东京：帝国书院，1963 年版。

[5] [日] 岛邦男：《五行思想与〈礼记·月令〉之研究》，东京：汲古书院，1971 年版。

[6] [日] 金谷治：《管子研究》（日文版），东京：岩波书店，1987 年版，第 255 页。

为副标题，在格式体例方面，他依照月份，系统列出正文、通释和译注，[1] 这为日本学者相关研究的开展提供了便捷。

佐藤武敏在《〈吕氏春秋·上农〉等四篇和水利灌溉》一文中，关注到了“天子、诸侯、大夫、士耕种籍田，后妃、九嫔郊外养蚕，公田植桑”等时令性的仪式活动，并专辟一目，讨论“时令”问题，认为“重视时令是《上农》等四篇的特点之一。《上农》中提出了‘当时之务’，另外在‘为害于时’‘为害其时’等项中，列举有好几条禁令”。在详细阐述了农作物和时令的关系后，提出“类似重视时令的论点，在《吕氏春秋》十二纪里有详细论述，在其他先秦典籍中也能见到”。[2] 他还结合出土的青川秦简、睡虎地秦简的相关内容，分析了水利灌溉与时令的关系，认为这与《吕氏春秋》十二纪是相通的。

天野元之助的《中国古农书考》[3]，以农学的视角，对《夏小正》《逸周书·时训解》《四民月令》等加以考订分析，其中，他对《四民月令》尤为关注，认为《四民月令》是“从后汉豪门贵族的观点出发，记载了农家每月按照季节的例行活动”。在详细列举和评论了诸多关于《四民月令》的集校版本后，他特意向人们推荐了石声汉先生的《四民月令校注》，认为它“完全合我心意”“对我启发极大”。

井上聪著有《先秦阴阳五行》一书，在《四方风与时令思想》一节中，他对先秦时期阴阳五行的发生发展以及与社会的关联进行分析，考察了先秦时期人们的季节观，其中，他关注到甲骨卜辞四方风与时令思想的关系，又缕析各种典籍中的“五”和“五行”，特别关注到《管子》的《幼官》《四时》《五行》篇，以分析五行和时令的结合问题，而对《左传》的分析，则认为其中的相关记述反映了当时季节与政治密不可分的关系。他还分析了《楚帛书》，认为它显示了楚国的时令思想，并结合《管子》，提出“齐国与楚国在地理上相距遥远，那些时令书被视为各自独立形成，也是有可能的。”[4] 而在《邹衍的阴阳五行学说》一节中，考虑到邹衍与《管子》都源自齐地，所以将时令思想、邹衍学说和《管子》关系进行探讨，认为邹衍的《主运》即《邹子》，乃是以《管子·四时》篇为母体而作成。

小野泽精一、福永光司、山井通编《气的思想——中国自然观与人的观念的发展》

---

[1][日]渡部武译：《四民月令校注》，东京：平凡社，1987 年版。

[2][日]佐藤武敏：《〈吕氏春秋·上农〉等四篇和水利灌溉》，载刘俊文主编《日本学者研究中国史论著选译》，北京：中华书局，1992 年版，第 160、168 页。

[3][日]天野元之助：《中国古农书考》，北京：农业出版社，1992 年版。

[4][日]井上聪：《先秦阴阳五行》，武汉：湖北教育出版社，1997 年版，第 169 页。

中，系统列举了《吕氏春秋》十二纪中，时令季节与气的对应匹配，以及违逆时气的影响，提出：“自然界的气和人类社会的交流是通过时令来进行的，气被认为在人之中起到很大的作用。这种认为时令和自然界之气有密切关系的想法，不仅在秦的《吕氏春秋》，而且在齐的《管子·四时篇》《幼官篇》，以及时代稍后的两汉《淮南子·时则篇》，还有《礼记·月令篇》等中间也都可以看到。”[1]

山田胜芳《鸠杖与徭役制度》[2]结合月令，探究了鸠杖的渊源，并对汉代赐杖范围和相应的徭役负担做了探究。

汤浅邦弘《时令说的展开——北大汉简〈阴阳家言〉与银雀山汉简“阴阳时令、占候之类”》[3]尝试解读简文并确定竹简顺序，并将两种简牍材料与传世月令文献相比较，总结其特点，进而认为在汉初可能并存有各种形态的时令说。这对研究月令流变及经学化，很有参考意义。

工藤元男以云梦睡虎地秦简等为基本史料，从习俗方面，探究“日书”产生的社会背景，论述从“卜筮祭祷简”向“日书”的转变，并发表了一系列研究成果，如《从卜筮祭祷简看“日书”的形成》[4]《平夜君楚简“卜筮祭祷简”初探——战国楚的祭祀仪礼》[5]《社会史研究与“卜筮祭祷简”“日书”》[6]《从九店楚简〈告武夷〉篇看“日书”之成立》[7]，他的著作《睡虎地秦简所见秦代国家与社会》[8]，以“日书”为中心，从“法与习俗”两重视角，将法律文书和占卜用书结合考察，分析国家时政律令与楚地民间习俗、禁忌之间相互影响的关系，揭示了楚地民众日常

[1]［日］小野泽精一、福永光司、山井通编：《气的思想——中国自然观与人的观念的发展》，上海：上海人民出版社，2007年版，第90页。

[2]［日］山田胜芳撰：《鸠杖与徭役制度》，庄晓霞译，载卜宪群、杨振红主编《简帛研究2004》，桂林：广西师范大学出版社，2006年版。

[3]［日］汤浅邦弘：《时令说的展开——北大汉简〈阴阳家言〉与银雀山汉简“阴阳时令、占候之类”》，《简帛》第十七辑，上海：上海古籍出版社，2018年版。

[4]［日］工藤元男：《从卜筮祭祷简看“日书”的形成》，《人文论丛》，武汉：湖北人民出版社，2000年版。

[5]［日］工藤元男：《平夜君楚简“卜筮祭祷简”初探——战国楚的祭祀仪礼》，《简帛研究二〇〇五》，桂林：广西师范大学出版社，2008年版。

[6]［日］工藤元男：《社会史研究与“卜筮祭祷简”“日书”》，载《殷周秦汉史学的基本问题》，北京：中华书局，2008年版。

[7]［日］工藤元男：《从九店楚简〈告武夷〉篇看“日书”之成立》，载《简帛》第3辑，上海人民出版社，2008年版。

[8]［日］工藤元男：《睡虎地秦简所见秦代国家与社会》，上海：上海古籍出版社，2010年版。

的精神世界和生活实践。

此外，法国学者格拉耐的《中国古代的祭礼与歌谣》[1]中，有一目专门论述“季节主义”。他结合国内学者研究，比较《月令》与《郊特牲》中采取祭礼日期的不同，认为《月令》的制作年代应是秦代。

英国学者李约瑟在《中国科学技术史》第二卷《科学思想史》[2]中，系统叙述了邹衍及其思想主张，对阴阳五行加以分析，并制作表格揭示了四时、阴阳五行和世间万物的匹配，他认为《月令》具有农业性质和背景，它是五行、季节、颜色、各类活动、家畜、谷类、天气以及神祇等相互联系匹配的呈现，曾深远影响了中国历史。而葛瑞汉在《阴阳与关联思维的本质》[3]中，关注到四时与阴阳五行的结合，以及以此为框架，匹配世间万物的问题，他对这种关联思维予以肯定。

美国学者许倬云在《汉代农业：中国农业经济的起源及特性》中，考察了汉代农业的基本特征，并强调了《四民月令》中豪富之家积聚经营的多样，他认为，“《四民月令》证实了官僚、地主与工商业者可以结合在一个家庭中，而且他们的活动被视为上层阶级的正常事务”。并认为“《四民月令》中经营农业的地主，可能代表了散布于汉代中国各个郡县的数以千算的这种地方精英家庭”。[4]

（七）余论

秦汉月令问题的研究从 20 世纪 30 年代逐渐摆脱经学研究理路之后声色渐起，伴随着新史学的发展、研究视角和方法的转化、资料的补充以及多学科交叉的强化而不断焕发新的生机，虽历时弥久，但学界对此仍保持着极高的研究热情，并孕育了丰硕的研究成果。就研究层面而言，既关注到知识精英对月令的理论阐述，也细致梳理了月令对国家制度的影响，而且也留意了相关的贯彻与落实问题；从研究思路来看，学界不再满足于文字考据、音韵训诂，而尝试从制度、地域、学派、天文、历法等各方面加以考察，并且注意借鉴社会学、人类学的研究理论和方法；从资料运用来看，在细致检括相关传世文献的同时，也对各种出土简牍资料保持了高度关注，

[1]［法］格拉耐：《中国古代的祭礼与歌谣》，上海：上海文艺出版社，1989 年版，第 172—173 页。

[2]［英］李约瑟：《中国科学技术史》第 2 卷《科学思想史》，北京：科学出版社，上海：上海古籍出版社，1990 年版。

[3]［英］葛瑞汉：《阴阳与关联思维的本质》，载艾兰、汪涛、范毓周主编《中国古代思维模式与阴阳五行说探源》，南京：江苏古籍出版社，1998 年版。

[4] 许倬云：《汉代农业：中国农业经济的起源及特性》，王勇译，桂林：广西师范大学出版社，2005 年版，第 50—51、57 页。

并旁及壁画和各类出土实物。在研究过程中，学界对争议较大的话题做出分解以期获得更合理的认知，对具体研究充分的方面则尝试了综合；以研究的持续性而言，各类成果的不断涌现，特别是诸多以秦汉月令为选题的学位论文的出现，说明这一问题仍然保有旺盛的生机；从学术交流角度来看，则对海外研究动态保持了较好的关注，对相应的研究成果进行了借鉴。所以，就秦汉月令研究整体而言，学界对旧有研究成果作了较好的消化和吸收，从多方面、多层面、多角度推动秦汉月令研究走向深化，解决了一些争议，补正了部分阙谬，开辟了新的研究领域，拓展了研究的视野，提出了很多具有启发性的观点，这充分说明秦汉月令问题的研究整体上是值得肯定的。

管窥蠡测，秦汉月令问题的研究也存在一些可以继续用力之处。首先，与秦汉月令相关的传世文献几近挖掘殆尽，研究的深化越发倚重出土材料。所以，新出简牍的整理是当务之急，同时，对各种零散简牍的缀合编连也应加快步伐；其次，专题性和比较性论述日渐丰富，在此基础上，进行综合性探讨也是值得我们用力的方向之一；第三，对秦汉月令部分争议仍然未能取得共识，如何条分缕析，得出统一而权威的结论，也是未来学界要面临的基础性难题；第四，月令在民间与朝堂的分流，及其上下互动，是秦汉国家形态、社会结构、土地制度以及人身依附关系等变迁的一个窗口，应当大有可为；第五，研究立足秦汉的同时，对源起流变的追溯做了大量工作，而魏晋时期地方岁时记的兴起及其与月令的密切关系，可以构成月令研究新的生长点；第六，在社会发展问题频现的今天，挖掘月令中的有益因素，以缓解社会矛盾，保障人与自然的和谐，助力国家治理和社会和谐，实现古为今用也可作为未来研究的方向之一。相信随着研究的深入，秦汉月令问题的研究必能取得更多更好的成就。

第一章　月令流变的历史考察

月令在知识资源上集天文星象知识、气象物候经验、理想政治制度等之大成，在话语方式上建立了“以时系事”的体例，并借助阴阳五行说，从天人合一的高度对天子“循天而治”进行了系统设计。月令的形成是一个层累的过程，前贤时哲从不同角度和层面对这一问题多有探究，并形成各种结论。但是，为分析月令在秦汉时期地位变迁、功能演化和影响拓展的需要，我们还是首先对月令源起流变的过程进行历史的考察。

第一节　时间认知与月令源起

时间是一切文化的核心命题之一。对时间理解和运用的差异，有力促成了世界文化的多样性。在传统中国社会，人们在认知宇宙自然，确认自己位置，调整自身行为，明确发展趋向的过程中，孕育了别样的月令文化，并深刻影响了几千年来中国人的行为方式、逻辑模式和价值体系。

文明总是诞生于具体的时空环境中。文明早期的先民面临着巨大的生存压力，“上古之世，人民少而禽兽众，人民不胜禽兽虫蛇……民食果蓏蚌蛤，腥臊恶臭而伤害腹胃，民多疾病”。[1] 先民为求生存，改善生活，自然要全力了解周围的环境，并进行各种积极的探索和尝试，农业劳作、渔猎采集、手工造作、祭祀典礼等事务随之出现。

[1]〔清〕王先慎撰，钟哲点校：《韩非子集解·五蠹》，北京：中华书局，1998 年版，第 442 页。

云南沧源新石器时代舞蹈放牧战争图

（杨新：《中国绘画三千年》，外文出版社 1997 年版，第 17 页）

虽缺少文字记载，但各地陆续发现的远古画像，能给我们提供具体的参考，如江苏连云港将军崖岩画中出现有诸多的牛、羊、猪和禽鸟形象；广西花山岩画中，不仅有各类农作物，还有祀田神的图像；阴山岩画中有大量的射猎图和游牧图；而贵州红崖洞岩画则更为完整，不仅有整齐的田地、成群的牲畜，还有荷锄的农夫，操弓的猎手等一系列生动的形象。这说明先民的社会生产生活事务在不断地丰富和发展。

这些事务直接关乎先民生产和文明的存续，重要性不言而喻。但是，它们却有着各自不同的时序要求，在起止时间、频次和持续时长方面差别巨大，稍有不慎就会导致身死族灭的后果。所以，他们急切地需要掌握一种标准，形成一种参照，以合理安排这些社会事务，实现张弛有序，进而保障存续发展。可是标准从何而来呢？在不断的摸索和总结中，自然节律引起先民的普遍关注。

时间难以目视，但能感知，自然界中昼夜更替、月亮盈缩、斗转星移、春花秋月、冷暖寒凉等就是时间流转的生动呈现。“民无道知天，民以四时寒暑日月星辰之行知天。四时寒暑日月星辰之行当，则诸生有血气之类皆为得其处而安其产。”[1] 对这些现象的体验和感知，并不需要充沛的知识储备和经验积累，因此，文明早期智识初开的先民也能从中察觉到时间的流转。传说黄帝时期曾“迎日推筴”“考定星历，

[1]〔战国〕吕不韦著，陈奇猷校释：《吕氏春秋新校释・当赏》，上海：上海古籍出版社，2002 年版，第 1619 页。

建立五行，起消息，正闰余”[1]。近年来，考古发现也为此提供了一系列佐证，如距今 4100 多年的山西陶寺新石器时代文化遗址中，考古工作者在古城墙半圆形夯土台基上发现有天文观测点，[2] 大河村遗址出土的彩陶上，所描绘的“太阳纹、日晕纹、月牙纹、星座纹等表明当时人们已掌握了一定的天文历法知识”。[3] 这些宝贵的时令经验和知识受到先民的高度重视，并被细致记录，如《夏小正》中包含有非常丰富的天文星象、气象物候资料，其中，“物候有 60 条之多，其中属于动物的 37 条，植物的 18 条，非生物的物候 5 条，涉及 11 种兽类，12 种鸟类，11 种虫类，4 种鱼类，12 种草本植物，6 种木本植物以及风、雨、旱、冻等气象现象，种类繁多，范围广泛”。[4] 这些内容的集中出现，无疑是先民长期观察的结果。而各地保存至今的各种天象岩画，也能为此提供有力的材料支撑。如将军崖岩画中，通常用不同的点和圆圈来表示各种星辰，贺兰山岩画中对天体的表示则在点、圆之外，常用线条加以联结。

将军崖岩画天体图

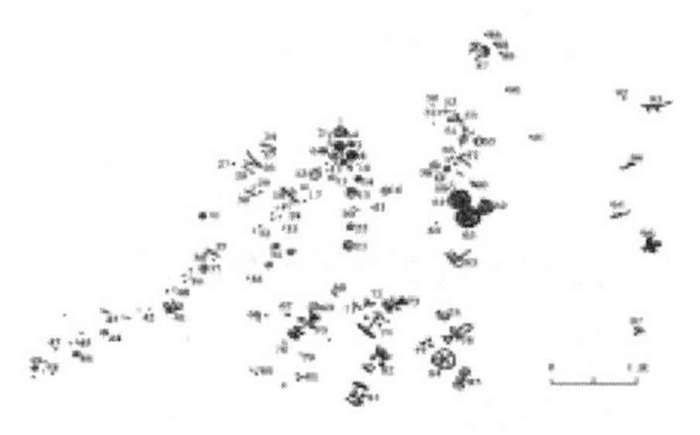

贺兰山岩画天体图

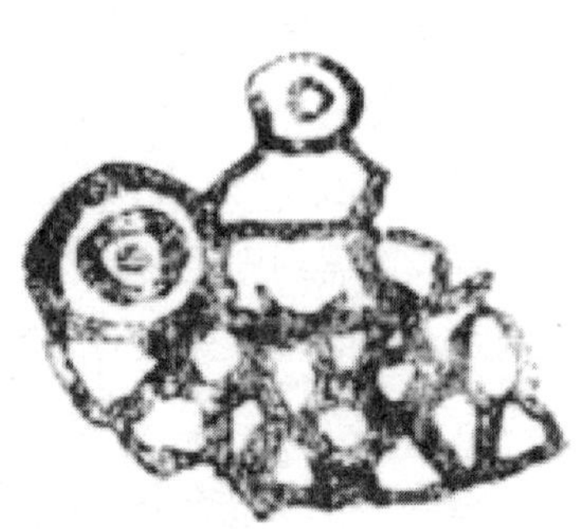

自然时序的规律性，也在这种长期的观察和体验中，被先民逐渐总结和掌握。虽然这需要漫长的时间，但先民不曾言弃，更不敢稍歇。比如对自然时节循环的把握，“至长反短，至短反长，天之道也”。[5] 比如对自然节律客观规律性的认知，“天

[1]〔汉〕司马迁：《史记・历书》，北京：中华书局，1959 年版，第 1256 页。

[2] 中国社会科学院考古研究所等：《山西襄汾县陶寺城址发现陶寺文化大型建筑基址》，《考古》，2004 年第 2 期。

[3] 巩启明：《仰韶文化》，北京：文物出版社，2002 年版，第 201 页。

[4] 陈振中：《夏商周时代的农时与农历》，《古今农业》，1996 年第 4 期。

[5]〔战国〕吕不韦著，陈奇猷校释：《吕氏春秋新校释・似顺》，上海：上海古籍出版社，2002 年版，第 1644 页。

不变其常，地不易其则，春秋冬夏不更其节，古今一也”。[1] 自然时序的规律流转甚至被先民视作是天地不易之理，“四时有度，天地之李（理）也。日月星晨（辰）有数，天地之纪也。三时成功，一时刑杀，天地之道也”。[2] 原始的物候历、天象历在这一过程中渐趋萌芽。

也许早期对自然节律的掌握是片段的、零散的，但仍然值得珍视，因为它总能使某种社会事务的开展有了具体的参照。这从各地岩画内容中，能够得到些许的启示。不管是南方还是北方，很多地方的岩画，既包含有复杂的农林牧副渔等生产活动，也包含有细致的天体星象刻画，如下面两个阴山岩画：

狩猎活动和天体星象作为两种不同类型的岩画在一个地方同时出现，从一个侧面说明，当时生活在这一地区的先民们，已经有了观测天文星象，掌握自然规律，指导社会事务的意识。

随着社会的发展，天空中日月星辰的运转，自然界物候气象的变迁，以及社会人事的开展，它们之间的联系渐趋加强，逐渐从零散走向系统，从片段发展成体系。当自然节律与社会事务之间开始发生固定的关联，社会节奏有意识地与自然节律偕行时，原始的月令文化就诞生了。

月令的出现极大地增强了先民生存的能力和信心。“四海之云至而修封疆，虾蟆鸣、燕降而达路除道，阴降百泉则修桥梁，昏张中则务种谷，大火中则种黍菽，虚中则种宿麦，昴中则收敛畜积，伐薪木。”[3] 先民只需要观察一下太阳方位、星象位置、月令圆缺、气象情况或者物候变化，就大体知道所处的时节，以及应当开展什么事务，或翻耕土壤，或迁徙他方，或防涝防寒，或疏通沟渠，或制作生活器具，

[1] 赵守正撰：《管子注译·形势》，南宁：广西人民出版社，1982 年版，第 9 页。

[2] 马王堆汉墓帛书整理小组编：《经法·论约》，北京：文物出版社，1976 年版，第 38 页。

[3] 刘文典撰，冯逸、乔华点校：《淮南鸿烈集解·主术训》，北京：中华书局，1989 年版，第 309 页。

或播种，或祭祀娱庆。社会生产生活开始摆脱盲目迷惑，凸显了秩序和节奏，明确了前进的方向。

这对当时的先民而言，无疑是最科学、最实用，也最便于掌握和推行的文化。自打一出现，就受到全社会的瞩目，并开始留下深刻影响，传说帝尧时期，曾“命羲、和，敬顺昊天，数法日月星辰，敬授民时”，随之取得了“众功皆兴”[1]的成就。“伍于四时”成为自然而然又理所当然的信念，被不断地强调和阐扬，“四时之行，信必而著明。圣人法之，以事万民，故不失时功。故曰：‘伍于四时。’”[2]时令不可逆的理念就此深深植根于民族心灵深处，“经气有常理，以天地动。逆天时不祥，有祟”。[3]“以天为父，以地为母，阴阳为纲，四时为纪。天静以清，地定以宁，万物失之者死，法之者生。”[4]可以说，月令深度参与了中华文明的发展进程。

月令一经萌生便表现出强劲的生命力。在生存的压力和对美好生活的渴求催动下，人们对月令的增补、完善和调整片刻不曾停歇。社会的发展、国家形态的演变、社会经济结构的分化以及人们认知能力的提升，都对月令的发展提出了更多更高的要求。月令也从内容、结构、理论等多个方面迅速走上了发展、壮大、成熟的坦途。

第二节　甲骨卜辞中的月令经验

甲骨卜辞是人们了解殷商历史的基本材料，其中包含诸多与月令相关的内容。特别是学界比较熟悉的甲骨卜辞对“四方风”的记录，蕴含着与四时的关联，体现出早在殷商时期，先民已经注意到自然节律的转换，并据此调整自身行为。可以说，甲骨卜辞对月令的零散记录，意味着月令问题已经受到当时社会的普遍关注了。

从卜辞内容来看，殷人对空间方位、气候、物候等已经有了较为明晰的划分和命名。《甲骨文合集释文》中14395片刻辞有“于东。勿于东。贞于西北。勿于西北。贞于南。勿于南”。其方位划分和命名已经很明确。甲骨卜辞中对气象的记述很丰富，类分亦是相当细致，如00685片“壬寅不雨，风”。00698片“其㞢于妣庚亡其雪”。12628片“丙午卜，韦，贞生十月不其雹雨”。13330片“己丑卜，旁，贞雨，庚寅风”。

[1]（汉）司马迁：《史记·五帝本纪》，北京：中华书局，1959年版，第16—17页。

[2] 赵守正撰：《管子注译·版法解》，南宁：广西人民出版社，1987年版，第215页。

[3] 黄怀信撰：《鹖冠子汇校集注》，北京：中华书局，2004年版，第93页。

[4] 刘文典撰，冯逸、乔华点校：《淮南鸿烈集解·精神训》，北京：中华书局，1989年版，第219页。

殷人之所以对空间方位、气候等进行划分和命名，是因为在认知能力较低的当时，空间方位、物候、气象的划分和认知，是关乎生存的大事，为整个族群所重视，因此，在甲骨卜辞中屡现。

在卜辞中，不同方位与不同气象物候之间，存在一定联系。《甲骨文合集释文》12870 片中，殷人对雨将从哪一方位到来进行占卜，“癸卯卜，今日雨。其自东来雨。其自西来雨。其自北来雨。其自南来雨”。[1] 这种方位与气候的联结，经过长时间的经验积累，人们对不同方位的气候物候进行划分和命名，如 14295 片卜辞云：“辛亥卜，内，贞帝于北方曰［夗］风曰［役］。”“辛亥卜，内，贞帝于南方曰岂，风夷。”“贞帝于东方曰析，风曰劦。”“贞帝于西方曰彝，风曰朿。”[2] 这种不同方位与气候的联结，以及相应的命名，既表示殷人对自身所处自然环境认知的深化，也意味着相应时令观念的开始萌芽。

通过长时间的经验累积和规律的总结，殷人认识到，方位的流转与时节的转变存在一致性，风向的转变是四季轮转的重要标志，不同方位的风向也就代表着不同的时节。所以，殷人将“四方风”作为时节转变的标识。《甲骨文合集释文》第 14294 片载：“东方曰析风曰劦。南方曰夹风曰岂。西方曰完曰彝。［北方曰夗］风曰役。”[3] 对此，杨树达认为，“析”“夹”“朿”“夗”四字皆与四时的草木生长有关。“析谓草木之甲坼，荚谓草木之着荚，朿谓草木之朿实，宛谓草木之蕰郁覆蔽。”[4] 林甸甸则认为这四个字“更近似于对四种祈祷活动的分类和命名。‘析’为祈祷作物甲坼萌芽，‘夹’字为祈祷草木着荚，‘朿’为祈祷草木朿实，‘宛’为祈祷草木蕰郁覆蔽。此四字源于对草木状态的描述，因而成为四方祭祀的四种功能，进一步分别指代了四种祭祀活动本身”。[5] 其解读虽异，但都认为它们反映了殷人意识到风向的转变、草木的荣衰与四时的关联，体现出殷人对时令认知的进步。

殷人对“四方风”季候性质的总结，目的在于为不同时节各种社会事务的开展提供依据和参照，因此，甲骨卜辞中的“四方风”其实是一种具有实用色彩的物候历。殷商时期，与险恶的生存条件相应的，是殷人较低的生存能力，二者之间的紧

[1] 胡厚宣主编：《甲骨文合集释文》，北京：中国社会科学出版社，1999 年版，第 12870 片。

[2] 胡厚宣主编：《甲骨文合集释文》，北京：中国社会科学出版社，1999 年版，第 14295 片。

[3] 胡厚宣主编：《甲骨文合集释文》，北京：中国社会科学出版社，1999 年版，第 14294 片。

[4] 杨树达：《甲骨文中之四方风名与神名》，载《中国现代学术经典·余嘉锡、杨树达卷》，石家庄：河北教育出版社，1996 年版，第 804 页。

[5] 林甸甸：《先秦月令文体研究》，《北京师范大学学报（社会科学版）》，2014 年第 4 期。

张，意味着殷人总结“四方风”的目的，不是抽象思辨，而是满足基本的生存发展。不同方位的来风，代表着不同的时令节气，于殷人而言，哪些活动应当开展，哪些活动应当停止也就有了基本的参照，所以，作为一种物候历，四方风的实用性很强。这与此后人们总结各类星象、气候、物候规律，以指导社会生产生活，本质上是一致的。

只是，卜辞中“四方风”作为一种物候历，还很初级，其所蕴含的时令观念尚处于萌芽阶段。李学勤比较甲骨四方风与《山海经·大荒经》相关内容后指出，“这种观念显然是古人历象知识的一种反映。古人已经认识到，一年之中，随着季候的推移，风向有所变化，昼夜的长短也有不同。四方之神及其来风，是当时人们科学知识和宇宙观的一种结晶，不可单纯视为神话”。[1] 胡厚宣在对甲骨文中的四方与四方风的命名进行研究梳理之后，认为“我疑心殷人虽然已有以四方配四时的观念，但这只可说是一种趋势和萌芽，明确的‘其神为四，分司四季’的制度，恐怕还不曾有”。[2]

此外，殷商享国数百年，在不断地累积过程中，殷人对月令的掌握也是在不断增强的。通过对其他甲骨卜辞的梳理，我们也能够从其中发现诸多零散的月令记录，若将其集中在一起，也能够对当时殷人总结自然节律，有序安排一年生产生活，有个大概的了解。比如殷历一月，农业方面要种黍、种稻，《合集》12：“贞：叀小臣令众稻？一月。”《合集》787：“癸亥卜，争贞，我黍，受有年？一月。”《合集》20649：“庚辰卜，王叀往黍，受年？一月。”收获并食麦，《合集》24440 ：“月一正曰食麦。”并在这个月注意雨水不时或水灾，《合集》10109 ：“勿孽年有雨？”殷历二月时，要种菽，《合集》9551：“己丑卜，〔贞〕：菽于…亯？二月。”并注意蝗灾，《合集》24225：“庚申卜，出贞：今岁螽不至兹商？二月。贞：〔螽〕其至？”殷历三月，要开展中耕除草，《合集》20197：“丙辰卜，王曰：辰？三月。”并注意旱灾，《合集》10181：“贞：其旱？三月。”殷历四月时，应及时获黍，《合集》10133：“丁巳卜， 贞：黍田年鲁？四月。”并开展“告秋”之礼，《怀特》22：“丙辰卜，贞：告秋于祊？四月。”殷历六月，垦辟荒地，《合集》6有“裒田”之问，并且：“贞勿令众人？六月。 ”其“裒田”即垦荒辟田之意。殷历十月，要巡视并修缮仓廪，以备粮食收获和储藏，《合集》9638：“己巳卜，贞：令吴省在南亩？十月。” 殷历十一月，要丈量土地，开展度田，并作区、开沟、作垄。“……[王]大令众人曰：协田，其受年？十一月。”并且以时开展蓐田，中耕除草，

[1] 李学勤：《商代的四风与四时》，《中州学刊》，1985 年第 5 期。

[2] 胡厚宣：《释殷代求年于四方和四方风的祭祀》，《复旦学报——人文科学》，1956 年第 1 期。

《合集》583：“其〔田〕蓐，夜焚亩三。十一月。”殷历十二月有“裒田”和“观猎”之举，《合集》9500：“庚子卜，贞：王其观耤，叀往？十二月。”而且还要抓紧时间施肥以改善土壤肥力，提升作物生长状况和产量，《合集》9572：“庚辰〔卜〕，□贞：翌癸未𡱂西单田，受有年？十三月。”由此可见，殷商时期对于各种社会生产生活事务的开展，已经有了较为明晰的时间指导。

因此，从卜辞相关内容来看，殷商时期人们已经对空间方位、气候等有了明晰的划分和命名，在长时间的经验累积和规律总结之后，人们对它们之间的关联有所认知，并以此作为时节转换的标识，从而逐渐衍生出较为原始的月令理念。这为殷人调整自身行为，保障生存发展起到积极作用。但是，就目力所及，我们尚未在同一篇材料中，看到完整的月令安排，这说明殷商时期对月令的记录，仍然是零散的、片段式的，还需要大量的累积和整合。

第三节　《诗经·七月》与月令体例雏形

殷亡周兴，王有天下，受重农传统的影响，对自然时序也越发关注，统治者为保障社会秩序的稳定和统治的维系，一方面组织对天文气象物候规律进行总结，掌握了一系列时令经验，一方面督率民众，因循自然节律和时令经验，以时开展各类生产活动，由此实现“与时偕行”，月令因而在这一时期获得很大发展。在保留下来的诸多西周材料中，《诗经》可以说较为集中地呈现了时人对月令的理解和把握。

在《诗经》中，有很多与月令相关的零散记录。如《蟋蟀》云：“蟋蟀在堂，岁聿其莫。今我不乐，日月其除。无已大康，职思其居。好乐无荒，良士瞿瞿。”[1]所谓“蟋蟀在堂”，乃是物候指时，全文在讨论岁之将晚，农功已毕，应当休憩娱乐，但天子却没有在此时自乐，岁月流转，很快农事又起，不得闲暇，所以劝君以时娱庆。《噫嘻》则描述了统治者遵循时令，组织民众以时耕作，“噫嘻成王，既昭假尔。率时农夫，播厥百谷。骏发尔私，终三十里。亦服尔耕，十千维耦。”[2]而《臣工》则反映了周天子对诸侯群臣的勉戒，“嗟嗟臣工，敬尔在公。王厘尔成，来咨来茹。嗟嗟保介，维莫之春，亦又何求？如何新畬？于皇来牟，将受厥明。明昭上帝，迄

[1]〔清〕阮元校刻：《十三经注疏·毛诗正义·蟋蟀》，北京：中华书局，1980年影印版，第361页。

[2]〔清〕阮元校刻：《十三经注疏·毛诗正义·噫嘻》，北京：中华书局，1980年影印版，第591—592页。

用康年。命我众人：庤乃钱镈，奄观铚艾。”[1] 这是周天子“敬授民时”的体现。

《诗经》对月令的记录，很多也得到出土材料的证实。比如对籍田礼，不仅《诗经》多有涉及，《国语・周语上》也记载了虢文公向周宣王阐述籍田礼的重要意义。作于周成王时的《令鼎》云：“王大籍农于淇田，殇，王射，有司鱳（暨）师氏小子合射。”[2] 所谓“王大籍农于淇田”，指的就是周王举行籍田礼。清华简也有体现，如《系年》：“昔周武王监观商王之不恭上帝，禋祀不寅，乃作帝籍，以登祀上帝天神，名之曰千亩，以克反商邑，敷政天下。”[3] 这一方面说明周代月令文化的发展，也说明有关月令记录的可靠性。

在这其中，《诗经・七月》尤其值得注意。它是一份较为原始的月令类文本。通过对其中历法的分析和考证，学界多认为“《诗经・七月》的写作时代是比较早的，一般认为是周公时期写成的”。[4] 与卜辞中原始的月令观念不同，《诗经・七月》不仅叙述内容得到极大拓展，涉及物候、天文、星象、气候等，而且对当时社会结构和生产生活事务的演变也有所呈现，更主要的是，《诗经・七月》叙述内容与时间的匹配也更为明晰，初步呈现出“以时系事”的特征，这体现了西周时期时令文化的发展。

我们将《诗经・七月》内容归类，与时间匹配制表，如下所示：

《诗经》的月令化叙述表

时　间	内　容
四月	秀葽。
五月	鸣蜩。斯螽动股。
六月	莎鸡振羽。食郁及薁。
七月	流火。鸣鵙。在野。亨葵及菽。食瓜。

[1]（清）阮元校刻：《十三经注疏・毛诗正义・臣工》，北京：中华书局，1980 年影印版，第 590—591 页。

[2] 郭沫若：《两周金文辞大系图录考释（第六卷）》，北京：科学出版社，1958 年版，第 30 页。

[3] 李学勤主编：《清华大学藏战国竹简》（贰），北京：中华书局，2011 年版，第 136 页。

[4] 晁福林：《先秦民俗史》，上海：上海人民出版社，2001 年版，第 217 页。

（续表）

时　间	内　容
八月	萑苇。载绩，载玄载黄，我朱孔阳，为公子裳。其获。在宇。剥枣。断壶。
九月	授衣。在户。叔苴。采荼薪樗，食我农夫。筑场圃。肃霜。
十月	陨萚。蟋蟀入我床下。穹室熏鼠，塞向墐户。嗟我妇子，曰为改岁，入此室处。获稻。为此春酒，以介眉寿。纳禾稼。嗟我农夫，我稼既同，上入执宫功。昼尔于茅，宵尔索绹。涤场。朋酒斯飨，曰杀羔羊。跻彼公堂，称彼兕觥。
一之日	觱发。于貉，取彼狐狸，为公子裘。
二之日	栗烈。载缵武功，言私其豵，献豜于公。凿冰冲冲。
三之日	于耜。纳于凌阴。
四之日	举趾。其蚤，献羔祭韭。
春日	载阳，有鸣仓庚。女执懿筐，遵彼微行，爰求柔桑。采蘩祁祁。
蚕月	条桑，取彼斧斨，以伐远扬，猗彼女桑。

（资料源自〔清〕阮元校刻：《十三经注疏·毛诗正义·七月》，中华书局1980年影印版，第389—392页）

从上表可以看出，与甲骨卜辞相关内容相比，《七月》中时间的分割更为细致，所包含的内容，有了大幅拓展。其中，既有物候，如“鸣蜩”“莎鸡振羽”“鸣鵙”等，也有气象变化，如“肃霜”“春日载阳”“春日迟迟”，还有星象记录，如“七月流火”，而且，社会人事活动很丰富，其开展也有具体的月度安排。在文中，不光有劳作，如“九月筑场圃，十月纳禾稼。黍稷重穋，禾麻菽麦。嗟我农夫，我稼既同，上入执宫功。昼尔于茅，宵尔索绹。亟其乘屋，其始播百谷”。[1]也有节日娱庆，如十月时，“十月涤场。朋酒斯飨，曰杀羔羊。跻彼公堂，称彼兕觥，万寿无疆”。[2]还有不同时间的食物记录，“六月食郁及薁，七月亨葵及菽，八月剥枣，十月获稻。为此春酒，

[1]〔清〕阮元校刻：《十三经注疏·毛诗正义·七月》，北京：中华书局，1980年影印版，第391页。

[2]〔清〕阮元校刻：《十三经注疏·毛诗正义·七月》，北京：中华书局，1980年影印版，第392页。

以介眉寿。七月食瓜，八月断壶，九月叔苴。采荼薪樗，食我农夫”。[1] 可见，《七月》所表达的社会生产生活，是依照自然节律进行的，在相应的时间进行相应的实践活动，努力实现社会节奏与自然的契合，显示出社会生活对自然的强烈依赖。

但是，《七月》虽然在内容上实现了“以时系事”，但在叙述过程中，并未呈现“依时叙事”。在《七月》中，星象、物候、气象和社会事务都有相应的时间相匹配，然而，从全文来看，《七月》并未按照自然时序逐月表述相应的星象、物候、气象和社会事务。在《七月》中，月份与相应事务的表述多有跳脱，如“四月秀葽，五月鸣蜩。八月其获，十月陨萚”，[2] 中间不见六月、七月之事。同时，同一月份的事项又多分散表述，以最繁忙的十月为例，其所云陨萚、蟋蟀入我床下、穹窒熏鼠、塞向墐户、获稻、纳禾稼、入执宫功、涤场等，几乎零散于全文。可以说，《七月》虽然实现了“以时系事”，但是在叙述过程中，尚未形成系统规整的“依时叙事”。

而且，《七月》的时间标记既包括我们熟知的四月、五月、六月、七月、八月、九月、十月，也包括一之日、二之日、三之日、四之日等相对陌生的标记，还有春日、蚕月等具有较强物候气候色彩的时间标记方式。这种时间表述的差异，学者通常认为是因《七月》所用的时历并不统一所致。若细加分析，这同样体现了时人对于时间的认知和运用方式尚处于总结细化的过程中，也在一定程度上暗示了《七月》诗篇写就的古老。

因此，《七月》内容的拓展、时间分割的细化和“以时系事”的确立，显示出西周时期月令文化的巨大发展，但是其叙事的零散纷乱，则体现出当时尚未形成系统规整的“依时叙事”体例。《七月》的这种进步和局限，说明它是一种朴素的经验总结和记录。降至春秋战国，月令类文本“以时系事”的思路不仅得以继承，其“依时叙事”的体例也渐趋完备，从而进一步完善了时令文化。

第四节　诸子对月令的思辨与设计

降至春秋，王纲解纽，周天子权威日堕，社会呈失序状态。就月令而言，这种失序既表现为与月令相关的文本、知识阶层流散各地，出现学术下移的情形，也表

[1]〔清〕阮元校刻：《十三经注疏・毛诗正义・七月》，北京：中华书局，1980 年影印版，第 391 页。

[2]〔清〕阮元校刻：《十三经注疏・毛诗正义・七月》，北京：中华书局，1980 年影印版，第 390 页。

现为周天子无法组织天文、物候等的观测记录活动，制定更为细致的月令，推动月令发展，同时也意味着各地诸侯总结自身所处地域的时令经验，制定行为规范，取代周天子的班朔行为，月令与王权渐远，不再具有不言自明的权威性，其对思想和现实社会的指导受到质疑。

春秋战国时期的政治分裂与社会混乱也为月令的发展提供了契机。权力对月令失去了强制性和权威性，学术下移使得知识阶层的视野得到极大拓展，学在四夷造就了一个没有政治权力，但却拥有文化权力的知识阶层，他们对月令的思考和论述不必仅围绕天子而展开，也不受实用所困囿，他们总结以往经验，思辨天人关系，糅合各种学说，或整饬旧典，或托名古籍，或著书立言，新的月令观念、思想和文本得以涌现，并随着诸子的奔走而在各地传布。伴随着广泛的碰撞和交流的深入，人们从内容、结构、原理等方面推动月令快速发展，也再次发掘出月令对即将出现的大一统政治的意义和价值。这就是春秋战国时期诸子对月令展开思辨，并推动月令走向成熟的基本历史背景。

一、月令知识的总结梳理

经过长期的总结和累积，至春秋战国时期，人们已经形成了相对较为丰富的月令经验和知识，对于因循时间节律以开展社会生产生活的认知也更为自觉。诸子对这些辈代相传的月令经验进行总结和梳理，为天子治国、官府行政和民众生产生活，提供相应的参考。

诸子从朴素的生产生活经验层面出发，强调社会生产生活应当与自然节律相契合，顺时而动。《管子》言："四时之行，信必而著明。圣人法之，以事万民，故不失时功。故曰：'伍于四时。'"[1]孟子云："不违农时，谷不可胜食也；数罟不入洿池，鱼鳖不可胜食也；斧斤以时入山林，材木不可胜用也。谷与鱼鳖不可胜食，材木不可胜用，是使民养生丧死无憾也。养生丧死无憾，王道之始也。五亩之宅，树之以桑，五十者可以衣帛矣。鸡豚狗彘之畜，无失其时，七十者可以食肉矣。百亩之田，勿夺其时，数口之家，可以无饥矣。"[2]《荀子》也认为"春耕、夏耘、秋收、冬藏四者不失时，故五谷不绝而百姓有余食也"。[3]这种朴素的经验认知，在诸子思

[1] 赵守正撰：《管子注译·版法解》，南宁：广西人民出版社，1987年版，第215页。

[2]〔清〕阮元校刻：《十三经注疏·孟子注疏·梁惠王章句上》，北京：中华书局，1980年影印版，第2666页。

[3]〔清〕王先谦撰，沈啸寰、王星贤点校：《荀子集解·王制》，北京：中华书局，1988年版，第165页。

想中得以再次强调。

诸子还强调官府应当行政以时。在先秦时期，社会生产生活的开展对自然节律的依赖直接且深切，官府对社会生产的组织和社会生活的管理，也必然因循自然节律而行。“食者民之本也，民者国之基也，故人君者，上因天时，下尽地理，中用人力。是以群生以长，万物蕃殖，春伐枯槁，夏收百果，秋畜蔬食，冬取薪蒸，以为民资，生无乏用，死无传尸。”[1]《荀子》云：“修堤梁，通沟浍，行水潦，安水臧，以时决塞，岁虽凶败水旱，使民有所耘艾，司空之事也。相高下，视肥垅，序五种，省农功，谨蓄藏，以时顺修，使农夫朴力而寡能，治田之事也。修火宪，养山林薮泽草木鱼鳖百索，以时禁发，使国家足用而财物不屈，虞师之事也。”[2]《管子》认为“凡治国之道，必先富民。民富则易治也，民贫则难治也”。[3]为了求得民富国治，必须重视四时节律的遵奉，“凡有地牧民者，务在四时，守在仓廪”。[4]为此还提出了系统的“时政”管理方式，“孟春之朝，君自听朝，论爵赏校官，终五日。季冬之夕，君自听朝，论罚罪刑杀，亦终五日。正月之朔，百吏在朝，君乃出令，布宪于国。五乡之师，五属大夫，皆受宪于太史”。[5]“五乡之师出朝，遂于乡官，致乡属，及于游宗，皆受宪。宪既布，乃反致令焉，然后敢就舍。宪未布，令未致，不敢就舍；就舍谓之留令，罪死不赦。”[6]“宪既布，有不行宪者，谓之不从令，罪死不赦。考宪而有不合于太府之籍者，侈曰专制，不足曰亏令，罪死不赦。”[7]其夏、秋、冬季之政，与之相类。可见，诸子从社会节奏因循自然节律的角度，系统总结和设计了官府如何以时行政。

诸子在论述顺时而动、序政以时的同时，也从反面强调了社会节奏与自然节律相契合的必要性。《管子》认为，“其功顺天者天助之，其功逆天者天违之。天之所助，虽小必大；天之所违，虽成必败”。[8]如果行政不时，“不知四时，乃失国之

[1] 李定生、徐慧君校注：《文子要诠·上仁》，上海：复旦大学出版社，1988年版，第182页。

[2]〔清〕王先谦撰，沈啸寰、王星贤点校：《荀子集解·王制》，北京：中华书局，1988年版，第168页。

[3] 赵守正撰：《管子注译·治国》，南宁：广西人民出版社，1987年版，第72页。

[4] 赵守正撰：《管子注译·牧民》，南宁：广西人民出版社，1982年版，第1页。

[5] 赵守正撰：《管子注译·立政》，南宁：广西人民出版社，1982年版，第28页。

[6] 赵守正撰：《管子注译·立政》，南宁：广西人民出版社，1982年版，第28页。

[7] 赵守正撰：《管子注译·立政》，南宁：广西人民出版社，1982年版，第28页。

[8] 赵守正撰：《管子注译·形势》，南宁：广西人民出版社，1982年版，第10页。

基。不知五谷之故，国家乃路”。[1] 其具体的表现为“春行冬政，肃。行秋政，雷，行夏政，阉”。[2]“夏行春政风，行冬政落，重则雨雹，行秋政水。”[3]“秋行夏政叶，行春政华，行冬政耗。”[4]“冬行秋政雾，行夏政雷，行春政烝泄。”[5]《文子》中关于为政不时的论述，“政失于春，岁星盈缩，不居其常；政失于夏，荧惑逆行；政失于秋，太白不当，出入无常；政失于冬，辰星不效其乡，四时失政，镇星摇荡，日月见谪，五星悖乱慧星出。春政不失禾黍滋，夏政不失雨降时，秋政不失民殷昌，冬政不失国家宁康”。[6] 诸子从反面对社会节奏与自然节律契合必要性的强调，被后世继承，并被融入月令图式中，为月令的完善和发展做出了积极贡献。

对于自然资源的开发使用，诸子从朴素的经验层面出发，强调以时禁发，生态使用。《韩非子》举例雍季对晋文公所言，曰：“焚林而田，偷取多兽，后必无兽；以诈遇民，偷取一时，后必无复。”[7]《文子》细致叙述了对不同类别自然资源的生态使用问题，“不掩群而取麸䴗，不涸泽而渔，不焚林而猎。豺未祭兽，罝罘不得通于野。獭未祭鱼，网罟不得入于水。鹰隼未击，罗网不得张于皋。草木未落，斤斧不得入于山林。昆虫未蛰，不得以火田，育孕不杀，𪃍卵不探。鱼不长尺勿得取，犬豕不期年不得食。是故万物之发生若蒸气出”。[8] 认为这是“先王之法”。《荀子》也有类似表述，“草木荣华滋硕之时则斧斤不入山林，不夭其生，不绝其长也；鼋鼍、鱼鳖、鳅鳣孕别之时，罔罟毒药不入泽，不夭其生，不绝其长也；春耕、夏耘、秋收、冬藏四者不失时，故五谷不绝而百姓有余食也；洿池、渊沼、川泽谨其时禁，故鱼鳖优多而百姓有余用也。斩伐养长不失其时，故山林不童而百姓有余材也”。[9] 认为这是“圣王之制”。可以说，诸子对这些时令经验的总结和整理，是对人与自然关系的朴素表达。

[1] 赵守正撰：《管子注译・四时》，南宁：广西人民出版社，1987 年版，第 36 页。
[2] 赵守正撰：《管子注译・幼官》，南宁：广西人民出版社，1982 年版，第 67 页。
[3] 赵守正撰：《管子注译・幼官》，南宁：广西人民出版社，1982 年版，第 67 页。
[4] 赵守正撰：《管子注译・幼官》，南宁：广西人民出版社，1982 年版，第 67—68 页。
[5] 赵守正撰：《管子注译・幼官》，南宁：广西人民出版社，1982 年版，第 68 页。
[6] 李定生、徐慧君校注：《文子要诠・精诚》，上海：复旦大学出版社，1988 年版，第 66 页。
[7]〔清〕王先慎撰，钟哲点校：《韩非子集解・难一》，北京：中华书局，1998 年版，第 347 页。
[8] 李定生、徐慧君校注：《文子要诠・上仁》，上海：复旦大学出版社，1988 年版，第 182 页。
[9]〔清〕王先谦撰，沈啸寰、王星贤点校：《荀子集解・王制》，北京：中华书局，1988 年版，第 165 页。

二、月令天人关系的哲学思辨

社会失序导致人们对西周时期旧有社会秩序及其合理性的“怀疑”，“道”的提出与传播，使诸子形上的追索有了终点，为各类经验、知识和思想发生关联，协调彼此关系，进而形成一个有机系统提供了新的基础。阴阳、五行说则揭示了世界的结构和运动的原理。它们引导诸子走出因王纲解纽、礼崩乐坏而引发的对旧秩序合理性的“怀疑”，解决了新的社会秩序以何为据的问题，妥善地解决了形上追索与行下建设之间的关联，使思想重新获得了对世界的解释与指导能力。因此，道、阴阳五行被广泛引入各家学派，春秋战国时期月令的发展也能够发现其身影。

道、阴阳五行与月令的结合不是一蹴而就的。在《逸周书》中，开始出现阴阳与月令的融汇，但没有发现五行的痕迹。如《时训》篇云：“立春之日，东风解冻；又五日，蛰虫始振；又五日，鱼上冰。风不解冻，号令不行；蛰虫不振，阴奸阳。”[1]这反映出《逸周书》试图借助阴阳说，对物候的变迁、四季流转和社会运作的原因与原理，进行更为深刻的探究。长沙子弹库帛书中则出现了粗疏的五行观念，“倀曰青□榦，二曰未〈朱〉四单（檀），三曰□黄难（橪），四曰□墨（黑）榦”，[2]其青、朱、黄、黑四色之神各自对应帛书四隅，分别司掌春夏秋冬四季，李学勤先生认为：“以五木奠四极，意味着五行的空间分布；以四色名四神，意味着五行的时间循环。以五行说为原则的宇宙间架论，在帛书里已经表现得相当完整。”[3]这意味着月令中五行因素的渐显。阴阳、五行说与月令的结合虽然浅显而零散，但这种思路和取向，对月令的发展却具有方法论的意义。

借助阴阳五行说，诸子认为天子以时序政，不仅仅是对自然节律的被动依附，更是对天意的主动附会。在《管子》中，气为万物本原，阴阳消长为万物发展的机理，阴阳既是“天地之大理”，同时也是“四时之大经”，[4]四时推移，日夜流转都是因为气与阴阳的消长，“春秋冬夏，阴阳之推移也；时之短长，阴阳之利用也；日夜之易，阴阳之化也”。[5]天子应当“法天地之位，象四时之行，以治天下”，[6]只要循时而动，就能够将自身统治纳入天道阴阳之大经。月令因此在文化品质方面出现质的飞跃，

[1] 黄怀信等：《逸周书汇校集注（修订本）》，上海：上海古籍出版社，2007年版，第583页。
[2] 陈斯鹏：《楚帛书甲篇的神话构成、性质及其神话学意义》，《文史哲》，2006年第6期。
[3] 李学勤：《简帛佚籍与学术史》，南昌：江西教育出版社，2001年版，第53页。
[4] 赵守正撰：《管子注译·四时》，南宁：广西人民出版社，1987年版，第36页。
[5] 赵守正撰：《管子注译·乘马》，南宁：广西人民出版社，1982年版，第39页。
[6] 赵守正撰：《管子注译·版法解》，南宁：广西人民出版社，1987年版，第212页。

以其宽宏的覆盖面、深邃的思考和极强的解释能力对此后月令文化的发展产生巨大影响。

社会的发展也推动认知水平和能力的提升，诸子从朴素经验的层面，在整理时令经验和知识，设计月令模式的同时，也从天人关系的高度，对天子与天意之间的关系进行了抽象的思辨。这种思辨，将已知的时令经验上升到抽象的理性高度，对其形制、原理及遵循的必要进行高度理论化的辨析，并以其宽宏的覆盖面、深邃的思考对此后月令文化的发展产生了巨大影响。

三、月令图式化的探索

如前所述，《诗经·七月》显示月令在西周时期已经呈现出明显的“以时系事”特征，但是所叙内容仅存在时间方面的并列性，缺乏系统的“依时叙事”体例以及统一的叙事逻辑，这些缺陷在春秋战国时期得以迅速修正。这从一系列月令类文本中可以得到清晰呈现。

（一）《夏小正》

《夏小正》在论述“以时序政”时，在“以时系事”的同时，也呈现出“依时叙事”的特征。就内容而言，《夏小正》选材古老，而就其撰就成文的时代而言，则未必是夏代。《史记》认为：“孔子正夏时，学者多传夏小正云。”[1]《礼记·礼运》载孔子曰：“我欲观夏道，是故之杞，而不足征也，吾得夏时焉。”[2]郑玄认为“得夏四时之书，其存者有小正”。[3]因文献散佚等原因，《夏小正》原本已难窥原貌，杨宽通过对星象物候历法的考订，认为它是“春秋时代的以农事为主的月历”。[4]《夏小正》现为《大戴礼记》中的一篇。

《夏小正》以时间为轴，记录了一年之中不同时间的物候、气候、星象以及社会实践活动，观察认真而细致。“《夏小正》的文本，记有十二月中可以作定时标准的星象，及可以表征气候寒暖，节物先后的各种天象及动植物的生态，也加入有季节性的重要人事活动。”[5]我们将《夏小正》诸月所见物候、气象、星象和相应社

[1]〔汉〕司马迁：《史记·夏本纪》，北京：中华书局，1959年版，第89页。

[2]〔清〕阮元校刻：《十三经注疏·礼记正义·礼运》，北京：中华书局，1980年影印版，第1415页。

[3]〔清〕阮元校刻：《十三经注疏·礼记正义·礼运》，北京：中华书局，1980年影印版，第1415页。

[4]杨宽：《月令考》，《齐鲁学报》，1941年第2期。

[5]徐复观：《两汉思想史》第二卷，上海：华东师范大学出版社，2001年版，第8页。

会活动制表，如下所示：

《夏小正》所见诸月物候、气候、星象与社会活动表

月份	物候	气候	星象	社会活动
正月	启蛰。雁北乡。雉震呴，鱼陟负冰。囿有见韭，田鼠出。獭献鱼。鹰则为鸠。柳稊。梅杏杝桃则华。缇缟。鸡桴粥。	时有俊风。寒日涤冻涂。	鞠则见。初昏参中。斗柄县在下。	农纬厥耒。初岁祭耒，始用騶。农率均田。初服于公田。采芸。
二月	昆小虫，抵蚳。来降燕。有鸣仓庚。荣芸，时有见稊。			往耰黍，禅。初俊羔，助厥母粥。绥多女士。丁亥，万用入学。祭鲔。荣堇采蘩。剥鱓。始收。
三月	田鼠化为鴽。拂桐芭。鸣鸠。	越有小旱	参则伏。	摄桑。委杨。羵羊。颁冰。采识。妾子始蚕。执养宫事。祈麦实。
四月	鸣札。囿有见杏。鸣蜮。秀幽。	越有大旱	昴则见。初昏，南门正。	王贲秀。取茶。执陟攻驹。
五月	浮游有殷。鴂则鸣。良蜩鸣。鸠为鹰。唐蜩鸣。		参则见。初昏大火中。	时有养日。乃瓜。启灌蓝蓼。煮梅。蓄兰。菽糜。颁马。
六月	鹰始挚。		初昏，斗柄正在上。	煮桃。
七月	秀萑苇。狸子肇肆。湟潦生苹。爽死。荓秀。寒蝉鸣。	时有霖雨	汉案户。初昏，织女正东乡。	灌荼。
八月	丹鸟羞白鸟。鴽为鼠。		辰则伏。参中则旦。	剥瓜。玄校。剥枣。鹿人从。
九月	遰鸿雁。陟玄鸟蛰。熊罴貊貉鷈鼬则穴，若蛰而。雀入于海为蛤。		内火。主夫出火。辰系于日。	荣鞠树麦。王始裘。
十月	豺祭兽。黑鸟浴。玄雉入于淮为蜃。		初昏，南门见。织女正北乡，则旦。	
十一月	陨麋角。			王狩。陈筋革。啬人不从。
十二月	鸣弋。元驹贲。陨麋角。			纳卵蒜。虞人入梁。

（资料源自〔清〕王聘珍撰：《大戴礼记解诂·夏小正》，中华书局1983年版，第25—47页）

可见，《夏小正》中时间的判断对物候星象尚存依赖。时人对时间节律及相应的物候气候、天文星象以及社会活动尚处于观察记录的阶段，“文字质朴而残缺，就是把长期累积的农业生产中所得的经验，写了出来，作为一年十二个月的全面活动的准据”。[1] 全文涉及日常生活多见的动植物生死荣衰，星斗指向与出现方位，气候的冷暖旱湿等观察细微，并作为时间判断的依据。“《夏小正》将一年分为十二个月，除二月、十一月、十二月外，每月在列举若干物候之后，又用一些显著星象的出没动态来表示节候，这样就使月份、物候、天象和节气之间发生了固定的关系。人们只要在夜晚观察一下星象位置和月亮的圆缺程度，就能知道当天的月份和大致日期及所处的节气，以便从事某种农事活动。这是在当时条件下所产生的既科学又方便、普遍能掌握的非常切合实际的农书。”[2] 与《诗经·七月》相比，《夏小正》同样表现出朴素的经验色彩，在相关天文物候和社会人事活动方面也多有相似，但是，在历法制定和时事匹配上，则体现出相当的进步。《夏小正》通过月度的划分，不仅物候星象的迁变得到总结，不同的生产生活任务也有了相对清晰的表达，而且彼此之间的对应关系明确，这种极具实用性的月历，显示出时人通过对时间表征的观察，掌握自然节律，并调节社会节奏，开展相应生产生活实践的能力增强。而且，在叙述过程中，《夏小正》开始呈现出“依时叙事”的特征，依照四时节律，逐月叙述相关的天文星象、气象物候和社会人事活动，与《诗经·七月》相比，更为系统规整。

但是，《夏小正》的描述和记录直观原始而尚显粗疏，虽然继承了“以时系事”的思路，在叙述时也注意到“依时叙事”，逐月而叙，但仍存在一些局限。比如就每月内容来看，常有缺漏，如十一月、十二月和二月就缺乏相关的星象，王的活动如四月“王萯秀”，九月“王始裘”，并未普遍地出现于每个月中；就叙事顺序而言，没有统一的“由天及人”这样的逻辑结构，诸月中的天文、气象、物候和人事活动尚未形成固定的叙述顺序。

由此可见，《夏小正》是一份以经验记录为基础的，强调对生产生活实用性满足的原始而直观的月历安排，“事与事之间关联性弱，月内之事物仅存在时间上的并列性，无逻辑上的承续性。……《夏小正》虽然以时间为序，观象授时，但并没有‘令’的公文性质”。[3] 因此，《夏小正》继承了“以时系事”的传统，在“依时叙事”方面进行了初步的尝试，是传统时令文化发展中重要的一环。

---

[1] 徐复观：《两汉思想史》第二卷，上海：华东师范大学出版社，2001 年版，第 8 页。

[2] 陈振中：《夏商周时代的农时与农历》，《古今农业》，1996 年第 4 期。

[3] 林甸甸：《先秦月令文体研究》，《北京师范大学学报（社会科学版）》，2014 年第 4 期。

（二）长沙子弹库帛书

1942年出土于长沙子弹库的楚帛书，内容分为三篇，以图文并茂的形式，神话的方式诠释了人与自然社会的起源及演变，从天人合一的角度，系统论述了天子序政以时的必要性和具体途径。

在楚帛书甲篇中提到，世界源自混沌鸿蒙，“梦梦墨（黑）墨（黑），亡（无）章弼弼”，而伏羲及四子则开天辟地，疏导山川，命名江河，确立了初步的宇宙秩序，对于时间及四时节律的源起，则是因“未又（有）日月，四神相戈（代），乃?（止）步以为岁，是隹（惟）四寺（时）”，至于日月初成而时间轮转，则是“千又百岁”之后了。此后，因为宇宙秩序被破坏，“九州不坪（平），山陵备峡（逼）”，四神通过对宇宙秩序的重建，以五行的方式，即“伥曰青□榦，二曰未〈朱〉四单（檀），三曰□黄难（橪），四曰□墨（黑）榦”，将自然时间节律趋于稳定和精密化，“帝夋（俊）乃为日月之行。共攻（工）夸步十日，四寺（时）□□神则闰四□”，并且有霄、朝、昼、夕之别，“思（使）又（有）霄又（有）朝，又（有）昼又（有）夕”。[1] 它以原始神话的形式，将天人关系的源起推至宇宙初开的境界，从而以其历史的悠远强化了四时节律的权威性和对其遵循的必要。

在这样的背景下，楚帛书乙篇则主要强调了天子统治下的社会对自然节律顺应的重要性。这一篇认为，作为天意的体现，日月星辰的运作是有固定节律的，如果“乱逆其行”，则会导致时令失常，因此天子应该施政、祭祀以时。“敬（？）之哉！毋弗或敬。隹（惟）天乍（作）福，神则（各）格之；隹（惟）天乍（作）夭（妖），神则惠之。钦（？）敬隹（惟）备，天像（象）是恻（贼）。咸隹（惟）天□，下民之戜（式），敬之母戈（忒）！”[2] 而且强调如果祭祀不时、不够庄重，那么上帝必将降下灾殃，“民则又（有）穀，亡又（有）相蠹（扰），不见陵□”。[3] 不仅如此，楚帛书丙篇则将一年分为十二个月，讲述了每月宜忌。在每个月中，帛书都详细记录了天子及其统治下民众行事的宜忌。以取月（一月）为例，“曰：取，云则至，不可以□杀。壬子、丙子凶。乍（作）□北征，率又（有）咎。”在一月中，不可以杀，不可以北向征伐，而且其中壬子、丙子两日为凶。而女月（二月）则规定：“曰：女，可以出帀（师）筑邑。不可以豪（嫁）女取臣妾。”[4] 意为在二月可以出

[1] 陈思鹏：《楚帛书甲篇的神话构成、性质及其神话学意义》，《文史哲》，2006年第6期。
[2] 李零：《中国方术考（修订本）》，北京：东方出版社，2001年版，第192页。
[3] 李零：《中国方术考（修订本）》，北京：东方出版社，2001年版，第192页。
[4] 李零：《中国方术考（修订本）》，北京：东方出版社，2001年版，第194页。

师征伐，采取军事行动，可以修筑城邑，但不能嫁女，也不能买进奴隶。

可以说，楚帛书三篇在形制和内容上是环环相扣的。虽然与《月令》有一定差异，在内容上带有强烈的原始神话和禁忌的色彩，“如此以四色、四方、十二神象与四季、十二月相配合的组合，乃是较后的《吕氏春秋》十二纪、《月令》及《淮南子·时则篇》所从来”，[1] 也尚未形成非常整齐的四时五行配数和配物系统，但是，就其原则和形制，则与后世月令类文献一脉相承。因而，我们仍然可以将楚帛书作为《月令》的源头之一。

（三）《逸周书》

《逸周书》关于“以时序政”的设计更为系统化。关于《逸周书》，学界观点不一，聚讼纷纭。黄怀信对此予以考证，认为“七十一篇《周书》，系周人于孔子删《书》之后，取其所删余篇，以及传世其他周室文献，又益以当时所作（如《太子晋》等篇），合为七十一篇，依《书》之体，按时代进行编次，并对旧篇进行了程度不同的解释、加工或改写，篇名附上‘解’字，又仿《书序》作《序》一篇，合订而成。其时代，当在春秋晚季的周景王末世”。[2] 其说可信。《逸周书》中的《周月》《时训》两篇，不仅包含有丰富的月令思想，而且表述更加系统。

《逸周书》中“以时序政”的系统化首先表现在对“时事相系”方面的细化以及“依时叙事”的发展上。虽然文中所涉及的物候气象与天文星象在数量上有所拓展，但是与时间的匹配更为细致。《夏小正》与《诗经·七月》中的物候气候与星象等，在《逸周书·时训》中多有承继，并在数量上有所扩展。以物候为例，《夏小正》中一月“启蛰”在《逸周书·时训》中是为立春之日后，“又五日，蛰虫始振”[3]；“獭献鱼”则为“雨水之日，獭祭鱼”。[4] 可见，《逸周书·时训》对时间的分割更为细致，而相应的物候等的时间确定也随之细化，这种相对固定的联结和表达，是对“时事相系”方式的继承和发展。同时，《逸周书》叙述有完整而均分的一年节候，“凡四时成岁，有春夏秋冬，各有孟、仲、季，以名十有二月，中气以著时”，[5] 其叙述以二十四节气为时间标志，以立春始，终于大寒，逐月叙述相应内容。这既是经验

[1] 陈梦家：《战国楚帛书考》，《考古学报》，1984 年第 2 期。

[2] 黄怀信：《〈逸周书〉时代略考》，《西北大学学报》，1990 年第 1 期。

[3] 黄怀信等：《逸周书汇校集注·时训解第五十二》（修订本），上海：上海古籍出版社，2007 年版，第 583 页。

[4] 黄怀信等：《逸周书汇校集注·时训解第五十二》（修订本），上海：上海古籍出版社，2007 年版，第 584 页。

[5] 黄怀信等：《逸周书汇校集注·周月解第五十一》（修订本），上海：上海古籍出版社，2007 年版，第 577 页。

的累积，也是月令体系渐趋成熟和系统化的表征。

《逸周书·时训》还出现了对物候不时以及相应的社会后果的叙述，以立春至雨水之间为例，“立春之日，东风解冻；又五日，蛰虫始振；又五日，鱼上冰。风不解冻，号令不行；蛰虫不振，阴奸阳；鱼不上冰，甲胄私藏”。[1] 在对时间以五日为格进行细分之后，也随即记述相应的物候气候等表现，并强调如果物候不时，则意味着社会后果的堪忧。这折射出时人对自然节律认知和遵行的重视，以及思考的深化。

此外，《逸周书》中有阴阳而无五行。在《周月》和《时训》两篇中，已经出现了阴阳的概念，如《周月》中：“惟一月既南至，昏，昴、毕见，日短极，基践长，微阳动于黄泉，阴降惨于万物。是月斗柄建子，始昏北指，阳气亏，草木萌荡。”[2]《时训》中：“立春之日，东风解冻；又五日，蛰虫始振；又五日，鱼上冰。风不解冻，号令不行；蛰虫不振，阴奸阳。”[3] 可见，在《逸周书》中，关于时间流转、物候迁变的探究，其原因指向了阴阳，试图在对时间节律“是什么”进行描摹的同时，以一种相对抽象的方式对“为何如此这般”进行探究和解释。虽然并未充分展开，而且也没有出现五行系统，但这种理念思路和取向，却意味着人们对因时系事的抽象思考更加深入。

（四）《管子》

《管子》依据不同标准，设计了多样的“以时序政”模式。在这些设计中，不仅文本的体例结构渐趋固定，蕴含内容不断拓展，而且与阴阳五行说的结合更为深化，时事匹配愈发系统。

在《四时》篇中，有五方四时月令，其中东、南、西、北方与四时春夏秋冬相配，中央属土而“实辅四时入出”，[4] 每一时节都有相应的星象、气候、德属以及社会事务。以春三月为例，“东方曰星，其时曰春，其气曰风，风生木与骨。其德喜嬴，而发出节时”。与之相应的社会事务主要是“号令修除神位，谨祷弊梗，宗正阳，治堤防，耕芸树艺，正津梁，修沟渎，甃屋行水，解怨赦罪，通四方”。如果因时而行，

[1] 黄怀信等：《逸周书汇校集注·时训解第五十二》（修订本），上海：上海古籍出版社，2007 年版，第 583 页。

[2] 黄怀信等：《逸周书汇校集注·周月解第五十一》（修订本），上海：上海古籍出版社，2007 年版，第 573—574 页。

[3] 黄怀信等：《逸周书汇校集注·时训解第五十二》（修订本），上海：上海古籍出版社，2007 年版，第 583 页。

[4] 赵守正撰：《管子注译·四时》，南宁：广西人民出版社，1987 年版，第 37 页。

必然“柔风甘雨乃至，百姓乃寿，百虫乃蕃”。如果行事不时，那么后果严重，“春行冬政则雕，行秋政则霜，行夏政则欲”。所以，作为管理者，统治集团应该在这三个月的甲乙之日发布五政，分别是“一政曰：论幼孤，赦有罪。二政曰：赋爵列，授禄位。三政曰：冻解修沟渎，复亡人。四政曰：端险阻，修封疆，正千伯。五政曰：无杀麑夭，毋蹇华绝萼。五政苟时，春雨乃来”。[1] 通过政府的强制和引导，使社会节奏契合自然节律，避免失时和不时所引发的社会不良后果。

在《幼官》中，则以三十时节的时间划分，阐释了另一种“时政”模式。在这种模式下，社会事务以十二天为一个时间段落，以不同的社会事务相应。以春季为例，在强调了遵行的必要性，即“春行冬政肃，行秋政霜，行夏政阉”之后，对时间和具体的社会事务规划为“十二地气发，戒春事。十二小卯，出耕。十二天气下，赐与。十二义气至，修门闾。十二清明，发禁。十二始卯，合男女”。并且，对君王服色、所应味道、声色等皆有规定，“君服青色，味酸味，听角声，治燥气，用八数，饮于青后之井，以羽兽之火爨。藏不忍，行驱养，坦气修通，凡物开静，形生理”。[2] 这种三十时节与传世月令所用的二十四节气在时间分配上既有对应又有差别，“它们分别代表了中国古代两种不同的时令系统。二十四节气代表的是我们比较熟悉的‘月令’系统，而三十时节则代表的是一种很少为人注意的‘四时五行时令’系统”。[3] 但是，其中缺乏相应的物候气象描述，月份与季节的配合相较于传统月令在完整系统方面也有欠缺。因此，其实用性不足，这也许是这一月令模式未能存续发展的原因。

在《轻重己》篇中，还记载了一种以四十六日为时间节律，以君王为核心的“时政”模式。这种月令模式以二十四节气为时间轴线，以冬至为始，将天子的服色、祭祀、应颁政令等加以规定，以立春为例，在“以冬日至始，数四十六日，冬尽而春始”时，天子应召见诸侯，循行百姓，具体为“东出其国四十六里而坛，服青而绕青，搢玉总，带玉监，朝诸侯卿大夫列士，循千百姓”，以鱼为牺牲而祭祀，并发出令曰：“生而勿杀，赏而勿罚，罪狱勿断，以待期年。”其具体的政令包括，“教民樵室钻鐩，墐灶泄井，所以寿民也。耜、耒、耨、怀、铝、鉊、艾、橿、权渠、緉绕，所以御春夏之事也必具。教民为酒食，所以为孝敬也。民生而无父母谓之孤子。无妻无子，谓之老鳏。无夫无子，谓之老寡。此三人者，皆就官而众，可事者不可事者，

[1] 赵守正撰：《管子注译·四时》，南宁：广西人民出版社，1987 年版，第 36 页。

[2] 赵守正撰：《管子注译·幼官》，南宁：广西人民出版社，1982 年版，第 67 页。

[3] 李零：《〈管子〉三十时节与二十四节气——再谈〈玄宫〉和〈玄宫图〉》，《管子学刊》，1988 年第 2 期。

食如言而勿遗。多者为功，寡者为罪，是以路无行乞者也。路有行乞者，则相之罪也。天子之春令也。”[1] 这不仅包含社会生产生活的方方面面，而且体现了对时间利用的效率提高，懂得事前准备的必要。同时，对鳏寡孤独的事养，也体现了因春季阳和，以布德行惠的阴阳理念。这种月令的模式和特征，也为后世月令文献所继承和发展。

在《五行》篇中，还有一种以五行为本、以七十二日为时间划分的“时政”模式。这种模式，以木火土金水各引七十二日，作为基本的时间分割，配合相应的社会事务，形成社会节奏对自然节奏的遵循。以“木行御”的七十二日为例，《管子》首先规定记述天子的作为，即“天子出令，命左右士师内御，总别列爵，论贤不肖士吏，赋秘。赐赏于四境之内，发故粟以田数。出国，衡顺山林，禁民斩木，所以爱草木也”。然后又有相应的物候与气候描述，“冰解而冻释，草木区萌，赎蛰虫卵菱”。时人的社会生产应该是“春辟勿时，苗足本”，并且强调了对自然资源的保护，“疠不雏觳，不夭麑，毋傅速。亡伤襁褓”。[2] 在《五行》篇的最后，同样强调了对不时和失时的关注，认为“睹甲子木行御，天子不赋不赐赏，而大斩伐伤，君危，不然太子危，家人夫人死，不然则长子死”。[3] 这种五行指引下的月令模式，首次对不同时间自然资源的保护提出明确规定，在形制上与后世月令很是相似。

而且，从性质来看，《管子》对月令模式的设计，强调的是“圣王务时而寄政”，目的在于为君王的政治运作、生产组织和生活管理提供相应的借鉴和参照。“四时之行，信必而著明。圣人法之，以事万民，故不失时功。故曰：‘伍于四时。’”[4] 这使其区别于《诗经·七月》等“经验记录”性质的月令类文本，着眼点在于王者的“敬授民时”。

《管子》中的这些设计所蕴含的内容繁复，但叙述并不混乱。相反，《管子》非常注重月令结构的系统化、理论的一致性和逻辑的统一。比如《四时》篇以四时统摄全文，《五行》篇则以五行为基准，从外在结构上看，有着明晰的纲目体系；从叙事逻辑上看，每一部分都按照一定的顺序，或依四方、星象、气候、德属与社会事务的顺序，或循天子、天象物候、社会事务的顺序，有条不紊地加以叙述。如此，《管子》所设计的月令，呈现出外在结构整齐，内在理路统一的图式特征。可以说，《管子》是先秦月令图式化的初步呈现。

---

[1] 赵守正撰：《管子注译·轻重己》，南宁：广西人民出版社，1987 年版，第 413 页。

[2] 赵守正撰：《管子注译·五行》，南宁：广西人民出版社，1987 年版，第 43 页。

[3] 赵守正撰：《管子注译·五行》，南宁：广西人民出版社，1987 年版，第 44 页。

[4] 赵守正撰：《管子注译·版法解》，南宁：广西人民出版社，1987 年版，第 215 页。

可见，春秋战国时期诸子对社会失序的思考，虽然因出发点和落脚点不同而形成诸家之别，并衍生出各具特色的思想理论，但是，概而论之，诸子大都关注了月令问题。他们从不同角度总结梳理相关月令经验和知识，融汇道、阴阳、五行等理论，大力推进月令的图式化建设，形成诸多月令类文本，并随着士人频繁的流动和入仕等活动，推动月令在更广阔地域空间的传播，引导月令与政治结合。这些活动为月令图式的成熟奠定了基础。

第五节　月令图式的成熟

春秋战国时期社会剧烈变动，旧有的《诗经・七月》等月令类文献不足以应对社会需求，诸子为即将到来的政治一统提供理论指导，对月令展开总结梳理、抽象思辨和重新设计，最终形成以《吕氏春秋》十二纪和《礼记・月令》。它们的出现意味着月令最终实现定型和成熟。它以四时十二月为纲目，以阴阳五行说为基本原理，按照“时事相系、依时叙事”的体例，遵循较为固定的叙事逻辑，对宇宙自然和社会人事进行系统配伍，形成一个有机的系统。

首先，从内容上看，《吕氏春秋》十二纪大体涵盖了先前月令类文献所涉及的范畴，既包含气象物候、天文星象，也涉及天子居处、车驾服色、政令颁布、祭祀典礼、礼仪庆赏，以及具体的生产组织和生活管理，在强调与时偕行的同时，又从反面强调了时政错行的严峻后果。可以说，《吕氏春秋》十二纪在知识资源上可谓集大成。

其次，从外在结构上看，《吕氏春秋》十二纪采用“以时系事”的方式，并严格“依时叙事”。与《诗经・七月》较为混乱的时间称谓和叙述逻辑不同，也有别于《管子》以四时、五行等为准的模式，《吕氏春秋》十二纪全篇分为春夏秋冬四季，每个季节分孟、仲、季三部分，合十二个月，作为全篇叙述的纲目，通过“以时系事”的方式，将众多内容系统配伍于四时十二月体系之中，同时，全文叙事自孟春之月始，终于季冬之月，形成细致规整的外在结构。

第三，就内在理论而言，《吕氏春秋》十二纪妥善融合了阴阳五行说。在月令图式中，同一月份中出现各类不同事物，并形成与其他月份的显著差别，其根本的理论依据在于他们具有相同的阴阳五行属性。以孟春之月为例，“东风解冻，蛰虫始振，鱼上冰，獭祭鱼，鸿雁来”。天子施政也是如此，“天子居青阳左个，乘鸾辂，驾苍龙，载青旗，衣青衣，服青玉”，还因行迎春和亲耕之礼，立春之日，“天子亲率三公九卿诸侯大夫以迎春于东郊”。[1]“乃择元辰，天子亲载耒耜，措之参于保介之御间，率三公九卿诸侯大夫躬耕帝籍田，”[2]与天子示范性的礼仪活动相应，各级官僚开展促耕劝农。而且，因为阴阳消长，孟春之月时，“天气下降，地气上腾，天地和同，草木繁动”，[3]所以各项社会活动都必须循奉这一天地规律，“命相布德和令，行庆施惠，下及兆民。庆赐遂行，无有不当”。[4]对于相应的自然资源的采用，也必须有节制，“禁止伐木，无覆巢，无杀孩虫胎夭飞鸟，无麛无卵，无聚大众，无置城郭，掩骼霾髊”。[5]如果施行不当，逆反节令，则灾异频仍。之所以出现这样的物候，天子要遵循这样的起居服饰，施行这样的礼仪庆赏，发布如此的政令，根本的原因就在于这个时期阳气上升，盛德在木，其色尚青，崇生尚养，所以天地万物都必须循奉这一天地规律。可见，《吕氏春秋》十二纪每个月份所蕴含的内容，及其表现出的特征，都是源于共同的阴阳五行属性。

第四，在叙述逻辑方面，《吕氏春秋》十二纪有着相对固定的模式。以孟春之月为例，其文首言星象神祇、虫声数味，“日在营室，昏参中，旦尾中。其日甲乙。其帝太皞。其神句芒。其虫鳞。其音角。律中太蔟。其数八。其味酸。其臭膻。其祀户。祭先脾”。后言物候气象，“东风解冻。蛰虫始振。鱼上冰。獭祭鱼。候雁北”。[6]继而言及天子，包括居处衣食、车马乘驾、礼仪庆典、祭祀牺牲、政令颁布等，百官公卿承天子政令，督导民众以时开展具体的生产劳作，如“王布农事：命田舍东郊，皆修封疆，审端径术，善相丘陵阪险原隰，土地所宜，五谷所殖，以教道民，以躬亲之。

[1]〔战国〕吕不韦著，陈奇猷校释：《吕氏春秋新校释·孟春纪》，上海：上海古籍出版社，2002年版，第1页。

[2]〔战国〕吕不韦著，陈奇猷校释：《吕氏春秋新校释·孟春纪》，上海：上海古籍出版社，2002年版，第2页。

[3]〔战国〕吕不韦著，陈奇猷校释：《吕氏春秋新校释·孟春纪》，上海：上海古籍出版社，2002年版，第2页。

[4]〔战国〕吕不韦著，陈奇猷校释：《吕氏春秋新校释·孟春纪》，上海：上海古籍出版社，2002年版，第1页。

[5]〔战国〕吕不韦著，陈奇猷校释：《吕氏春秋新校释·孟春纪》，上海：上海古籍出版社，2002年版，第2页。

[6]〔战国〕吕不韦著，陈奇猷校释：《吕氏春秋新校释·孟春纪》，上海：上海古籍出版社，2002年版，第1页。

田事既饬，先定准直，农乃不惑”。[1] 最后，则是不时之政所导致的严重社会后果，“孟春行夏令，则风雨不时，草木早槁，国乃有恐。行秋令，则民大疫，疾风暴雨数至，藜莠蓬蒿并兴。行冬令，则水潦为败，霜雪大挚，首种不入”。[2] 由此完成孟春之月的叙述。可见，成熟的月令图式，其内容的叙述顺序基本都遵循由天及天子、次及百官与民众的格式。

因此，规整的外在结构、统一的内在理论以及严格的叙事逻辑，实现了对繁复内容的有效组织，这不仅使月令的文化品质得以提升，对社会现实的解释和指导能力增强，也意味着月令图式的成熟完善。

另外，《月令》与《吕氏春秋》十二纪的关系问题也值得我们留意。二者在内容和结构上有着高度的相似。“以《吕氏春秋·十二月纪》正与此同，不过三五字别”，[3] 详细比对之下，《月令》与《吕氏春秋》文字表述略有差异，有的是字词书写变动或通假所致，如《月令》中“蚤”“难”与《吕氏春秋》十二纪之“早”“傩”；有的字词脱漏之处，如《月令》孟春之月，“王命布农事”，[4] 于十二纪则为“王布农事”；[5] 也有近人断句所致文辞不同等，但大体都无关宏旨。其最大的差异之处在于，与《月令》相比，《吕氏春秋》十二纪于季春之月、孟夏之月、季夏之月、孟秋之月和仲秋之月分别有行政以时的祥瑞叙述，如季春之月“行之是令，而甘雨至三旬”。[6] 孟夏之月“行之是令，而甘雨至三旬”。[7] 季夏之月“行之是令，是月甘

[1]〔战国〕吕不韦著，陈奇猷校释：《吕氏春秋新校释·孟春纪》，上海：上海古籍出版社，2002 年版，第 2 页。

[2]〔战国〕吕不韦著，陈奇猷校释：《吕氏春秋新校释·孟春纪》，上海：上海古籍出版社，2002 年版，第 2 页。

[3]〔清〕阮元校刻：《十三经注疏·礼记正义·月令》，北京：中华书局，1980 年影印版，第 1352 页。

[4]〔清〕阮元校刻：《十三经注疏·礼记正义·月令》，北京：中华书局，1980 年影印版，第 1356 页。

[5]〔战国〕吕不韦著，陈奇猷校释：《吕氏春秋新校释·孟春纪》，上海：上海古籍出版社，2002 年版，第 2 页。

[6]〔战国〕吕不韦著，陈奇猷校释：《吕氏春秋新校释·季春纪》，上海：上海古籍出版社，2002 年版，第 124 页。

[7]〔战国〕吕不韦著，陈奇猷校释：《吕氏春秋新校释·孟夏纪》，上海：上海古籍出版社，2002 年版，第 189 页。

雨三至，三旬二日”。[1] 孟秋之月“行之是令，而凉风至三旬”。[2] 仲秋之月“行之是令，白露降三旬”。[3] 此外，季冬之月也有“行之是令，此谓一终，三旬二日”，[4] 但未言及所指。陶鸿庆以为：“疑正文‘三旬二日’之上，当有脱文，亦指雨雪言之。”[5] 对于这一区别，杨振红引王梦鸥的观点推测以为“早期的月令可分为两部分，一为顺应天时之行事及所应得之祥瑞，一为违背天时之行事及所获得的灾咎，‘其中关于顺令应得之嘉祥，自秦至汉，其文句日渐剥落，迄至编录于《礼记》时，已无从见其痕迹’”。[6] 由此可见，《月令》与《吕氏春秋》十二纪并无质的差别。

高度的相似引发了关于二者关系的争论，自汉代以来，很多学者以为，《月令》本就源自《吕氏春秋》十二纪，“名曰《月令》者，以其记十二月政之所行也，本《吕氏春秋·十二月纪》之首章也，以礼家好事抄合之”，[7] 两者之间的关系历来被不断怀疑，聚讼纷纭。

对于《月令》源自以及与《吕氏春秋》十二纪的关系，杨宽进行了详细考辨，总结认为历史上关于《月令》的源出主要包括以下几种观点：“（1）作于周代说，（2）出于《吕氏春秋》说，（3）作于夏代说，（4）杂有虞、夏、殷、周法说，（5）《月令》因《夏小正》，《吕氏春秋》因《月令》说，（6）周、秦书经汉人修改说。”[8] 并对持相关论点的学者及其依据进行了梳理，其中，认为月令作于周代者，有汉贾逵、马融、鲁恭、蔡邕、王肃、隋杜台卿、清戴震、孙星衍、黄以周等；认为出于《吕氏春秋》者，有郑玄、卢植、高诱三人；认为《月令》为夏书而经后人增益者，有束皙；认为其杂有虞夏殷周者，有牛弘及徐文靖等；认为《月令》因《夏小正》，《吕氏春秋》

---

[1]〔战国〕吕不韦著，陈奇猷校释：《吕氏春秋新校释·季夏纪》，上海：上海古籍出版社，2002 年版，第 315 页。

[2]〔战国〕吕不韦著，陈奇猷校释：《吕氏春秋新校释·孟秋纪》，上海：上海古籍出版社，2002 年版，第 381 页。

[3]〔战国〕吕不韦著，陈奇猷校释：《吕氏春秋新校释·仲秋纪》，上海：上海古籍出版社，2002 年版，第 427 页。

[4]〔战国〕吕不韦著，陈奇猷校释：《吕氏春秋新校释·季冬纪》，上海：上海古籍出版社，2002 年版，第 623 页。

[5]〔战国〕吕不韦著，陈奇猷校释：《吕氏春秋新校释·季冬纪》，上海：上海古籍出版社，2002 年版，第 628 页。

[6] 杨振红：《月令与秦汉政治再探讨——兼论月令源流》，《历史研究》，2004 年第 3 期。

[7]〔清〕阮元校刻：《十三经注疏·礼记正义·月令》，北京：中华书局，1980 年影印版，第 1352 页。

[8] 杨宽：《月令考》，《齐鲁学报》，1941 年第 2 期。

因《月令》的，有方以智；认为《月令》周、秦书经汉人修改的，有汪鋆、康有为、崔适。[1] 而这些不同的观点，在不同的历史时期，占主流地位者也不尽相同。其中，周公说和吕不韦说，曾在相当长的历史时期内占据主流，晚清民国时，随着史学研究的推进，汉儒修改说开始流行，此后，《月令》为阴阳家所作的观点开始流行。可以说，对《月令》文本脉络的辨析已经是一件历时弥久的史学公案。

杨宽在《月令考》中对前述几种《月令》源出的观点一一予以驳正，认为"《月令》当是战国后期阴阳五行家为即将出现之统一王朝所制定行政月历，"并非源自《吕氏春秋》，其编撰成文与传习自成一路，"《吕氏春秋·十二纪》之首章，《明堂阴阳》之《月令》，皆出抄袭。而《礼记》之《月令》，则又抄自《明堂阴阳》"。[2] 这一观点也在逐渐为当下许多学者所关注。

通过文献梳理和比对，有学者认为，在周代应有以"月令"命名的文本，即《周书·月令》，其篇章已经散佚，原貌我们无从得知，但是，在先秦和秦汉古籍中尚有引用和提及，《汉书·律历志下》引"古文《月采》篇曰'三日曰朏'"，《尚书·召浩》孔疏引作"《周书·月令》曰'三日粤拙'。"《论语·阳货篇》马融注引'《周书·月令》有更火……"其中，《周书·月令》是西周时期类似于《夏小正》的国家政令书，随着《明堂月令》的出现，《周书·月令》随即淡出当时人们的关注范围，并逐渐亡佚。所以，《吕氏春秋·十二纪》当以《明堂月令》为主要参考文本，二者皆为《淮南子》的主要参考文本。[3] 杨振红认为《吕氏春秋》十二纪所载近于《管子》而有别于秦汉律令，因而也认为这"似乎意味着当时已经存在一本以'明堂'名义命名的月令书，它应当出自战国齐人邹衍阴阳五行家一派，很可能就是汉宣帝时丞相魏相所上《明堂月令》。《吕氏春秋》十二纪《淮南子·时则》《月令》应分别采自《明堂月令》"。[4] 皮锡瑞考究《月令》源起，作"论王制月令乐记非秦汉之书"认为，"偏见之徒，或云《月令》吕不韦作，或云淮南，皆非也。……依汉制改，而礼家从之，非其旧也"。[5] 四库馆臣认为，《吕氏春秋》十二纪乃是"不韦采记旧文或付益以秦制"，杨宽明确指出，《月令》并非出自一时一家或一人之手，"《月令》既不得谓周公所作，

[1] 杨宽：《月令考》，《齐鲁学报》，1941 年第 2 期。

[2] 杨宽：《月令考》，《齐鲁学报》，1941 年第 2 期。

[3] 张小稳：《月令源流考》，《中国史研究》，2020 年第 4 期。

[4] 杨振红：《出土简牍与秦汉社会》序，桂林：广西师范大学出版社，2009 年版，第 5 页。

[5]〔清〕皮锡瑞：《经学通论·三礼》，北京：中华书局，1954 年版，第 65 页。

亦不得谓秦制。盖出于晋太史之学，经春秋、战国陆续补订而成者”。[1] 从这些研究来看，他们的结论虽然尚有值得商榷之处，但是多认为《月令》并不是直接袭自《吕氏春秋》，也认识到文本的编撰与社会历史发展之间的关系，这一点值得我们借鉴。

事实上，月令的发生发展是个历史的过程，与之相应，月令类文本内容上的拓展，形制体例的系统规整，也是一个历史的过程。将月令的成文认为是某一时期某一学派或个人的这种假设，本身就应该受到质疑。即便是文本同名，那是否就意味着内容一样？所谓《周书·月令》《明堂月令》是否与《月令》完全无异？目前来看，恐怕难以断言。

考虑到先秦文本的命名、传习并无固定规范，相互挪借、转引也司空见惯，对于这一问题，我们是否可以作另一种假设，即经过长期的累积总结和梳理协调后，成熟的月令图式最终成型，不管它最初如何命名，被哪些人掌握，但在随后的历史中，它作为一种文化知识，随着人口的流动和知识的传播，被不同地域和学派的人关注到，并命以不同名称，纳入不同典册，如曾被吕不韦门客收集，解为十二纪首；也曾被淮南王门客留意，命名为《时则训》，纳入《淮南子》；又被戴圣发现，辑入《礼记》，名之《月令》。

不管这一问题最终的结论如何，但至少有一点我们可以肯定，内容完备、体例严谨、理论深邃的月令图式成熟于战国晚期的观点应当是成立的。《礼记·月令》的成文时间目前学界尚无统一而权威的结论，但《吕氏春秋》的编纂却有明确的记载。当时秦国日益强大，秦王不断地招贤纳士，各地士人多负典抱策相携而至，不同地域的月令文本和思想也在这一背景下汇聚咸阳。吕不韦相秦，慕战国四君子养士之举，招致宾客三千，厚遇之，“吕不韦乃使其客人人著所闻，集论以为八览、六论、十二纪，二十余万言。以为备天地万物古今之事，号曰《吕氏春秋》”。[2] 据史籍所载，《吕氏春秋》成书于“维秦八年”。[3] 这说明，最晚至战国晚期，成熟的月令图式已经出现，这一点当是无误的。

总之，时令思想是初民公共意志的反映，其源起和发展具有一定的客观必然性。在与自然相处的过程中，先民通过经验的累积逐步掌握了自然时间的规律，形成了简单的月令意识，以此认知和理解自然，并协调自身存续发展与自然的关系。随着

[1] 杨宽：《月令考》，《齐鲁学报》，1941 年第 2 期。

[2]〔汉〕司马迁：《史记·吕不韦列传》，北京：中华书局，1959 年版，第 2510 页。

[3]〔战国〕吕不韦著，陈奇猷校释：《吕氏春秋新校释·序意》，上海：上海古籍出版社，2002 年版，第 654 页。

人们认知能力的提升，天文历法知识的不断累积、社会结构和国家形态的演化、社会生产生活事项的拓展以及阴阳五行等抽象学说的发展，原始月令意识不断发展演化，其内容更加全面，其结构愈发明晰，各种要素之间的匹配更为合理。

月令的流变过程从不同时期的月令文本中得到清晰呈现。甲骨卜辞中以“四方风”为代表的内容体现了先民对月令的朴素认知，《诗经·七月》中不仅“以时系事”的思路渐趋凸显，而且带有朴素简约和注重实用的特征。春秋战国时期，人们在旧有月令文化的基础上，根据社会需求，吸纳阴阳五行理论，对月令进行了思辨和设计，编纂了一系列月令类文本，其中，《夏小正》不仅传续了“以时系事”的思路，而且“依时叙事”的体例开始受到重视，体现了月令文化的进步。楚帛书的出土，一方面揭示了当时人们从神话角度对时令的反思，另一方面也反映出不同地域人们对自然节律的普遍依赖。在《逸周书》中，阴阳学说开始渗入时令系统，对后世月令文化的发展和成熟产生了重要的影响。《管子》中依据四时、五方、五行等设计了多样的“月令模式”，不仅所涉内容逐步增多，与阴阳五行的结合愈发深入，而且在“以时系事”“依时叙事”方面也逐步完善，显示出月令文化的进一步发展。在此基础上，《吕氏春秋》十二纪和《月令》从内容、结构、逻辑、理论等多个方面实现了完善定型，标志着月令图式最终走向成熟，并且在秦汉政治转型过程中，以其别样的功能，受到统治阶层的重视，被纳入经学体系，在以经治国的时代背景下，对整个社会产生了极为深刻的影响。

第二章　月令的经学化

月令在秦汉时期的发展，首先引人注目的一点是其成熟的文本《月令》，在这一时期被辑入《礼记》，实现了经学地位的跃变。若要探讨月令对汉代政治社会的影响，我们应当首先对月令的经学转变进行概述和分析。月令经学化的实现，是多种因素共同作用的结果。其中，先秦至汉初官府以时序政的有益尝试为此提供了历史依据，秦汉政治转折及其对权威思想的需求是推动月令经学化的根本动力，月令别样的功能和作用则是其经学化的内在原因，而博士制度的完善和戴圣为礼经博士则是月令经学化不可或缺的条件。本章我们就月令的经学化问题进行缕析。

第一节　以时序政的传统

自然节律决定着社会节奏，因而影响政治活动。自先秦以至汉初，历代统治者无不注重对时令经验的总结，并将其贯彻到行政运作、社会管理、司法实践、礼仪庆赏等方面，以此保障民众生存，维护自身统治，从而形成了一系列具有月令色彩的规范。这些以时序政的规范和传统，为月令在汉代的经学化，以及影响的深化奠定了坚实的历史基础。

一、务时寄政

于统治者而言，依据自然节律制定政策，组织生产，管理民众是一种必然选择，只有顺应自然的四时变化，做到“春生夏长，秋收冬藏，取予有节，出入有时，开阖张歙，不失其叙”，[1] 才能实现五谷不绝，保障民众和自身统治的存续发展，否则，

[1] 冯逸、乔华点校：《淮南鸿烈集解・本经训》，北京：中华书局，1989 年版，第 259 页。

“不知四时，乃失国之基。不知五谷之故，国家乃路”，[1] 自然节律因此深切地影响到了国家的行政，并塑造了务时寄政的传统。

首先，严格田间管理，督导以时农作。农业生产具有很强的季节性，作物播种、田间管理、粮食的收获与贮藏等，都必须依循自然节律展开。为保障农作以时，先秦以至汉初的统治集团不仅总结各种作物的生长周期，并设置具体职官，对不同时节的农业生产活动进行管理和督导，其内容包括选种、修葺农具、春耕播种，除草培苗，驱除虫害，作物收获等一系列的事项。从出土资料来看，在战国以至汉初，官府组织农作，严格田间管理已经形成系统严格的法令。对于违反法令，不从官府组织者，也有相应处罚，龙岗《秦简》第 155 号简文云“一盾。非田时也，及田不□□坐……”简文所云“非田时”即指没有遵从官府法令规定，以时开展农作。对于春耕之后，作物生长、除草培苗、驱除虫害等活动，官府也有相关法令，睡虎地秦律《田律》规定：“雨为澍〈澍〉，及诱（秀）粟，辄以书言澍〈澍〉稼、诱（秀）粟及豤（垦）田暘毋（无）稼者顷数。稼已生后而雨，亦辄言雨少多，所利顷数。早〈旱〉及暴风雨、水潦、蚤（螽）蚰、群它物伤稼者，亦辄言其顷数。近县令轻足行其书，远县令邮行之，尽八月□□之。田律”。[2] 简文规定，在春耕之后直至八月的这段时间内，对于田土受雨亩数、作物抽穗顷数、田土开垦而尚未耕种的数量、庄稼受雨量、旱涝灾害及病虫灾害多寡等都要详加清查，书面呈报中央，并根据距离的远近以决定是采用“轻足”还是“邮行”的方式。可见，政府的时序管理已深入到生产劳作的每一个环节。

秋收管理同样是前经学时代官府督导农业生产的重要环节。作物的及时收获不仅是重要环节，也关乎再生产的顺利开展，意义重大，“夫政趣民收获，如寇盗之至，与时竞也”。[3] 民众对于作物的及时收获，受到政府的严格促导，官方要对品种、数量等加以详细地统计。睡虎地秦简中关于作物收获、甄别和贮藏，对于不同事项的责任人以及相应标准都有着系统的规定，如《仓律》规定：“程禾、黍□□□□以书言年，别其数，以稟人。”[4]“计禾，别黄、白、青。桼（秫）勿以稟人。”[5] 这

[1] 赵守正撰：《管子注译·四时》，南宁：广西人民出版社，1987 年版，第 36 页。

[2] 睡虎地秦墓竹简整理小组编：《睡虎地秦墓竹简》，北京：文物出版社，1990 年版，第 19 页。

[3]〔汉〕应劭撰，王利器校注：《风俗通义校注·轶文》，北京：中华书局，1971 年版，第 564—565 页。

[4] 睡虎地秦墓竹简整理小组编：《睡虎地秦墓竹简》，北京：文物出版社，1990 年版，第 28 页。

[5] 睡虎地秦墓竹简整理小组编：《睡虎地秦墓竹简》，北京：文物出版社，1990 年版，第 28 页。

里不仅禾与黍要分开统计，而且对于禾中的黄白青加以区别。当清丈统计完毕，编制账簿，上报中央，与年初确立的生产标准加以比对，以作为官吏升黜的参考。

其次，基层官府还督导民户，以时开展与农耕关系密切的除草、水利修缮、道路疏导等活动。这些活动关乎民众生产生活的开展，但又超出个体家庭的能力范畴，为保障生活秩序，秦及汉初，由地方官府统一组织进行。青川秦简云："以秋八月，脩封捋（埒），正疆畔，及登千（阡）百（陌）之大草。九月，大除道及除隂（浍）。十月为桥，脩陂堤，利津□。鲜草，雖（虽）非除道之时，而有陷败不可行，相为之□□。"[1] 简文中，对官府组织下，民户开展除草、水利修缮、道路疏通等活动的时间进行了细致的规定。而张家山汉简《田律》有与此相似的规定："恒以秋七月除千（阡）佰（陌）之大草；九月大除道□阪险；十月为桥，修波（陂）堤，利津梁。虽非除道之时而有陷败不可行，辄为之。"[2] 可见，秦与西汉时期，地方官府基于吏职，参照国家法令，以时督导民众开展诸如除草、水利修缮、道路疏通等活动，为生产生活的稳定有序提供了相应保障。

第三，在手工副业的组织管理方面，官府同样依循时令制定了相应的制度规范。战国以来，手工副业的开展，已经有专门的律令条文进行强制规范，如秦律中有《厩苑律》专篇，对官府厩苑的类别、管理，马牛的牧养、繁殖、死亡、使用都有详细的时间规定，并且通过评比和奖惩的方式进行管理，如"以四月、七月、十月、正月肤田牛。卒岁，以正月大课之，最，赐田啬夫壶酉（酒）束脯，为旱〈皂〉者除一更，赐牛长日三旬；殿者，谇田啬夫，罚冗皂者二月。其以牛田，牛减絜，治（笞）主者寸十。有（又）里课之，最者，赐田典日旬殿，治（笞）卅"。[3] 这里对耕牛评比的时间、标准以及奖惩细则规定得详细且严格。睡虎地秦简《工律》对官府手工业制器及使用标准的规定也是如此。因此，在先秦至汉初，官府组织手工副业的生产，不仅有了明晰的时间标准，更被以法令的方式强制推行。

第四，在日常生活管理方面，统治者依循时令，制定了诸多细则和规范，从时令角度对民众的日常起居衣食进行指导。从出土资料看，天水放马滩、云梦睡虎地、江陵张家山、随州孔家坡、居延等地区出土了大量《日书》，其内容涉及动土、祭祀、

[1] 四川省博物馆、青川县文化馆：《青川县出土秦更修田律木牍——四川青川县战国墓发掘简报》，《文物》，1982 年第 1 期。

[2] 张家山二四七号汉墓竹简整理小组编著：《张家山汉墓竹简〔二四七号墓〕（释文修订本）》，北京：文物出版社，2006 年版，第 42 页。

[3] 睡虎地秦墓竹简整理小组编：《睡虎地秦墓竹简》，北京：文物出版社，1990 年版，第 22 页。

婚嫁、冠带、生育、病疗、赴任、饮食、制衣、居室、探病、出行、交易、收藏等民众日常生活的各个方面，在这些《日书》中，有许多是作为官吏施政的指导手册使用的。“墓主身份为官吏的，陪葬品均有律令简和《日书》，这绝非偶然。因为《日书》同律令一样，都是官吏为政的必备工具书。”[1] 因此，地方官吏依照《日书》所云，进行相应的时间管理，以指导辖下民众的日常起居饮食等。这些《日书》具有法律强制意义，是规范民众生活，统筹其社会行为，协调社会节奏与自然节律的重要工具。如史、卜等的学习和考课，地方官府也制定相应的法令条文，张家山汉简规定：“史，卜子年十七岁学。史、卜、祝学童三岁学，佴将诣大史、大卜、大祝，郡史学童诣其守，皆会八月朔日试之。”[2] 在地方官的组织和管理下，民众对于何时进行文化学习等，有了相对明晰的规定。

第五，对自然资源的使用方面，统治者强调以时禁发。自然资源是民众生存、统治延续的基础，过度的采择必然对社会的存续发展产生消极影响。因此，统治者一方面对时令经验加以总结，明晰不同自然资源采择的“标准时间”；另一方面，也通过以时禁发的方式，协调社会需求和自然资源之间的关系。战国时期，以时禁发已经被引入法令之中，如睡虎地秦简《田律》规定：“春二月，毋敢伐材木山林及雍（壅）隄水。不夏月，毋敢夜草为灰，取生荔、麛䴕（卵）鷇，毋□□□□□□□毒鱼鳖，置穽罔（网），到七月而纵之。唯不幸死而伐绾（棺）享（椁）者，是不用时。”[3] 简文明确规定了山川林木的垦伐、鸟兽鱼鳖等的猎获等时间，这种法令的原则和规定，也为西汉所承继，在张家山汉简中，也有相似的规定，“禁诸民吏徒隶，春夏毋敢伐材木山林，及进〈壅〉隄水泉，燔草为灰，取产䴠（麛）㱿（鷇）；毋杀其绳重者，毋毒鱼”。[4] 可知，先秦至汉初对于自然资源的采择使用，官府的要求不仅具体严格地因循时令，并且切实贯彻到了行政运作和司法管理当中。

第六，人口统计、土地的清丈以及赋税徭役的征发，也非常注重对自然节律的遵循。秋冬上计是官府调控社会生产生活的基本途径之一。秋冬之际，当生产劳作、户口清查、刑狱审理等逐渐完成时，地方就应该对一年之中的户口、钱粮、垦田、

[1] 林剑鸣：《秦汉政治生活中的神秘主义》，《历史研究》，1991 年第 4 期。

[2] 张家山二四七号汉墓竹简整理小组编著：《张家山汉墓竹简〔二四七号墓〕（释文修订本）》，北京：文物出版社，2006 年版，第 80 页。

[3] 睡虎地秦墓竹简整理小组编：《睡虎地秦墓竹简》，北京：文物出版社，1990 年版，第 20 页。

[4] 张家山二四七号汉墓竹简整理小组编著：《张家山汉墓竹简〔二四七号墓〕（释文修订本）》，北京：文物出版社，2006 年版，第 42—43 页。

刑狱等基本社会情况加以整理，逐级上计。上计的内容包括社会生产生活的方方面面，张家山汉简所云“民宅园户籍、年细籍、田比地籍、田命籍、田租籍，谨副上县廷，皆以箧若匣匮盛，缄闭，以令若丞、官啬夫印封，独别为府，封府户”。[1]这些内容应该就是县廷上计于郡国的基本参照。秋冬上计既是自然节律影响下的农耕生产生活所决定的，也是政治统治对社会管理的时序性体现。而对于徭役的征发，时间相对集中于秋季，一方面经过秋收，农耕活动趋于完成，社会节奏进入农闲时节，有相对充足的时间承担徭役；另一方面，经过春夏两个季节的耕作生产，阡陌沟渠、水道桥梁以及城郭道路等都有不同程度的损毁，因此，政府于秋后征发徭役，既可以为再生产提供保障，也避免了“妨碍农功”。青川秦简规定，“以秋八月，脩封捋（埒），正疆畔，及登千（阡）百（陌）之大草。九月，大除道及除隂（浍）。十月为桥，脩陂堤，利津□。鲜草，離（虽）非除道之时，而有陷败不可行，相为之□□”。[2]这种徭役征发的时间规定为西汉初年所继承，张家山汉简规定，“恒以秋七月除千（阡）佰（陌）之大草；九月大除道□阪险；十月为桥，修波（陂）堤，利津梁。虽非除道之时而有陷败不可行，辄为之。乡部主邑中道，田主田道。道有陷败不可行者，罚其啬夫、吏主者黄金各二两”。[3]这里不仅对相关徭役兴作的时间有具体规定，而且对相关责任人以及效果有着明确规定，这也正体现了不违农时的蕴意。

总之，自先秦以至汉初，基于朴素的现实需求，在历经长时间的经验累积后，统治集团已经逐步形成了较为系统成熟的“务时寄政”的行政运作和社会管理方式，统治者在组织和管理民众时，能够注重对自然节律的总结和因循，推动社会节奏与自然节律的契合，从而保障民众的生存以及自身统治的延续。

二、顺时刑罚

法制是政治生活的重要组成部分，是保障社会节奏与自然节律相契合，维护社会秩序的基本手段。它与时令的结合经历了较长的历史时期，“赏以春夏，刑以秋冬”的思想，自先秦开始逐步渗透到法律制度和司法实践中，形成具有强烈时令色彩的“司

[1] 张家山二四七号汉墓竹简整理小组编著：《张家山汉墓竹简〔二四七号墓〕（释文修订本）》，北京：文物出版社，2006年版，第54页。

[2] 四川省博物馆、青川县文化馆：《青川县出土秦更修田律木牍——四川青川县战国墓发掘简报》，《文物》，1982年第1期。

[3] 张家山二四七号汉墓竹简整理小组编著：《张家山汉墓竹简〔二四七号墓〕（释文修订本）》，北京：文物出版社，2006年版，第42页。

法时令”体系，为经学时代月令与汉代法制的结合奠定了历史基础。

（一）顺时刑罚的提出

刑罚律令作为治民的手段，其渊源甚早，在春秋之前就已存在。但就史籍所言，多为用刑方式，并不见刑罚与时令有何密切关系。《左传》襄公二十六年：“古之治民者，劝赏而畏刑，恤民不倦。赏以春夏，刑以秋冬。”[1]这里首次明确提出刑罚与时令的关系，强调德教行于春夏，而刑罚施于秋冬的观点。但是，这种“赏以春夏，刑以秋冬”的观点并未在春秋时期成为列国司法的原则和标准。据统计，“《左传》中明确记载并指出行刑季节和月份的案件共有 113 件，其中春夏刑杀者 54 件，占 54.8%；秋冬刑杀者 52 件，占 45.2%，从此可见，当时应当并无秋冬行刑的司法制度”。[2]不仅如此，在相关的刑罚案件中，也未有人从时令的角度进行解释。可知，在春秋时期，司法时令只是作为一种思想流布，尚未对当时的司法实践和法律制度形成具体深刻的影响。

战国后期，时令与刑罚司法的关系开始受到人们重视。《周礼·地官》《管子·四时》《吕氏春秋》十二纪等一系列月令类文献中，对时令与司法的关联及其原因进行了系统的探讨，并设计了诸多的司法程序和法律制度。《周礼·地官》提出“协日刑杀”，郑玄注曰：“协，合也，和也。和合支干善日，若今时望后利日也。”[3]认为刑杀应与相应的时日相结合，并设计了一年之中，乡大夫至州长、党正的司法行为，如乡大夫之职“掌其乡之政教禁令。正月之吉，受教法于司徒，退而颁之于其乡吏，使各以教其所治，以考其德行，察其道艺”。[4]“岁终，则令六乡之吏，皆会政致事。正岁，令群吏考法于司徒以退，各宪之于其所治之国。”[5]州长所职与之相似，“各掌其州之教治政令之法。正月之吉，各属其州之民而读法，以考其德行道艺而劝之，以纠其过恶而戒之。……掌其戒令，与其赏罚。岁终，则会其州之政令。正岁，则

[1]〔清〕阮元校刻：《十三经注疏·春秋左传正义·襄公二十六年》，北京：中华书局，1980 年影印版，第 1991 页。

[2] 王凯石：《论中国古代的司法时令制度》，《云南社会科学》，2005 年第 1 期。

[3]〔清〕阮元校刻：《十三经注疏·周礼注疏·司寇》，北京：中华书局，1980 年影印版，第 876 页。

[4]〔清〕阮元校刻：《十三经注疏·周礼注疏·乡大夫》，北京：中华书局，1980 年影印版，第 716 页。

[5]〔清〕阮元校刻：《十三经注疏·周礼注疏·乡大夫》，北京：中华书局，1980 年影印版，第 717 页。

读教法如初”。[1] 而党正“各掌其党之政令教治。及四时之孟月吉日，则属民而读邦法以纠戒之”。[2]《周礼·地官》所言律令刑罚，都有了系统的时序规定。《管子》以阴阳五行说作为理论解释依据，贯通时令与刑法司法的关系，将以时施法提升到“顺阴阳、法天地”的高度。《管子》认为“阴阳者天地之大理也，四时者阴阳之大经也”，因此，“刑德者四时之合也。刑德合于时则生福，诡则生祸”。[3] 并进而解释“刑德”与“四时”之合曰：“春生于左，秋杀于右；夏长于前，冬藏于后。”[4]《管子》所设计的诸多月令模式中，都可以看到刑罚律令与秋冬时令的关系。

这些月令类文献，借助阴阳五行说，对时令与刑罚进行系统的编排，将自然节律作为法律生活的基本依据，强调春夏行德教，秋冬施刑罚，以此符合自然界“春生夏长，秋收冬藏”的客观规律，并期求与天道、天意的同符合契。

（二）司法时令的践行

战国时期时令与刑罚律令的关系不止于理论的探讨和制度的设计，在具体的律令颁定和司法过程中开始体现。

就出土资料来看，秦时诸多社会管理和刑罚举措都以法令形式颁定，其与时令的关系因此被固定下来并具有了强制性。青川秦牍记载了秦武王时期更修为田律的内容。其中，不仅对阡陌疆界、面积大小等进行细致规定，并对阡陌封疆、桥梁陂堤等的除草、修缮进行时间规定：“以秋八月，脩封捋（埒），正疆畔，及癹千（阡）百（陌）之大草。九月，大除道及除阾（浍）。十月为桥，脩陂堤，利津□。鲜草，雖（虽）非除道之时，而有陷败不可行，相为之□□。”[5] 睡虎地秦简《田律》规定：“春二月，毋敢伐材木山林及雍（壅）堤水。不夏月，毋敢夜草为灰，取生荔、麛䴢（卵）鷇，毋□□□□□□□毒鱼鳖，置穽罔（网），到七月而纵之。唯不幸死而伐绾（棺）享（椁）者，是不用时。邑之紤（近）皂及它禁苑者，麛时毋敢将犬以之田。百姓犬入禁苑中而不追兽及捕兽者，勿敢杀；其追兽及捕兽者，杀之。河（呵）禁所杀犬，

[1]〔清〕阮元校刻：《十三经注疏·周礼注疏·州长》，北京：中华书局，1980年影印版，第717—718页。

[2]〔清〕阮元校刻：《十三经注疏·周礼注疏·党正》，北京：中华书局，1980年影印版，第718页。

[3] 赵守正撰：《管子注译·四时》，南宁：广西人民出版社，1987年版，第36页。

[4] 赵守正撰：《管子注译·版法解》，南宁：广西人民出版社，1987年版，第212页。

[5] 四川省博物馆、青川县文化馆：《青川县出土秦更修田律木牍——四川青川县战国墓发掘简报》，《文物》，1982年第1期。

皆完入公；其他禁苑杀者，食其肉而入皮。田律。”[1] 简文中对自然资源的采伐使用有着明确的时间规定。可见，时令与刑罚律令的结合，已经开始贯彻到当时的行政运作、社会管理和司法实践当中了。

虽然时令与刑罚律令在实践层面开始结合，但是，秦时尚未形成严格的“刑以秋冬”的制度，史称“秦为虐政，四时行刑”。以劳役刑罚为例，睡虎地秦简《金布律》规定：“稟衣者，隶臣、府隶之毋（无）妻者及城旦，冬人百一十钱，夏五十五钱；其小者冬七十七钱，夏卌四钱。舂冬人五十五钱，夏卌四钱；其小者冬卌四钱，夏卅三钱。隶臣妾之老及小不能自衣者，如舂衣。”[2]“受（授）衣者，夏衣以四月尽六月稟之，冬衣以九月尽十一月稟之，过时者勿稟。后计冬衣来年。”[3] 通过对“稟衣”“受衣”的规定可知，在夏季仍有服劳役刑者，并非严格的“刑以秋冬”。

汉初继续强化时令与法制的联系，并形成一系列法律制度和司法习惯。汉高祖为顺民心夺天下曾作“三章之约，立国后”，“命萧何次律令，韩信申军法，张苍定章程，叔孙通制礼仪，陆贾造《新语》”，[4] 以此稳定社会秩序。惠帝四年又“省法令妨吏民者；除挟书律”。[5] 这些举措多为“拨乱反正”之举，时令意蕴并不凸显。张家山汉简中时令与刑罚律令的关系，与秦时多有相似沿袭，表明这一时期时令与刑罚律令的结合正在逐步加深。同时，引阴阳五行学说以饰“司法时令”的尝试也在进行，这为此后《月令》与汉代法制的结合，奠定了历史基础。

从文帝时期开始，司法时令行为已经成为习惯，更因阴阳五行说的解释，而开始呈现“天道自然”色彩。文帝元年三月整顿“受鬻法”，规定“年八十已上，赐米人月一石，肉二十斤，酒五斗。其九十已上，又赐帛人二疋，絮三斤。赐物及当稟鬻米者，长吏阅视，丞若尉致。不满九十，啬夫、令史致。二千石遣都吏循行，不称者督之。刑者及有罪耐以上，不用此令”。[6] 景帝后元元年春正月，颁“治狱务宽”诏，曰：“狱，重事也。人有智愚，官有上下。狱疑者谳有司。有司所不能决，移廷尉。有令谳而后不当，谳者不为失。欲令治狱者务先宽。”[7] 这与春三月“顺阳

[1] 睡虎地秦墓竹简整理小组编：《睡虎地秦墓竹简》，北京：文物出版社，1990 年版，第 20 页。

[2] 睡虎地秦墓竹简整理小组编：《睡虎地秦墓竹简》，北京：文物出版社，1990 年版，第 42 页。

[3] 睡虎地秦墓竹简整理小组编：《睡虎地秦墓竹简》，北京：文物出版社，1990 年版，第 41 页。

[4]〔汉〕班固：《汉书·高帝纪》，北京：中华书局，1962 年版，第 81 页。

[5]〔汉〕班固：《汉书·惠帝纪》，北京：中华书局，1962 年版，第 90 页。

[6]〔汉〕班固：《汉书·文帝纪》，北京：中华书局，1962 年版，第 113 页。

[7]〔汉〕班固：《汉书·景帝纪》，北京：中华书局，1962 年版，第 150 页。

助长”的思路相通。而景帝元年秋七月，制诏官吏若故意买贱卖贵，则“皆坐臧为盗，没入臧县官”。[1] 景帝中元元年九月诏曰规定疑狱奏谳曰：“诸狱疑，若虽文致于法而于人心不厌者，辄谳之。”[2] 两者也凸显了“秋冬施刑罚”的意蕴。

这种对时令与刑罚律令相结合的注重，不仅止于对司法时令行为传统的继承，也隐含循天而行的意蕴。如文帝整顿“受鬻法”时就强调“方春和时”。长沙马王堆汉墓出土这一时期的《经法》，对此多有阐述，如《论》篇提出人主“不顺【四时之度】则民疾”。[3] 至于如何“顺四时”，《君正》篇以文武为喻，认为：“因天之生也以养生，胃（谓）之文，因天之杀也以伐死，胃（谓）之武。【文】武并行，则天下从矣。”[4]《论约》篇曰：“始于文而卒于武，天地之道也。四时有度，天地之李（理）也。日月星晨（辰）有数，天地之纪也。三时成功，一时刑杀，天地之道也。四时时而定，不爽不代（忒），常有法式，□□□□。一立一废，一生一杀，四时代正，冬（终）而复始，口事之理也。”[5] 而《亡论》篇则从反面强调说“凡犯禁绝理，天诛必至”。[6] 这种以阴阳天道解释四时轮转，并进而强调治国施政、律令刑罚应“循天顺时”，既是对先秦时令思想的继承，也是基于现实的需要。

春至不刑的传统从这一时期开始多现史载。汉初，“萧何草律，季秋论囚，俱避立春之月”。[7] 论囚，即为执行死刑，如《史记集解》云商鞅：“卒受恶名于秦”时，曰：“一日临渭而论囚七百余人，渭水尽赤。”[8]《窦婴传》记：“乃劾婴矫先帝诏害，罪当弃市。五年十月，悉论灌夫支属。婴良久乃闻有劾，即阳病痱，不食欲死。或闻上无意杀婴，复食，治病，议定不死矣。乃有飞语为恶言闻上，故以十二月晦论弃市渭城。”[9] 张晏注曰：“著日月者，见春垂矣，恐遇赦赎之。”武帝时王温舒九月至河内太守任，捕杀郡中豪猾，“会春，温舒顿足叹曰：‘嗟乎，令冬月益展一月，足吾事矣！’其好杀伐行威不爱人如此”。[10] 张家山汉简《奏谳书》中也有

[1]（汉）班固：《汉书·景帝纪》，北京：中华书局，1962 年版，第 140 页。
[2]（汉）班固：《汉书·景帝纪》，北京：中华书局，1962 年版，第 148 页。
[3] 马王堆汉墓帛书整理小组编：《经法·论》，北京：文物出版社，1976 年版，第 27 页。
[4] 马王堆汉墓帛书整理小组编：《经法·君正》，北京：文物出版社，1976 年版，第 13 页。
[5] 马王堆汉墓帛书整理小组编：《经法·论约》，北京：文物出版社，1976 年版，第 38 页。
[6] 马王堆汉墓帛书整理小组编：《经法·亡论》，北京：文物出版社，1976 年版，第 33 页。
[7]（南朝宋）范晔：《后汉书·陈宠传》，北京：中华书局，1965 年版，第 1551 页。
[8]（汉）司马迁：《史记·商君列传》，北京：中华书局，1959 年版，第 2238 页。
[9]（汉）班固：《汉书·窦婴传》，北京：中华书局，1962 年版，第 2392 页。
[10]（汉）司马迁：《史记·酷吏列传》，北京：中华书局，1959 年版，第 3148 页。

几份案例可供探讨，列表如下：

张家山汉简《奏谳书》中具有明确奏谳时间的案例表

案例		受理日期	奏谳日期
编号	省称		
一	“夷道丞嘉谳蛮夷男子毋忧”案	六月戊子 （汉高祖十一年六月四日）	十一年八月甲申朔己丑 （汉高祖十一年八月六日）
二	“江陵丞骜谳婢媚”案	三月己巳 （汉高祖十一年三月十四日）	十一年八月甲申朔丙戌 （汉高祖十一年八月三日）
三	“胡状丞憙谳狱史阑”案		十年七月辛卯朔癸巳 （汉高祖十年七月三日）
四	“胡丞憙谳隐官解”案	十二月壬申 （汉高祖十年十二月九日）	
五	“江陵余丞骜谳武视”案	五月庚戌 （汉高祖十年五月十九日）	十年七月辛卯朔甲寅 （汉高祖十年七月二十四日）

（资料来源：蔡万进：《张家山汉简〈奏谳书〉研究》，广西师范大学出版社 2006 年版，第 124 页）

由上表可知，“这些县道地方官吏向中央廷尉奏谳的月份，无论受理案件的日期在何月，主要地都集中在秋七月、秋八月”。[1] 又因春至不刑，因此，论囚的时间也就多集中在冬季。因此，西汉初期不仅继承了秦司法以时的传统，更在此基础上，将刑罚律令更多地集中于秋冬，把省刑去罚作为宽大恩惠之政践行于春夏。“赏以春夏，刑以秋冬”的思想，开始贯彻到法律制度和司法实践中。

三、以时行礼

礼制是事神保民、沟通天人的重要方式，其“别人伦以治政安君”的价值和功能历来为统治者所重。自战国以至汉初，礼仪祭祀不仅由简到繁，逐步趋于系统化和制度化，而且越发注重与时令的结合，这为经学时代礼制的改革奠定了基础。

早期国家礼制原始粗疏，《尚书·舜典》曰：“肆类于上帝，禋于六宗，望于山川，遍于群神。”[2] 可见，时人所祭拜的既有日月、山川、河流等自然万物，也有上帝神灵，其仪制典礼较为简单，如“禋”“望”等。因此，这一时期的礼制祭祀等活动注重

[1] 蔡万进：《张家山汉简〈奏谳书〉研究》，桂林：广西师范大学出版社，2006 年版，第 124 页。
[2]〔清〕阮元校刻：《十三经注疏·尚书正义·舜典》，北京：中华书局，1980 年影印版，第 126 页。

的是其“事神保民”的功用。相对而言，对时令的关注并不高。

战国后期，随着诸子对礼制探究的渐趋深化，建立系统的、与时令相匹配的礼制开始受到人们关注。首先，人们强调礼制的等级差异，“天子祭天地，诸侯祭社稷，大夫祭五祀，天子祭天下名山大川，五岳视三公。四渎视诸侯，诸侯祭名山大川所在地者”。身处不同社会等级的人在礼制中各有自身的名分、义务和权力，不得随意逾越。其次，人们设计系统的礼制职官，并对其职守加以区别，如《周礼》以天官、地官、春官、夏官、秋官、冬官六大系统类分国家官制，其中礼制职官及其职守多有涉及，如《周礼·春官·大宗伯》曰：“大宗伯之职，掌建邦之天神人鬼地示之礼，以佐王建保邦国。以吉礼事邦国之鬼神示，以禋祀祀昊天上帝，以实柴祀日月星辰，以槱燎祀司中司命风师雨师，以血祭祭社稷五祀五岳，以狸沈祭山林川泽，以疈辜祭四方百物，以肆献祼享先王，以馈食享先王。”[1] 第三，对于不同礼仪的时月选择，被不断强调和重视，一方面认为行礼应注意时间，《礼器》云，“礼，时为大”，又云：“礼也者，合于天时。”《丧服四制》曰：“凡礼之大体，体天地，法四时。”《吕氏春秋》认为“敬祭之术，时节为务”。[2] 另一方面对于不同时间所进行的礼仪祭祀进行明确划分，如《周礼·春官·大宗伯》认为，“以祠春享先王，以礿夏享先王，以尝秋享先王，以烝冬享先王”。[3] 由此，礼制与时令的关系愈发凸显。此外，这一时期，《吕氏春秋》十二纪、《月令》等时令类文献的成熟和撰著，不仅强化了礼制与时令的匹配，而且以阴阳五行说诠释了以时行礼的必要性，为未来统一帝国所行礼制加以构思设计。

秦时逐步形成以雍地四畤祀上帝为主的礼仪祭祀体系。其中，“秦襄公攻戎救周，列为诸侯，而居西，自以为主少昊之神，作西畤，祠白帝，其牲用骝驹黄牛羝羊各一云”。[4]“其后十四年，秦文公东猎汧渭之间，卜居之而吉。……于是作鄜畤，

[1]〔清〕阮元校刻：《十三经注疏·周礼注疏·大宗伯》，北京：中华书局，1980年影印版，第757—758页。

[2]〔战国〕吕不韦著，陈奇猷校释：《吕氏春秋新校释·尊师》，上海：上海古籍出版社，2002年版，第208页。

[3]〔清〕阮元校刻：《十三经注疏·周礼注疏·大宗伯》，北京：中华书局，1980年影印版，第758页。

[4]〔汉〕班固：《汉书·郊祀志上》，北京：中华书局，1962年版，第1194页。

用三牲郊祭白帝焉。”[1]“秦宣公作密畤于渭南，祭青帝。”[2]“自秦宣公作密畤后二百五十年，而秦灵公于吴阳作上畤，祭黄帝；作下畤，祭炎帝。”[3]“献公自以为得金瑞，故作畦畤栎阳，而祀白帝。”[4]此外，文公还设陈宝祠，“以一牢祠之，名曰陈宝”。[5]这些祭祀活动，都有相应的礼仪，“唯雍四畤上帝为尊，其光景动人民唯陈宝。故雍四畤，春以为岁祷，因泮冻，秋涸冻，冬塞祠，五月尝驹，及四仲之月月祠，[若]陈宝节来一祠。春夏用骍，秋冬用骝。畤驹四匹，木禺龙栾车一驷，木禺车马一驷，各如其帝色。黄犊羔各四，珪币各有数，皆生瘗埋，无俎豆之具。三年一郊。秦以冬十月为岁首，故常以十月上宿郊见，通权火，拜于咸阳之旁，而衣上白，其用如经祠云。西畤、畦畤，祠如其故，上不亲往”。[6]这些祭祀礼仪成为秦国沟通天人，以协和万民的基本方式，不同礼仪祭祀活动有着相应的时令选择。

秦始皇统一六国，“悉内六国礼仪，采择其善”，[7]形成基本的国家礼制体系，其与时令的匹配也为国家所确认。其中，始皇即帝位三年，东巡郡县，“祠驺峄山，颂秦功业”。并封泰山，禅梁父，“其礼颇采太祝之祀雍上帝所用”。[8]对鬼神之祭以八神将为主，“于是始皇遂东游海上，行礼祠名山大川及八神，求仙人羡门之属。八神将自古而有之，或曰太公以来作之。齐所以为齐，以天齐也。其祀绝，莫知起时。八神：一曰天主，祠天齐。天齐渊水，居临菑南郊山下者。二曰地主，祠泰山梁父。盖天好阴，祠之必于高山之下，小山之上，命曰‘畤’；地贵阳，祭之必于泽中圜丘云。三曰兵主，祠蚩尤。蚩尤在东平陆监乡，齐之西境也。四曰阴主，祠三山。五曰阳主，祠之罘。六曰月主，祠之莱山。皆在齐北，并勃海。七曰日主，祠成山。成山斗入海，最居齐东北隅，以迎日出云。八曰四时主，祠琅邪。琅邪在齐东方，盖岁之所始。皆各用一牢具祠，而巫祝所损益，珪币杂异焉”。[9]对山川之祭也有设置，“秦并天下，令祠官所常奉天地名山大川鬼神可得而序也。于是自殽以东，名山五，大川

[1]〔汉〕班固：《汉书·郊祀志上》，北京：中华书局，1962 年版，第 1194 页。

[2]〔汉〕班固：《汉书·郊祀志上》，北京：中华书局，1962 年版，第 1196 页。

[3]〔汉〕班固：《汉书·郊祀志上》，北京：中华书局，1962 年版，第 1199 页。

[4]〔汉〕班固：《汉书·郊祀志上》，北京：中华书局，1962 年版，第 1199 页。

[5]〔汉〕班固：《汉书·郊祀志上》，北京：中华书局，1962 年版，第 1195 页。

[6]〔汉〕司马迁：《史记·封禅书》，北京：中华书局，1959 年版，第 1376—1377 页。

[7]〔汉〕司马迁：《史记·礼书》，北京：中华书局，1959 年版，第 1159 页。

[8]〔汉〕司马迁：《史记·封禅书》，北京：中华书局，1959 年版，第 1367 页。

[9]〔汉〕司马迁：《史记·封禅书》，北京：中华书局，1959 年版，第 1367—1368 页。

祠二。曰太室。太室，嵩高也。恒山，泰山，会稽，湘山。水曰济，曰淮。春以脯酒为岁祠，因泮冻，秋涸冻，冬塞祷祠。其牲用牛犊各一，牢具珪币各异”。[1]“自华以西，名山七，名川四。曰华山，薄山。薄山者，衰山也。岳山，岐山，吴岳，鸿冢，渎山。渎山，蜀之汶山。水曰河，祠临晋；沔，祠汉中；湫渊，祠朝那；江水，祠蜀。亦春秋泮涸祷塞，如东方名山川；而牲牛犊牢具珪币各异。而四大冢鸿、岐、吴、岳，皆有尝禾。”[2]除此之外，各地尚有诸多祠祀，“雍有日、月、参、辰、南北斗、荧惑、太白、岁星、填星、[辰星]、二十八宿、风伯、雨师、四海、九臣、十四臣、诸布、诸严、诸逑之属，百有余庙。西亦有数十祠。于湖有周天子祠。于下邽有天神。沣、滈有昭明、天子辟池。于[杜]、亳有三社主之祠、寿星祠；而雍菅庙亦有杜主。杜主，故周之右将军，其在秦中，最小鬼之神者。各以岁时奉祠”。[3]可见名目之繁复，形制之纷纭。

秦之礼制祭祀虽然关注到与时令匹配的问题，并上升到国家制度层面，但是，其中神祇多样，大多带有民间自发性。其雍地四畤、陈宝祠祀、山川鬼神之祭基本上是将诸侯国时期的祭祀礼制予以拼凑，稍加整顿，以统一帝国的身份予以承认和延续而已。

汉初承秦末动乱之弊，休养生息，其礼制建设多承秦而来。“自天子称号，下至佐僚及宫室官名，少所变改。”[4]刘邦二年，在秦四畤之外另立黑帝祠，“名曰北畤。有司进祠，上不亲往。悉召故秦祀官，复置太祝、太宰，如其故仪礼。因令县为公社。下诏曰：‘吾甚重祠而敬祭。今上帝之祭及山川诸神当祠者，各以其时礼祠之如故’”。[5]在称帝之后，于“长安置祠祀官、女巫。其梁巫祠天、地、天社、天水、房中、堂上之属；晋巫祠五帝、东君、云中君、巫社、巫祠、族人炊之属；秦巫祠杜主、巫保、族累之属；荆巫祠堂下、巫先、司命、施糜之属；九天巫祠九天：皆以岁时祠宫中。其河巫祠河于临晋，而南山巫祠南山、秦中。秦中者，二世皇帝也。各有时日”。[6]而文帝时又“诏有司增雍五畤路车各一乘，驾被具；西畤、畦畤寓车各一乘，寓马四匹，驾被具；河、湫、汉水，玉加各二；及诸祀皆广坛场，圭币俎豆以差加之”。[7]

---

[1]（汉）司马迁：《史记・封禅书》，北京：中华书局，1959 年版，第 1371 页。
[2]（汉）司马迁：《史记・封禅书》，北京：中华书局，1959 年版，第 1372 页。
[3]（汉）司马迁：《史记・封禅书》，北京：中华书局，1959 年版，第 1375 页。
[4]（汉）司马迁：《史记・礼书》，北京：中华书局，1959 年版，第 1159—1160 页。
[5]（汉）班固：《汉书・郊祀志上》，北京：中华书局，1962 年版，第 1210 页。
[6]（汉）班固：《汉书・郊祀志上》，北京：中华书局，1962 年版，第 1211 页。
[7]（汉）班固：《汉书・郊祀志上》，北京：中华书局，1962 年版，第 1212 页。

当时公孙臣与丞相张苍辩汉德，因黄龙见成纪，文帝于是“召公孙臣，拜为博士，与诸生申明土德，草改历服色事。其夏，下诏曰：‘有异物之神见于成纪，毋害于民，岁以有年。朕几郊祀上帝诸神，礼官议，毋讳以朕劳。’有司皆曰：‘古者天子夏亲郊祀上帝于郊，故曰郊。’于是夏四月，文帝始幸雍郊见五畤，祠衣皆上赤”。[1]又因赵人新垣平以望气见上，“于是作渭阳五帝庙，同宇，帝一殿，面五门，各如其帝色。祠所用及仪亦如雍五畤”。[2]此后，“文帝亲拜霸渭之会，以郊见渭阳五帝”。[3]后“人有上书告平所言皆诈也。下吏治，诛夷平。是后，文帝怠于改正服鬼神之事……十六年，祠官各以岁时祠如故，无有所兴”。[4]可见，汉初礼制同样存在纷纭之蔽，虽然不同礼仪祭祀活动有相应的时月，但从整体上看，这样的礼制与大一统的政治局势是不相契合的。

随着社会的恢复发展，特别是儒生集团的努力，统一的汉礼不仅得以构建，而且呈现出儒家化的特征。如叔孙通强调，“礼者，因时世人情为之节文者也。故夏、殷、周之礼所因损益可知者，谓不相复也。臣原颇采古礼与秦仪杂就之”。[5]太史公赞其“希世度务，制礼进退，与时变化，卒为汉家儒宗”。[6]贾谊“以为汉兴至孝文二十余年，天下和洽，而固当改正朔，易服色，法制度，定官名，兴礼乐，乃悉草具其事仪法，色尚黄，数用五，为官名，悉更秦之法。孝文帝初即位，谦让未遑也。诸律令所更定，及列侯悉就国，其说皆自贾生发之”。[7]他们力改儒家迂阔之弊，立足现实政治社会问题，将礼制作为承天序政、化民以致太平的关键，为实现政治大一统和天命信仰的沟通作出了初步的理论论证和实践推广。

武帝即位，一方面“尤敬鬼神之祀”，[8]在承继先代祭祀礼制的基础上，又常采择民俗、听从方士，多设新祀仪式，武帝时期“诸所兴，如薄忌泰一及三一、冥羊、马行、赤星，五。宽舒之祠官以岁时致礼。凡六祠，皆大祝领之。至如八神，诸明年、凡山它名祠，行过则祠，去则已。方士所兴祠，各自主，其人终则已，祠官不主。

[1]〔汉〕班固：《汉书·郊祀志上》，北京：中华书局，1962年版，第1213页。
[2]〔汉〕班固：《汉书·郊祀志上》，北京：中华书局，1962年版，第1213页。
[3]〔汉〕班固：《汉书·郊祀志上》，北京：中华书局，1962年版，第1214页。
[4]〔汉〕班固：《汉书·郊祀志上》，北京：中华书局，1962年版，第1214—1215页。
[5]〔汉〕司马迁：《史记·叔孙通列传》，北京：中华书局，1959年版，第2722页。
[6]〔汉〕司马迁：《史记·叔孙通列传》，北京：中华书局，1959年版，第2726页。
[7]〔汉〕司马迁：《史记·贾生列传》，北京：中华书局，1959年版，第2492页。
[8]〔汉〕班固：《汉书·郊祀志上》，北京：中华书局，1962年版，第1215页。

它祠皆如故。甘泉泰一、汾阴后土，三年亲郊祠，而泰山五年一修封”。[1] 另一方面又“令礼官劝学，讲议洽闻，举遗举礼，以为天下先[2]”。对相关的仪式祭祀礼制加以廓清规范，以图建立相对规整系统的礼制。此后他召策天下，而引发董仲舒等人的积极回应，从而拉开了经学时代，依循《月令》等改革汉礼的序幕。

因此，在先秦以至汉初，礼制“事神保民”的价值和功能被充分发掘，礼仪祭祀的增添、职官的设置不断推进，礼制与时令的关系也受到人们的强调和重视。但是，从整体上看，这一时期的礼制，仍然存在形制杂乱散漫的弊端，其与时令的匹配也缺乏统一的宇宙自然观和相应的理论、经典依据。

总之，先秦至汉初的社会运作高度依赖自然节律，历代统治者为保障民众生存，维护自身统治，对自然节律问题表现出持续的关注。通过总结时令经验形成基本的行政、法律、礼仪规范，并尝试吸纳知识阶层的月令论述，以完善以时序政的能力。这些举措和尝试，对于月令在汉代的经学化，以及深刻影响汉代政治和社会，提供了坚实的历史依据和方法论指导。

第二节　政治转折与诉求

春秋战国至汉初是一个社会大变革的时期，国家形态、社会结构、人身依附关系等快速变动，而思想文化的广度、深度也得到极大提升。政治与思想文化的关系经历了一次离合之变。在这样一个社会失序又重构的过程中，政治对权威思想表现出强烈渴求，这成为月令经学化的根本推动力量。

一、礼崩乐坏与诸子争鸣

西周时期月令与政治紧密相关，周天子为彰显王权天授，曾将敬授民时作为一种政治权力强力垄断。受社会发展状况的限制，西周文化教育具有明显的“学在官府”特征，“父子相传，以持王公，是故三代虽亡，治法犹存，是官人百吏之所以取禄秩也”。[3] 典籍为官府垄断。而当时有能力进行天文物候的观测和记录，总结时令规律，制定具体的月令细则，并形成“班朔”制度，以此安排政治活动，进行生产组

[1]〔汉〕班固：《汉书·郊祀志下》，北京：中华书局，1962年版，第1248页。

[2]〔汉〕班固：《汉书·武帝纪》，北京：中华书局，1962年版，第172页。

[3]〔清〕王先谦撰，沈啸寰，王星贤点校：《荀子集解·荣辱》，北京：中华书局，1988年版，第59页。

织和生活管理的，通常是统治者及其所属的卜史巫祝，因此这一时期月令行为的组织者和管理者，月令发展的目的和服务对象都与统治者密不可分。作为一种话语权力，月令成为周天子神话强权、彰显权威、控制社会的重要手段。

传说周代有观象制时、敬授民时的“班朔”制度。周文王时曾置灵台以观天象，郑《笺》曰：“天子有灵台者，所以观祲象，察气之妖祥也。文王受命而作邑于丰，立灵台。”[1]《周礼》中有“冯相氏”，掌“十有二岁，十有二月，十有二辰，十日，二十有八星之位，辨其叙事，以会天位。冬夏致日，春秋致月，以辨四时之叙”。[2]又有“保章氏”，掌“天星，以志星、辰、日、月之变动，以观天下之迁，辨其吉凶。以星土辨九州之地，所封封域皆有分星，以观妖祥。以十有二岁之相，观天下之妖祥。以五云之物，辨吉凶、水旱降丰荒之祲象。以十有二风，察天地之和命、乖别之妖祥”。[3]《周礼》所言虽有后世附会之嫌，但仍然能从其中窥得一定的历史信息。通过观测天象，制定历法，进而敬授民时，“正岁年以序事，颁之于官府及都鄙，颁告朔于邦国”。郑玄认为，这是指：“天子颁朔于诸侯，诸侯藏之于庙。至朔朝于庙，告而受行之。”[4]周天子观象制历，细致规定各项社会事务的开展时间，将其授之于诸侯，而诸侯在接受天子的朔历文书后，郑重将其藏于宗庙，定时祭拜，按时开展相关社会事务。“履端于始，序则不愆；举正于中，民则不惑；归余于终，事则不悖。”[5]时序的规范和统一，既保障了社会节奏与自然节律的协调，也有力维护了天子的权威。

春秋以降，王权衰微，“幽、厉之后，周室微，陪臣执政，史不记时，君不告朔”，[6]周天子天下共主的地位和尊严难保，“王室而既卑矣，周之子孙日失其序”。[7]礼乐征伐自天子出，逐渐演变为自诸侯出，“平王之时，周室衰微，诸侯强并弱，齐、楚、秦、晋始大，政由方伯”。[8]以鲁国为例，“终春秋之世，鲁之朝王者二，如京师者一，而如齐至十有一，如晋至二十，甚者旅见而朝于楚焉。天王来聘者七，而鲁大夫之聘周者仅四，其聘齐至十有六，聘晋至二十四”。[9]与周王室关系极为密切的鲁国尚

[1] 周振甫：《诗经译注》，北京：中华书局，2002 年版，第 418 页。

[2] 杨天宇：《周礼译注》，上海：上海古籍出版社，2004 年版，第 378 页。

[3] 杨天宇：《周礼译注》，上海：上海古籍出版社，2004 年版，第 379—380 页。

[4] 杨天宇：《周礼译注》，上海：上海古籍出版社，2004 年版，第 375 页。

[5] 杨伯峻编著：《春秋左传注·文公元年》，北京：中华书局，2009 年版，第 511 页。

[6]〔汉〕司马迁：《史记·历书》，北京：中华书局，1959 年版，第 1258 页。

[7] 杨伯峻编著：《春秋左传注·隐公十一年》，北京：中华书局，1981 年版，第 75 页。

[8]〔汉〕司马迁：《史记·周本纪》，北京：中华书局，1959 年版，第 149 页。

[9]〔清〕顾栋高：《春秋大事表》，北京：中华书局，1993 年版，第 1561 页。

且如此，其余诸侯的态度可想而知。而随后更是出现“陪臣执国命”的局面，以往“天子建国，诸侯立家，卿置侧室，大夫有贰宗，士有隶子弟，庶人、工、商，各有分亲，皆有等衰”[1]的格局渐趋崩解，社会秩序逐渐失序。春秋之世“弑君三十六，亡国五十二，诸侯奔走不得保其社稷者不可胜数”。[2]而后，“田氏取齐，六卿分晋，道德大废，上下失序。至秦孝公，捐礼让而贵战争，弃仁义而用诈谲，苟以取强而已矣。夫篡盗之人，列为侯王；诈谲之国，兴立为强。是以传相放效，后生师之，遂相吞灭，并大兼小，暴师经岁，流血满野，父子不相亲，兄弟不相安，夫妇离散，莫保其命，湣然道德绝矣。晚世益甚，万乘之国七，千乘之国五，敌侔争权，盖为战国”。[3]真正是一个“社稷无常奉，君臣无常位”的乱世。

与此同时，学在官府的格局也难以维系，相关典籍和人才不断流散，如“王子朝及召氏之族、毛伯得、尹氏固、南宫嚚奉周之典籍以奔楚”，[4]司马迁在追溯先祖功业时也提到，“司马氏世典周史。惠襄之间，司马氏去周适晋。晋中军随会奔秦，而司马氏入少梁。自司马氏去周适晋，分散，或在卫，或在赵，或在秦”。[5]而在鲁国，“大师挚适齐，亚饭干适楚，三饭缭适蔡，四饭缺适秦，鼓方叔入于河，播鼗武入于汉，少师阳、击磬襄入于海”。[6]连负责音乐演奏的乐官都离散各地，可知“天子失官，官学在四夷”[7]并非虚言。

国家形态剧烈变动，社会结构更加丰满，生产分工愈发细化，社会控制的手段迅速更新，新的职官、制度和律令层出不穷，新的思想和学说激烈争鸣，同时，对天文星象的观测快速发展，物候气象经验的总结不断推进，人们对自然规律的认知也更加深入。旧有的秩序体系在整合新因素方面表现乏力而快速崩溃，整个社会呈现“礼崩乐坏”的失序状态。诸多曾被视作“天经地义”的东西随之失去了“不言而喻”的资质。

周天子在事实上丧失了敬授民时的资格与能力。这对于思想界而言，既是一种

[1] 杨伯峻编著：《春秋左传注·桓公二年》，北京：中华书局，1981年版，第94页。

[2]〔汉〕司马迁：《史记·太史公自序》，北京：中华书局，1959年版，第3297页。

[3]〔汉〕刘向编集，贺伟，侯仰军点校：《战国策·刘向书录》，济南：齐鲁书社，2005年版，第2页。

[4] 杨伯峻编著：《春秋左传注·昭公二十六年》，北京：中华书局，1981年版，第1475页。

[5]〔汉〕司马迁：《史记·太史公自序》，北京：中华书局，1959年版，第3285—3286页。

[6] 杨伯峻译注：《论语译注·微子篇》，北京：中华书局，1980年版，第197页。

[7] 杨伯峻编著：《春秋左传注·昭公十七年》，北京：中华书局，1981年版，第1389页。

危机，更是一次机遇。首先，更多阶层和群体之人得以接受教育，习得知识。据统计，“《左传》所载春秋时代的516个人物中，出身寒微者135人，占26%；而在战国时期的197个人物中，出身寒微者108人，占55%，两倍于春秋时期”。[1] 这为思想文化活力的迸发奠定了坚实的基础。其次，因不必囿于王权政治，知识群体对地理空间的探索、天文星象的观测、宇宙自然的体察、社会失序的反思、新型制度的设计等问题，表现出极高的热情和极强的创造力，“王道既微，诸侯力政，时君世主，好恶殊方，是以九家之术蜂出并作，各引一端，崇其所善，以此驰说[2]”，从而酝酿了多彩的内容。

二、统一之势与思想融汇

战国时期政治统一的趋势渐明，它要求思想渐趋一致而非零散。但从诸子学说来看，儒家学者密切关注了伦理道德以及相应的礼仪规范问题，对社会秩序和个体精神的“应然”进行了持之以恒的论证，但是却对天道自然缺乏必要的抽象的认知；老庄强调了个体精神状态和心灵自由，提出了“道”的概念，但缺乏落实到现实世界的具体方案；墨家虽然在尚贤节用等社会主张以及具体的技术领域成就斐然，但是这多属于直观的记述而缺乏抽象的辨析；法家着力构建政治社会管理的具体手段，致力于实现社会的规范化和程序化，但缺乏形而上的思考；阴阳家虽然对宇宙自然保持了充分的关注，积累了大量的经验和知识，但时常陷于机械、零散的境地而不成系统。可见，任何一家学说都难以承担廓清思想世界、重整社会秩序的重任。

就月令而言，如前所述，这一时期知识阶层的努力主要集中在两个方面。其一，对各种零散朴素的月令经验和知识进行了积极的总结记录，如务时寄政、与时偕行、以时禁发等。孟子认为：“不违农时，谷不可胜食也；数罟不入洿池，鱼鳖不可胜食也；斧斤以时入山林，材木不可胜用也。”[3] 荀子也认为：“春耕、夏耘、秋收、冬藏四者不失时，故五谷不绝而百姓有余食也；洿池、渊沼、川泽谨其时禁，故鱼鳖优多而百姓有余用也；斩伐养长不失其时，故山林不童而百姓有余材也。”[4] 其二，推动月令与道、阴阳、五行思想结合。这些学说理论创造性地回答了新的社会秩序

---

[1] 许倬云：《中国古代社会史论》，桂林：广西师范大学出版社，2006年版，第44页。

[2]〔汉〕班固：《汉书·艺文志》，北京：中华书局，1962年版，第1746页。

[3] 杨伯峻译注：《孟子译注·梁惠王章句上》，北京：中华书局，1960年版，第5页。

[4]〔清〕王先谦撰，沈啸寰、王星贤点校：《荀子集解·王制》，北京：中华书局，1988年版，第165页。

及其合理性“以何为据”的问题，诸子形上的追索有了起点，行下的建设有了依据；各种零散的经验、知识和思想在融汇时有了统一的基础，因而受到人们普遍的关注，月令也不断尝试与之融合。这在《管子》相关篇章中得到清晰呈现。

月令发展的两种努力虽卓有成效，但仍存在一定疏漏。月令与道、阴阳、五行学说的结合，虽然对提升文化品质意义重大，但这种结合仍处在尝试阶段，尚未圆融一体，且其中义理颇为玄远深奥，难以直接运用；对月令经验、知识的记录总结，虽然细致实用，可以为贡赋田税、军政钱粮、政令刑狱、生产组织等活动提供有效的指导参照和信心支撑，但却呈现出零散细碎的弊端，难以满足统一王朝的需要。所以，如何取长补短，形成系统的月令图式体系，并强化与现实政治的关系，仍然存在巨大的用力空间。

诸子对时局变动和时代需要保持着高度敏感，天下一统的局势刺激着时人着手强化交流、吸收和融汇，“天下一致而百虑，同归而殊途”渐成共识。《汉书·艺文志》也强调不同学术思想之间的关系是“其言虽殊，辟犹水火，相灭亦相生也”。[1]有些学派在辈代传递时出现学术主张的横向转移，如荀子为一代名儒，但其弟子韩非、李斯则折向法家；也有新的思想兼收数家之长而力避其不足，如黄老学派以道家思想为主干，援名、法入道，也重视儒家的伦理教化，郭店楚简《六德》曰：“作礼乐，制刑法，教此民尔，使之有向也，非圣智者莫之能也。”[2]儒家礼乐与法家刑法，在这里都被视作“教民”的工具，这反映了当时思想的变迁和努力的方向。

“道术为天下裂”的背后实际上孕育着走向融汇整合的趋向。这在《庄子》《荀子》等论著中都有集中体现。对于月令来说也是如此，吕不韦召集门客，以“法天地”的精神，“上揆之天，下验之地，中审之人”，编纂《吕氏春秋》“凡十二纪者，所以纪治乱存亡也，所以知寿夭吉凶也”，[3]以期为大一统王朝提供借鉴和参照，最终实现了月令的成熟和定型。从这一角度讲，政治变迁是推动月令走向成熟和定型的基本力量。

三、秦汉交替与思想一统

政治运作与社会管理，都要求思想文化与之有一定的一致性，并为之提供相应

[1]〔汉〕班固：《汉书·艺文志》，北京：中华书局，1962 年版，第 1746 页。

[2] 荆门博物馆：《郭店楚墓竹简》，北京：文物出版社，1988 年版，第 187 页。

[3]〔战国〕吕不韦著，陈奇猷校释：《吕氏春秋新校释·序意》，上海：上海古籍出版社，2002 年版，第 654 页。

的方法论指导。秦兼天下，一统六国，制政作令，改革行政。对于社会上的多样思想主张以及地域风俗文化，秦表现出强烈的危机意识，“民各有乡俗，其所利及好恶不同，或不便于民，害于邦。是以圣王作为法度，以矫端民心，去其邪避（僻），除其恶俗。”[1]若任由他们自由膨胀其影响，很可能会导致地域分裂进而危及王权。对秦汉统治者来说，敬授民时、匡饬异俗不仅是一份要承担的社会责任，更是一种需要垄断起来的权力。“明主配天地者也，教民以时，劝之以耕织，以厚民养。”[2]借助王官月令实现对世俗生活的控制，表达的是一种官方的立场和支配的欲望。从各地出土的简牍材料来看，秦确实将月令融入国家管理之中，将其化作各种律令，颁行各地。

虽然秦的制度设计高效，但是在现实实践中，“繁刑严诛，吏治刻深，赏罚不当，赋敛无度，天下多事，吏弗能纪，百姓困穷而主弗收恤”。[3]制度设计与执行效果出现严重偏移，遂导致秦之速亡。事实上，秦之短祚意味着当时的统治者还没有足够的时间和环境，对统治经验和统治思想进行系统整理和规划，建立与统治相匹配的意识形态。

刘邦建汉，凋敝的社会现实决定了生产力的恢复要先于对统治思想的探究。汉初行政、律令及礼乐等方面，多承秦制，《汉书·百官公卿表》“秦兼天下，建皇帝之号，立百官之职。汉因循而不革，明简易，随时宜也”。《后汉书·百官志》云：“汉之初兴，承继大乱，兵不及战，法度草创，略依秦制。”自高祖以至文景之世，政治生活奉行“无为”，为社会秩序的稳定、生产的恢复和财富的累积提供了较为优渥的环境，“当孝惠、高后时，百姓新免毒蠚，人欲长幼养老。萧、曹为相，填以无为，从民之欲，而不扰乱，是以衣食滋殖，刑罚用稀。及孝文即位，躬修玄默，劝趣农桑，减省租赋。……吏安其官，民乐其业，畜积岁增，户口浸息”。[4]

在这种“从民之欲而不扰乱”的思想指导下，汉初天子施政带有明显的实用取向。在行政运作、社会管理过程中，既依从典籍文献以籍定是非，如《后汉书》云：“汉兴，文学既缺，时亦草创，承秦之制，后稍改定，参稽《六经》，近于雅正”。[5]《廿二史札记》中“汉时以经义断事”条也说：“汉初法制未备，每有大事，朝臣得援

[1] 云梦秦墓竹简整理小组：《云梦秦简释文（一）》，《文物》，1976 年第 6 期。

[2] 赵守正撰：《管子注译·形势解》，南宁：广西人民出版社，1987 年版，第 184 页。

[3]〔汉〕司马迁：《史记·秦始皇本纪》，北京：中华书局，1959 年版，第 284 页。

[4]〔汉〕班固：《汉书·刑法志》，北京：中华书局，1962 年版，第 1097 页。

[5]〔南朝宋〕范晔：《后汉书·舆服志上》，北京：中华书局，1965 年版，第 3641 页。

经义以折衷是非。”[1]同时，他们也因循古之王政或社会习惯以指导行政。如文帝元年正月，就立太子一事，与诸臣意见不一，臣僚引古政以论证自己的观点：“古者殷周有国，治安皆且千岁，有天下者莫长焉，用此道也。立嗣必子，所从来远矣。”这种施政参照的多元反映出实用的倾向，《新语·术事》：“制事者因其则，服药者因其良。书不必起仲尼之门，药不必出扁鹊之方，合之者善，可以为法，因世而权行。”[2]这也意味着与政治一统相匹配的意识形态尚未成型。

汉初“清静无为”“从民之欲而不扰乱”的政治指导思想，在恢复社会秩序，发展生产，累积财富方面取得卓然成效，“汉兴七十余年之间，国家无事，非遇水旱之灾，民则人给家足，都鄙廪庾皆满，而府库余货财。京师之钱累巨万，贯朽而不可校。太仓之粟陈陈相因，充溢露积于外，至腐败不可食。众庶街巷有马，阡陌之间成群”。[3]但是，却同样引发一系列社会问题，如边患严峻，诸侯势大，法纪堕弛，豪强不法，至武帝即位时，史称“网疏而民富，役财骄溢，或至兼并豪党之徒，以武断于乡曲。宗室有土公卿大夫以下，争于奢侈，室庐舆服僭于上，无限度”。[4]这说明，“从民之欲而不扰乱”的政治指导思想已经不能满足整个大一统帝国的需要，他们迫切需要的是一整套贯通天人之际的、基于宇宙自然高度又具有相当可操作性的理论体系。

随着统一政局的稳定，国家机构建置的完善和行政经验的累积，武帝时期开始着手建立系统的贯通“天人之际”的意识形态，为自身统治的合理性以及相应的施政寻求一套完整的理论。但是，武帝初年虽然不断任用儒学之士如赵绾、王臧等人，并于建元五年置五经博士，然而“太皇窦太后好老子言，不说儒术，得赵绾、王臧之过以让上，上因废明堂事，尽下赵绾、王臧吏，后皆自杀。申公亦疾免以归，数年卒”。[5]武帝的建立统一意识形态的尝试受挫，但并未息止，在窦太后去世后，元光五年，武帝策问诸儒：“制曰：子大夫修先圣之术，明君臣之义，讲论洽闻，有声乎当世，敢问子大夫：天人之道，何所本始？吉凶之效，安所期焉？禹汤水旱，厥咎何由？仁义礼知四者之宜，当安设施？属统垂业，物鬼变化，天命之符，废兴何如？天文地理人事之纪，子大夫习焉。其悉意正议，详具其对，著之于篇，朕将

[1]〔清〕赵翼著，王树民校证：《廿二史劄记校证》，北京：中华书局，1984年版，第43页。
[2] 王利器撰：《新语校注》，北京：中华书局，1986年版，第44页。
[3]〔汉〕司马迁：《史记·平准书》，北京：中华书局，1959年版，第1420页。
[4]〔汉〕司马迁：《史记·平准书》，北京：中华书局，1959年版，第1420页。
[5]〔汉〕司马迁：《史记·儒林列传》，北京：中华书局，1959年版，第3122页。

亲览焉，靡有所隐。”[1] 由诏书可见，武帝已经明确提出对自身统治与天道自然之间的沟通梳理问题，试图建立能够贯通天人之际，综合终极价值依据、理想制度模式、具体技术性操作规范与细则的理论体系，为自身的统治提供一层来自天道自然的终极支撑，也借此提升政治权力在思想世界的权威性和指导力，以思想的一统维护政治的统一。而且，武帝也明确认识到，若想建立系统的、与政治相匹配的意识形态，就必须借助“修先圣之术，明君臣之义，讲论洽闻，有声乎当世”的“子大夫”群体。

“子大夫”群体对此作出积极回应。在这其中，儒学集团最为积极，其自我改造卓著，也因此适应了汉武帝的政治需求，因而最终从民间之学走向官学，成为“独尊”之学，实现意识形态化。也正是在这一历史潮流中，《月令》被采择辑入小戴《礼记》，作为研习《仪礼》的参考，而脱离诸子百家言，上升为经学。

由此可见，自春秋战国到汉初，整个社会秩序经历了一个失序又重构的过程。在此过程中，政治变迁对权威思想表现出强烈的渴望，这催动着月令从零散走向系统，由朴素转为抽象，并最终实现自民间文本向经学的地位跃变，可谓是月令经学化的根本动因。

第三节　月令的别样功能

月令既包括生产生活实践经验的总结，也蕴含了学者抽象的反思和理想化的设计。在经历了漫长的发展之后，月令图式终于在战国晚期得以成熟。从其典型的文本《礼记·月令》来看，完整成熟的月令图式所涉繁复多样，兼容并包；从外在结构上看，它以四时十二个月为叙述纲目，繁复多样的内容被严格统筹并有序分解，形成“时事相系”的特征；从内在理论上看，融汇阴阳五行说，使月令中时、事的匹配具有了内在的统一性。月令由此具有了别样的功能，它既能为天子循四时、迹阴阳而合德于天提供理论依据，也能为之提供具体的行为参照，更昭示了一种无可置疑的价值取向。这种别样功能成为推动其实现经学化的重要原因。

一、知识资源上集大成

就《礼记·月令》而言，它所涉及的内容既包括天文、物候、气象等自然现象，也有礼仪庆赏、祭祀典礼的规定；既包含天子居处、车驾服色的抽象表达，也涉及具体的政令颁布、序政以时的生产管理和生活组织；既对“宜行”“毋行”予以明

[1]〔汉〕班固：《汉书·公孙弘传》，北京：中华书局，1962年版，第2614页。

晰规定，又以时政错行的严峻后果予以反面强调，可谓兼容并包。

（一）天文星象，物候气象

在《礼记·月令》的四时十二月叙述中，每月皆以天文星象为始，兼叙诸月象物候。以孟春之月为例，天文星象为“日在营室，昏参中，旦尾中”。[1]其所云“营室”“参”“尾”皆为二十八宿星名，《淮南子·天文训》认为天分九野，其中“东方曰苍天，其星房、心、尾。……北方曰玄天，其星须女、虚、危、营室。……西南方曰朱天，其星觜巂、参、东井”。[2]其中“营室”即为北方“室”宿，朱熹释《诗·鄘风·定之方中》之“定之方中，作于楚宫”时认为：“定，北方之宿，营室星也。此星昏而正中，夏正十月也。于是时可以营制宫室，故谓之营室。”[3]《礼记·月令》认为，孟春之时，太阳处“营室”，而“参”“尾”两星，则分别于黄昏和拂晓之时，出现在南方天空，是季节、时间判断的重要标准。

而孟春之月相关物候气象为“东风解冻，蛰虫始振，鱼上冰，獭祭鱼，鸿雁来”。[4]疏引《正义》云：“言‘蛰虫始振’者，谓正月中气之时，蛰虫得阳气，初始振动……云‘鱼上冰’者，鱼当盛寒之时，伏于水下，逐其温暖，至正月阳气既上，鱼游于水上，近于冰，故云‘鱼上冰’也。”[5]又认为“獭祭鱼，鸿雁来”与此同。这种物候气候的总结目的正是郑玄所说的“皆记时候也”。[6]其余诸月，对于相关太阳位置、晨昏中星、物候气象等，都有明确的总结和规定，如下表：

《礼记·月令》中诸月天文星象、物候气象表

月　份	天文星象	物候气象
孟春之月	日在营室，昏参中，旦尾中。	东风解冻，蛰虫始振，鱼上冰，獭祭鱼，鸿雁来。

[1]（清）阮元校刻：《十三经注疏·礼记正义·月令》，北京：中华书局，1980 年影印版，第 1353 页。

[2] 冯逸、乔华点校：《淮南鸿烈集解·天文训》，北京：中华书局，1989 年版，第 87 页。

[3]（宋）朱熹注：《诗经集传》，上海：世界书局，1936 年印行，第 21—22 页。

[4]（清）阮元校刻：《十三经注疏·礼记正义·月令》，北京：中华书局，1980 年影印版，第 1355 页。

[5]（清）阮元校刻：《十三经注疏·礼记正义·月令》，北京：中华书局，1980 年影印版，第 1355 页。

[6]（清）阮元校刻：《十三经注疏·礼记正义·月令》，北京：中华书局，1980 年影印版，第 1355 页。

（续表）

月　份	天文星象	物候气象
仲春之月	日在奎，昏弧中，旦建星中。	始雨水，桃始华，仓庚鸣，鹰化为鸠。
季春之月	日在胃，昏七星中，旦牵牛中。	桐始华，田鼠化为鴽，虹始见，萍始生。
孟夏之月	日在毕，昏翼中，旦婺女中。	蝼蝈鸣，蚯螾出，王瓜生，苦菜秀。
仲夏之月	日在东井，昏亢中，旦危中。	小暑至，螳螂生。鵙始鸣，反舌无声。鹿角解，蝉始鸣。半夏生，木堇荣。
季夏之月	日在柳，昏火中，旦奎中。	温风始至，蟋蟀居壁，鹰乃学习，腐草为萤。
孟秋之月	日在翼，昏建星中，旦毕中。	凉风至，白露降，寒蝉鸣。鹰乃祭鸟，
仲秋之月	日在角，昏牵牛中，旦觜觿中。	盲风至，鸿雁来，玄鸟归，群鸟养羞。
季秋之月	日在房，昏虚中，旦柳中。	鸿雁来宾，爵入大水为蛤。鞠有黄华，豺乃祭兽戮禽。
孟冬之月	日在尾，昏危中，旦七星中。	水始冰，地始冻。雉入大水为蜃。虹藏不见。
仲冬之月	日在斗，昏东壁中，旦轸中。	冰益壮，地始坼。鹖旦不鸣，虎始交。芸始生，荔挺出，蚯蚓结，麋角解，水泉动。
季冬之月	日在婺女，昏娄中，旦氐中。	雁北乡，鹊始巢。雉雊鸡乳。

（资料源自〔清〕阮元校刻：《十三经注疏·礼记正义·月令》，中华书局1980年版，第1352—1384页）

《礼记·月令》中天文星象、物候气象的记述，既有文献传续时相互引用借鉴，也从侧面反映了它们对先民生存发展的重要性。对自然界中日月轮转、昼夜四时交替的节律，动植物消长荣衰的变化规律予以尽可能精细的观察和总结，是官府授民以时，有序展开一切生产组织、生活管理以及政治运作的必要前提。郑玄注《月令》云："日月之行，一岁十二会，圣王因其会而分之，以为大数焉。观斗所建，命其四时。……凡记昏明中星者，为人君南面而听天下，视时以授民事。"[1] 疏云："王者南面而坐，视四星之中者，而知民之缓急，急则不赋力役，故敬授民时，是观时候授民事也。"[2] 观天文星象、物候气象以测时变，既是时人最重要的生存智慧，也

[1]〔清〕阮元校刻：《十三经注疏·礼记正义·月令》，北京：中华书局，1980年影印版，第1352页。

[2]〔清〕阮元校刻：《十三经注疏·礼记正义·月令》，北京：中华书局，1980年影印版，第1353页。

是生存发展得以延续的前提，具有关乎生存的地位和意义。

（二）崇奉神祇，虫声数味

《礼记·月令》在分月叙述的过程中，对涉及的音律、数字、味道以及所遵奉的帝、神都有严格的规定，这些细节构成了月令叙述内容中重要的一环。

在《礼记·月令》中，四时所遵之帝分别为大皞、炎帝、少皞、颛顼，所奉之神分别为句芒、祝融、蓐收、玄冥。以春季三个月为例，其所遵之大皞为宓戏氏，正义引《异义》，《古尚书》说，认为“以东方生养，元气盛大，西方收敛，元气便小，故东方之帝谓之大皞，西方之帝谓之少皞”。[1]而句芒为少皞氏之子，疏云“主木之官，木初生之时，句屈而有芒角，故云句芒”。[2]郑玄认为，春季三个月之所以遵奉大皞和句芒，是因为“此苍精之君，木官之臣，自古以来，著德立功者也”。[3]疏文进一步解释说“言大皞、句芒者，以此二人生时，木王，主春，立德立功。及其死后，春祀之时，则祀此大皞、句芒，故言也。……大皞在前，句芒在后，相去县远，非是一时。大皞木王，句芒有主木之功，故取以相配也”。[4]此外，夏、秋、冬诸月所遵奉的神祇也大体与此相类。这些帝与神，在传统社会被认为是盛德君王，不仅具有崇高的地位，而且被奉为四季神明。这反映出先民在认知自然、总结规律的过程中，所产生的神秘思想和信仰，以此解释自然时令的轮转，这些内容在月令中被保留，并得以与时令匹配。

《礼记·月令》对诸月的虫声数味也有整齐规划。其中，春三月其虫为鳞，其音为角，其数为八，其味为酸，其臭为膻，郑玄认为，鳞为“龙蛇之属”，“象物孚甲将解”，[5]角为“乐器之声也”，“三分羽益一以生角，角数六十四。属木者，

[1]〔清〕阮元校刻：《十三经注疏·礼记正义·月令》，北京：中华书局，1980年影印版，第1353页。

[2]〔清〕阮元校刻：《十三经注疏·礼记正义·月令》，北京：中华书局，1980年影印版，第1353页。

[3]〔清〕阮元校刻：《十三经注疏·礼记正义·月令》，北京：中华书局，1980年影印版，第1353页。

[4]〔清〕阮元校刻：《十三经注疏·礼记正义·月令》，北京：中华书局，1980年影印版，第1353页。

[5]〔清〕阮元校刻：《十三经注疏·礼记正义·月令》，北京：中华书局，1980年影印版，第1353页。

以其清浊中，民象也。春气和，则角声调”。[1] 春季以八为数，则因气阴阳五行之变，“数多者浊，数少者清，大不过宫，细不过羽”。[2] 而味、臭之属，疏引《正义》曰：“通于鼻者谓之臭，在口者谓之味”，春季味属酸，臭属膻，是因为春季五行为木，而“木味酸”，又“凡草木所生，其气膻也”。[3] 夏、秋、冬三月之虫、声、数、味之属，与此实为一理。就月令诸月崇奉神祇，虫声数味可列表如下：

《礼记·月令》诸月崇奉神祇，虫声数味表

月份	孟春	仲春	季春	孟夏	仲夏	季夏	孟秋	仲秋	季秋	孟冬	仲冬	季冬
所尊帝名	大皞	大皞	大皞	炎帝	炎帝	炎帝	少皞	少皞	少皞	颛顼	颛顼	颛顼
所奉之神	句芒	句芒	句芒	祝融	祝融	祝融	蓐收	蓐收	蓐收	玄冥	玄冥	玄冥
虫	鳞	鳞	鳞	羽	羽	羽	毛	毛	毛	介	介	介
音	角	角	角	征	征	征	商	商	商	羽	羽	羽
律	大蔟	夹钟	姑洗	中吕	蕤宾	林钟	夷则	南吕	无射	应钟	黄钟	大吕
数	八	八	八	七	七	七	九	九	九	六	六	六
味	酸	酸	酸	苦	苦	苦	辛	辛	辛	咸	咸	咸
臭	膻	膻	膻	焦	焦	焦	腥	腥	腥	朽	朽	朽

（资料源自〔清〕阮元校刻：《十三经注疏·礼记正义·月令》，中华书局 1980 年版，第 1352—1384 页）

《礼记·月令》中关于诸月遵奉神祇、虫声数味的表述，既有相关历史传说的影子，也有学者主观编排的意蕴，它在整个月令叙述体系中，是承上启下的重要一环。疏引《正义》曰：“故先建春以奉天，奉天然后立帝，立帝然后言佐，言佐然后列昆虫之列，物有形可见，然后音声可闻，故陈音。有音，然后清浊可听，故言钟律。音声可以彰，故陈酸膻之属也。群品以著五行，为用于人，然后宗而祀之，故陈五祀。此以上者，圣人记事之次也。”可见，诸月遵奉神祇、虫声数味的表述，是承天理

[1]〔清〕阮元校刻：《十三经注疏·礼记正义·月令》，北京：中华书局，1980 年影印版，第 1353 页。

[2]〔清〕阮元校刻：《十三经注疏·礼记正义·月令》，北京：中华书局，1980 年影印版，第 1353 页。

[3]〔清〕阮元校刻：《十三经注疏·礼记正义·月令》，北京：中华书局，1980 年影印版，第 1354 页。

民的顺序表达，只有如此，才能有效做到沟通天人之际，“然后人君承天时行庶政。”[1]

（三）天子居处，衣服食驾

在整个《礼记·月令》叙述内容中，天子居于核心地位，他被认为是沟通天人、授民以时并承天理民的关键。因此，《礼记·月令》对天子每月的衣食住行的规定严格又详细，力求“天人合一”。

《礼记·月令》规定，春三月，天子顺序居于青阳左个、青阳大庙、青阳右个。郑玄注曰“青阳左个，大寝东堂北偏”。[2]“青阳大庙，东堂当大室”。[3]“青阳右个，东堂南偏”。[4]此外，春三月应“乘鸾路，驾仓龙，载青旂，衣青衣，服仓玉，食麦与羊，其器疏以达”。[5]郑玄以为，天子所乘“鸾路”为“有虞氏之车，有鸾和之节，而饰之以青，取其名耳”。[6]车驾为“仓龙”意指“马八尺以上为龙”。[7]而“青旂”“青衣”“仓玉”是“冠饰及所珮者之衡璜也”。[8]而“龙”与“玉”言其色为“仓”，“旂”与“服”颜色为“青”，《正义》认为“苍亦青也，远望则苍”。之所以如此，原因在于“色则顺时，食与器则顺气也。”[9]天子于春三月所食麦与羊，器物“疏以达”，是因为“麦实有孚甲，属木。羊，火畜也。时尚寒，食之以安性也。器疏者刻镂之，

[1]（清）阮元校刻：《十三经注疏·礼记正义·月令》，北京：中华书局，1980年影印版，第1353页。

[2]（清）阮元校刻：《十三经注疏·礼记正义·月令》，北京：中华书局，1980年影印版，第1355页。

[3]（清）阮元校刻：《十三经注疏·礼记正义·月令》，北京：中华书局，1980年影印版，第1361页。

[4]（清）阮元校刻：《十三经注疏·礼记正义·月令》，北京：中华书局，1980年影印版，第1363页。

[5]（清）阮元校刻：《十三经注疏·礼记正义·月令》，北京：中华书局，1980年影印版，第1355页。

[6]（清）阮元校刻：《十三经注疏·礼记正义·月令》，北京：中华书局，1980年影印版，第1355页。

[7]（清）阮元校刻：《十三经注疏·礼记正义·月令》，北京：中华书局，1980年影印版，第1355页。

[8]（清）阮元校刻：《十三经注疏·礼记正义·月令》，北京：中华书局，1980年影印版，第1355页。

[9]（清）阮元校刻：《十三经注疏·礼记正义·月令》，北京：中华书局，1980年影印版，第1355页。

象物当贯土而出也”。[1] 这些对天子居处、乘驾、衣饰和食器等的规定，目的是“皆所以顺时气也”。[2] 而夏、秋、冬诸月对此的规定，目的也是如此。就《礼记·月令》诸月所见天子居处、乘驾、衣服、食器可列表如下：

《礼记·月令》诸月所见天子居处、乘驾、衣服、食器表

月份	天子居处	天子乘驾	天子衣饰	天子食器
孟春	青阳左个	乘鸾路，驾仓龙，载青旗	衣青衣，服仓玉	食麦与羊，其器疏以达
仲春	青阳大庙	乘鸾路，驾仓龙，载青旗	衣青衣，服仓玉	食麦与羊，其器疏以达
季春	青阳右个	乘鸾路，驾仓龙，载青旗	衣青衣，服仓玉	食麦与羊，其器疏以达
孟夏	明堂左个	乘朱路，驾赤骝，载赤旗	衣朱衣，服赤玉	食菽与鸡，其器高以粗
仲夏	明堂太庙	乘朱路，驾赤骝，载赤旗	衣朱衣，服赤玉	食菽与鸡，其器高以粗
季夏	明堂右个	乘朱路，驾赤骝，载赤旗	衣朱衣，服赤玉	食菽与鸡，其器高以粗
孟秋	总章左个	乘戎路，驾白骆，载白旗	衣白衣，服白玉	食麻与犬，其器廉以深
仲秋	总章大庙	乘戎路，驾白骆，载白旗	衣白衣，服白玉	食麻与犬，其器廉以深
季秋	总章右个	乘戎路，驾白骆，载白旗	衣白衣，服白玉	食麻与犬，其器廉以深
孟冬	玄堂左个	乘玄路，驾铁骊，载玄旗	衣黑衣，服玄玉	食黍与彘，其器闳以奄
仲冬	玄堂大庙	乘玄路，驾铁骊，载玄旗	衣黑衣，服玄玉	食黍与彘，其器闳以奄
季冬	玄堂右个	乘玄路，驾铁骊，载玄旗	衣黑衣，服玄玉	食黍与彘，其器闳以奄

（资料源自〔清〕阮元校刻：《十三经注疏·礼记正义·月令》，中华书局1980年版，第1352—1384页）

[1]〔清〕阮元校刻：《十三经注疏·礼记正义·月令》，北京：中华书局，1980年影印版，第1355页。

[2]〔清〕阮元校刻：《十三经注疏·礼记正义·月令》，北京：中华书局，1980年影印版，第1355页。

在时人看来，天子是承天理民，实现天人相符合契的关键，“人主不和即天气不下，地气不上，阴阳不调，风雨不时，人民疾饥”。[1] 因而实现人与自然的协调，天人合一，首先应当理顺的就是天子与天道自然的关系，而遵奉自然节律就是其中最重要的环节和途径。《礼记·月令》通过对天子居处、乘驾、衣饰和食器加以严格细致的规定，试图将天子的衣食住行等嵌构到自然时序的流转当中，以此彰显天子循天而治的理念，所以，《礼记·月令》对天子居处、乘驾、衣饰和食器的规定，其目的已溢出生活起居的满足，而是希冀通过对天道自然的具体表征——“时气”的顺应，以求天人合一。

（四）礼仪庆赏，祭祀牺牲

礼仪庆赏和祭祀牺牲是国家政治生活重要的组成部分，也是统治集团沟通天人，强化王权，管控社会的重要方式。“夫昭事上帝，则自怀多福；宗庙致敬，则鬼神以著。国之大事，实先祀典，天子圣躬所当恭事。”[2] 在《礼记·月令》中，相关礼仪庆赏、祭祀牺牲不仅种类繁多、目的多样，而且层级多元。就此，我们可以列表如下：

《礼记·月令》所见诸月礼仪庆赏和祭祀牺牲表

月份	礼仪庆赏，祭祀牺牲
孟春	立春之日，天子亲帅三公、九卿、诸侯、大夫，以迎春于东郊。还反，赏公卿、诸侯、大夫于朝。乃以元日，祈谷于上帝。乃择元辰，天子亲载耒耜，措之参保介之御间，帅三公九卿诸侯，大夫，躬耕帝藉。天子三推，三公五推，卿诸侯九推。反执爵于大寝，三公、九卿、诸侯、大夫，皆御，命曰劳酒。乃修祭典。命祀山林川泽，牺牲毋用牝。
仲春	择元日，命民社。至之日，以大牢祠于高禖。天子亲往，后妃帅九嫔御。乃礼天子所御，带以弓韣，授以弓矢，于高禖之前。天子乃鲜羔开冰，先荐寝庙。上丁，命乐正习舞，释菜。天子乃帅三公、九卿、诸侯、大夫，亲往视之。仲丁，又命乐正入学习舞。是月也，祀不用牺牲，用圭璧，更皮币。
季春	天子乃荐鞠衣于先帝。荐鲔于寝庙，乃为麦祈实。后妃齐戒，亲东乡躬桑。是月之末，择吉日大合乐，天子乃帅三公、九卿、诸侯、大夫，亲往视之。命国难，九门磔攘，以毕春气。
孟夏	立夏之日，天子亲帅三公、九卿、大夫，以迎夏于南郊。还反，行赏，封诸侯。庆赐遂行，无不欣说。乃命乐师，习合礼乐。农乃登麦，天子乃以彘尝麦，先荐寝庙。蚕事毕，后妃献茧。天子饮酎，用礼乐。
仲夏	命乐师修鞀鞞鼓，均琴瑟管箫，执干戚戈羽，调竽笙篪簧，饬钟磬柷敔。命有司为民祈祀山川百源，大雩帝，用盛乐。乃命百县雩祀百辟卿士有益于民者，以祈谷实。天子乃以雏尝黍羞，以含桃先荐寝庙。
季夏	命四监，大合百县之秩刍，以养牺牲。令民无不咸出其力，以共皇天上帝、名山大川、四方之神，以祠宗庙社稷之灵，以为民祈福。

[1] 李定生、徐慧君校注：《文子要诠·符言》，上海：复旦大学出版社，1988 年版，第 99 页。

[2]〔南朝宋〕范晔：《后汉书·蔡邕传》，北京：中华书局，1965 年版，第 1992 页。

（续表）

月份	礼仪庆赏，祭祀牺牲
孟秋	立秋之日，天子亲帅三公、九卿、诸侯、大夫，以迎秋于西郊。还反，赏军帅武人于朝。农乃登谷。天子尝新，先荐寝庙。
仲秋	养衰老，授几杖，行糜粥饮食。乃命宰祝，循行牺牲，视全具，案刍豢瞻肥瘠，察物色。必比类，量小大，视长短，皆中度。五者备当，上帝其飨。天子乃难，以达秋气。以犬尝麻，先荐寝庙。
季秋	上丁，命乐正，入学习吹。是月也，大飨帝，尝牺牲，告备于天子。天子乃教于田猎，以习五戎，班马政。命仆及七驺咸驾，载旌旐，授车以级，整设于屏外。司徒搢扑，北面誓之。天子乃厉饰，执弓挟矢以猎，命主祠祭禽于四方。天子乃以犬尝稻，先荐寝庙。
孟冬	立冬之日，天子亲帅三公、九卿、大夫，以迎冬于北郊，还反，赏死事，恤孤寡。大饮烝。天子乃祈来年于天宗，大割祠于公社，及门闾。腊先祖五祀，劳农以休息之。
仲冬	天子命有司，祈祀四海、大川、名源、渊泽、井泉。
季冬	命有司，大难旁磔，出土牛，以送寒气。征鸟厉疾。乃毕山川之祀，及帝之大臣，天之神祇。命渔师始渔，天子亲往，乃尝鱼，先荐寝庙。命乐师大合吹而罢。

（资料源自〔清〕阮元校刻：《十三经注疏·礼记正义·月令》，中华书局1980年版，第1352—1384页）

由此可见，在《礼记·月令》中，不仅有四时迎气之礼，还有祈年、祈谷、飨帝、祭祖之礼；不仅有天子亲自主持参与的礼仪祭典，也有“有司”受命组织的仪式；参与的对象不仅有男性，而且有以皇后为首的亲桑典礼；祭祀对象不仅包括先祖，还有山林川泽；祭祀目的不仅有庆祝、祈请，也有辟邪去凶；不仅有官方仪典，也有民间祝祀；不仅礼乐完备，而且等级分明。

在《礼记·月令》中，四时轮转不仅是自然节律的代换标志，而且是政治和社会生活中礼仪庆典，祭祀牺牲的时间界标，不同典礼仪式中，所祭祀的对象，参与者的社会地位，特定的祭品和方位等的详细规定，共同构成仪式活动的神圣感，《礼记·月令》中对诸多仪式典礼的细致描述，通过对神圣感的创造以强化天子统治下的社会秩序的合理性，加深了人们对自然节律遵奉的自觉。

（五）以时布政，行止有别

通过政令颁布以督导社会节奏与自然节律的契合，是统治者维护自身统治，保障社会绵延发展的基本途径之一。在《礼记·月令》中，统治者所应颁行的政令多种多样，大体可划分为应行与毋行两大类，可列表如下：

《礼记·月令》诸月所见政令表

月份	应行事宜	毋行事宜
孟春	命相布德和令，行庆施惠，下及兆民。乃命大史，守典奉法，司天日月星辰之行，宿离不贷，毋失经纪，以初为常。王命布农事，命田舍东郊，皆修封疆，审端径术。善相丘陵、阪险、原隰，土地所宜，五谷所殖，以教道，民必躬亲之。命乐正入学习舞。	禁止伐木。毋覆巢，毋杀孩虫，胎夭飞鸟。毋麛毋卵。毋聚大众，毋置城郭。掩骼埋胔。不可以称兵，称兵必天殃。兵戎不起，不可从我始。毋变天之道，毋绝地之理，毋乱人之纪。
仲春	安萌牙，养幼少，存诸孤。命有司，省囹圄，去桎梏，止狱讼。日夜分，则同度量，钧衡石，角斗甬，正权概。	毋肆掠，毋作大事，以妨农之事。毋竭川泽，毋漉陂池，毋焚山林。
季春	命舟牧覆舟，五覆五反。乃告舟备具于天子焉。天子布德行惠，命有司，发仓廪，赐贫穷，振乏绝，开府库，出币帛，周天下。勉诸侯，聘名士，礼贤者。命司空曰：时雨将降，下水上腾，循行国邑，周视原野，修利堤防，道达沟渎，开通道路，毋有障塞。命工师，令百工，审五库之量。金、铁、皮、革、筋、角、齿、羽、箭、干、脂、胶、丹、漆，毋或不良。乃合累牛腾马，游牝于牧。牺牲驹犊，举书其数。	田猎罝罘、罗网、毕翳、馁兽之药，毋出九门。命野虞无伐桑柘。百工咸理，监工日号。毋悖于时，毋或作为淫巧，以荡上心。
孟夏	命野虞，出行田原，为天子劳农劝民，毋或失时。命司徒巡行县鄙，命农勉作，毋休于都。聚畜百药。靡草死，麦秋至。断薄刑，决小罪，出轻系。	是月也，继长增高，毋有坏堕，毋起土功，毋发大众，毋伐大树。驱兽毋害五谷，毋大田猎。
仲夏	挺重囚，益其食。游牝别群，则絷腾驹，班马政。节耆欲，定心气，百官静，事毋刑，可以居高明，可以远眺望，可以升山陵，可以处台榭。	令民毋艾蓝以染，毋烧灰，毋暴布。门闾毋闭，关市毋索。君子齐戒，处必掩身，毋躁。止声色，毋或进。薄滋味，毋致和。毋用火南方。
季夏	命渔师伐蛟、取鼍、登龟、取鼋。命泽人纳材苇。命妇官染采，黼黻文章，必以法故，无或差贷。黑黄仓赤，莫不质良，毋敢诈伪，可以粪田畴，可以美土疆。	树木方盛，乃命虞人，入山行木，毋有斩伐。不可以兴土功，不可以合诸侯，不可以起兵动众，毋举大事，以摇养气。毋发令而待，以妨神农之事也。
孟秋	命有司，修法制，缮囹圄，具桎梏，禁止奸，慎罪邪，务搏执。命理瞻伤，察创，视折，审断决。狱讼必端平。戮有罪，严断刑。命百官始收敛。完堤防，谨壅塞，以备水潦。修宫室，坏墙垣，补城郭。	毋以封诸侯、立大官。毋以割地、行大使、出大币。
仲秋	养衰老，授几杖，行麋粥饮食。乃命司服，具饬衣裳，文绣有恒，制有小大，度有长短。衣服有量，必循其故，冠带有常。乃命有司，申严百刑，斩杀必当，可以筑城郭，建都邑，穿窦窖，修囷仓。乃命有司，趣民收敛，务畜菜，多积聚。乃劝种麦，毋或失时。日夜分，则同度量，平权衡，正钧石，角斗甬。易关市，来商旅，纳货贿，以便民事。	申严百刑，斩杀必当，毋或枉桡。

（续表）

月份	应行事宜	毋行事宜
季秋	命百官，贵贱无不务内，以会天地之藏。乃命冢宰，农事备收，举五谷之要，藏帝藉之收于神仓。霜始降，则百工休。合诸侯制，百县为来岁受朔日，与诸侯所税于民，轻重之法，贡职之数，以远近土地所宜为度，以给郊庙之事。天子乃教于田猎，以习五戎，班马政。伐薪为炭。乃趣狱刑。收禄秩之不当、供养之不宜者。	无有宣出。毋留有罪。
孟冬	命百官谨盖藏。命司徒循行积聚，无有不敛。坏城郭，戒门闾，修键闭，慎管龠，固封疆，备边竟，完要塞，谨关梁，塞徯径。饬丧纪，辨衣裳，审棺椁之薄厚，茔丘垄之大小、高卑、厚薄之度，贵贱之等级。命工师效功，陈祭器，按度程，乃命水虞渔师，收水泉池泽之赋。	毋或作为淫巧，以荡上心。毋或敢侵削众庶兆民，以为天子取怨于下。
仲冬	命奄尹，申宫令，审门闾，谨房室，必重闭。乃命大酋，秫稻必齐，曲蘖必时，湛炽必洁，水泉必香，陶器必良，火齐必得，兼用六物。农有不收藏积聚者，马牛畜兽有放佚者，取之不诘。山林薮泽，有能取蔬食田猎禽兽者，野虞教道之。日短至，则伐木取竹箭。可以罢官之无事，去器之无用者。涂阙廷门闾，筑囹圄，此以助天地之闭藏也。	命有司曰：土事毋作，慎毋发盖，毋发室屋，省妇事，毋得淫，虽有贵戚近习，毋有不禁。其有相侵夺者，罪之不赦。
季冬	出土牛，以送寒气。命渔师始渔，命取冰，冰以入。令告民出五种。命农计耦耕事，修耒耜，具田器。天子乃与公卿大夫，共饬国典，论时令，以待来岁之宜。乃命太史，次诸侯之列，赋之牺牲，以共皇天上帝社稷之飨。乃命同姓之邦，共寝庙之刍豢。命宰历卿大夫，至于庶民，土田之数，而赋牺牲，以共山林名川之祀。	专而农民，毋有所使。

（资料源自〔清〕阮元校刻：《十三经注疏·礼记正义·月令》，中华书局1980年版，第1352—1384页）

据此表可知，《礼记·月令》详细描述了不同时节，作为统治者“顺时气”所应颁布的政令，细究《礼记·月令》中的诸多政令可知，其内容涉及面非常宽广，既有农业政令，如孟春之月“王命布农事，命田舍东郊，皆修封疆，审端经术。善相丘陵、阪险、原隰，土地所宜，五谷所殖，以教道民，必躬亲之。田事既饬，先定准直，农乃不惑”。[1] 也有手工业管理政令，如季春之月，“是月也，命工师，令百工，审五库之量。金、铁、皮、革、筋、角、齿、羽、箭、干、脂、胶、丹、漆，

[1]〔清〕阮元校刻：《十三经注疏·礼记正义·月令》，北京：中华书局，1980年影印版，第1356—1357页。

毋或不良。百工咸理，监工日号。毋悖于时，毋或作为淫巧，以荡上心”。[1] 同时，商业管理也是政令颁布的重要组成部分，如仲秋时节，“是月也，易关市，来商旅，纳货贿，以便民事。四方来集，远乡皆至，则财不匮，上无乏用，百事乃遂”。[2] 对林、牧、渔等副业的管理也多次在文中出现，如孟春之月“禁止伐木”，仲春之月“毋竭川泽，毋漉陂池，毋焚山林”。季夏之月“命渔师伐蛟、取鼍、登龟、取鼋”。[3] 体现了用养结合的生态理念。

《礼记•月令》还强调了刑罚政令的颁定，如孟夏之月“断薄刑，决小罪，出轻系”。[4] 仲夏之月“挺重囚，益其食”。[5] 孟秋之月“命有司，修法制，缮囹圄，具桎梏，禁止奸，慎罪邪，务搏执。命理瞻伤，察创，视折，审断，决狱讼必端平。戮有罪，严断刑。天地始肃，不可以赢”。[6] 仲秋之月“乃命有司，申严百刑，斩杀必当，毋或枉桡。枉桡不当，反受其殃”。[7] 季秋之月“乃趣狱刑，毋留有罪”。[8] 可见，《礼记•月令》不仅涉及诸多刑罚政令，而且条理清晰，分类明确。

此外，对大型公共工程的修缮、维护和管理的规定更是细致，如春季农忙之前，于季春之月“命司空曰：时雨将降，下水上腾，循行国邑，周视原野，修利堤防，道达沟渎，开通道路，毋有障塞”。[9] 为农业生产的顺利开展打下了良好的基础。而

[1]〔清〕阮元校刻：《十三经注疏•礼记正义•月令》，北京：中华书局，1980 年影印版，第 1364 页。

[2]〔清〕阮元校刻：《十三经注疏•礼记正义•月令》，北京：中华书局，1980 年影印版，第 1374 页。

[3]〔清〕阮元校刻：《十三经注疏•礼记正义•月令》，北京：中华书局，1980 年影印版，第 1370 页。

[4]〔清〕阮元校刻：《十三经注疏•礼记正义•月令》，北京：中华书局，1980 年影印版，第 1365 页。

[5]〔清〕阮元校刻：《十三经注疏•礼记正义•月令》，北京：中华书局，1980 年影印版，第 1370 页。

[6]〔清〕阮元校刻：《十三经注疏•礼记正义•月令》，北京：中华书局，1980 年影印版，第 1373 页。

[7]〔清〕阮元校刻：《十三经注疏•礼记正义•月令》，北京：中华书局，1980 年影印版，第 1373 页。

[8]〔清〕阮元校刻：《十三经注疏•礼记正义•月令》，北京：中华书局，1980 年影印版，第 1380 页。

[9]〔清〕阮元校刻：《十三经注疏•礼记正义•月令》，北京：中华书局，1980 年影印版，第 1363 页。

在农忙过后，于孟秋之月“完堤防，谨壅塞，以备水潦。修宫室，坏墙垣，补城郭”。[1]从而有效地利用了时间。此外，月令还涉及社会保障救济，如仲春之月，“安萌芽，养幼少，存诸孤”。[2]孟冬之月“赏死事，恤孤寡”，[3]从而有力地维护了社会秩序的稳定。

应该说，政令颁布是统治者管控社会最基本和最重要的手段之一，《礼记·月令》所列举的诸多政令，所涉及的方面在很大程度上涵盖了统治的需要，为统治者组织生产、管理民众，维护自身统治并实现社会的绵延存续，提供了一个完整系统的借鉴。

（六）时政错行，警示峻严

《礼记·月令》不仅从应行和毋行两个角度，对统治者所应“顺时气”颁定的政令进行了细致而明确的记述，为统治者的社会管理提供了借鉴，而且，在每月的最后，还以时政错行的严峻警示，从反面强调了序政以时的必要性和重要意义。如下表所示：

《礼记·月令》所见诸月时政错行的严峻警示表

月份	对时政错行的严峻警示
孟春之月	孟春行夏令，则雨水不时，草木蚤落，国时有恐。行秋令，则其民大疫，猋风暴雨总至，藜莠蓬蒿并兴。行冬令，则水潦为败，雪霜大挚，首种不入。
仲春之月	仲春行秋令，则其国大水，寒气揔至，寇戎来征。行冬令，则阳气不胜，麦乃不熟，民多相掠。行夏令，则国乃大旱，暖气早来，虫螟为害。
季春之月	季春行冬令，则寒气时发，草木皆肃，国有大恐。行夏令，则民多疾疫，时雨不降，山林不收。行秋令，则天多沉阴，淫雨蚤降，兵革并起。
孟夏之月	孟夏行秋令，则苦雨数来，五谷不滋，四鄙入保。行冬令，则草木蚤枯，后乃大水，败其城郭。行春令，则蝗虫为灾，暴风来格，秀草不实。
仲夏之月	仲夏行冬令，则雹冻伤谷，道路不通，暴兵来至。行春令，则五谷晚熟，百螣时起，其国乃饥。行秋令，则草木零落，果实早成，民殃于疫。

[1]〔清〕阮元校刻：《十三经注疏·礼记正义·月令》，北京：中华书局，1980年影印版，第1373页。

[2]〔清〕阮元校刻：《十三经注疏·礼记正义·月令》，北京：中华书局，1980年影印版，第1361页。

[3]〔清〕阮元校刻：《十三经注疏·礼记正义·月令》，北京：中华书局，1980年影印版，第1381页。

（续表）

月 份	对时政错行的严峻警示
季夏之月	季夏行春令，则谷实鲜落，国多风欬，民乃迁徙。行秋令，则丘隰水潦，禾稼不熟，乃多女灾。行冬令，则风寒不时，鹰隼蚤鸷，四鄙入保。
孟秋之月	孟秋行冬令，则阴气大胜，介虫败谷，戎兵乃来。行春令，则其国乃旱，阳气复还，五谷无实。行夏令，则国多火灾，寒热不节，民多疟疾。
仲秋之月	仲秋行春令，则秋雨不降，草木生荣，国乃有恐。行夏令，则其国乃旱，蛰虫不藏，五谷复生。行冬令，则风灾数起，收雷先行，草木蚤死。
季秋之月	季秋行夏令，则其国大水，冬藏殃败，民多鼽嚏。行冬令，则国多盗贼，边竟不宁，土地分裂。行春令，则暖风来至，民气解惰，师兴不居。
孟冬之月	孟冬行春令，则冻闭不密，地气上泄，民多流亡。行夏令，则国多暴风，方冬不寒，蛰虫复出。行秋令，则雪霜不时，小兵时起，土地侵削。
仲冬之月	仲冬行夏令，则其国乃旱，氛雾冥冥，雷乃发声。行秋令，则天时雨汁，瓜瓠不成，国有大兵。行春令，则蝗虫为败，水泉咸竭，民多疥疠。
季冬之月	季冬行秋令，则白露早降，介虫为妖，四鄙入保。行春令，则胎夭多伤，国多固疾，命之曰逆。行夏令，则水潦败国，时雪不降，冰冻消释。

（资料源自〔清〕阮元校刻：《十三经注疏·礼记正义·月令》，中华书局1980年版，第1352—1384页）

遍览《礼记·月令》关于时政错行的警示，不仅语词严峻，而且体系严整。从内容上看，疏引《正义》认为其内容涉及天地人，“十二月之节内，三才俱应者多，就三才俱应之中，论天地及人”，[1] 其顺序虽有先后，“或先言天者，则此‘孟春行夏令，雨水不时’是也。或先言民者，则孟春‘行秋令，其民大疫’是也。或先言地者，则孟春‘行冬令，水潦为败’是也。所以然者，为害重者则在先言之，为害轻者后言之”。[2] 从结构上看，所述每月错行时政顺序则有次第先后，“序行令之事，

[1]〔清〕阮元校刻：《十三经注疏·礼记正义·月令》，北京：中华书局，1980年影印版，第1357页。

[2]〔清〕阮元校刻：《十三经注疏·礼记正义·月令》，北京：中华书局，1980年影印版，第1357页。

各次第先后，则有夏、有秋、有冬。孟春举夏为始，仲春举秋为始，季春举冬为始，至于夏时之下，则有秋、有冬。次有来年之春，孟夏则举秋为始，仲夏举冬为始，季夏举春为始。以此推例，秋冬亦然”，[1] 因而，《礼记·月令》关于时政错行的警示部分，虽然繁复，但是并不混乱。

《礼记·月令》对于时政错行严峻后果的细致表述，虽然在客观上并不具备必然意义，但是，它所表达的“毋变天之道，毋绝地之理，毋乱人之纪”[2] 的原则和取向则分外明晰。《正义》以为这一部分论政失致灾的原因和目的在于“若施之顺时，则气序调释；若施令失所，则灾害滋兴”。[3] 可以说，《礼记·月令》不仅从“应然”的角度为统治者承天理民、顺时行政提供了借鉴，也从反面以“灾害滋兴”的警示，强调了社会节奏与自然节律契合、人与自然协调运作的重要性和必要性。

总之，从《礼记·月令》来看，成熟完整的月令图式所涉及的内容既包括自然界的天象物候，也有信仰世界的传说神祇；既涉及以天子为核心的统治集团的衣食住行、政令颁定，也有基层民众的生产生活、日常运作；既涵盖了庄严规整的祭祀牺牲，包含了多元复杂的礼仪庆赏，而且，在强调与时偕行的同时，又以“政失致灾”对顺时应气予以反面强调，在知识资源上可谓集大成。

二、外在结构规范严整

《礼记·月令》虽然内容繁复多样，但是，从整体来看，非但不显零散纷乱，反而呈现高度的系统性，究其原因，是与其规范严整的外在结构密切相关的。与《诗经·七月》较为混乱的时间称谓和叙事逻辑不同，也有别于《管子》以四时、五行等为准的模式，《礼记·月令》将一年分为春夏秋冬四季，每个季节分孟、仲、季三部分，合十二个月，作为全篇叙述的纲目，通过“以时系事”的方式，将众多内容系统配伍于四时十二月体系之中，同时，全文叙述自孟春之月始，终于季冬之月，形成严密的外在结构，从而有效地驾驭了自身所涉及的诸多内容。

《礼记·月令》全篇以四时为纲。春夏秋冬是构成一年时间周期的基本时间单

[1]〔清〕阮元校刻：《十三经注疏·礼记正义·月令》，北京：中华书局，1980 年影印版，第 1357 页。

[2]〔清〕阮元校刻：《十三经注疏·礼记正义·月令》，北京：中华书局，1980 年影印版，第 1357 页。

[3]〔清〕阮元校刻：《十三经注疏·礼记正义·月令》，北京：中华书局，1980 年影印版，第 1357 页。

位之一，“日月不息，乃成四时”。[1]《说文》：“时，四时也。从日，寺声。”《尔雅》释“天”云：“春为苍天，夏为昊天，秋为旻天，冬为上天。四时。”[2] 即以四时流转代指时间。先民基于经验对四时加以感受、认知和划分。如《说文》对秋的解释，为“禾谷孰也”，明显带有直观经验的色彩。四时轮转的规律性为社会提供了源自自然的参照。孔子曰：“天何言哉，四时行焉，百物生焉，天何言哉。”[3]《吕氏春秋》也强调了四时轮转的客观性，“天无私覆也，地无私载也，日月无私烛也，四时无私行也”。[4] 这种“无私”“不忒”的自然节律，以其规律性的演变交替为社会的存续发展提供了相应的借鉴。不管是生产组织、生活管理还是政治运作、节庆祭祀，都离不开与时间的相符合契，而两者之间契合的实现，也就产生了月令。

在四时之下，《礼记·月令》以十二个月为细目。将一年分为十二个月，经历了较长的历史时期，《淮南子·天文训》：“帝张四维，运之以斗，月徙一辰，复反其所。正月指寅，十二月指丑，一岁而匝，终而复始。”[5] 描述了以斗柄所指以划分时节的传统。月令并未直接以十二月或每月所建作为时间标志，而是按孟、仲、季予以划分，“凡四时成岁，有春夏秋冬，各有孟、仲、季，以名十有二月，中气以着时应”。[6] 如春三月，郑玄认为，“孟，长也。……此云孟春者，日月会于诹訾，而斗建寅之辰也”。[7]“仲，中也。仲春者，日月会于降娄，而斗建卯之辰也”，[8]“季，少也。季春者，日月会于大梁，而斗建辰之辰。”[9] 按注疏所云，似受阴阳五行影响，但是这种命名，却无形中凸显了“四时”的意蕴，因而，从整体上看，这样的细目

[1] 黄怀信撰：《鹖冠子汇校集注》，北京：中华书局，2004 年版，第 276 页。

[2]〔清〕阮元校刻：《十三经注疏·尔雅注疏·释天》，北京：中华书局，1980 年影印版，第 2607 页。

[3]〔清〕阮元校刻：《十三经注疏·论语注疏·阳货》，北京：中华书局，1980 年影印版，第 2526 页。

[4] 陈奇猷校释：《吕氏春秋新校释·去私》，上海：上海古籍出版社，2002 年版，第 56 页。

[5] 冯逸、乔华点校：《淮南鸿烈集解·天文训》，北京：中华书局，1989 年版，第 110 页。

[6] 黄怀信等：《逸周书汇校集注·周月解第五十一》（修订本），上海：上海古籍出版社，2007 年版，第 577—578 页。

[7]〔清〕阮元校刻：《十三经注疏·礼记正义·月令》，北京：中华书局，1980 年影印版，第 1352 页。

[8]〔清〕阮元校刻：《十三经注疏·礼记正义·月令》，北京：中华书局，1980 年影印版，第 1361 页。

[9]〔清〕阮元校刻：《十三经注疏·礼记正义·月令》，北京：中华书局，1980 年影印版，第 1363 页。

划分与作为提纲的“四时”，关系更为贴合。

四时十二月的时间框架为《礼记·月令》提供了来自宇宙自然的相对恒定统一的参照体系，它既符合人们的认知习惯，也符合国家历法，因此最容易为世人接受。这也是《管子》虽设计了各种模式的月令，但最终四时模式得以胜出的原因。这也使得《礼记·月令》中繁复多端的事项具有了序列化、程序化和模式化的可能，其所涉及的天文星象、物候气象、尊奉神祇、虫味音数、天子衣食住行、庆赏礼仪、祭祀牺牲、政令颁布、举止宜忌以及政失致灾等内容，都有了明确的匹配参照，以孟春之月为例，列表如下：

《礼记·月令》所见孟春之月时事相契表

月份	孟春之月
天文星象	日在营室，昏参中，旦尾中。
物候气象	东风解冻，蛰虫始振，鱼上冰，獭祭鱼，鸿雁来。
天干	甲乙
所尊帝名	大皞
所奉之神	句芒
虫	鳞
音	角
律	大蔟
数	八
味	酸
臭	膻
天子居处	青阳左个
天子乘驾	乘鸾路，驾仓龙，载青旗
天子衣饰	衣青衣，服仓玉
天子食器	食麦与羊，其器疏以达

（续表）

月份	孟春之月
礼仪庆赏祭祀牺牲	立春之日，天子亲帅三公、九卿、诸侯、大夫，以迎春于东郊。还反，赏公卿、诸侯、大夫于朝。乃以元日，祈谷于上帝。乃择元辰，天子亲载耒耜，措之参保介之御间，帅三公九卿诸侯，大夫，躬耕帝藉。天子三推，三公五推，卿诸侯九推。反执爵于大寝，三公、九卿、诸侯、大夫，皆御，命曰劳酒。乃修祭典。命祀山林川泽，牺牲毋用牝。
应行事宜	命相布德和令，行庆施惠，下及兆民。乃命大史，守典奉法，司天日月星辰之行，宿离不贷，毋失经纪，以初为常。王命布农事，命田舍东郊，皆修封疆，审端经术。善相丘陵、阪险、原隰，土地所宜，五谷所殖，以教道，民必躬亲之。命乐正入学习舞。
毋行事宜	禁止伐木。毋覆巢，毋杀孩虫，胎夭飞鸟。毋麛毋卵。毋聚大众，毋置城郭。掩骼埋胔。不可以称兵，称兵必天殃。兵戎不起，不可从我始。毋变天之道，毋绝地之理，毋乱人之纪。
政失致灾	孟春行夏令，则雨水不时，草木蚤落，国时有恐。行秋令，则其民大疫，猋风暴雨总至，藜莠蓬蒿并兴。行冬令，则水潦为败，雪霜大挚，首种不入。

（资料源自〔清〕阮元校刻：《十三经注疏·礼记正义·月令》，中华书局 1980 年版，第 1352—1384 页）

不仅是孟春之月，在整个月令图式体系中，自然时序作为纲目，统领着相应的自然现象和社会人事活动，不同的叙述内容对应着相应的时间，时事紧密契合，以时系事。“夫阴阳四时、八位、十二度、二十四节各有教令，顺之者昌，逆之者不死则亡，未必然也，故曰‘使人拘而多畏’。夫春生夏长，秋收冬藏，此天道之大经也，弗顺则无以为天下纲纪，故曰‘四时之大顺，不可失也’。”[1] 自然时节作为纲目，使《礼记·月令》可以有效统筹和驾驭所涉及的各种事项，从整体上保障了《礼记·月令》叙述的繁而不乱，从外在结构上实现了程式化和规范化。

三、内在理论抽象统一

如果说以时系事的体例赋予了《礼记·月令》外在结构上的规范，那么阴阳五行说则从内在理路上贯通了《礼记·月令》所涉内容，赋予其内在的统一性。“时事相系”的体例与阴阳五行说，从内外两个层面，共同造就了月令图式体系的系统有机。

阴阳五行是传统中国重要的认识论工具，阴阳与五行本是两个相对独立的系统，其蕴意也从具体层面渐趋抽象。阴阳与五行的融合，成为古人认知宇宙自然，指导自身生存发展的重要臂助。而阴阳五行与月令的结合，不仅强调了人与自然的关联，而且赋予这种关联以抽象的解释。在《礼记·月令》中，阴阳五行说与四时、社会人事不仅得

[1]〔汉〕司马迁：《史记·太史公自序》，北京：中华书局，1959 年版，第 3290 页。

以疏通和匹配，而且还被用来解释四时流变以及社会人事应当“顺时应气”的原因。

《礼记·月令》疏云：“天地之气谓之阴阳，一年之中，或升或降，故圣人作象，各分为六爻，以象十二月。阳气之升，从十一月为始，阳气渐升，阴气渐下，至四月六阳皆升，六阴皆伏。至五月一阴初升，阴气渐升，阳气渐伏，至十月六阴尽升，六阳尽伏。然则天气下降，地气上腾，五月至十月也。地气下降，天气上腾，十一月至四月也。”[1] 如图所示：

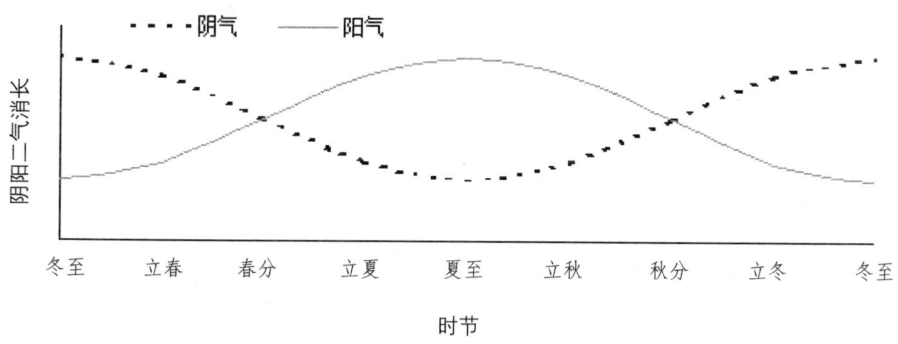

（胡火金：《协和的农业：中国传统农业生态思想》，苏州大学出版社 2011 年版，第 91 页）

作为天道之大经，阴阳的运动被人们视作天意的体现，是不可悖逆的标准，一切社会人事都必须遵循阴阳之理。月令讲求“凡举大事，毋逆大数，必顺其时，慎因其类”。[2] 疏引《律历志》曰：“北，伏也，阳气伏于下，于时为冬，冬，终也，万物终藏。南，任也，阳气任养万物，于时为夏，夏，假也，假，大也。西，迁也，阴气迁落万物，于时为秋，秋者揪也，物揪敛也。东者，动也，阳气动物，于时为春，春，蠢也，物蠢生也。”[3] 因此，四时的流转，万物的生发荣衰，以及社会的运作等，

[1]〔清〕阮元校刻：《十三经注疏·礼记正义·月令》，北京：中华书局，1980 年影印版，第 1357 页。

[2]〔清〕阮元校刻：《十三经注疏·礼记正义·月令》，北京：中华书局，1980 年影印版，第 1374 页。

[3]〔清〕阮元校刻：《十三经注疏·礼记正义·月令》，北京：中华书局，1980 年影印版，第 1353 页。

都源自阴阳。《礼记·月令》诸月之末所言政失致灾的严峻警示更是从反面强调了“顺应时气”的重要性和必要性。因此，阴阳之理是月令的基本原理，其中涉及的天象物候、君王行政、百官行止、民众日常等，虽然看似互不相干，但究其原理，则都因循着阴阳这一统一的理路。

而五行思想在《礼记·月令》中的影响明晰而深远，与四时流转、社会人事的匹配完整且成熟。如下表所示：

《礼记·月令》五行系统相配表

五色	五行	五帝	五神	五方	五虫	五音	五味	五臭	五祀	五脏	五谷	五畜	天干	数字	季节
青	木	太皞	句芒	东	鳞	角	酸	膻	户	脾	麦	羊	甲乙	八	春
赤	火	炎帝	祝融	南	羽	徵	苦	焦	竈	肺	菽	鸡	丙丁	七	夏
黄	土	黄帝	后土	中	倮	宫	甘	香	中霤	心	稷	牛	戊己	五	
白	金	少皞	蓐收	西	毛	商	辛	腥	门	肝	麻	犬	庚辛	九	秋
黑	水	颛顼	玄冥	北	介	羽	咸	朽	行	肾	黍	彘	壬癸	六	冬

（资料源自汪涛：《殷人的颜色观念与五行说的形成及发展》，据艾兰、汪涛、范毓周主编：《中国古代思维模式与阴阳五行说探源》，江苏古籍出版社 1998 年版，第 262 页）

可见，《礼记·月令》中的诸多事项与五行都有着极为紧密的关系，并且严格按照五行说，分解于文中。《礼记·月令》注言：“五行佐天地，生物成物之次也”，[1]疏引《正义》曰：“五行谓金木水火土。谓之五行者，按《白虎通》云：‘行者，言欲为天行气也’。谓之水者，《白虎通》云‘水训准，是平均法则之称也，言水在黄泉养物，平均有准则也。木，触也，阳气动跃，触地而出也。火之为言化也，阳气用事，万物变化也。金训禁也，言秋时万物，阴气所禁止也。土训吐也，言土居中，总吐万物也’。”[2]由此可知，五行说深刻地融汇于《礼记·月令》中。而对于时节、方位、数字、味臭、音律、颜色等与五行配伍的根据，《礼记·月令》疏

[1]〔清〕阮元校刻：《十三经注疏·礼记正义·月令》，北京：中华书局，1980 年影印版，第 1354 页。

[2]〔清〕阮元校刻：《十三经注疏·礼记正义·月令》，北京：中华书局，1980 年影印版，第 1354 页。

文又引《律历志》《尚书·洪范》等，进行详细解释，如“所以一曰水者，乾贞于十一月子，十一月一阳生，故水数一也，又天地之内，水体最微，故水为始也；二曰火者，坤贞于六月未，六月两阴生，阴不敢当午，火比于水，严厉著见，故次火也；三曰木者，正月三阳生，是建寅之月，故三曰木，木比火象有体质，故次木也；四曰金者，八月四阴生，是建酉之月，故四曰金，金比木，其体坚刚，故次金也；五曰土者，三月五阳生，三月建辰之月，辰为土，是四季之首，土王四季，故五曰土载四行，又广大，故次土也。水所以在北方者，从盛阴之气，所以润下者，下从阴也。火所以在南方者，从盛阳之气，炎上者，从阳也。木所以在东者，东是半阴半阳，曲直以阴阳俱有，体质尚柔，故可曲可直也。金所以在西方者，西方亦半阴半阳，但物既成就，体性坚之，虽可改革，犹须火柔之。土所以在中者，以其包载四行，含养万物为万物之主”。[1] 所以，《礼记·月令》严格地遵循五行说，系统地匹配相关内容，构成严格的叙述逻辑。

在《礼记·月令》中，同一月份中出现各类不同事物，并形成与其他月份的显著差别，其根本的理论依据在于它们具有相同的阴阳五行属性。以孟春之月为例，“东风解冻，蛰虫始振，鱼上冰，獭祭鱼，鸿雁来”。天子施政也是如此，“天子居青阳左个，乘鸾路，驾苍龙，载青旗，衣青衣，服仓玉”，还因应举行迎春和亲耕之礼，并且“命相布德和令，行庆施惠，下及兆民。庆赐遂行，毋有不当”。采择自然资源必须节制，“牺牲毋用牝，禁止伐木，毋覆巢，母杀孩虫，胎夭飞鸟，毋麛毋卵，毋聚大众，毋置城郭，掩骼埋胔”。[2] 之所以出现这样的物候，天子要遵循这样的起居服饰，施行这样的礼仪庆赏，发布如此的政令，根本的原因就在于这个时期阳气上升，盛德在木，其色尚青，崇生尚养，所以天地万物都必须循奉这一天地规律，如果施行不当，逆反节令，则灾异频仍。可见，《礼记·月令》每个月份所蕴含的内容及其表现出的特征，都源于共同的阴阳五行属性。

可以说，借助阴阳五行学说，《礼记·月令》对天地自然、社会人事等内容的编排，就不再是简单的分类和堆砌，而是基于统一的宇宙自然观和理论依据所进行的系统匹配。月令图式体系就此真正实现了深层意义上的圆融和统一，各要素之间的匹配更为系统规范，其如此匹配的原因也有了更为圆满的解释，天时与人事的结合，

[1]〔清〕阮元校刻：《十三经注疏·礼记正义·月令》，北京：中华书局，1980 年影印版，第 1354 页。

[2]〔清〕阮元校刻：《十三经注疏·礼记正义·月令》，北京：中华书局，1980 年影印版，第 1355—1357 页。

自然与社会的偕行具有了内在的统一性。这种内在的统一性与外在结构上的规范性，共同保障了月令图式体系的有机系统。

四、叙事逻辑规范有序

《礼记・月令》的成熟不仅表现在知识资源的集大成、外在结构规范严整、内在理论抽象统一，也表现在叙事逻辑方面。概而言之，《礼记・月令》叙事遵循着由天及人、由王至民的顺序，其叙事逻辑规范有序。

《礼记・月令》在叙述诸月内容时，首言天文星象、物候气象，以孟春之月为例，"孟春之月，日在营室，昏参中，旦尾中"。[1] 次及神祇，"其帝大皞，其神句芒"，[2] 然后述及应时物候气象，"东风解冻，蛰虫始振，鱼上冰，獭祭鱼，鸿雁来"。[3] 从而完成"天"的叙述，随后由天及人，而人间诸种又以天子为核心，因而先谈天子问题，"天子居青阳左个。乘鸾路，驾仓龙，载青旗，衣青衣，服仓玉，食麦与羊，其器疏以达"。[4] 进而由王至民，缕述相关的政治运作、社会管理、生产组织等活动，"立春之日，天子亲帅三公、九卿、诸侯、大夫，以迎春于东郊。还反，赏公卿、诸侯、大夫于朝"。[5]"命相布德和令，行庆施惠，下及兆民。庆赐遂行，毋有不当。"[6]"是月也，天子，乃以元日，祈谷于上帝。"[7]"王命布农事，命田舍东郊，皆修封疆，

---

[1]〔清〕阮元校刻：《十三经注疏・礼记正义・月令》，北京：中华书局，1980 年影印版，第 1352 页。

[2]〔清〕阮元校刻：《十三经注疏・礼记正义・月令》，北京：中华书局，1980 年影印版，第 1353 页。

[3]〔清〕阮元校刻：《十三经注疏・礼记正义・月令》，北京：中华书局，1980 年影印版，第 1355 页。

[4]〔清〕阮元校刻：《十三经注疏・礼记正义・月令》，北京：中华书局，1980 年影印版，第 1355 页。

[5]〔清〕阮元校刻：《十三经注疏・礼记正义・月令》，北京：中华书局，1980 年影印版，第 1355 页。

[6]〔清〕阮元校刻：《十三经注疏・礼记正义・月令》，北京：中华书局，1980 年影印版，第 1356 页。

[7]〔清〕阮元校刻：《十三经注疏・礼记正义・月令》，北京：中华书局，1980 年影印版，第 1356 页。

审端经术。善相丘陵、阪险、原隰，土地所宜，五谷所殖，以教道，民必躬亲之。”[1]“命乐正入学习舞。乃修祭典。命祀山林川泽，牺牲毋用牝。禁止伐木。毋覆巢，毋杀孩虫，胎夭飞鸟。毋麛毋卵。毋聚大众，毋置城郭。掩骼埋胔。”[2]“不可以称兵，称兵必天殃。”[3]可谓相当规范。

《礼记·月令》叙事逻辑看似繁复，实际上是有一定规律的。它首言天文星象、物候气象，其目的在于测天时以言人事，“为人君南面而听天下，视时以授民事”。[4]时历的测定乃是“授民事”的前提和基础，“四时之行，信必而著明。圣人法之，以事万民，故不失时功。故曰：‘伍于四时。’”[5]这里强调了自然时序因为其规律和恒常而为“天下纲纪”。天时之下，则是遵奉神祇、虫音数味等，其意在于“明圣人奉天时，及万物节候也”。[6]其内容虽多属荒诞，但却体现了先民对自然节律、社会运作等的初步思考和朴素认知。此后言及天子居处、乘驾仪饰、衣服食器，是因为天子乃是承天理民、沟通天人的关键，疏云“故先建春以奉天，奉天然后立帝，立帝然后言佐，言佐然后列昆虫之列，物有形可见，然后音声可闻，故陈音。有音，然后清浊可听，故言钟律。音声可以彰，故陈酸膻之属也。群品以著五行，为用于人，然后宗而祀之，故陈五祀。此以上者，圣人记事之次也。‘东风’以下者，效初气之序也。二者既立，然后人君承天时行庶政，故言帝者居处之宜，衣服之制，布政之节，所明钦若昊天，然后奉天时也”。[7]因此，《礼记·月令》转而叙述相应的政令发布、仪式祭祀等具体的社会活动，正是循天而行，顺时应气的逻辑衍生，而诸月皆以政失致灾作为结束，也不过是反面对此加以警示和强调。

可见，《礼记·月令》由天至人、由自然到人事、由帝王到百姓的论述，结合

[1]〔清〕阮元校刻：《十三经注疏·礼记正义·月令》，北京：中华书局，1980年影印版，第1356—1357页。

[2]〔清〕阮元校刻：《十三经注疏·礼记正义·月令》，北京：中华书局，1980年影印版，第1357页。

[3]〔清〕阮元校刻：《十三经注疏·礼记正义·月令》，北京：中华书局，1980年影印版，第1357页。

[4]〔清〕阮元校刻：《十三经注疏·礼记正义·月令》，中华书局1980年影印版，第1352页。

[5]赵守正撰：《管子注译·版法解》，南宁：广西人民出版社，1987年版，第215页。

[6]〔清〕阮元校刻：《十三经注疏·礼记正义·月令》，北京：中华书局，1980年影印版，第1353页。

[7]〔清〕阮元校刻：《十三经注疏·礼记正义·月令》，北京：中华书局，1980年影印版，第1353页。

时间轴线，遵循阴阳五行，实现了内容的整齐有序、结构的系统完备。因此，《后汉书·律历志》慨叹曰："若夫用天因地，揆时施教，颁诸明堂，以为民极者，莫大乎月令。帝王之大司备矣，天下之能事毕矣。"[1]

五、天人合一设计精妙

天人关系是中国传统文化中一个内涵宽泛、关系复杂且影响深远的问题。与别的经典不同，月令图式通过天人之间沟通的原理、标准和路径的梳理，不仅系统解释了天子与天意"为何"合一，并以严密的程序性设计展示了"如何"合一。

（一）月令中的天与人

对自然的朴素的认知，对其规律的总结和利用，既是社会存续的需要，也是月令的存续的原因。这既代表着人与自然关系的发生，也意味着先民对人与自然关系理解的深化。与诸子的论述相类，《礼记·月令》中也蕴含诸多关于人与自然关系的论述，如农业耕作，"土润溽暑，大雨时行，烧薙行水，利以杀草，如以热汤。可以粪田畴，可以美土疆"。[2] 畜牧养殖如"乃合累牛腾马，游牝于牧"。[3] 公共工程的建筑修缮如孟秋之月"完堤防，谨壅塞，以备水潦。修宫室，坏墙垣，补城郭"。[4] 各级有司职官也积极参与相关生产生活的组织和管理，如孟春之月导民耕作，"善相丘陵、阪险、原隰，土地所宜，五谷所殖，以教道，民必躬亲之。田事既饬，先定准直，农乃不惑"。[5] 因此，《礼记·月令》中蕴含有朴素的具体的人与自然的关系问题，强调的是劳动者和管理者在生产生活中对自然节律的遵循。但是，天人关系并不等同于人与自然关系。《礼记·月令》关于天、人的界定，以及对天人关系的叙述，有其特殊性。

首先，《礼记·月令》中的"天"强调的是抽象的天意。古代中国的很多哲理虽然很抽象，但都有着很具体的经验和生活背景，天人关系问题也是如此。随着认

[1]（南朝宋）范晔：《后汉书·律历志下》，北京：中华书局，1965 年版，第 3057 页。

[2]（清）阮元校刻：《十三经注疏·礼记正义·月令》，北京：中华书局，1980 年影印版，第 1371 页。

[3]（清）阮元校刻：《十三经注疏·礼记正义·月令》，北京：中华书局，1980 年影印版，第 1364 页。

[4]（清）阮元校刻：《十三经注疏·礼记正义·月令》，北京：中华书局，1980 年影印版，第 1373 页。

[5]（清）阮元校刻：《十三经注疏·礼记正义·月令》，北京：中华书局，1980 年影印版，第 1357 页。

知水平的提高，人们逐渐摆脱了“民神杂糅”的局限，形成相对独立的天、人之分，其天所指，首先是人们身处其中的自然界，而对自然及其规律的反思，则衍生出神灵思想，其天的意蕴渐趋拓展。从卜辞来看，至少在商代，殷人就已经形成较为系统的神灵体系，殷人以敬畏和崇拜的心态多行祭祀占卜，以期趋吉避凶，《礼记·表记》的说法：“殷人尊神，率民以事神。先鬼而后礼，先罚而后赏。”[1]但是，商周鼎革，引发了周人对神灵之天的深刻反思，通过天命观来解释殷周更迭，丰富了天命思想，《尚书·康诰》曰：“惟乃丕显考文王，克明德慎罚，不敢侮鳏寡，庸庸，祗祗，威威，显民。用肇造我区夏，越我一二邦以修，我西土惟时怙冒，闻于上帝，帝休。天乃大命文王，殪戎殷，诞受厥命，越厥邦厥民。”[2]由此，为保天命，周人提出“敬德保民”，以协调与天的关系。

降至春秋战国，周天子王权衰落，诸子在解释礼崩乐坏的缘由，构建更为完备的天人模式，为将来统一王朝的出现做准备时，从不同角度和层面对天人关系进行了论述，其天的含义也呈现多重性和复杂性。在这一时期，诸子关注到作为自然的天，并总结时令经验，强调顺天而为，与时偕行，“其功顺天者天助之，其功逆天者天违之。天之所助，虽小必大；天之所违，虽成必败”。[3]不仅如此，诸子还对抽象的天意进行解读，强调法天而行，墨子在“天志”的基础上提出“法天”，“然则奚以为治法而可？故曰莫若法天。天之行广而无私，其施厚而不德，其明久而不衰，故圣王法之。既以天为法，动作有为必度于天，天之所欲则为之，天所不欲则止”。[4]而对于如何因循天命，诸子则设计了撰著各种月令类文本，以程式化的规范，教导天子如何在衣食服色、车马乘驾、政令颁布等方面合于天意，倘若与天意相悖，则天必以灾异谴告，“经气有常理，以天地动。逆天时不祥，有祟”。[5]其用心可谓深远。

《礼记·月令》虽然涉及自然及其规律，但是其缕述的天文、物候、神祇、虫声数味等，都是天意的具体表征。万物节候的规律性呈现，也是天意的外在体现。《礼记·月令》疏云：“日月右行，星辰左转，四游升降之差，二仪运动之法，非由人

[1]〔清〕阮元校刻：《十三经注疏·礼记正义·表记》，北京：中华书局，1980年影印版，第1642页。

[2]〔清〕阮元校刻：《十三经注疏·尚书正义·康诰》，北京：中华书局，1980年影印版，第203页。

[3] 赵守正撰：《管子注译·形势》，南宁：广西人民出版社，1982年版，第10页。

[4]〔清〕孙诒让著，孙以楷点校：《墨子间诂·法仪》，北京：中华书局，1986年版，第19页。

[5] 黄怀信撰：《鹖冠子汇校集注》，北京：中华书局，2004年版，第93页。

事所作，皆是造化自然。”[1]这里指出《礼记·月令》“万物节候”等内容具有客观性，非人力所为，它们都是天的具体体现。《礼记·月令》之所以将其缕述，原因不只是对相关经验知识和文本体例的继承，或者视其为断定时间的标志，而是将其看作天意的外在具体标准。《礼记·月令》以此强调了天意的幽远和无所不包，其神圣性意味着权威性，为天子奉天意以施政治国提供必要的支撑。

《礼记·月令》中天子教导百官以时行政，民众以时生产休憩，虽然是基于对客观自然规律的遵循，但就目的而言，则是对天意的因循。特别是于诸月之末，皆以时政错行所引发的严峻社会后果，来强调天意不可违背。“毋变天之道，毋绝地之理，毋乱人之纪”，[2]各种时政错行以致灾的表述，既是基于社会秩序违背自然规律，必然招致灾变，影响社会存续发展的客观原理，更是对天意不可违逆的强调。如“孟春行夏令，则雨水不时，草木蚤落，国时有恐。行秋令，则其民大疫，猋风暴雨总至，藜莠蓬蒿并兴。行冬令，则水潦为败，雪霜大挚，首种不入”。[3]这些灾变并不见得是错行时政的真实后果，但是，这样的体例结构和内容，则向我们传递了一个明确的道理，即天意不可违逆。万物节候及其规律呈现都是天意的外在表现，如果不遵循这样的规律，序政以时，那就是对天意的违逆，违逆天意自然会引发严重的社会后果。

由此可见，《礼记·月令》虽然涉及诸多的自然事物及其规律，但究其根本，其“天”所指，是抽象的天意。万物节候只是天意的外在表征，万物节候的规律性呈现也是天意使然，在《礼记·月令》中，居于根本地位的，一直都是抽象的天意。

其次，《礼记·月令》中的“人”更集中地指向天子。《礼记·月令》虽然囊括了各阶层的人，比如普通的民，诸侯公卿，各种职官如大史、乐正、州牧、野虞、工师，还有后妃、九嫔、妇官等，他们都有不同的具体职责，需要在不同时节开展相应的社会事务。但是，他们所需要关注的是与时偕行，是与自然规律的协调，在当时的语境下，他们是没有资格与天意沟通、合一的。天子才是整个《礼记·月令》话语体系的核心，是唯一有资格与天意沟通，以至合一的人物。

《礼记·月令》中敬授民时、以时序政的是天子。作为唯一能与天意沟通，并上

[1]〔清〕阮元校刻：《十三经注疏·礼记正义·月令》，北京：中华书局，1980年影印版，第1352页。

[2]〔清〕阮元校刻：《十三经注疏·礼记正义·月令》，北京：中华书局，1980年影印版，第1357页。

[3]〔清〕阮元校刻：《十三经注疏·礼记正义·月令》，北京：中华书局，1980年影印版，第1357页。

承天意者，天子同样也是唯一有资格承“天”治“民”的人。《礼记·月令》疏云：“王者南面而坐，视四星之中者，而知民之缓急，急则不赋力役，故敬授民时，是观时候授民事也。”[1] 我们将《礼记·月令》中诸月社会劳作事务制表分析，如下所示：

《礼记·月令》中诸月社会劳作表[2]

月　份	社会劳作
孟春之月	王命布农事，命田舍东郊，皆修封疆，审端经术。善相丘陵、阪险、原隰，土地所宜，五谷所殖，以教道，民必躬亲之。
仲春之月	是月也，耕者少舍。乃修阖扇，寝庙毕备。毋作大事，以妨农之事。
季春之月	命司空曰：时雨将降，下水上腾，循行国邑，周视原野，修利堤防，道达沟渎，开通道路，毋有障塞。
孟夏之月	命野虞，出行田原，为天子劳农劝民，毋或失时。命司徒巡行县鄙，命农勉作，毋休于都。
仲夏之月	命有司为民祈祀山川百源，大雩帝，用盛乐。乃命百县雩祀百辟卿士有益于民者，以祈谷实。
季夏之月	命渔师伐蛟、取鼍、登龟、取鼋。命泽人纳材苇。毋发令而待，以妨神农之事也。
孟秋之月	命百官始收敛。完堤防，谨壅塞，以备水潦。修宫室，坏墙垣，补城郭。
仲秋之月	可以筑城郭，建都邑，穿窖，修囷仓。乃命有司，趣民收敛，务畜菜，多积聚。乃劝种麦，毋或失时。其有失时，行罪无疑。
季秋之月	乃命冢宰，农事备收，举五谷之要，藏帝藉之收于神仓，祗敬必饬。伐薪为炭。
孟冬之月	命百官谨盖藏。命司徒循行积聚，无有不敛。坏城郭，戒门闾，修键闭，慎管龠，固封疆，备边竟，完要塞，谨关梁，塞徯径。乃命水虞渔师，收水泉池泽之赋。
仲冬之月	命有司曰：土事毋作，慎毋发盖，毋发室屋，及起大众，
季冬之月	令告民出五种。命农计耦耕事，修耒耜，具田器。

（资料源自〔清〕阮元校刻：《十三经注疏·礼记正义·月令》，中华书局1980年影印版，第1352—1384页）

[1]〔清〕阮元校刻：《十三经注疏·礼记正义·月令》，北京：中华书局，1980年影印版，第1353页。

[2] 参见〔清〕阮元校刻：《十三经注疏·礼记正义·月令》，北京：中华书局，1980年影印版，第1352—1384页。

可见，天子是月令图式体系中承天治民的中间环节，是沟通天人之际的中枢，地位关键且独立。不管是礼仪庆典、祭祀牺牲，还是各类政令颁定，都是天子的职掌。在天子的命令和指挥下，三公、九卿、诸侯、大夫、大史、乐正等职官以及普通民众，只是具体的承担者和实施者，他们能够做到与时偕行，不先时不后时，是因为接受了天子的教导。在整个层次分明的叙述中，天子是一切的核心和中枢。蔡邕对此一针见血地指出："因天时，制人事，天子发号施令，祀神受职，每月异礼，故谓之《月令》。所以顺阴阳，奉四时，效气物，行王政也。"[1] 他明确指出了《礼记・月令》的话语重心在于为天子"因天时以行王政"提供参照。

（二）月令中的天人关系

《礼记・月令》从理论和实践两个层面，诠释了天人之间的关系，有效证明了天子与天意之间"合一"的可能性、必要性以及具体方式。

首先，《礼记・月令》认为天人相通相感。早在先秦时期，人们就认为天人是可以相通相感的。统治者更是努力将自身统治与天命天意勾连在一起，以此彰显自身统治的神圣性。1978 年在宝鸡县杨家沟出土春秋秦国青铜器，铭文曰："秦公曰：我先祖受天命，赏宅受或（国）。剌剌卲文公、静公、宪公不豖于上，卲合皇天。"[2] 相传问世于宋仁宗时期的秦公钟也云："秦公曰：不（丕）显朕皇且（祖）受天命，（奄）又（有）下国。十又二公，不豖（坠）在上，严（俨）龏夤天命，保……䢅秦，虩事（蛮）夏。曰：余虽（唯）（小子），穆帅秉明德，叡尃（敷）明井（型），虔敬朕祀，以受多福，（谐）龢万民。"[3] 这些铭文无不显示秦行典仪祭祀，以事天地，从而昭示自身乃天命所归，得以协和万民。而阴阳五行说则而为天人相通相感提供了理论的解释，"天之与人，有以相通，故国之殂亡也，天文变，世俗乱，虹蜺见。万物有以相连，精气有以相薄"，[4]《礼记・月令》继承了这些经验和理论。在《礼记・月令》中，天意通过四时流转来体现，而天子在不同时节，有序更换饮食起居、车驾服色，并举行相关典礼祭祀，颁定相应政令，督导各级官吏以组织民众生产生活，本身就是将自身行径纳入天道阴阳之洪流中，实现与天意的同进共退。如天子颁时政以指导农耕，强调的是"顺时气以劝课人务"。而不同时节礼仪庆赏的差异，在

---

[1]〔清〕严可均校辑：《全上古三代秦汉三国六朝文》，北京：中华书局，1958 年版，第 903 页。

[2] 卢连成、杨满仓：《陕西宝鸡县太公庙村发现秦公钟、秦公镈》，《文物》，1978 年第 11 期。

[3] 李零：《春秋秦器试探》，《考古》，1979 年第 6 期。

[4] 李定生、徐慧君校注：《文子要诠・精诚》，上海：复旦大学出版社，1988 年版，第 51 页。

于"顺时气也"。[1] 而灾异与否便成为天子与天意之间相互感应的反馈。"天所以有灾变何？所以谴告人君，觉悟其行，欲令悔过修德，深思虑也。"[2] 天子循天意以治民，顺阴阳而施政，如果做到行政以时，则社会有序，国家安定，反之，则灾异频仍，究其根本，在于"人与天地共相感动故也"。

其次，《礼记·月令》认为天人同源同理。月令融汇了阴阳五行说，强调天地万物源出相同，又都因循阴阳衰长而动，拥有着同一个逻辑起点，遵循着同一种基本原理和运动理路。在阴阳五行学说中，万事万物虽形制各异，但皆为"道"之所出。"夫道，有情有信，无为无形；可传而不可受，可得而不可见；自本自根，未有天地，自古以固存。"[3] 而且，"道"被视作万事万物之源起所出，《月令》疏引《老子》言，曰："道生一，一生二，二生三，三生万物。"[4] 认为"'道生一'者，一则混元之气，与大初大始大素同。又与《易》之大极，《礼》之大一，其义不殊，皆为气形之始也。'一生二'者，谓混元之气分为二，二则天地也，与《易》之两仪，又与《礼》之大一分而为天地同也。'二生三'者，谓参之以人为三才也。'三生万物'者，谓天地人既定，万物备生其间"。[5] 所以，就内容而言，《礼记·月令》中不管是抽象的天，还是具体的人，以及自然界之天文星象、气象物候都是源自"道"。而阴阳之理不仅是天道的基本规律，而且同样是社会人事的基本原理，是天子治国所必须遵循的规范。"夫春生夏长，秋收冬藏，此天道之大经也，弗顺则无以为天下纲纪，故曰'四时之大顺，不可失也'。"[6] 作为"天道之大经"，阴阳同样是"天下纲纪"，天道顺阴阳消长，随五行循环，成万物荣衰。所以，从这个角度讲，天人无疑是同源同理的。

所以，《礼记·月令》借助阴阳五行说，通过贯通天人之际的方式，理论上重新定义了天与人的概念，并解释了天人之间互动、合一的原因，从而肯定了合一的可能性，强调了合一的必要性。

---

[1]〔清〕阮元校刻：《十三经注疏·礼记正义·月令》，北京：中华书局，1980 年影印版，第 1356 页。

[2]〔清〕陈立撰，吴则虞点校：《白虎通疏证·灾变》，北京：中华书局，1994 年版，第 267 页。

[3]〔清〕郭庆藩撰，王孝鱼点校：《庄子集释·大宗师》，北京：中华书局，1961 年版，第 246—247 页。

[4] 朱谦之撰：《老子校释》，北京：中华书局，1963 年版，第 112 页。

[5]〔清〕阮元校刻：《十三经注疏·礼记正义·月令》，北京：中华书局，1980 年影印版，第 1352 页。

[6]〔汉〕司马迁：《史记·太史公自序》，北京：中华书局，1959 年版，第 3290 页。

（三）月令中的天人合一

《礼记·月令》对天人关系的论证，既反映了当时人们对客观世界的理解，也体现了他们对理想政治及社会秩序的探索。它以时叙事的内容和体例，本身就是对天子“如何”实现与天意合一的程式化说明。《吕氏春秋》云：“凡十二纪者，所以纪治乱存亡也，所以知寿夭吉凶也。上揆之天，下验之地，中审之人，若此则是非可不可无所遁矣。”[1]《淮南子》：“上考之天，下揆之地，中通诸理”[2]，“上因天时，下尽地力，据度行当，合诸人则，形十二节，以为法式”，[3]目的在于使天子知逆顺之变，避忌讳之殃，顺时运之应，因循仿依，“以时教期，使君人者知所以从事”。[4]《礼记·月令》对此一脉相承，通过系统有序的内容和结构，以示“人君承天时行庶政，故言帝者居处之宜，衣服之制，布政之节，所明钦若昊天，然后奉天时也”。[5]

春季因“春东从青道，发生万物”，天子起居衣食皆“顺时应气”，“天子居青阳左个。乘鸾路，驾仓龙，载青旗，衣青衣，服仓玉，食麦与羊，其器疏以达”。[6]于是“布德行惠，命有司，发仓廪，赐贫穷，振乏绝，开府库，出币帛，周天下”。[7]天子不仅要“迎春于东郊”，[8]行籍田礼，更因“天气下降，地气上腾”而命布农事，因“时雨将降，下水上腾”，而命职官“循行国邑，周视原野，修利堤防，道达沟渎，开通道路，毋有障塞”。[9]同时，春季施生之时，“设戒以养林木鸟兽，牺牲毋用牝。禁止伐木。毋覆巢，毋杀孩虫，胎夭飞鸟。毋麑毋卵”。[10]可见，天子之行止皆依顺天道阴阳的运作。

夏季因“夏南从赤道，荣养万物”，天子的起居衣食顺应时气，“乘朱路，驾赤骝，载赤旗，衣朱衣，服赤玉。食菽与鸡，其器高以粗”。[11]因夏季阳盛，其德主生养，所以天子“迎夏于南郊”。兆民农作之时，“命司徒巡行县鄙，命农勉作，毋休于都”。[12]而且，“不可以兴土功，不可以合诸侯，不可以起兵动众，毋举大事，以摇养气。毋发令而待，以妨神农之事也。水潦盛昌，神农将持功，举大事则有天殃”。[13]天

[1]〔战国〕吕不韦著，陈奇猷校释：《吕氏春秋新校释·序意》，上海：上海古籍出版社，2002年版，第654页。

[2]冯逸、乔华点校：《淮南鸿烈集解·要略》，北京：中华书局，1989年版，第700页。

[3]冯逸、乔华点校：《淮南鸿烈集解·要略》，北京：中华书局，1989年版，第702页。

[4]冯逸、乔华点校：《淮南鸿烈集解·要略》，北京：中华书局，1989年版，第702页。

[5][6][7][8][9][10][11][12][13]〔清〕阮元校刻：《十三经注疏·礼记正义·月令》，北京：中华书局，1980年影印版，第1353页，第1355页，第1363页，第1355页，第1363页，第1357页，第1365页，第1365页，第1371页。

子的所为所行，都是顺应时气之举而不敢悖逆。

秋季因“秋西从白道，刑杀万物”，天子的起居衣食也是顺时应气，“乘戎路，驾白骆，载白旗，衣白衣，服白玉，食麻与犬，其器廉以深”。[1] 同时，“迎秋于西郊”，还要“天子乃厉饰，执弓挟矢以猎，命主祠祭禽于四方”。[2] 因秋季阳衰阴盛，其德主刑杀，因此，天子“乃命有司，申严百刑，斩杀必当，毋或枉桡。枉桡不当，反受其殃”。[3]“命有司，修法制，缮囹圄，具桎梏，禁止奸，慎罪邪，务搏执。命理瞻伤，察创，视折，审断决。狱讼必端平。戮有罪，严断刑”。[4] 同时，作物成熟，“乃命有司，趣民收敛，务畜菜，多积聚。乃劝种麦，毋或失时”。[5] 于农闲之时，“完堤防，谨壅塞，以备水潦。修宫室，坏墙垣，补城郭”。其所行所止，无不体现出对天道阴阳之大经的遵循。

冬季因“冬北从玄道，藏收万物”，所以，天子顺时应气，其起居饮食为“乘玄路，驾铁骊，载玄旗，衣黑衣，服玄玉，食黍与彘，其器闳以奄”。[6] 同时，“迎冬于北郊”，因冬季“天气上腾，地气下降，天地不通，闭塞而成冬”，其德为水，主藏闭，所以，“命有司曰：土事毋作，慎毋发盖，毋发室屋，及起大众，以固而闭”。[7] 同时，“命百官谨盖藏。命司徒循行积聚，无有不敛。坏城郭，戒门闾，修键闭，慎管籥，固封疆，备边竟，完要塞，谨关梁，塞徯径”。[8] 天子于冬季的行为举动，目的皆在于“以助天地之闭藏也”。[9]

可以说，《礼记·月令》所叙就是天人合一的具体参照。只要遵循《礼记·月令》，因时系事，以时序政，将自身的运作纳入天道自然之“洪流”中，那么不但社会秩序整齐有序，而且上天也会降下祥瑞征兆。因为这样的政治，是与天地“合德同气”的，其行止举措皆与天道相通，与阴阳相合，这种“天人合一”的政治也必然是最理想、最无可置疑的政治。而灾异的出现，则从反面说明时人没有做到行事以时，自身的运作脱离了天道自然的大经，统治者必须采取相应的措施，或行赏施赐，或举贤求良，或减刑省狱，或免租除税，以消免灾异。

总之，春秋战国时期，旧有的思想资源和知识无法有效回应社会的剧烈变动，迫使思想家进行各种尝试和突破，他们不断引入新的观点和理论，构建新的解释机制和路径，调整解释的方向和目的，对业已变化了的世界进行更为深入的思考和解读，形成更具价值和深度的思想文化体系。在这个过程中，一系列新的理论、思想和知识出现，其中，“道”的提出与传播，使诸子形上的追索有了终点，为各类经验、知识和思想

[1][2][3][4][5][6][7][8][9]〔清〕阮元校刻：《十三经注疏·礼记正义·月令》，北京：中华书局，1980 年影印版，第 1373 页，第 1380 页，第 1373 页，第 1373 页，第 1374 页，第 1381 页，第 1382 页，第 1381 页，第 1383 页。

发生关联，协调彼此关系，进而为形成一个有机系统提供了新的基础。阴阳、五行说则揭示了世界的结构和运动的原理，它们引导诸子走出因王纲解纽、礼崩乐坏而引发的对旧秩序合理性的“怀疑”，解决了新的社会秩序以何为据的问题，妥善地解决了形上追索与行下建设之间的关联，使思想重新获得了对世界的解释与指导能力。

月令在发展过程中，有效吸纳、融汇了这些新思想、新理论，实现了文化品质的巨大提升，对天人关系问题进行了全新的建构。成熟的月令图式实际上重新建构了一种思想的“秩序”，天地自然与社会人事被分门别类地列入一个完整的由“道”统摄的，源自阴阳消长的，契合为四时五行的，呈现为十二月循环的图式系统之中，所有内容都在这一网络中占据着自身“应该”的位置，并伴随着天道自然有序的循环运作，一切都合情合理、整齐有序。

月令图式向人们描摹了天道自然的基本法则，以及在这种法则支配下的人间社会所应呈现的状态。过去零散的月令经验、知识和技术在这一图式中重新获得坚实的观念背景和清晰的理论表述，宇宙自然和社会人事的关系变得清晰。春秋战国以来混乱的思想世界，得以在新的统一基础上，按照相同的原理机制，进行秩序的廓清和结构的重建。据此，人们的疑惑得以解答，判断有了标准，行为有了依据，发展有了指导。这对于带领人们走出因礼崩乐坏而产生的普遍不安和疑惑，意义深刻。可以说，月令图式在廓清思想世界，重构社会秩序，重塑天人关系问题上彰显了自身的重要价值。

而且，月令在提升文化品质和理论深度的同时，还通过强调天子的核心地位，以及对百官、民众的次第规范，强化了与政治权力的关系。同时，也通过细致安排政治运作、生产组织和生活保障等事项，推动了理论向现实的落实，优化与社会的协调性。在《礼记·月令》中，抽象的思想理论能够自然地演化出经世致用的细则规范，从而重新获得对社会现实的指导和解释能力，二者之间的靠拢和协调，为月令与政治权力的结合赢得了契机，为学术思想向政治资源的成功转化开辟了道路，也为后世月令经学化指明了方向。因此，《月令》在汉代被辑入《礼记》，由诸子百家言跃升为经学，并在以经治国的时代背景下，对汉代的制度和社会产生深远的影响，也是自然而然的了。可以说，月令在内容、外在结构、内在理论、叙述逻辑以及天人关系等方面的成就，赋予了自身别样的功能和价值，这是其在汉代实现经学跃变的重要原因。

第四节　博士制度的完善

面对秦汉之际的政治转折及其表现出来的时代诉求，知识群体尝试从不同角度和层面作出回应。在这其中，儒家学者对先秦以来诸家学说加以吸收，整理编纂五经文本和相关传记，并积极调整与政治的关系，最终受到统治者青睐，成就“独尊”之势。儒家经师垄断博士选任，他们在研习五经的过程中，搜集整理并编辑各种传记文本，以作为五经的补充，从而形成与政治关系密切的汉代经学体系。也正是在这一历史潮流中，《月令》被戴圣采择辑入小戴《礼记》，由诸子百家言跃升为经学。可以说，汉代博士制度的完善，以及戴圣为博士，是月令经学化得以实现的关键因素。

一、儒学的自我改造

儒学在汉初能从诸家之中脱颖而出，与自身的改造密不可分。儒学是一个不断发展的学说，经孔孟之手，其仁义心性之学已经相当系统，为诸家所重，但仍与现实存在一定距离，有“迂阔”之嫌。《墨子》专著《非儒》篇，认为儒学过于“繁饰礼乐”，不适合做统治思想，《荀子》也有类似观点，认为儒学“略法先王而不知其统，犹然而材剧志大，闻见杂博。案往旧造说，谓之五行，甚僻违而无类，幽隐而无说，闭约而无解。案饰其辞而祇敬之曰：此真先君子之言也。子思唱之，孟轲和之，世俗之沟犹瞀儒，嚾嚾然不知其所非也，遂受而传之，以为仲尼、子游为兹厚于后世”。[1] 至汉初，汉文帝同样觉得儒学“繁礼饰貌，无益于治”，其对儒学并未格外关注。司马谈《论六家要旨》中，曾认为“儒者博而寡要，劳而少功，是以其事难尽从”。[2] 儒学这种“迂阔”之嫌，严重影响了它与政治的联系，妨碍了其地位的抬升。

面对这些不足，儒者虽然不断指斥异端，非诸子，但实际上也在尽量地吸取各家学说，并积极调整和改善自身与政治的关系。秦时就有许多儒家学者为博士，辅秦政者，如淳于越曾建议秦始皇“封子弟功臣，自为枝辅”。[3] 始皇封禅泰山时，也曾“征从齐鲁之儒生博士七十人，至乎泰山下”，[4] 与诸儒生议封禅礼。在刘邦争夺天下的过程中，有许多儒生投奔，名著者如郦生、陆贾并为之建言献策，“以客从高祖定天下”，为刘汉政权的建立，贡献了力量。在面对“解其冠，溲溺其中”的刘邦时，儒生并未困守其学，不知变通，而是一方面积极调整自身，如叔孙通见刘邦，

[1]〔清〕王先谦撰，沈啸寰、王星贤点校：《荀子集解·非十二子》，北京：中华书局，1988 年版，第 94—95 页。

[2]〔汉〕司马迁：《史记·太史公自序》，北京：中华书局，1959 年版，第 3289 页。

[3]〔汉〕司马迁：《史记·秦始皇本纪》，北京：中华书局，1959 年版，第 254 页。

[4]〔汉〕司马迁：《史记·封禅书》，北京：中华书局，1959 年版，第 1366 页。

“儒服，汉王憎之；迺变其服，服短衣，楚制，汉王喜”。[1] 一方面儒生据理与刘邦而论，如陆贾与刘邦关于“马上得天下”与“马上治天下”的辩论，陆贾著《新语》，“粗述存亡之征，凡著十二篇”，劝导刘邦“行仁义，法先圣”，从而折服刘邦，为汉初儒学立足新政权提供了契机。此后，虽然“及至孝景，不任儒者，而窦太后又好黄老之术，故诸博士具官待问，未有进者”，但是，儒生参与政治的热情并未稍却，如叔孙通认为“礼者，因时世人情为之节文者也。故夏、殷、周之礼所因损益可知者，谓不相复也。臣原颇采古礼与秦仪杂就之”。[2] 使汉初仪制稍具，及至高帝崩，惠帝又徙其为太常，“定宗庙仪法”。太史公赞“叔孙通希世度务，制礼进退，与时变化，卒为汉家儒宗”。[3] 其“希世度务”“与时变化”正揭示了汉初儒学发展的重要特征，即积极调整与现实政治的关系。而贾谊“以为汉兴至孝文二十余年，天下和洽”，所以提出“固当改正朔，易服色，法制度，定官名，兴礼乐，乃悉草具其事仪法，色尚黄，数用五，为官名，悉更秦之法”。[4] 他的主张，被刘向赞为“贾谊言三代与秦治乱之意，其论甚美，通达国体，虽古之伊、管未能远过也。使时见用，功化必盛”。[5]

从汉初儒学的发展，以及与政治关系的调整历程来看，融通百家之学，且能够深刻理解现实政治的儒生数量不断增加，从郦生、陆贾、叔孙通、贾谊到贾山，他们不仅能够通经，更逐渐摆脱了“迂阔”之风，努力去适应政务，对刑德、治乱、藩国、匈奴、选官、赋税等一系列重大政治问题，都能根据儒家学说作系统的论述，使儒家经典与现实政治实现紧密结合。这使统治者认识到“夫儒者难与进取，可与守成”。[6] 在文景之治后，社会秩序相对稳定，社会财富不断累积，统治者施政治国由注重实用转向更为抽象的贯通天人之际时，儒学“序君臣父子之礼，列夫妇长幼之别”[7] 的特征恰好适应了统治者的诉求，成为论述汉家政治的合理性与合法性，并为之梳理天人关系，确立行政规范和标准的首选。

而在汉初儒学的自我改造以及与政治关系的调整过程中，董仲舒影响尤著。董仲舒结合阴阳五行学说，在早期儒家“天命观”的基础上，构建了一整套天人感应

---

[1]〔汉〕司马迁：《史记・叔孙通列传》，北京：中华书局，1959 年版，第 2721 页。

[2]〔汉〕司马迁：《史记・叔孙通列传》，北京：中华书局，1959 年版，第 2722 页。

[3]〔汉〕司马迁：《史记・叔孙通列传》，北京：中华书局，1959 年版，第 2726 页。

[4]〔汉〕司马迁：《史记・贾生列传》，北京：中华书局，1959 年版，第 2492 页。

[5]〔汉〕班固：《汉书・贾谊传》，北京：中华书局，1962 年版，第 2265 页。

[6]〔汉〕司马迁：《史记・叔孙通列传》，北京：中华书局，1959 年版，第 2722 页。

[7]〔汉〕司马迁：《史记・太史公自序》，北京：中华书局，1959 年版，第 3289 页。

学说。《论六家要旨》评论阴阳五行说曰：“夫阴阳四时、八位、十二度、二十四节各有教令，顺之者昌，逆之者不死则亡，未必然也，故曰‘使人拘而多畏’。夫春生夏长，秋收冬藏，此天道之大经也，弗顺则无以为天下纲纪，故曰‘四时之大顺，不可失也’。”[1] 董仲舒以“天”为“百神之大君”，提出了类、合、副、会、应等一系列概念，因循阴阳五行分析天人感应的途径和原则，描摹天人相副、天人感应的图景，使得天时、物候、政制、刑赏乃至人体都被纳入阴阳五行模式之中，自然法则同样是社会规则，天道规律也是政治运作之规范，由此为社会人事确立了统一的、标准的和至高的参照。而且，在董仲舒看来，“天不变，道亦不变”，那么，人君如果严格遵循这一规范，那么统治自然可以“垂之万世”。所以说，“董仲舒的贡献就在于，他最明确地把儒家的基本理论（孔孟讲的仁义等）与战国以来风行不衰的阴阳家的五行宇宙论，具体地配置安排起来，从而使儒家的伦常政治纲领有了一个系统论的宇宙图式作为基石”。[2] 所以，董仲舒以自然宇宙观推导政治方法论，在哲学上将人与天联结和沟通起来，为构建统一帝国的上层建筑提供理论体系，使儒学与政治的联系更为紧密。《汉书》赞曰：“孝武之世，外攘四夷，内改法度，民用凋敝，奸宄不禁。时少能以化治称者，惟江都相董仲舒、内史公孙弘、儿宽，居官可纪。三人皆儒者，通于世务，明习文法，以经术润饰吏事，天子器之。”[3] 这种“明习文法”又“通于世务”，而且能够做到“以经术润饰吏事”，说明当时儒生在有效吸收诸家学说的基础上，已经在很大程度上克服了“迂阔”之蔽，为天子所“器之”，如此，“独尊儒术”已经是自然而然的了。

武帝表章六经，独尊儒术，使各级职官中儒生数量不断增多，更有不少儒生占据朝堂要津，“于是招方正贤良文学之士。自是之后，言《诗》于鲁则申培公，于齐则辕固生，于燕则韩太傅。言《尚书》自济南伏生。言《礼》自鲁高堂生。言《易》自菑川田生。言《春秋》于齐鲁自胡毋生，于赵自董仲舒。及窦太后崩，武安侯田蚡为丞相，绌黄老、刑名百家之言，延文学儒者数百人，而公孙弘以《春秋》白衣为天子三公，封以平津侯。天下之学士靡然乡风矣”。[4] 更有甚者，子弟一改父祖之学，而治儒学，如张汤之子张贺，曾以诗教宣帝，杜周之孙杜钦，“少好诗书……不好为吏”。桑弘羊之子桑迁史称“通经术”。可见儒学之盛。

[1]〔汉〕司马迁：《史记·太史公自序》，北京：中华书局，1959 年版，第 3290 页。

[2] 李泽厚：《中国古代思想史论》，北京：生活·读书·新知三联书店，2008 年版，第 151 页。

[3]〔汉〕班固：《汉书·循吏传》，北京：中华书局，1962 年版，第 3623—3624 页。

[4]〔汉〕司马迁：《史记·儒林列传》，北京：中华书局，1959 年版，第 3118 页。

作为独尊之学，儒学又开始渐趋垄断教育和选官。公孙弘建议“为博士官置弟子五十人，复其身。太常择民年十八已上，仪状端正者，补博士弟子。郡国县道邑有好文学，敬长上，肃政教，顺乡里，出入不悖所闻者，令相长丞上属所二千石，二千石谨察可者，当与计偕，诣太常，得受业如弟子。一岁皆辄试，能通一艺以上，补文学掌故缺；其高弟可以为郎中者，太常籍奏。即有秀才异等，辄以名闻。其不事学若下材及不能通一艺，辄罢之，而请诸不称者罚”。[1] 对儒生通经为官提出具体的规范，而董仲舒则提出：“以为诸不在六艺之科孔子之术者，皆绝其道，勿使并进。邪辟之说灭息，然后统纪可一而法度可明，民知所从矣。”[2] 他明确表达了要以儒学垄断教育以“一统纪、明法度”。而纵观汉代官吏文化背景，其儒学化十分明显，据统计，高祖到武帝初，“法家、法吏出身的公卿占这一时期可考公卿总数的45.9%，道家占13.5%，儒家、儒者仅占5%，无文化、谨厚多质者占29.7%，其余为文化状况不可考证者”。但是，从武帝初到宣帝末年，“在这一时期文化状况可考的公卿中，儒家已占其总数的45.1%，居于各家之首。”元、成至东汉末，“在这一阶段中，儒家官吏占据了绝对优势，官吏群体的儒学化程度进一步加深”。[3]

因此，经过不断的发展和调整，儒学在武帝时地位独尊，开始垄断汉代教育和选官。就身份而言，儒生既是儒家学者，又是国家官吏，既承担文化责任，又肩负行政责任，既是意识形态的建设者，又是其维护者。儒学从内外层面与现实政治融合在一起，儒学因此过渡为汉代意识形态。

二、博士演变与礼学传习

博士的设置与发展，直接影响了五经的整理和相关文本的编纂。只有明晰了博士的发展演变，我们才能更准确地理解五经博士对汉代政治、社会和文化的影响，也才能更合理地把握他们整理经典，编纂“传”“记”的意义。

（一）博士演变

博士原指学识渊博、见识通达之人。《说文》谓“博，大通也”，意为学识渊博，见识通达。成帝阳朔二年九月，诏曰：“儒林之官，四海渊原，宜皆明于古今，

---

[1]〔汉〕司马迁：《史记·儒林列传》，北京：中华书局，1959年版，第3119页。

[2]〔汉〕班固：《汉书·董仲舒传》，北京：中华书局，1962年版，第2523页。

[3] 刘丁豪：《汉代官吏群体的儒学化及其对汉代社会的影响》，《四川师范学院学报（哲学社会科学版）》，2003年第1期。

温故知新，通达国体，故谓之博士”。[1] 在先秦官学下移的历史进程中，士作为一个阶层活跃于历史的舞台。他们中有很多具有渊博的学识和卓越的见识，因而被时人尊称为“博士”。《史记》中关于先秦博士也有两处记载，《循吏列传》谓：“公仪休者，鲁博士也。”而褚少孙补《龟策列传》曰：宋元王“召博士卫平”。因此，顾颉刚认为，“这个官，战国时就有，其详细情形不得而知”，[2]“最晚到战国末，齐、魏、秦三国都设置了博士官，此后‘博士’便由泛称变为官职名称”。[3] 他们多作为顾问以佐统治者施政治国。

秦时博士为国家职官，史籍中多有记载，《史记》有“始皇置酒咸阳宫，博士七十人前为寿”，[4]“叔孙通者，薛人也。秦时以文学征，待诏博士”，[5]“陈胜起山东，使者以闻，二世召博士诸儒生问曰：‘楚戍卒攻蕲入陈，于公如何？’博士诸生三十余人前曰：‘人臣无将，将即反，罪死无赦。愿陛下急发兵击之。’”[6] 等记载。据学界考证，“秦始皇时有博士七十人，二世时有博士诸生三十余人。秦朝博士官有姓名可考者十二人，其中见于《史记》《汉书》者有周青臣（博士仆射）、淳于越、伏胜、叔孙通、羊子、黄疵、正先七人；散见诸书者有李克、桂贞、卢敖、圈公、沈遂五人”。[7] 而相关的秦时博士事迹，“见于《史记》者有七条：始皇二十六年议帝号、二十八年议封禅、对湘君何神、三十四年议分封、三十六年作仙诗、三十七年占梦、二世元年议讨陈胜”。[8] 可见，秦时博士已经是相对固定的政府职官，《汉书》云：“博士，秦官，掌通古今，秩比六百石，员多至数十人。”[9] 但是其与经典经学的关系并未被凸显，其职官设置的目的在于博古通今，以备顾问。

汉初，虽然统一的政治格局逐步形成，“然尚有干戈，平定四海，亦未皇庠序之事也。孝惠、高后时，公卿皆武力功臣。孝文时颇登用，然孝文本好刑名之言。及至孝景，不任儒，窦太后又好黄老术，故诸博士具官待问，未有进者”。[10] 孝文帝“欲

[1]〔汉〕班固：《汉书·成帝纪》，北京：中华书局，1962 年版，第 313 页。

[2] 顾颉刚：《秦汉的方士与儒生》，上海：上海古籍出版社，1978 年版，第 59 页。

[3] 张汉东：《秦汉博士官的设置及其演变》，《史学集刊》，1984 年第 1 期。

[4]〔汉〕司马迁：《史记·秦始皇本纪》，北京：中华书局，1959 年版，第 254 页。

[5]〔汉〕司马迁：《史记·叔孙通列传》，北京：中华书局，1959 年版，第 2720 页。

[6]〔汉〕司马迁：《史记·刘敬叔孙通列传》，北京：中华书局，1959 年版，第 2720 页。

[7] 张汉东：《秦汉博士官的设置及其演变》，《史学集刊》，1984 年第 1 期。

[8] 张汉东：《秦汉博士官的设置及其演变》，《史学集刊》，1984 年第 1 期。

[9]〔汉〕班固：《汉书·百官公卿表上》，北京：中华书局，1962 年版，第 726 页。

[10]〔汉〕班固：《汉书·儒林传》，北京：中华书局，1962 年版，第 3592 页。

广文学之路，《论语》《孝经》《孟子》《尔雅》皆置博士”，但是，在当时儒学的发展并未进至独尊，《论语》等“这些后来虽都被认为是儒家经典，但在当时还是属于诸子之列的”。[1] 因此，文帝所立的官博士，“与武帝以后的‘五经博士’不同，不限于‘五经’，也不限于儒家，而是一般的‘文学之士’。甚至武帝初年都是如此”。[2] 这一时期，博士制度与五经、儒学的联系尚不明晰紧密。

这种状况在武帝时期被彻底改变，博士演变为专经博士。武帝即位之后，“招方正贤良文学之士。自是之后，言《诗》于鲁则申培公，于齐则辕固生，于燕则韩太傅。言《尚书》自济南伏生。言《礼》自鲁高堂生。言《易》自菑川田生。言《春秋》于齐鲁自胡毋生，于赵自董仲舒。及窦太后崩，武安侯田蚡为丞相，绌黄老、刑名百家之言，延文学儒者数百人，而公孙弘以《春秋》白衣为天子三公，封以平津侯。天下之学士靡然乡风矣”。[3] 建元五年，武帝“置《五经》博士”。[4] 至此，博士为五经、儒学独占，非五经、儒学不得为博士。据统计，武帝时“应有五经七家博士。武帝时期博士可考者二十二人”，“宣帝设五经十二博士，到元帝时又增京氏《易》一家，为五经十三博士”。“平帝、新莽时，经学博士的设置达到了顶峰。”《汉书·王莽传》平帝元始四年，“立《乐经》，益博士员，经各五人”。共计六经三十博士。光武所置博士，多依宣帝朝，“光武所建立的五经十四博士制，一直延续下来，除建武四年曾一度增置过为时甚短的《左氏》博士外，终汉末再未改变”。[5]

五经博士的设立与完善，使得儒学的研习传播有了稳定的载体，强化了经学对教育和选官的影响。通过五经博士，系统的经学得到有效的传承和传播，为改良汉政提供了基本的保障。武帝时公孙弘建议，“小吏浅闻，不能究宣，无以明布谕下。治礼次治掌故，以文学礼义为官，迁留滞。请选择其秩比二百石以上，及吏百石通一艺以上，补左右内史、大行卒史；比百石已下，补郡太守卒史：皆各二人，边郡一人。先用诵多者，若不足，乃择掌故补中二千石属，文学掌故补郡属，备员。请著功令。佗如律令。”[6] 并且为此提出了具体的举措建议，认为“为博士官置弟子五十人，复其身。太常择民年十八已上，仪状端正者，补博士弟子。郡国县道邑有

[1] 熊铁基：《汉代学术史论》，北京：高等教育出版社，2013 年版，第 20 页。

[2] 熊铁基：《汉代学术史论》，北京：高等教育出版社，2013 年版，第 19 页。

[3]〔汉〕司马迁：《史记·儒林列传》，北京：中华书局，1959 年版，第 3118 页。

[4]〔汉〕班固：《汉书·武帝纪》，北京：中华书局，1962 年版，第 159 页。

[5] 张汉东：《秦汉博士官的设置及其演变》，《史学集刊》，1984 年第 1 期。

[6]〔汉〕司马迁：《史记·儒林列传》，北京：中华书局，1959 年版，第 3119 页。

好文学，敬长上，肃政教，顺乡里，出入不悖所闻者，令相长丞上属所二千石，二千石谨察可者，当与计偕，诣太常，得受业如弟子。一岁皆辄试，能通一艺以上，补文学掌故缺；其高弟可以为郎中者，太常籍奏。即有秀才异等，辄以名闻。其不事学若下材及不能通一艺，辄罢之，而请诸不称者罚”。[1] 由此，通经之士逐步渗入官僚系统，“自此以来，则公卿大夫士吏斌斌多文学之士矣”。

五经博士的设置与发展，也导致博士职能与地位的变化。汉初博士职掌由“通古今”“备顾问”，逐步拓展至政治生活的各方面，五经博士秩俸虽低，但在定策安邦、制礼作乐时，天子往往征询经学博士的意见，而他们也多依经义对之，此外，在奉旨循行、观览风俗、存问灾困等方面，也屡见五经博士的身影。可以说，他们不再是可有可无的政治顾问，而是由国家严格遴选、限定名额、执掌尊重，且直接参与朝政的国家官吏和学官领袖，担负着为汉帝国建立和维护意识形态，指导汉政运作，并培养优秀官僚的重任。由此观之，汉初博士的设置和发展，对政治运作、社会管理和学术传习意义重大。五经博士既是通经硕儒，又是朝廷职官，既是意识形态的建立者，又是其维护者，五经博士成为思想文化与政治权力糅合的节点。

（二）礼学传习

自先秦以来，人们对礼制沟通天人、“别人伦以治政安君”的价值和功能的认知不断深化。《礼记》曰：“夫礼，先王以承天之道，以治人之情。”[2] 夏商周三代的礼制发展经过了一个漫长的历史过程，呈现出由简到繁、由野到文的特征。《礼记·表记》云：“夏道尊命，事鬼敬神而远之……殷人尊神，率民以事神，先鬼而后礼……周人尊礼尚施，事鬼敬神而远之。”[3] 西周时期关于仪轨典礼的规定更为规范，对官员职守的设置更为系统，“周监于二代，礼文尤具，事为之制，曲为之防，故称礼经三百，威仪三千”。[4] 而且形成一系列礼学典籍，章学诚认为：“六艺非孔氏之书，乃周官之旧典也。”其中“《礼》在宗伯”，章太炎也认为“周代《诗》《书》《礼》《乐》皆官书”。[5] 春秋战国时期，学术下移，礼学典藉也随之在民间流布，白家诸子对礼都很重视，荀子认为视礼为群类纲纪的根本，“礼之于正国家也，如权衡之于轻重也，

[1]〔汉〕司马迁：《史记·儒林列传》，北京：中华书局，1959 年版，第 3119 页。

[2]〔清〕阮元校刻：《十三经注疏·礼记正义·礼运》，北京：中华书局，1980 年影印版，第 1414 页。

[3]〔清〕阮元校刻：《十三经注疏·礼记正义·表记》，北京：中华书局，1980 年影印版，第 1641—1642 页。

[4]〔汉〕班固：《汉书·礼乐志》，北京：中华书局，1962 年版，第 1029 页。

[5] 章太炎：《国学讲演录》，北京：中华书局，2013 年版，第 143 页。

如绳墨之于曲直也。故人无礼不生，事无礼不成，国家无礼不宁”。[1]《左传》云：“礼，经国家，定社稷，序民人，利后嗣者也。”[2]《吕氏春秋》强调，“故先王之制礼乐也，非特以欢耳目、极口腹之欲也，将以教民平好恶、行理义也”，[3]可见礼学传布很受当时学者重视。

秦兴之后，关于礼学的传习并未断绝。据《史记》记载，孔鲋为孔子后世，“及至秦之季世，焚诗书，阬术士，六艺从此缺焉。陈涉之王也，而鲁诸儒持孔氏之礼器往归陈王。于是孔甲为陈涉博士，卒与涉俱死”。[4]汉高祖时，叔孙通作“《汉仪》十二篇”，[5]并作汉礼仪。但这些多为朝廷礼仪制度，并非《礼》经传承。此后，鲁徐生与鲁高堂生对于礼学的发微继绝贡献良多，“孝文时，徐生以颂为礼官大夫，传子至孙延、襄。襄，其资性善为颂，不能通经；延颇能，未善也。襄亦以颂为大夫，至广陵内史。延及徐氏弟子公户满意、桓生、单资皆为礼官大夫”。[6]而鲁高堂生为礼学大家，传《仪礼》十七篇，史称“礼固自孔子时而其经不具，及至秦焚书，书散亡益多，于今独有仪礼，高堂生能言之”。“诸学者多言礼，而鲁高堂生最本。”[7]高堂生所传《仪礼》十七篇可能是当时仅存的礼学经书。

此后，经萧奋传孟卿，“孟卿，东海人也。事萧奋，以授后仓、鲁闾丘卿”。[8]其中，后苍是汉代经学史上礼学传承的关键人物，“仓说《礼》数万言，号曰《后氏曲台记》，授沛闻人通汉子方、梁戴德延君、戴圣次君、沛庆普孝公。孝公为东平太傅。德号大戴，为信都太傅；圣号小戴，以博士论石渠，至九江太守。由是《礼》有大戴、小戴、庆氏之学。通汉以太子舍人论石渠，至中山中尉。普授鲁夏侯敬，又传族子咸，为豫章太守。大戴授琅邪徐良斿卿，为博士、州牧、郡守，家世传业。小戴授梁人桥仁季卿、杨荣子孙。仁为大鸿胪，家世传业，荣琅邪太守。由是大戴

[1]〔清〕王先谦撰，沈啸寰、王星贤点校：《荀子集解·大略》，北京：中华书局，1988年版，第495页。

[2]〔清〕阮元校刻：《十三经注疏·春秋左传正义·隐公十一年》，北京：中华书局，1980年影印版，第1736页。

[3]〔战国〕吕不韦著，陈奇猷校释：《吕氏春秋新校释·适音》，上海：上海古籍出版社，2002年版，第276页。

[4]〔汉〕司马迁：《史记·儒林列传》，北京：中华书局，1959年版，第3116页。

[5]〔南朝宋〕范晔：《后汉书·曹褒传》，北京：中华书局，1965年版，第1203页。

[6]〔汉〕班固：《汉书·儒林传》，北京：中华书局，1962年版，第3614页。

[7]〔汉〕司马迁：《史记·儒林列传》，北京：中华书局，1959年版，第3126页。

[8]〔汉〕班固：《汉书·儒林传》，北京：中华书局，1962年版，第3615页。

有徐氏，小戴有桥、杨氏之学”。[1]可见，“后仓的礼学活动时间历经武、昭、宣三朝”，[2]后仓不仅将礼学通过教习传授，拓展了礼学的发展空间，更主要的是，他将《礼》推到了五经的地位，而在此之前，学者传礼，不过是“讲授经文、演习礼仪，并未建立师法。直到武帝时建立后苍师法，后仓成为西汉经学史乃至中国经学史上的第一位礼学博士”。[3]

（三）礼经博士的设置

关于礼经博士的设置，自武帝设立经学博士，《礼》唯后仓，《汉书》记载，至孝宣世，复立“《大小戴礼》……平帝时，又立……逸《礼》”。[4]《汉书》中大小戴在宣帝时期就已立为博士。《后汉书·章帝纪》引建初四年十一月壬戌诏曰：“盖三代导人，教学为本。汉承暴秦，褒显儒术，建立《五经》，为置博士。其后学者精进，虽曰承师，亦别名家。孝宣皇帝以为去圣久远，学不厌博，故遂立《大、小夏侯尚书》，后又立《京氏易》”。[5]诏书虽未言及宣帝时期，设立大小戴礼学博士于学官之事，但又提到“至建武中，复置《颜氏、严氏春秋》，《大、小戴礼》博士”。[6]其言“复”字，可知在建武之前，大小戴礼学博士已有设立。《后汉书·儒林传》也认为“及光武中兴，爱好经术，未及下车，而先访儒雅，采求阙文，补缀漏逸。……于是立《五经》博士，各以家法教授，《易》有施、孟、梁丘、京氏，《尚书》欧阳、大小夏侯，《诗》齐、鲁、韩，《礼》大小戴，《春秋》严、颜，凡十四博士，太常差次总领焉”。[7]这说明东汉初年，大小戴礼学立于学官为博士。在《百官志》中也同样记述曰：“博士祭酒一人，六百石。本仆射，中兴转为祭酒。博士十四人，比六百石。……《礼》二，大小戴氏。”[8]可见，在武帝之后，两汉礼经博士为朝廷常设。

史籍对于礼经为博士者有不同记载，除上述资料所言后仓及大小戴为礼经博士外，《汉书·艺文志》云：“汉兴，鲁高堂生传《士礼》十七篇。讫孝宣世，后仓最明。戴德、戴圣、庆普皆其弟子，三家立于学官”。[9]认为后仓另一弟子庆普亦立

[1]〔汉〕班固：《汉书·儒林传》，北京：中华书局，1962年版，第3615页。

[2]马晓玲：《后仓及其弟子礼学传承考述》，《孔子研究》，2013年第5期。

[3]马晓玲：《后仓及其弟子礼学传承考述》，《孔子研究》，2013年第5期。

[4]〔汉〕班固：《汉书·儒林传》，北京：中华书局，1962年版，第3621页。

[5]〔南朝宋〕范晔：《后汉书·章帝纪》，北京：中华书局，1965年版，第137—138页。

[6]〔南朝宋〕范晔：《后汉书·章帝纪》，北京：中华书局，1965年版，第138页。

[7]〔南朝宋〕范晔：《后汉书·儒林列传上》，北京：中华书局，1965年版，第2545页。

[8]〔南朝宋〕范晔：《后汉书·百官志二》，北京：中华书局，1965年版，第3572页。

[9]〔汉〕班固：《汉书·艺文志》，北京：中华书局，1962年版，第1710页。

于博士，因此，对于大小戴何时立为博士，庆氏礼是否曾为博士，史籍记述不能统一。沈文倬以戴圣两为博士而认为“他在甘露中以其师后仓师法立为博士，至阳朔二年以后，别起小戴《礼》师法，复为博士”。[1] 但王国维对此进行专门考订，认为“宣帝立大小戴《礼》，不知戴圣虽于宣帝时为博士，实为后氏礼博士，尚未自名气家，与大戴分立也。《艺文志》谓庆氏亦立学官者，误与此同”。[2] 而东汉时置礼博士，“疑当时礼有庆大小戴三氏，故班氏《艺文志》谓礼三家皆立于学官，盖误以为后汉之制本于前汉也。后庆氏学微，博士亦中废，至后汉末，礼博士只有大小戴二家，故司马彪范晔均遗之耳”。[3] 皮锡瑞也认为“汉立十四博士，礼大小戴，此所谓礼，是大小戴所受于后仓之礼十七篇，非谓大戴礼记八十五篇，与小戴礼记四十九篇”。[4] 所以，西汉礼经官学为后氏学，大小戴虽然礼学造诣深厚，对礼学的贡献良多而显名于西汉，为礼学官博士，但其自身并未立于官学，实则是后氏礼学博士，庆普礼学亦是如此。戴圣编纂《礼记》也是为研习后仓所传高堂生之《仪礼》而为之的。

三、戴圣治礼与《礼记》编纂

作为官方钦定的经典文本，五经之言精妙深奥，但是经过秦灭及秦汉之际的社会动荡，其义理多有难明之处，部分经典太过简约，如《仪礼》，主要记述仪式规范，缺少相应的义理阐述。刘歆曾言：“国家将有大事，若立辟雍、封禅、巡狩之仪，则幽冥而莫知其原。”但是，五经被世人推崇为“道”的载体，“虽异科而皆同道”，对于社会政治运作和个体发展，意义重大，“夫观六艺之广崇，穷道德之渊深，达乎无上，至乎无下，运乎无极，翔乎无形，广于四海，崇于太山，富于江、河，旷然而通，昭然而明，天地之间无所系戾，其所以监观，岂不大哉！”[5] 因此，结合经典，阐扬义理，也就成了关乎国计民生之大事。而要想正确解读，就必须借助各类“传”“记”文本。

---

[1] 沈文倬：《从汉初今文经的形成说到两汉今文〈礼〉的传授》，载《宗周礼乐文明考论》，杭州：浙江大学出版社，1999 年版，第 232 页。

[2] 王国维：《观堂集林·汉魏博士考》，北京：中华书局，1959 年版，第 184 页。

[3] 王国维：《观堂集林·汉魏博士考》，北京：中华书局，1959 年版，第 186 页。

[4]〔清〕皮锡瑞：《经学通论·三礼》，北京：中华书局，1982 年版，第 8 页。

[5] 冯逸、乔华点校：《淮南鸿烈集解·泰族训》，北京：中华书局，1989 年版，第 689—690 页。

（一）《礼记》篇目来源

早在先秦时期，先哲就撰著了很多“记文”，作为研习相关经典时的参考。他们或单篇流传，或存录于某一典籍之中，其作者各异，成文年代也前后不一，在长期的历史进程中，经过不断的传抄编纂和润饰增删，成为重要的典籍。近年出土资料中，这类文本亦曾屡现。虽然“及周之衰，诸侯将逾法度，恶其害己，皆灭去其籍，自孔子时而不具，至秦大坏”，[1] 又经秦汉之际的剧烈社会动荡，仍有不少《礼》之记文流传于世，有一定的知识群体对此加以传习和研究。

汉初“改秦之败，大收篇籍，广开献书之路”，[2] 部分“记文”也被陆续发掘和整理。随着礼经博士的设置，为弥补经文简略之弊，汉儒不断搜集整理相关记文，次第篇目，以供研究和教育使用，最为名著者，为大小戴。他们各自编有一部《礼记》，而小戴《礼记》因传习之广，而成“三礼之首”，后世遂惯以《礼记》代指小戴《礼记》。

大小戴《礼记》所采择选编的记文，主要有三个来源：河间献王所献古籍，鲁淹中及孔壁所得古籍，此外也有个别为汉初成篇。河间献王因为“修学好古，实事求是”，因此，“从民得善书，必为好写与之，留其真，加金帛赐以招之。繇是四方道术之人不远千里，或有先祖旧书，多奉以奏献王者，故得书多，与汉朝等”。可谓成就斐然，其所搜罗的典籍包括七十子后学所出的“经传说记”，“献王所得书皆古文先秦旧书，《周官》《尚书》《礼》《礼记》《孟子》《老子》之属，皆经传说记，七十子之徒所论”。[3] 东方鲁地多好学之士，虽迭遭动乱，但是知识群体仍然对包括礼学在内的学术传袭不绝，秦汉之际，“高皇帝诛项籍，引兵围鲁，鲁中诸儒尚讲诵习礼，弦歌之音不绝，岂非圣人遗化好学之国哉？”[4] 因此，当社会秩序逐步恢复时，鲁地先后发现一批古籍，《汉书·艺文志》云：“《礼古经》者，出于鲁淹中及孔氏，学七十（十七）篇文相似，多三十九篇。及《明堂阴阳》《王史氏记》所见”，[5] 此外，《汉书》云：“及鲁恭王坏孔子宅，欲以为宫，而得古文于坏壁之中，《逸礼》有三十九，《书》十六篇。”[6]“武帝末，鲁恭王坏孔子宅，

[1]〔汉〕班固：《汉书·艺文志》，北京：中华书局，1962 年版，第 1710 页。

[2]〔汉〕班固：《汉书·艺文志》，北京：中华书局，1962 年版，1701 页。

[3]〔汉〕班固：《汉书·景十三王传》，北京：中华书局，1962 年版，第 2410 页。

[4]〔汉〕班固：《汉书·儒林传》，北京：中华书局，1962 年版，第 3592 页。

[5]〔汉〕班固：《汉书·艺文志》，北京：中华书局，1962 年版，第 1710 页。

[6]〔汉〕班固：《汉书·楚元王传》，北京：中华书局，1962 年版，第 1969 页。

欲以广其宫，而得《古文尚书》及《礼记》《论语》《孝经》凡数十篇，皆古字也。”[1]所以，在孔壁之中，也发现了部分《礼》书和相应的记文，其中，三者内容有所重复，但也并不完全相同，《礼记正义》引郑玄《六艺论》：“后得孔子壁中古文《礼》，凡五十六篇，其十七篇与高堂生所传同，而字多异。其十七篇外，则‘逸礼’是也。”[2]可见，不仅篇目不同，其文字也有所出入。《月令》篇也应当出自其中的鲁淹中。

有学者认为《月令》虽成书于战国晚期，但其内容、体例袭自《明堂月令》，宣帝时魏相，“好观汉故事及便宜章奏，以为古今异制，方今务在奉行故事而已。数条汉兴已来国家便宜行事，及贤臣贾谊、晁错、董仲舒等所言，奏请施行之”[3]“魏相又数表采《易阴阳》及《明堂月令》奏之”。[4]但魏相所上《明堂月令》并非自己撰著，陈梦家考订《明堂月令》所见于古籍处，与魏相相比，有先有后，“其所述《明堂月令》，九见于许慎《说文》（菇、能、楼、舫、霎、乳、镯、虹、耐），三见于《淮南子》（《原道》《主术》《天文》）高诱注，两见于《礼记·祭法》郑玄注，两见于《国语》（《周语》上、下）韦昭注，一见于《后汉书·蔡邕传》所上《七事表》。”他进一步认为，“《明堂月令》或亦《明堂阴阳记》的一篇”。[5]《明堂阴阳记》是研究《明堂阴阳》的“记文”汇编，《月令》以“明堂”冠之，应是《明堂阴阳记》的一篇。

《明堂月令》出自《明堂阴阳记》的观点也有古籍相佐证，郑玄《三礼目录》曰：“此于《别录》属《明堂阴阳记》。”[6]皮锡瑞通过考证辨析认为“记百三十一篇，明堂阴阳三十三篇，王史氏二十一篇，曲台后仓九篇，中庸说二篇，明堂阴阳说二篇，周官经六篇，据汉书经十七篇，即今十七篇之仪礼，古经五十六篇，则合逸礼言之，记百三十一篇，今四十九篇之礼记在内，明堂阴阳，今明堂位月令在内”。[7]李学勤通过对郭店简的研究，也认为“《月令》与《明堂位》及大戴的《盛德》又可能见于《明

---

[1]〔汉〕班固：《汉书·艺文志》，北京：中华书局，1962年版，第1706页。

[2]〔清〕阮元校刻：《十三经注疏·礼记正义》，北京：中华书局，1980年影印版，第1225页。

[3]〔汉〕班固：《汉书·魏相传》，北京：中华书局，1962年版，第3137页。

[4]〔汉〕班固：《汉书·魏相传》，北京：中华书局，1962年版，第3139页。

[5]陈梦家：《战国楚帛书考》，《考古学报》，1984年第2期。

[6]〔清〕阮元校刻：《十三经注疏·礼记正义·月令》，北京：中华书局，1980年影印版，第1352页。

[7]〔清〕皮锡瑞：《经学通论·三礼》，北京：中华书局，1982年版，第1页。

堂阴阳》”。[1] 因此，认为《月令》源自《明堂阴阳》或相关记文，是符合历史与逻辑的。

作为一篇记文，“《月令》即《明堂阴阳记》中之一篇，西汉曾出土于鲁淹中”。[2] 这就是《汉书·艺文志》所云：“《礼古经》者，出于鲁淹中及孔氏，学七十（十七）篇文相似，多三十九篇，及《明堂阴阳》《王史氏记》所见。”[3] 而这些经传记文正是大小戴采择筛选整理以编纂《礼记》的选材所自，“两戴所传之记，除取诸百三十一篇之外，尚有取诸《明堂阴阳》三十三篇者，如《大戴记》之《盛德》及《小戴记》之《月令》《明堂位》是也”。[4]《月令》作为《明堂阴阳记》的一篇，为小戴所选编入小戴《礼记》，即为今天所见《礼记·月令》。同时，《礼记》地位的抬升也造成《明堂月令》的边缘化。《月令》以小戴《礼记》第六篇的形式和经学的地位为世人熟知，并被不断研习和传播。

（二）戴圣治礼

戴圣大约何时采择《月令》入《礼记》，这关乎月令经学跃变的完成，以及影响汉代政治和社会的断代问题，不可疏忽。若想得出合理答案，就需要对戴圣的生平加以考察。

史籍关于戴圣的生平记述极为简略，《汉书·儒林传》曰：“仓说《礼》数万言，号曰《后氏曲台记》，授沛闻人通汉子方、梁戴德延君、戴圣次君、沛庆普孝公。……圣号小戴，以博士论石渠，至九江太守。”[5]《后汉书·儒林传》记载：“鲁高堂生，汉兴传《礼》十七篇。后瑕丘萧奋以授同郡后苍，苍授梁人戴德及德兄子圣、沛人庆普。于是德为《大戴礼》，圣为《小戴礼》，普为《庆氏礼》，三家皆立博士。……中兴已后，亦有《大》《小戴》博士。”[6] 此外，在《汉书·何武传》中，对戴圣治学为官尚有一些记述，“九江太守戴圣，《礼经》号小戴者也，行治多不法，前刺史以其大儒，优容之。及武为刺史，行部录囚徒，有所举以属郡。圣曰：‘后进生何知，乃欲乱人治！’皆无所决。武使从事廉得其罪，圣惧，自免，后为博士，毁武于朝廷。武闻之，终不扬其恶。而圣子宾客为群盗，得，系庐江，圣自以子必死。武平心决之，

[1] 李学勤：《郭店简与〈礼记〉》，《中国哲学史》，1998 年第 4 期。

[2] 王锷：《〈礼记〉成书考》，西北师范大学 2004 年博士学位论文，第 162 页。

[3]〔汉〕班固：《汉书·艺文志》，北京：中华书局，1962 年版，第 1710 页。

[4] 张舜徽：《汉书艺文志通释》，武汉：华中师范大学出版社，2004 年版，第 210 页。

[5]〔汉〕班固：《汉书·儒林传》，北京：中华书局，1962 年版，第 3615 页。

[6]〔南朝宋〕范晔：《后汉书·儒林列传》，北京：中华书局，1965 年版，第 2576 页。

卒得不死。自是后，圣惭服。武每奏事至京师，圣未尝不造门谢恩”。[1] 这些记载简略模糊，但又存疑点，且关乎《礼记》编纂及《月令》经学化的问题，因此，我们不得不加以分析。

对于戴圣生平及治《礼》为博士，编纂《礼记》的时间，李学勤认为“大小戴《礼记》的形成均在西汉”。[2] 王葆玹根据《汉书·韦玄成传》等资料，推定小戴《礼记》约成书于元帝永光五年(前39年)。[3] 杨振红认为“月令掺入《礼记》应在元帝之后”。[4] 其实，我们可以根据《汉书·何武传》的相关记载对此进行大体推定。《汉书·何武传》记述“何武字君公，蜀郡郫县人也。宣帝时，天下和平，四夷宾服，神爵、五凤之间娄蒙瑞应。而益州刺史王襄使辩士王褒颂汉德，作《中和》《乐职》《宣布》诗三篇。武年十四五，与成都杨覆众等共习歌之。……太仆王音举武贤良方正，征对策，拜为谏大夫，迁扬州刺史”。[5] 可见，何武为扬州刺史，是因为王音的举荐，当时王音为太仆，据《汉书·百官公卿表》记载，“侍中中郎将王音为太仆，三年迁”。当时是河平三年（前 26）。随后，在阳朔二年（前 23），“太仆王音为御史大夫，一年迁”。[6] 可知，王音为太仆是在河平三年至阳朔二年间，那么，何武为王音举荐为扬州刺史也应该是在这段时间内。在宣帝神爵、五凤年间，何武“年十四五”，那么，河平三年至阳朔二年间，他为扬州刺史时，年纪约在五十左右。而戴圣与何武冲突时，戴圣斥其为“后进生何知，乃欲乱人治”，所以，戴圣应年长于何武，断其年龄约六十，应不为过。以此上推，戴圣的出生时间，约昭帝始元六年（前 81）。根据西汉制度规定，“为博士官置弟子五十人，复其身。太常择民年十八已上，仪状端正者，补博士弟子”。[7] 那么，戴圣从后仓习《礼》，已是宣帝时期了。

然而，史籍所见，戴圣为博士有两次，学界于此多有异议。《汉书·儒林传》记戴圣“以博士论石渠，至九江太守”。[8] 石渠阁会议于宣帝甘露三年，“诏诸儒讲《五

[1]〔汉〕班固：《汉书·何武传》，北京：中华书局，1962 年版，第 3482—3483 页。

[2] 李学勤：《郭店简与〈礼记〉》，《中国哲学史》，1998 年第 4 期。

[3] 王葆玹：《今古文经学新论》，北京：中国社会科学出版社，1997 年版，第 310 页。

[4] 杨振红：《出土简牍与秦汉社会》序，桂林：广西师范大学出版社，2009 年版，第 5 页。

[5]〔汉〕班固：《汉书·何武传》，北京：中华书局，1962 年版，第 3481—3482 页。

[6]〔汉〕班固：《汉书·百官公卿表》，北京：中华书局，1962 年版，第 827、830 页。

[7]〔汉〕司马迁：《史记·儒林列传》，北京：中华书局，1959 年版，第 3119 页。

[8]〔汉〕班固：《汉书·儒林传》，北京：中华书局，1962 年版，第 3615 页。

经》同异，太子太傅萧望之等平奏其议，上亲称制临决焉”。[1] 会议言论经整理为《石渠论》，《后汉书·舆服志》刘昭注“皮弁”时，引《石渠》论玄冠朝服，曾引戴圣石渠会议之言曰：“玄冠，委貌也。朝服布上素下，缁帛带，素韦鞸”。[2] 可见，戴圣曾参与石渠阁会议无疑。但是，《汉书·何武传》中，记述戴圣治学为官经历时，讲到何武治其不法，“圣惧，自免，后为博士，毁武于朝廷”。[3] 依前所述，此时应是成帝时期。因此，学界关于戴圣为礼经博士的“免”“复”问题，多有争议，有人认为戴圣曾两为博士，中间外迁任九江太守。有人以为戴圣虽两为博士，但他第一次是以后仓师法为博士，第二次则别起小戴《礼》师法而为博士。[4] 不管如何，结合前文关于戴圣生平的推测，认为戴圣在宣帝时期，其编纂小戴《礼记》，收录《月令》于其中，不早于西汉宣帝时期，应当是成立的。

由此可见，汉初礼学复兴，自高堂生以来，历代礼学经师对《礼》经的研习和传播就不曾断绝，并最终推动《礼》跻身五经，后仓等名列博士。戴圣从后仓习《礼》，并为礼经博士，在研究和教授的过程中，他注意对相关记文的收集，编纂小戴《礼记》，将《月令》纳入其中。倘若戴圣未曾为博士，或如戴德一般没有收录《月令》，那么它也就难以实现经学化，并深刻影响汉代政治和社会了。可以说，戴圣为礼经博士是月令经学化不可或缺的条件。

总之，结合社会历史背景和文本内容，我们不难发现，成书于战国晚期的《礼记·月令》，在汉代能成为经学，拥有了特定的身份和地位，并非偶然，而是多种因素共同作用的结果。其中，自先秦以来以时序政的传统为此提供了历史基础，使之自然而然地被人们接受；秦汉政治转折之际，统治者强烈渴望贯通天人之际，以论证自身统治的合理性，并为具体的政治运作、社会管理、生产组织提供理论依据、经典依据和具体参照，这为之提供了根本动力；月令图式本身因内容、外在结构、内在理论、叙事逻辑的独特形制，使之在天人关系建构问题上表现出极强的实用性和工具性，从而彰显了自身别样的功能和价值，能从形上和行下两个层面很好地满足统治者循天而行、天人合一的诉求，这可谓是其一跃而为经学的内在原因；而儒学针对社会变迁，积极进行自我改造，与政治权力合力制造经学体系，在此过程中，礼经博士的设置以及戴圣为礼经博士，编纂《礼记》则是月令经学化的关键条件。“《六

[1]〔汉〕班固：《汉书·宣帝纪》，北京：中华书局，1962 年版，第 272 页。

[2]〔南朝宋〕范晔：《后汉书·舆服志下》，北京：中华书局，1965 年版，第 3665 页。

[3]〔汉〕班固：《汉书·何武传》，北京：中华书局，1962 年版，第 3482 页。

[4] 沈文倬：《宗周礼乐文明考论》，杭州：杭州大学出版社，1999 年版，第 232 页。

艺》者，王教之典籍，先圣所以明天道，正人伦，致至治之成法也。”[1] 在以经治国的时代背景下，月令的影响迅速拓展至汉代政治和社会生活中。缕析汉代礼制、行政、司法和社会生活，我们都可以看到月令的身影。

[1]〔汉〕班固：《汉书·儒林传》，北京：中华书局，1962 年版，第 3589 页。

第三章　月令与汉代政治改良

月令对汉代政治的影响，集中体现于《礼记·月令》深度参与汉代政治的改良进程。“务时寄政”是中国传统政治运作的基本原则之一，在先秦以时序政的传统基础上和以经治国的时代背景下，汉代统治者主动援引《礼记·月令》以改革行政，损益律令，变更礼制，不仅实现了汉代政治的大变革，也将统治者以时序政由具体朴素的“因自然”提升到抽象“顺天意”的高度。

第一节　月令与汉代行政改革

《礼记·月令》不仅强调了天子与天意的合一，社会秩序与自然节律的契合，而且据此进行了系统的设计，这些理念和设计在汉代被逐步贯彻于行政活动中，诏书颁制、四时读令、班春施惠、孟夏建储、仲夏寝兵、仲秋养老、应时赦宥等都受到《礼记·月令》不同程度的影响，或被赋予新的立意，或被加以损益调整。经学义理与行政运作的结合，彰显了“天人合一”。

一、月令与诏书颁制

作为御用公文，诏书是表达皇权意志、治理国家的重要工具，对两汉政治生活意义重大。不仅其决策、发布和监督等都有严格的程序，而且其内容也多引经据典。“粗略统计，两汉时期共有 17 位皇帝在诏书中征引经书 117 次。计西汉 7 位皇帝征引 55 次，东汉 10 位皇帝征引 62 次。”[1] 在这其中，也多见《礼记·月令》，诏书或直接援引经文，或据其义而制，由此可见月令对两汉政治生活的影响。

---

[1] 孟祥才：《从秦汉时期皇帝诏书称引儒家经典看儒学的发展》，《孔子研究》，2004 年第 4 期。

首先，两汉诸帝诏令中有直接援引《礼记·月令》之文，以强调其神圣性和合理性。如章帝元和二年秋七月庚子，诏曰：“《月令》冬至之后，有顺阳助生之文，而无鞠狱断刑之政。朕咨访儒雅，稽之典籍，以为王者生杀，宜顺时气。其定律，无以十一月、十二月报囚。”[1] 其所谓“有顺阳助生之文，而无鞠狱断刑之政”，李贤以为当指仲冬之月，“是月也，日短至。阴阳争，诸生荡。君子齐戒，处必掩身。身欲宁，去声色，禁耆欲。安形性，事欲静，以待阴阳之所定”。[2] 元和三年春二月壬寅又引《礼记·月令》之文曰：“《月令》，孟春善相丘陵土地所宜。今肥田尚多，未有垦辟。其悉以赋贫民，给与粮种，务尽地力，勿令游手。所过县邑，听半入今年田租，以劝农夫之劳。”[3] 其所云“孟春善相丘陵土地所宜”，即为《礼记·月令》孟春之月“王命布农事，命田舍东郊，皆修封疆，审端经术。善相丘陵、阪险、原隰，土地所宜，五谷所殖，以教道，民必躬亲之。田事既饬，先定准直，农乃不惑”。[4] 而安帝元初四年秋京师及郡国十雨水，遂诏曰：“又《月令》‘仲秋养衰老，授几杖，行糜粥’。方今案比之时，郡县多不奉行。虽有糜粥，糠秕相半，长吏怠事，莫有躬亲，甚违诏书养老之意。其务崇仁恕，赈护寡独，称朕意焉。”[5] 其中，“仲秋养衰老，授几杖，行糜粥”即指《礼记·月令》仲秋之月“是月也，养衰老，授几杖，行糜粥饮食”。[6] 安帝元初六年春二月乙巳诏曰：“《月令》仲春‘养幼小，存诸孤’，季春‘赐贫穷，赈乏绝，省妇使，表贞女’，所以顺阳气，崇生长也。其赐人尤贫困、孤弱、单独谷，人三斛；贞妇有节义十斛，甄表门闾，旌显厥行。”[7] 其引《礼记·月令》之文，是为仲春之月“安萌牙，养幼少，存诸孤”，[8] 以及季春之月“天子布德行惠，命有司，

[1]〔南朝宋〕范晔：《后汉书·章帝纪》，北京：中华书局，1965 年版，第 152—153 页。
[2]〔清〕阮元校刻：《十三经注疏·礼记正义·月令》，北京：中华书局，1980 年影印版，第 1383 页。
[3]〔南朝宋〕范晔：《后汉书·章帝纪》，北京：中华书局，1965 年版，第 154 页。
[4]〔清〕阮元校刻：《十三经注疏·礼记正义·月令》，北京：中华书局，1980 年影印版，第 1356—1357 页。
[5]〔南朝宋〕范晔：《后汉书·安帝纪》，北京：中华书局，1965 年版，第 227 页。
[6]〔清〕阮元校刻：《十三经注疏·礼记正义·月令》，北京：中华书局，1980 年影印版，第 1373 页。
[7]〔南朝宋〕范晔：《后汉书·安帝纪》，北京：中华书局，1965 年版，第 229—230 页。
[8]〔清〕阮元校刻：《十三经注疏·礼记正义·月令》，北京：中华书局，1980 年影印版，第 1361 页。

发仓廪，赐贫穷，振乏绝，开府库，出币帛，周天下。勉诸侯，聘名士，礼贤者”。[1] 上举诸例，其诏令所引文辞，虽然与《礼记·月令》略有出入，但是其诏令中，明言引用《礼记·月令》之文，可知诸帝在颁制这些诏令时，是主动援引《礼记·月令》的。这是《礼记·月令》借由诏令颁制渗透并影响两汉政治运作和社会管理的重要体现。

其次，在有些诏令之中，虽未明言援引《礼记·月令》，但是，多有“时务”应当“顺四时月令”的表述。如宣帝元康元年三月，诏曰：“承天顺地，调序四时。”[2] 元帝初元三年六月，诏曰：“有司勉之，毋犯四时之禁。”[3] 成帝阳朔二年春，诏曰：“昔在帝尧立羲、和之官，命以四时之事，令不失其序。故《书》云‘黎民于蕃时雍’，明以阴阳为本也。今公卿大夫或不信阴阳，薄而小之，所奏请多违时政。传以不知，周行天下，而欲望阴阳和调，岂不谬哉！其务顺四时月令。”[4] 明帝初即位，于十二月甲寅诏曰：“方春戒节，人以耕桑。其敕有司务顺时气，使无烦扰。”[5] 此后，永平三年春正月癸巳，诏曰：“夫春者，岁之始也。始得其正，则三时有成。比者水旱不节，边人食寡，政失于上，人受其咎，有司其勉顺时气，劝督农桑，去其螟蜮，以及蝥贼；详刑慎罚，明察单辞，夙夜匪懈，以称朕意。”[6] 又于永平四年春二月辛亥，诏曰：“有司勉遵时政，务平刑罚。”[7] 章帝在建初元年春正月丙寅，诏曰：“方春东作，宜及时务。二千石勉劝农桑，弘致劳来。群公庶尹，各推精诚，专急人事。罪非殊死，须立秋案验。有司明慎选举，进柔良，退贪猾，顺时令，理冤狱。”[8] 顺帝永建四年春正月丙寅，诏曰：“务崇宽和，敬顺时令，遵典去苛，以称朕意。”[9] 这些诏令皆强调政务推行与时令的契合，以期举事应时，不先时不后时，这与《礼记·月令》是一脉相通的。而其中文辞多现“月令”，亦是此意。

第三，两汉诸帝诏令中，许多内容虽然并未言明征引自《礼记·月令》，但是其所为所行是与之相契合的。如宣帝元康三年夏六月，诏曰：“其令三辅毋得以春

[1]〔清〕阮元校刻：《十三经注疏·礼记正义·月令》，北京：中华书局，1980 年影印版，第 1363 页。

[2]〔汉〕班固：《汉书·宣帝纪》，北京：中华书局，1962 年版，第 254 页。

[3]〔汉〕班固：《汉书·元帝纪》，北京：中华书局，1962 年版，第 284 页。

[4]〔汉〕班固：《汉书·成帝纪》，北京：中华书局，1962 年版，第 312 页。

[5]〔南朝宋〕范晔：《后汉书·明帝纪》，北京：中华书局，1965 年版，第 98 页。

[6]〔南朝宋〕范晔：《后汉书·明帝纪》，北京：中华书局，1965 年版，第 105 页。

[7]〔南朝宋〕范晔：《后汉书·明帝纪》，北京：中华书局，1965 年版，第 107 页。

[8]〔南朝宋〕范晔：《后汉书·章帝纪》，北京：中华书局，1965 年版，第 133 页。

[9]〔南朝宋〕范晔：《后汉书·顺帝纪》，北京：中华书局，1965 年版，第 256 页。

夏擿巢探卵，弹射飞鸟。具为令。”[1] 其文明显与《礼记·月令》孟春之月“毋覆巢，毋杀孩虫，胎夭飞鸟。毋麛毋卵”[2] 相通。次年春正月，宣帝诏曰：“朕惟耆老之人，发齿堕落，血气衰微，亦亡暴虐之心，今或罹文法，拘执囹圄，不终天命，朕甚怜之。自今以来，诸年八十以上，非诬告杀伤人，佗皆勿坐”，并随后“遣太中大夫强等十二人循行天下，存问鳏寡，览观风俗，察吏治得失，举茂材异伦之士”。[3] 此后，又于黄龙元年二月诏曰：“数申诏公卿大夫务行宽大，顺民所疾苦，将欲配三王之隆，明先帝之德也。”[4] 其所云所行，也是对《礼记·月令》孟春之月“命相布德和令，行庆施惠，下及兆民。庆赐遂行，毋有不当”[5] 的践行。明帝永平十年夏四月戊子，诏曰：“方盛夏长养之时，荡涤宿恶，以报农功。百姓勉务桑稼，以备灾害。吏敬厥职，无令愆堕。”[6] 其文也可视作对《礼记·月令》孟夏之月“命野虞，出行田原，为天子劳农劝民，毋或失时。命司徒巡行县鄙，命农勉作，毋休于都”[7] 的推行。而安帝元初五年秋七月丙子，欲令百姓务崇节约，并斥有司惰任，遂诏曰：“秋节既立，鸷鸟将用，且复重申，以观后效。”[8] 李贤引《礼记·月令》注曰：“‘孟秋，鹰乃祭鸟，始用行戮。’言有司怠惰，不遵法令，将欲纠其罪，顺秋行诛，同鹰鹯之鸷击也。”质帝本初元年春正月丙申，诏曰：“方春东作，育微敬始。其敕有司，罪非殊死，且勿案验，以崇在宽。”[9] 二月庚辰，又下诏曰：“方春戒节，赈济乏厄，掩骼埋胔之时。其调比郡见谷，出禀穷弱，收葬枯骸，务加埋恤，以称朕意。”[10] 这些举措与《礼记·月令》所云孟春之月“布德和令，行庆施惠”，“掩骼埋胔”，[11]

[1]〔汉〕班固：《汉书·宣帝纪》，北京：中华书局，1962 年版，第 258 页。

[2]〔清〕阮元校刻：《十三经注疏·礼记正义·月令》，北京：中华书局，1980 年影印版，第 1357 页。

[3]〔汉〕班固：《汉书·宣帝纪》，北京：中华书局，1962 年版，第 258 页。

[4]〔汉〕班固：《汉书·宣帝纪》，北京：中华书局，1962 年版，第 273 页。

[5]〔清〕阮元校刻：《十三经注疏·礼记正义·月令》，北京：中华书局，1980 年影印版，第 1356 页。

[6]〔南朝宋〕范晔：《后汉书·明帝纪》，北京：中华书局，1965 年版，第 113 页。

[7]〔清〕阮元校刻：《十三经注疏·礼记正义·月令》，北京：中华书局，1980 年影印版，第 1365 页。

[8]〔南朝宋〕范晔：《后汉书·安帝纪》，北京：中华书局，1965 年版，第 229 页。

[9]〔南朝宋〕范晔：《后汉书·质帝纪》，北京：中华书局，1965 年版，第 280 页。

[10]〔南朝宋〕范晔：《后汉书·质帝纪》，北京：中华书局，1965 年版，第 281 页。

[11]〔清〕阮元校刻：《十三经注疏·礼记正义·月令》，北京：中华书局，1980 年影印版，第 1357 页。

以及季春之月“天子布德行惠，命有司，发仓廪，赐贫穷，振乏绝，开府库，出币帛，周天下”，[1] 是一脉相承的。这些举措的推行，也可以视作诸帝对《礼记·月令》所云精神和内容的具体践行。

通过对两汉诸帝诏令与《礼记·月令》的比对，我们不难发现，不仅《礼记·月令》其名其文直接出现在两汉诏令中，而且诸帝强调的“序政以时”也是与《礼记·月令》相通相同的。此外，诏令中诸多时政举措虽然并未言明袭自《礼记·月令》，但是，究其文辞与目的，实与《礼记·月令》无二。因此，我们可以确信《礼记·月令》通过诏令的形式对两汉政治运作和社会管理产生了深重影响。

二、月令与四时读令

月令本身的程式化表达就是天子施政以时最生动的参照，“因天时，制人事，天子发号施令，祀神受职，每月异礼，故谓之《月令》。所以顺阴阳，奉四时，效气物，行王政也”。[2] 而于四时宣读颁授政令的方式，即为四时读令。《礼记·月令》不仅于四立之时有迎气之礼，更颁定不同政令，如孟春之月，“命相布德和令，行庆施惠，下及兆民。庆赐遂行，毋有不当。乃命大史，守典奉法，司天日月星辰之行，宿离不贷，毋失经纪，以初为常”。[3] 这种四时读令的设计，是月令强调序政以时、天人合一的重要体现。

四时读令之制，在西汉初年君臣曾讨论过，但并未具体施行。魏相在宣帝时上疏，曾提道：“高皇帝所述书《天子所服第八》曰：‘大谒者臣章受诏长乐宫，曰：‘令群臣议天子所服，以安治天下。’相国臣何、御史大夫臣昌谨与将军臣陵、太子太傅臣通等议：‘春夏秋冬天子所服，当法天地之数，中得人和。故自天子王侯有土之君，下及兆民，能法天地，顺四时，以治国家，身亡祸殃，年寿永究，是奉宗庙安天下之大礼也。臣请法之。中谒者赵尧举春，李舜举夏，儿汤举秋，贡禹举冬，四人各职一时。’大谒者襄章奏，制曰：‘可。’”[4] 可知，在高祖时曾讨论过以中谒者四人各职一时之事，但遍检西汉初年史籍，未见记述，可知四时读令并未具体

[1]〔清〕阮元校刻：《十三经注疏·礼记正义·月令》，北京：中华书局，1980 年影印版，第 1363 页。

[2]〔清〕严可均校辑：《全上古三代秦汉三国六朝文》，北京：中华书局，1958 年版，第 903 页。

[3]〔清〕阮元校刻：《十三经注疏·礼记正义·月令》，北京：中华书局，1980 年影印版，第 1356 页。

[4]〔汉〕班固：《汉书·魏相传》，北京：中华书局，1962 年版，第 3139—3140 页。

施行，这由魏相上疏引高祖故事，建议宣帝建立四时读令之制也可推知。

与《礼记·月令》相配伍的四时读令之制，其初步建立不早于西汉哀帝时期。哀帝时，《礼记·月令》编纂完成，并逐步成为经学，而且以经治国的理念也在被逐步接受。据《李寻传》记载，李寻“独好《洪范》灾异，又学天文月令阴阳”，[1]哀帝初即位，问询“灾异仍重”，李寻对曰：“故古之王者，尊天地，重阴阳，敬四时，严月令。顺之以善政，则和气可立致，犹枹鼓之相应也。今朝廷忽于时月之令，诸侍中尚书近臣宜皆令通知月令之意，设群下请事；若陛下出令有谬于时者，当知争之，以顺时气。”[2]可知，若哀帝时朝臣已贯彻“见读其令，奉行其政”，李寻也不会批评其“忽于时月之令”，并进而建议“诸侍中尚书近臣宜皆令通知月令之意”。因此，在哀帝之前，西汉官府应当尚未建立与《礼记·月令》相匹配的四时读令制。

但是，《后汉书·礼仪志》云：“礼威仪，每月朔旦，太史上其月历，有司、侍郎、尚书见读其令，奉行其政。朔前后各二日，皆牵羊酒至社下以祭日。日有变，割羊以祠社，用救日变。执事者冠长冠，衣皁单衣，绛领袖缘中衣，绛袴袜，以行礼，如故事。”[3]可知，在东汉时期已经建立了系统的“见读其令，奉行其政”的四时读令制度。而王梦鸥先生认为，东汉时期的四时读令，“当是直接承袭自西汉分派官员主四时政令的故事”。因此，我们可以认为，四时读令制在哀帝以后逐步建立，并为东汉所承继和发展，成为《礼记·月令》影响汉代政治的重要体现之一。

就两汉时期的四时读令制的具体仪制和施行，也可由散见于史籍中的资料大体勾勒。“西汉时代，天子随着季节而改换服色，向四郊迎气，并由专任的官员分掌四时的政令，仿佛都是依照十二月纪的记载行事。其中分掌四时政令的官员，究竟是怎样执行或发布当时的政令？今已不得详知。”而《晋书·礼仪志》云：“汉仪，太史每岁上其年历，先立春、立夏、大暑、立秋、立冬常读五时令，皇帝所服，各随五时之色。帝升御坐，尚书令以下就席位，尚书三公郎以令置案上，奉以入，就席伏读讫，赐酒一卮。魏氏常行其礼。……及晋受命，亦有其制。”[4]可知，哀帝以后至东汉时期的四时读令制，由太史奏报，皇帝随时令以更换服色，并由尚书三公郎奉四时之令，“就席伏读”。而且，这种四时读令，在此后的历史中，增添大暑一节为五时，并在曹魏和晋时继续施行。

---

[1]〔汉〕班固：《汉书·李寻传》，北京：中华书局，1962年版，第3179页。

[2]〔汉〕班固：《汉书·李寻传》，北京：中华书局，1962年版，第3188页。

[3]〔南朝宋〕范晔：《后汉书·礼仪志上》，北京：中华书局，1965年版，第3101页。

[4]［唐］房玄龄等撰：《晋书·礼仪志》，北京：中华书局，1974年版，第587—588页。

因此，与《礼记·月令》相配伍的四时读令之制，在西汉初年高祖之时，君臣曾就此讨论以期施行而未果。哀帝以后，随着《礼记·月令》编纂的完成和经学地位的获得，在以经治国的时代背景下，最终得以逐步建立和施行，并为后世所继承。

三、月令与班春施惠

汉代班春行县是对先秦以来所形成的以时循行制度的承续和发展。经学时代班春行县强调的是春季的巡视，其具体职掌，在此前勉劝农功、处理狱讼、考课吏治等的基础上，又渗入循天道以宣教化，布德施惠，顺时令以求天人合一的意蕴，是两汉政治受《礼记·月令》影响的重要体现之一。

《礼记·月令》孟春之月“天气下降，地气上腾，天地和同，草木萌动”，天子不仅要“祈谷于上帝”并“躬耕帝藉”，[1]而且应“命布农事，命田舍东郊，皆修封疆，审端经术。善相丘陵、阪险、原隰，土地所宜，五谷所殖，以教道，民必躬亲之。田事既饬，先定准直，农乃不惑”。[2]疏云：“若施之顺时，则气序调释；若施令失所，则灾害滋兴。”也就是说，“孟春行夏令，则雨水不时，草木蚤落，国时有恐。行秋令，则其民大疫，猋风暴雨总至，藜莠蓬蒿并兴。行冬令，则水潦为败，雪霜大挚，首种不入”。[3]究其原因，在于“春东从青道，发生万物”，讲求天人合一的天子自当“顺时气而居以命其事也。”疏云：“于是春气既和，王命群官分布检校农之事，命遣田畯官舍于郊之上，令农夫皆修理地之封疆，审正田之径路，及田之沟洫。”在这样的时节，循行郡县，乃是奉顺时气之举。可见，《礼记·月令》从天人合一的高度，赋予了春季循行天下以新地位和意义。

在以经治国的时代背景下，这种思潮被引导入现实政治生活中。诸帝令诏、官吏行事的过程中，对春季的循行愈发重视。“班春”从各个时节的“行县”中逐步脱颖而出，成为具有特定意蕴的政治行为。如宣帝时韩延寿为左冯翊，曾“岁余，不肯出行县”，其属僚劝告曰“宜循行郡中，览观民俗，考长吏治迹，”且“皆以为方春月，可一出劝耕桑。延寿不得已，行县至高陵”，[4]在出土的敦煌悬泉汉简中，

[1]〔清〕阮元校刻：《十三经注疏·礼记正义·月令》，北京：中华书局，1980 年影印版，第 1356 页。

[2]〔清〕阮元校刻：《十三经注疏·礼记正义·月令》，北京：中华书局，1980 年影印版，第 1356—1357 页。

[3]〔清〕阮元校刻：《十三经注疏·礼记正义·月令》，北京：中华书局，1980 年影印版，第 1357 页。

[4]〔汉〕班固：《汉书·韩延寿传》，北京：中华书局，1962 年版，第 3213 页。

宣帝“神爵二年三月丙午朔甲戌，敦煌太守快、长史布施、丞德谓县郡库：太守行县道，传车被具多敝，坐为论，易□□□□到，遣吏迎受输敝被具，郡库相与校计，如律令”。[1] 其令长“行县道”的时间为春三月，这与《礼记·月令》强调春季循行是相通的。成帝阳朔四年春正月，诏曰：“方东作时，其令二千石勉劝农桑，出入阡陌，致劳来之。”[2] 杨振红以为，以此诏为标志，“此后二千石行春遂成为制度”。[3] 班春行县成为经学影响下，由中央至地方的各级政府所密切关注的“时政”之举。

东汉时期，关于班春行县的记述史不绝载。不仅诸帝颁定诏令，勉劝时功，如章帝建初元年春正月丙寅，诏曰：“方春东作，宜及时务。二千石勉劝农桑，弘致劳来。群公庶尹，各推精诚，专急人事。”[4] 地方郡守也多春行郡县，如杜密为太山太守，“行春到高密县，见郑玄为乡佐，知其异器，即召署郡职，遂遣就学”。[5] 许荆和帝时迁桂阳太守，“尝行春到耒阳县”。[6] 何敞为汝南太守，“在职以宽和为政。立春日，常召督邮还府，分遣儒术大吏案行属县，显孝悌有义行者”。[7] 第五伦行春，“见（郑弘）而深奇之，召署督邮，举孝廉”。[8] 周章“从太守行春到冠军，太守犹欲谒之。章进谏曰：‘今日公行春，岂可越仪私交。’”[9] 谢夷吾为钜鹿太守，“以行春乘柴车，从两吏，冀州刺史上其仪序失中，有损国典，左转下邳令”。[10] 可见，由各级官吏不定时循行所部，到注重时间选择，并与春季时节结合，最终形成具有特定含义和历史地位的班春，在诸多的原因中，很关键的一条在于《礼记·月令》的影响。

在春季政治活动中，天子不仅亲耕籍田，颁布诏令，要求各级官吏以时班春，督导顺时生产劳作，而且强调在这一时期“行庆施惠”。《礼记·月令》中，春三月因“阳气蒸达”“春东从青道，发生万物”，因此天子施政因循天道自然，应当“顺时养长”，行宽大，布德惠，还要轻刑罚，省徭赋，以求天人合一。其中，孟春之

[1] 胡平生、张德芳：《敦煌悬泉汉简释粹》，上海：上海古籍出版社，2001 年版，第 80 页。
[2]〔汉〕班固：《汉书·成帝纪》，北京：中华书局，1962 年版，第 314 页。
[3] 杨振红：《出土简牍与秦汉社会》，南宁：广西师范大学出版社，2009 年版，第 226 页。
[4]〔南朝宋〕范晔：《后汉书·章帝纪》，北京：中华书局，1965 年版，第 133 页。
[5]〔南朝宋〕范晔：《后汉书·党锢列传》，北京：中华书局，1965 年版，第 2198 页。
[6]〔南朝宋〕范晔：《后汉书·循吏列传》，北京：中华书局，1965 年版，第 2472 页。
[7]〔南朝宋〕范晔：《后汉书·何敞传》，北京：中华书局，1965 年版，第 1487 页。
[8]〔南朝宋〕范晔：《后汉书·郑弘传》，北京：中华书局，1965 年版，第 1154 页。
[9]〔南朝宋〕范晔：《后汉书·周章传》，北京：中华书局，1965 年版，第 1157 页。
[10]〔南朝宋〕范晔：《后汉书·方术列传上》，北京：中华书局，1965 年版，第 2715 页。

月应“命相布德和令，行庆施惠，下及兆民。庆赐遂行，毋有不当”。[1] 于仲春之月应“安萌牙，养幼少，存诸孤。择元日，命民社。命有司，省囹圄，去桎梏，毋肆掠，止狱讼”。[2] 季春之月应当“天子布德行惠，命有司，发仓廪，赐贫穷，振乏绝，开府库，出币帛，周天下。勉诸侯，聘名士，礼贤者”。[3] 其原因在于，春三月“生气方盛，阳气发泄，句者毕出，萌者尽达”。[4] 这些举措于月令经学化之前，虽然曾以不同原因践行过，但此后逐渐落实于春三月，天子应当“顺阳宽也”，因而，官府不仅要施惠万民、存养少孤老年，而且注意宽省徭役刑罚。这是月令影响汉代政制的重要体现。

西汉立国之初，就曾有春三月行恩惠宽大的举动。如高帝时期，曾于“正月赦天下（二年、五年、九年、十一年）、鼓励生育（七年）；二月赐民爵（二年）、复租税徭役（二年）、置三老（二年）、省献赋（十一年）、进贤良（十一年），三月奖励士卒（八年），等等”。[5] 惠帝和高后时期也有相关举措，如惠帝四年春正月“举民孝弟力田者复其身”，三月甲子又“省法令妨吏民者；除挟书律”。[6] 吕后时期不仅于元年正月“除三族罪、妖言令”，二月“赐民爵，户一级。初置孝弟力田二千石者一人”。[7] 八年春“封中谒者张释卿为列侯。诸中官、宦者令丞皆赐爵关内侯，食邑。”[8] 二年定受鬻法，《张家山汉简·二年律令》规定：“大夫以上〔年〕九十，不更九十一，簪褭九十二，上造九十三，公士九十四，公卒、士五（伍）九十五以上者，禀鬻米月一石。”[9] 但是这一时期《月令》并未编纂成文，更遑论

[1]（清）阮元校刻：《十三经注疏·礼记正义·月令》，北京：中华书局，1980 年影印版，第 1356 页。

[2]（清）阮元校刻：《十三经注疏·礼记正义·月令》，北京：中华书局，1980 年影印版，第 1361 页。

[3]（清）阮元校刻：《十三经注疏·礼记正义·月令》，北京：中华书局，1980 年影印版，第 1363 页。

[4]（清）阮元校刻：《十三经注疏·礼记正义·月令》，北京：中华书局，1980 年影印版，第 1363 页。

[5] 杨振红：《出土简牍与秦汉社会》，桂林：广西师范大学出版社，2009 年版，第 212 页。

[6]（汉）班固：《汉书·惠帝纪》，北京：中华书局，1962 年版，第 90 页。

[7]（汉）班固：《汉书·高后纪》，北京：中华书局，1962 年版，第 96 页。

[8]（汉）班固：《汉书·高后纪》，北京：中华书局，1962 年版，第 100 页。

[9] 张家山二四七号汉墓竹简整理小组编著：《张家山汉墓竹简〔二四七号墓〕（释文修订本）》，北京：文物出版社，2006 年版，第 57 页。

成为经学，官府举恩惠行宽大的行为，多承秦而来，是对社会习惯行为的肯定，“冬春季节存恤诸孤是先秦以来的政治传统，是早期国家实施社会救济的主要方式，它是从早期共同体的公共职能中转化而来”。[1] 施行这些举措，也是为了稳定社会秩序，这是一种朴素的经验行为，而非出于对《礼记·月令》经学义理的主动附会。

从文帝开始，西汉官方行宽大、施恩惠的诸多举措开始注重与时令的联系，春三月多有施行。文帝元年三月诏曰：“‘方春和时，草木群生之物皆有以自乐，而吾百姓鳏寡孤独穷困之人或阽于死亡，而莫之省忧。为民父母将何如？其议所以振贷之。’又曰：‘老者非帛不暖，非肉不饱。今岁首，不时使人存问长老，又无布帛酒肉之赐，将何以佐天下子孙孝养其亲？今闻吏禀当受鬻者，或以陈粟，岂称养老之意哉！具为令。’有司请令县道，年八十已上，赐米人月一石，肉二十斤，酒五斗。其九十已上，又赐帛人二匹，絮三斤。赐物及当禀鬻米者，长吏阅视，丞若尉致。不满九十，啬夫、令史致。二千石遣都吏循行，不称者督之。刑者及有罪耐以上，不用此令。”[2] 文帝此诏中，相关宽大恩惠举措的执行，讲究在“方春和时”进行“反映出在文帝的观念中两者是有必然联系的”，[3] 邢义田也认为，“不能不说此诏有意强调振贷孤独穷困和时节的关系”。[4] 此后这一传统得到延续，景、武时期，其春季布德行惠与之基本相类，大体为劝务农桑、省徭役、行恩惠、轻刑罚之流，如景帝后元元年春正月，诏曰：“狱，重事也。人有智愚，官有上下。狱疑者谳有司，有司所不能决，移廷尉。有令谳而后不当，谳者不为失。欲令治狱者务先宽。”并于三月，“赦天下，赐民爵一级，中二千石、诸侯相爵右庶长。”而武帝建元元年二月、元朔元年三月、元朔六年二月皆“赦天下”，并伴有“赐民爵”“复甲卒”或者勿听治辞讼之举。因此，可以说，从文帝开始，诸多宽大恩惠政策的颁定，开始关注到与时令的关系，多于春三月进行，这既与《礼记·月令》的内容精神相符，也为此后两者的进一步契合奠定了基础。

随着月令经学化的逐步完成，西汉官府对春季行政运作、社会管理与时令关系的关注愈发深切，附会《礼记·月令》以行“惠政”也越发自觉。因春季为阳气上举、生气日盛的时节，官府为讲求顺应时气，多于春季下诏务宽大，如宣帝黄龙元年二月诏曰：“今吏或以不禁奸邪为宽大，纵释有罪为不苛，或以酷恶为贤，皆失其中。

[1] 杨振红：《出土简牍与秦汉社会》，桂林：广西师范大学出版社，2009 年版，第 194 页。
[2]〔汉〕班固：《汉书·文帝纪》，北京：中华书局，1962 年版，第 113 页。
[3] 杨振红：《出土简牍与秦汉社会》，桂林：广西师范大学出版社，2009 年版，第 196 页。
[4] 邢义田：《治国安邦：法制·行政与军事》，北京：中华书局，2011 年版，第 136 页。

奉诏宣化如此，岂不谬哉！”[1] 成帝建始元年二月诏曰：“崇宽大，长和睦，凡事恕己，毋行苛刻。”[2] 成帝鸿嘉四年春正月诏曰：“数敕有司，务行宽大，而禁苛暴，讫今不改。”[3] 昭帝元平元年春二月，诏曰：“天下以农桑为本。日者省用，罢不急官，减外徭，耕桑者益众，而百姓未能家给，朕甚愍焉。其减口赋钱。”[4] 哀帝元寿元年春正月下诏批评有司执法有违宽和，曰：“至今有司执法，未得其中，或上暴虐，假势获名，温良宽柔，陷于亡灭。”[5] 东汉光武朝，接受侯霸建议，“每春下宽大之诏，奉四时之令”。[6] 和帝永元六年三月下诏切责百官，曰“有司不念宽和，而竞为苛刻，覆案不急，以妨民事”。[7] 顺帝永建四年春正月，诏曰：“务崇宽和，敬顺时令，遵典去苛，以称朕意。”[8] 质帝本初元年春正月，诏曰：“方春东作，育微敬始。其敕有司，罪非殊死，且勿案验，以崇在宽。”[9] 可见，两汉诸帝多于春季下宽大诏，与《礼记・月令》所述春季“布德行惠”一脉相通。

在附会《礼记・月令》推崇务宽大的精神原则的同时，两汉也在具体的制度措施上加以践行，劝民农桑，行赐恩惠，赐三老、孝悌、力田、高年及鳏寡孤独帛等诏令屡见。宣帝地节三年春三月，诏曰：“鳏寡孤独高年贫困之民，朕所怜也。前下诏假公田，贷种、食。其加赐鳏寡孤独高年帛。二千石严教吏谨视遇，毋令失职。”[10] 由此诏开始，“赐鳏寡孤独高年帛”的政策“一度变成春天的例行公事。元康元年、二年、三年、四年、神爵元年，接连五年皆于春季有类似的行事，并自元康元年起规则地加上赐‘吏民爵’和‘女子百户牛酒’两项”。[11]《汉书・谷永传》记成帝元延元年，谷永对成帝问询灾异时，建议曰：“立春，遣使者循行风俗，宣布圣德，存恤孤寡，问民所苦，劳二千石，敕劝耕桑，毋夺农时，以慰绥元元之心，防塞大

[1]〔汉〕班固：《汉书・宣帝纪》，北京：中华书局，1962 年版，第 273 页。
[2]〔汉〕班固：《汉书・成帝纪》，北京：中华书局，1962 年版，第 303 页。
[3]〔汉〕班固：《汉书・成帝纪》，北京：中华书局，1962 年版，第 318 页。
[4]〔汉〕班固：《汉书・昭帝纪》，北京：中华书局，1962 年版，第 232 页。
[5]〔汉〕班固：《汉书・哀帝纪》，北京：中华书局，1962 年版，第 343 页。
[6]〔南朝宋〕范晔：《后汉书・侯霸传》，北京：中华书局，1965 年版，第 902 页。
[7]〔南朝宋〕范晔：《后汉书・和帝纪》，北京：中华书局，1965 年版，第 178 页。
[8]〔南朝宋〕范晔：《后汉书・顺帝纪》，北京：中华书局，1965 年版，第 256 页。
[9]〔南朝宋〕范晔：《后汉书・质帝纪》，北京：中华书局，1965 年版，第 280 页。
[10]〔汉〕班固：《汉书・宣帝纪》，北京：中华书局，1962 年版，第 248 页。
[11] 邢义田：《治国安邦：法制・行政与军事》，北京：中华书局，2011 年版，第 139 页。

奸之隙。”[1] 他将春季“存恤孤寡，问民所苦，敕劝耕桑，毋夺农时”视为春季应时之举。此外，宣帝地节元年三月还下令，“假郡国贫民田”。[2] 昭帝元凤三年春正月“罢中牟苑赋贫民”。[3] 元帝初元元年春三月“以三辅、太常、郡国公田及苑可省者振业贫民，訾不满千钱者赋贷种、食”。[4] 元帝永光元年三月，诏曰：“其赦天下，令厉精自新，各务农亩。无田者皆假之，贷种、食如贫民。”[5] 这与《礼记·月令》所云季春之月“天子布德行惠，命有司，发仓廪，赐贫穷，振乏绝，开府库，出币帛，周天下”[6] 是一致的。

同时，元帝建昭五年春三月诏曰：“方春农桑兴，百姓戮力自尽之时也，故是月劳农劝民，无使后时。今不良之吏，覆案小罪，征召证案，兴不急之事，以妨百姓，使失一时之作，亡终岁之功，公卿其明察申敕之。”[7] 以这条诏令为标志，汉代春季惠政由布德行惠、劝民农桑、存养少老等，拓展至省刑罚。此后诸帝，多承继不绝，如成帝鸿嘉元年春二月，诏曰：“方春生长时，临遣谏大夫理等举三辅、三河、弘农冤狱。公卿大夫、部刺史明申敕守相，称朕意焉。其赐天下民爵一级，女子百户牛酒，加赐鳏寡孤独高年帛。逋贷未入者勿收。”[8] 其行赐恩惠，减省刑罚并行不悖。平帝元始四年春正月诏曰：“其明敕百僚，妇女非身犯法，及男子年八十以上七岁以下，家非坐不道，诏所名捕，它皆无得系。其当验者，即验问。定著令。”[9] 对春季省减刑罚进行了具体的规定。降至东汉，亦是如此。如光武帝建武二年春三月大赦天下，诏曰：“顷狱多冤人，用刑深刻，朕甚愍之。孔子云：‘刑罚不中，则民无所措手足。’其与中二千石、诸大夫、博士、议郎议省刑法。”[10] 明帝初即位，便下诏曰：“方春戒节，人以耕桑。其敕有司务顺时气，使无烦扰。天下亡命殊死以下，听得赎论：死罪人缣二十匹，右趾至髡钳城旦舂十匹，完城旦舂至司寇作三匹。

---

[1]〔汉〕班固：《汉书·谷永传》，北京：中华书局，1962年版，第3471页。

[2]〔汉〕班固：《汉书·宣帝纪》，北京：中华书局，1962年版，第246页。

[3]〔汉〕班固：《汉书·昭帝纪》，北京：中华书局，1962年版，第229页。

[4]〔汉〕班固：《汉书·元帝纪》，北京：中华书局，1962年版，第279页。

[5]〔汉〕班固：《汉书·元帝纪》，北京：中华书局，1962年版，第287页。

[6]〔清〕阮元校刻：《十三经注疏·礼记正义·月令》，北京：中华书局，1980年影印版，第1363页。

[7]〔汉〕班固：《汉书·元帝纪》，北京：中华书局，1962年版，第296页。

[8]〔汉〕班固：《汉书·成帝纪》，北京：中华书局，1962年版，第315页。

[9]〔汉〕班固：《汉书·平帝纪》，北京：中华书局，1962年版，第356页。

[10]〔南朝宋〕范晔：《后汉书·光武帝纪上》，北京：中华书局，1965年版，第29页。

其未发觉，诏书到先自告者，半入赎。今选举不实，邪佞未去，权门请托，残吏放手，百姓愁怨，情无告诉。有司明奏罪名，并正举者。又郡县每因征发，轻为奸利，诡责羸弱，先急下贫。其务在均平，无令枉刻。”[1] 这与《礼记·月令》所云仲春之月应“命有司，省囹圄，去桎梏，毋肆掠，止狱讼”[2] 是相契合的，可视为月令对两汉春季行政的影响之一。

总之，《礼记·月令》中关于春三月的记述，在两汉时期被逐渐践行。官府春季布德行惠，由此前的朴素的经验的行为，逐渐演化为对《礼记·月令》的主动附会。借此，作为经学的《礼记·月令》将自身的影响力逐步渗透到两汉春季政治生活中，对汉代行政的改良、天子所求的天人合一意义重大。

四、月令与孟夏建储

储君的建立，关乎社稷存续，为统治集团所密切关注。“豫建太子，所以重宗庙、社稷，不忘天下也。”“子孙继嗣，世世不绝，天下之大义也。”[3] 汉代建储立太子，注意与时节匹配，多于孟夏四月进行。这与《礼记·月令》所云相符，可视作汉代政治受经学影响的表现之一。

《礼记·月令》孟夏之月，“行赏，封诸侯。庆赐遂行，无不欣说。……命太尉，赞桀俊，遂贤良，举长大，行爵出禄，必当其位”。[4] 疏云：“至夏阳气尤盛，万物增长，故用是时庆赐转广，是以无不欣说也。”可知，孟夏之月因阳气渐盛，因此，天子应当恩赐爵禄，推贤举长，以契合天道自然。在行封诸侯、举长大的过程中，储君的建立自是重中之重，于孟夏之月立太子，可视为天子行政因循天道之大经的关键表征。

检史籍所见两汉建储立太子的时间，可以发现经历了一个逐渐固定于夏四月的过程。西汉初年，立太子的时间并无具体规律。高帝时期，封王侯赐爵禄的时间并无固定，有一月（五年、八年、九年、十一年）、二月（十二年）、三月（六年、十一年）、五月（十一年）、九月（五年）、十月（十二年）、十二月（六年、七年）。

[1]〔南朝宋〕范晔：《后汉书·明帝纪》，北京：中华书局，1965 年版，第 98 页。

[2]〔清〕阮元校刻：《十三经注疏·礼记正义·月令》，北京：中华书局，1980 年影印版，第 1361 页。

[3]〔汉〕班固：《汉书·文帝纪》，北京：中华书局，1962 年版，第 111 页。

[4]〔清〕阮元校刻：《十三经注疏·礼记正义·月令》，北京：中华书局，1980 年影印版，第 1365 页。

而其立太子则在二年六月，“立太子，赦罪人”。[1] 文帝立太子则在正月，“有司请蚤建太子，所以尊宗庙也。……上乃许之。因赐天下民当为父后者爵一级。封将军薄昭为轵侯”。[2] 这种建储时间选择的随意，是与当时西汉国祚初立，尚无统一的经学作为依循有关。

景、武时期，夏四月立太子开始践行。景帝四年夏四月，“立皇子荣为皇太子，彻为胶东王”。[3] 此后又于七年夏四月丁巳，“立胶东王彻为皇太子”。[4] 而且在景帝时期，也多于夏四月封授爵禄，如中元年夏四月封故御史大夫周苛、周昌孙子为列侯；中元二年夏四月，立皇子越为广川王，寄为胶东王；中元五年夏，立皇子舜为常山王。武帝于元狩元年夏四月，“丁卯，立皇太子”。[5] 但是，因巫蛊之祸，又于后元二年二月“乙丑，立皇子弗陵为皇太子”。[6] 有学者认为，“景帝以前立太子、封王侯并无固定月份，从景帝时起封王侯、立太子却基本固定于夏四月进行，这一改变应与月令有直接关系”。[7] 但是，这一时期《礼记·月令》并未编纂并成为经学，这种夏四月立太子的行为，应当是习惯行为或汉家对故事的践行，而非对经学的主动附会。但是，这种建储立太子的行为与夏四月的勾连，则与经学《礼记·月令》是相通的，因此，随着《礼记·月令》经学化，夏四月立太子的行为也得以延续和经学层面的强调。

自武帝之后，史籍所见西汉立太子，除成帝于绥和元年二月立定陶王欣为太子外，宣帝、元帝皆于夏四月立太子。宣帝地节三年夏四月，“立皇太子，大赦天下”。[8] 元帝初元二年夏四月丁巳，“立皇太子”。[9] 这种明确的立太子于夏四月的行为，既有因循汉家故事的影响，也是在以经治国背景下对《礼记·月令》的附会。

东汉时期史籍所载立太子，除光武帝和明帝外，章帝、安帝、顺帝皆于夏四月进行。光武帝建武二年六月戊戌，“立贵人郭氏为皇后，子彊为皇太子”，[10] 后于十九年六

[1]〔汉〕班固：《汉书·高帝纪》，北京：中华书局，1962年版，第38页。
[2]〔汉〕班固：《汉书·文帝纪》，北京：中华书局，1962年版，第111页。
[3]〔汉〕班固：《汉书·景帝纪》，北京：中华书局，1962年版，第143页。
[4]〔汉〕班固：《汉书·景帝纪》，北京：中华书局，1962年版，第144页。
[5]〔汉〕班固：《汉书·武帝纪》，北京：中华书局，1962年版，第174页。
[6]〔汉〕班固：《汉书·武帝纪》，北京：中华书局，1962年版，第211页。
[7] 杨振红：《出土简牍与秦汉社会》，桂林：广西师范大学出版社，2009年版，第217页。
[8]〔汉〕班固：《汉书·宣帝纪》，北京：中华书局，1962年版，第249页。
[9]〔汉〕班固：《汉书·元帝纪》，北京：中华书局，1962年版，第282页。
[10]〔南朝宋〕范晔：《后汉书·光武帝纪上》，北京：中华书局，1965年版，第30页。

月戊申，诏曰："以彊为东海王，立阳为皇太子，改名庄。"[1] 而明帝永平三年二月甲子，"立贵人马氏为皇后，皇子炟为皇太子"。[2] 二帝立太子的时间与《礼记·月令》不符，与汉家故事也有出入，究其原因，可能在于社会秩序初定，如光武帝初立彊为皇太子在二年，因循故事和以经学治国的社会条件尚未完备。而此后，随着社会秩序的稳定，夏四月立太子、封诸侯的行为再度被执行。章帝时立太子曾有反复，建初四年夏四月戊子，"立皇子庆为皇太子。……己丑，徙巨鹿王恭为江陵王，汝南王畅为梁王，常山王昞为淮阳王。辛卯，封皇子伉为千乘王，全为平春王"。[3] 但是，他又于建初七年夏六月甲寅，"废皇太子庆为清河王，立皇子肇为皇太子"。[4] 而此后夏四月太子则没有出现反复，如东汉安帝永宁元年夏四月丙寅，"立皇子保为皇太子……己巳，绍封陈王羡子崇为陈王，济北王子苌为乐成王，河间王子翼为平原王"。[5] 顺帝建康元年夏四月，"立皇子炳为皇太子"。[6] 可见，《礼记·月令》所云孟夏之月推贤举长、封赏诸侯的原则得以贯彻执行。

此外，两汉于夏四月建储立太子的同时，多进行赦免、赐爵、赐田帛等不同的封赏，与《礼记·月令》所云孟夏之月"行赏，封诸侯。庆赐遂行，无不欣说。乃……行爵出禄，必当其位"，[7] 是一致的。从高帝开始，立太子多行赦宥之举，如高帝"立太子，赦罪人"。[8] 宣帝地节三年夏四月，"立皇太子，大赦天下"。[9] 从文帝开始，立太子多"赐天下民当为父后者爵一级"。[10] 景帝七年夏四月丁巳，"立胶东王彻为皇太子。赐民为父后者爵一级"。[11] 武帝于元狩元年夏四月立太子，在赐"民为父后者一级"的基础上，又"赐中二千石爵右庶长"。[12] 元帝初元二年夏四月立太

[1]（南朝宋）范晔：《后汉书·光武帝纪下》，北京：中华书局，1965 年版，第 71 页。
[2]（南朝宋）范晔：《后汉书·明帝纪》，北京：中华书局，1965 年版，第 106 页。
[3]（南朝宋）范晔：《后汉书·章帝纪》，北京：中华书局，1965 年版，第 137 页。
[4]（南朝宋）范晔：《后汉书·章帝纪》，北京：中华书局，1965 年版，第 142 页。
[5]（南朝宋）范晔：《后汉书·安帝纪》，北京：中华书局，1965 年版，第 231 页。
[6]（南朝宋）范晔：《后汉书·顺帝纪》，北京：中华书局，1965 年版，第 274 页。
[7]（清）阮元校刻：《十三经注疏·礼记正义·月令》，北京：中华书局，1980 年影印版，第 1365 页。
[8]（汉）班固：《汉书·高帝纪》，北京：中华书局，1962 年版，第 38 页。
[9]（汉）班固：《汉书·宣帝纪》，北京：中华书局，1962 年版，第 249 页。
[10]（汉）班固：《汉书·文帝纪》，北京：中华书局，1962 年版，第 111 页。
[11]（汉）班固：《汉书·景帝纪》，北京：中华书局，1962 年版，第 144 页。
[12]（汉）班固：《汉书·武帝纪》，北京：中华书局，1962 年版，第 174 页。

子时又拓展为“列侯钱各二十万，五大夫十万”。[1] 章帝建初四年夏四月立太子时，“赐爵，人二级，三老、孝悌、力田人三级，民无名数及流人欲自占者人一级；鳏、寡、孤、独、笃癃、贫不能自存者粟，人五斛”。[2] 此后这种立太子时赐爵、赐金帛、赐粟等一直被保留。如安帝永宁元年夏四月立太子，“赐王、主、三公、列侯下至郎吏、从官金帛；又赐民爵及布粟各有差”。[3] 顺帝建康元年夏四月立太子，“赐人爵各有差”。[4] 可知，《礼记·月令》对孟夏之月天子在封赏诸侯、推贤立长的同时，恩赐爵禄的记述，在两汉也被逐渐践行，其所蕴内涵也越发细致固定。这种时间的选择和相关行为的践行，明显与《礼记·月令》所述相符，可以视为月令对两汉政治生活影响的重要体现。

五、月令与仲夏寝兵

《礼记·月令》仲夏条有关于“百官静，事毋刑，以定晏阴之所成”的要求，丙吉于宣帝朝为御史大夫时，曾以此建议宣帝“仲夏寝兵”，为宣帝所准。结合出土资料，我们不但可以发现《礼记·月令》对宣帝时“仲夏寝兵”的影响，也可以对《礼记·月令》影响汉政的深度添一直观了解。

《礼记·月令》仲夏之月云：“日长至，阴阳争，死生分。君子齐戒，处必掩身，毋躁。止声色，毋或进。薄滋味，毋致和。节耆欲，定心气，百官静，事毋刑，以定晏阴之所成。”[5] 注疏云此月：“阴既始萌”，所以“君子居处不显露，恐干阴也。……既不显露，又不得躁动，宜静以安萌阴也”。质言之，因天道于此月正值“敬道萌阴”，所以“百官静事毋刑。罪罚之事，不可以闻”，由此才能因循天道自然，天人合一。

这一仲夏“清静止息”以期“敬道萌阴”的精神原则，于宣帝时被丙吉所援用，上疏云“仲夏寝兵”事。丙吉字少卿，鲁国人也。“本起狱法小吏，后学《诗》《礼》，皆通大义。及居相位，上宽大，好礼让。”[6] 他视“典和阴阳”为丞相本职，关注时事是否相契。《汉书》载：“吉又尝出，逢清道群斗者，死伤横道，吉过之不问，掾史独怪之。吉前行，逢人逐牛，牛喘吐舌。吉止驻，使骑吏问：‘逐牛行几里矣？’

[1]〔汉〕班固：《汉书·元帝纪》，北京：中华书局，1962 年版，第 282 页。

[2]〔南朝宋〕范晔：《后汉书·章帝纪》，北京：中华书局，1965 年版，第 137 页。

[3]〔南朝宋〕范晔：《后汉书·安帝纪》，北京：中华书局，1965 年版，第 231 页。

[4]〔南朝宋〕范晔：《后汉书·顺帝纪》，北京：中华书局，1965 年版，第 274 页。

[5]〔清〕阮元校刻：《十三经注疏·礼记正义·月令》，北京：中华书局，1980 年影印版，第 1370 页。

[6]〔汉〕班固：《汉书·丙吉传》，北京：中华书局，1962 年版，第 3145 页。

掾史独谓丞相前后失问，或以讥吉，吉曰：‘民斗相杀伤，长安令、京兆尹职所当禁备逐捕，岁竟丞相课其殿最，奏行赏罚而已。宰相不亲小事，非所当于道路问也。方春少阳用事，未可大热，恐牛近行用暑故喘，此时气失节，恐有所伤害也。三公典调和阴阳，职当忧，是以问之。’掾史乃服，以吉知大体。”[1] 可见，“典和阴阳”以防“时气失节”的丙吉，关注施政与时令的配合。元康五年他曾上疏，建议宣帝“仲夏寝兵”，居延出土的汉简为我们揭示了这一诏令的制定、颁布和传达。其文如下：

“御史大夫吉昧死言，丞相相上太常昌书言太史丞定言。元康五年五月二日壬子夏至，宜寝兵。大官抒井，更水火进，鸡鸣谒以闻，布当用者。臣谨案比，原泉御者，水衡抒大官御井，中二千石、二千石令官各抒。别火官先夏至一日，以除燧取火，授中二千石、二千石官在长安云阳者，其民皆受，以日至易其故火，庚戌寝兵不听事，尽甲寅五日。臣请布，臣昧死以闻。”[2]

制曰可。

元康五年二月癸丑朔癸亥御史大夫吉下丞相相承书从事下当用者如诏书。[3]

二月丁卯，丞相相，下车骑将军，将军，中两千石，两千石，郡太守，诸侯相，承书从事，下当用者，如诏书。[4]

三月丙午，张掖长史延行太守事，肩水仓长汤，兼行丞事。下属国农部都尉小府，县官，承书从事，下当用者，如律令。[5]

闰月丁巳，张掖肩水城尉谊，以近次兼行都尉事，下候，城尉，承书从事，下当用者，如诏书。[6]

闰月庚申肩水士吏横以私印行候事下尉候长承书从事下当用者如诏书。[7]

这里应当注意的有两点，首先，诏令由丞相魏相依太常苏昌建议，由御史大夫

[1]〔汉〕班固：《汉书·丙吉传》，北京：中华书局，1962 年版，第 3147 页。

[2] 陈直：《居延汉简研究》，天津：天津古籍出版社，1986 年版，第 177—178 页。

[3] 谢桂华、李均明、朱国照：《居延汉简释文合校》，北京：文物出版社，1987 年版，第 17 页。

[4] 陈直：《居延汉简研究》，天津：天津古籍出版社，1986 年版，第 185 页。

[5] 陈直：《居延汉简研究》，天津：天津古籍出版社，1986 年版，第 184 页。

[6] 陈直：《居延汉简研究》，天津：天津古籍出版社，1986 年版，第 185 页。

[7] 谢桂华、李均明、朱国照：《居延汉简释文合校》，北京：文物出版社，1987 年版，第 17 页。

丙吉向宣帝请诏，获准而颁定。魏相与丙吉皆重施政与时令的关系，诏令中夏至日“寝兵不听事”与《礼记·月令》仲夏条所云是相通的。《续汉书·律历志》“候气”条，李贤引《易纬》注云：“冬至，人主不出宫，寝兵。从乐五日，击黄钟之磬。公卿大夫列士之意得，则阴阳之晷如度数。夏至之日，如冬至之礼。”可见，夏至时寝兵为时人所重。丙吉援用《礼记·月令》仲夏条所云，请诏并被宣帝获准，本身就是月令影响汉代行政的一个体现。

同时，由简文可知，这一诏令制定之后，逐层传达，以至帝国边陲之张掖居延地区，这也说明月令对汉代政治的影响并非悬浮于朝堂之上、义理之中，而是切实地贯彻到地方行政和社会管理之中。“各简的内容为分别传达诏文的程序：第四简是由御史大夫向丞相；第五简是由丞相向车骑将军、将军等中央政府各机关以及郡太守、诸侯的相；第六简是由张掖太守向属国都尉、农都尉、部都尉、肩水仓长、县的令长；第七简是由张掖肩水都尉向肩水城尉；第八简是由肩水侯向所属尉、侯长传达诏文。”[1] 从元康五年二月癸丑至三月庚申，经五十余日，最终由中央传达至最基层的塞尉和侯长手中。可以推定，不仅是居延地区，当时的西汉其他郡国也应当收到了同样的诏令。这种由上至下、从中央朝堂到地方基层的传达和执行，说明《礼记·月令》的影响也随之传布到各级官府的行政运作和社会管理之中。

六、月令与仲秋养老

《礼记·月令》除却在春季将其作为春三月“顺阳助长”的惠政组成部分以执行外，另于仲秋之月别有规定。《月令》仲秋之月规定：“是月也，养衰老，授几杖，行糜粥饮食。”[2] 注曰：“助老气也。行犹赐也。”也就是说，秋季阴气渐长，万物消衰，天子行赐高年，乃是顺时应气之举。随着《礼记·月令》的经学化和对汉代政治生活影响的深化，其所云仲秋养老的各项规定，也在汉代被践行。

尊养高年作为官府社会救济的惠政之一，从先秦以来为社会所注重，不仅行“饮宾于庠序之礼，尊贤养老之义”，同时，行授几杖以示尊养高年。迄至汉初虽然政府有一些尊养高年的举措，除赐酒肉布帛之外，也对“高年”进行规定。但是不同时期，举措和标准并不一致，其践行的时间选择上，也并未形成统一的制度。因此，在西汉初施行的尊养高年之举，应当是依据社会习惯法而制定的，并非对《礼记·月

[1]［日］大庭修：《秦汉法制史研究》，林剑鸣等译，上海：上海人民出版社，1991 年版，第 34 页。

[2]〔清〕阮元校刻：《十三经注疏·礼记正义·月令》，北京：中华书局，1980 年影印版，第 1373 页。

令》的附会和执行。[1] 随着《礼记·月令》经学化的逐步完成以及影响的扩大，汉廷尊养高年、行授几杖常于仲秋八月举行。在时间的选择和相关仪制方面，与《礼记·月令》多有重合，是月令影响汉代政治的又一体现。

《礼记·月令》所云仲秋之月“养衰老”在汉代被逐步附会实施。《汉书·龚胜传》曰：“自昭帝时，涿郡韩福以德行征至京师，赐策书束帛遣归。诏曰：‘朕闵劳以官职之事，其务修孝弟以教乡里。行道舍传舍，县次具酒肉，食从者及马。长吏以时存问，常以岁八月赐羊一头，酒二斛。不幸死者，赐复衾一，祠以中牢。’”[2] 可知，在昭帝时期，朝廷就曾于仲秋八月，遣长吏以存问贤能老者，并赐给酒肉等。这种举动的目的乃是“务修孝弟以教乡里”，而非附会经典《月令》。此后，王莽“依此故事”“白遣（龚）胜、（邴）汉。策曰：‘惟元始二年六月庚寅，光禄大夫、太中大夫耆艾二人以老病罢。太皇太后使谒者仆射策诏之曰：盖闻古者有司年至则致仕，所以恭让而不尽其力也。今大夫年至矣，朕愍以官职之事烦大夫，其上子若

[1] 如高祖二年二月诏，“举民年五十以上，有修行，能帅众为善，置以为三老，乡一人。择乡三老一人为县三老，与县令丞尉以事相教，复勿徭戍。以十月赐酒肉”。高祖将“年五十”作为标准，置三老，并复其徭戍，并赐给酒肉于每年十月。甘肃出土《王杖十简》有云：“制诏丞相、御史：高皇帝以来，至本二年，朕甚哀老小。高年受王杖，上有鸠，使《百姓望》见之。比于节。有敢妄骂詈殴者，比逆不道。得出入官府郎第，行驰道旁道。市卖复毋所与。”可见高帝开始，就有授高年王杖的政策。吕后时期制定专门律法，对几杖赐予进行规范。《二年律令·傅律》云：“大夫以上年七十，不更七十一，簪裹七十二，上造七十三，公士七十四，公卒、士五（伍）七十五，皆受仗（杖）。”律令对不同爵者所应授予几杖的年龄进行细致规定。但具体行授时间则不可知。文帝元年三月诏曰：“今闻吏禀当受鬻者，或以陈粟，岂称养老之意哉！具为令。”据此诏令可知，在此之前，当有尊养高年的“受鬻之法”。对于具体赐给，文帝元年三月诏曰：“年八十已上，赐米人月一石，肉二十斤，酒五斗。其九十已上，又赐帛人二匹，絮三斤。赐物及当禀鬻米者，长吏阅视，丞若尉致。不满九十，啬夫、令史致。二千石遣都吏循行，不称者督之。刑者及有罪耐以上，不用此令。”此诏颁定于春三月，仲秋时是否执行尚未可知。至武帝时，受鬻法仍然有效，武帝建元元年夏四月己巳，诏曰：“民年九十以上，已有受鬻法，为复子若孙，令得身帅妻妾遂其供养之事。”此后，武帝又于元狩元年四月，遣谒者巡行天下，存问致赐。曰：“年九十以上及鳏寡孤独帛，人二匹，絮三斤；八十以上米，人三石。有冤失职，使者以闻。县乡即赐，毋赘聚。’”两个诏书皆对八十、九十以上年龄的高年予以存问赐养，但时间并非仲秋时节。同时，文帝时“赐吴王几杖，老，不朝”。武帝元朔“二年冬，赐淮南王、菑川王几杖，毋朝。”可知，在武帝之前，汉廷虽有养老高年、行授几杖之举，但是，其时间并非《月令》所云仲秋时节。

[2]〔汉〕班固：《汉书·龚胜传》，北京：中华书局，1962 年版，第 3083 页。

孙若同产、同产子一人。大夫其修身守道，以终高年。赐帛及行道舍宿，岁时羊酒衣衾，皆如韩福故事。所上子男皆除为郎’”。[1] 这里，所谓“赐帛及行道舍宿，岁时羊酒衣衾，皆如韩福故事”，也就是说，存问的时间仍是仲秋八月，而“修身守道，以终高年”的目的，则与《礼记・月令》仲秋之月“养衰老”相通。而昭宣之后，《月令》逐步完成经学化，王莽更是好循经治国，由此可断，经学时代仲秋存问贤老之举，既有对社会惯行和故事成例的沿袭，也受到了《礼记・月令》的影响。

东汉时期，《礼记・月令》对汉廷尊养高年的影响更为深化，不仅恩赏赐给、行授几杖、存问高年之举得以施行，其时间选择也渐趋固定于仲秋八月。章帝章和元年七月壬戌，诏曰：“秋，令是月养衰老，授几杖，行糜粥饮食。其赐高年二人共布帛各一匹，以为醴酪。”[2] 其行文语词与《礼记・月令》如出一辙，其尊养高年，当是附会《礼记・月令》。而安帝元初四年秋因京师及郡国雨水而下诏令，更是直接引用《礼记・月令》，曰：“《月令》‘仲秋养衰老，授几杖，行糜粥’。方今案比之时，郡县多不奉行。虽有糜粥，糠秕相半，长吏怠事，莫有躬亲，甚违诏书养老之意。其务崇仁恕，赈护寡独，称朕意焉。”[3]《礼记・月令》中仲秋养老与汉代政治相关行为之间的关系最终明晰。而关于“行糜粥”，1956 年于四川彭县太平乡和 1975 于成都市郊土桥都有相关画像砖出土，如下图为彭县太平乡“告贷图”：

关于图中情景，有学者认为是“告贷”，但近来也有学者注意到右首之人手持鸠杖，据此认为，此图体现的应是东汉时期，高年“受糜粥”。[4] 据《后汉书・礼仪志》云：“仲

[1]〔汉〕班固：《汉书・龚胜传》，北京：中华书局，1962 年版，第 3083 页。

[2]〔南朝宋〕范晔：《后汉书・章帝纪》，北京：中华书局，1965 年版，第 157 页。

[3]〔南朝宋〕范晔：《后汉书・安帝纪》，北京：中华书局，1965 年版，第 227 页。

[4] 参见沈仲常：《“告贷图”画像砖质疑》，《考古》，1979 年 6 期；臧知非：《“王杖诏书”与汉代养老制度》，《史林》，2002 年 2 期。

秋之月，县道皆案户比民。年始七十者，授之以玉杖，餔之糜粥。八十九十，礼有加赐。”[1]因此，图中所示，当是“持鸠杖老人就是依制度稟糜粥于官府的王杖主”，[2]所示图景当为东汉“尊养高年”，而非“告贷”。《礼记·月令》所云仲秋“行糜粥饮食”，在东汉时期也最终得以贯彻执行。

东汉时期，除天子下诏尊养高年于仲秋之月外，地方官员也对辖属州县贤能长者以存问。其存问的时间，与《礼记·月令》所云相契，规范统一于仲秋八月。如邓彪于元和元年，“赐策罢，赠钱三十万，在所以二千石奉终其身。又诏太常四时致宗庙之胙，河南尹遣丞存问，常以八月旦奉羊、酒”。[3]刘恺于永宁元年，“称病上书致仕，有诏优许焉，加赐钱三十万，以千石禄归养，河南尹常以岁八月致羊酒”。[4]谏议大夫江革以孝行著称，章帝元和年间，制诏齐相曰：“夫孝，百行之冠，众善之始也。国家每惟志士，未尝不及革。县以见谷千斛赐‘巨孝’，常以八月长吏存问，致羊酒，以终厥身。如有不幸，祠以中牢。”[5]庐江毛义同样“以孝行称”，章帝建初年间，“下诏褒宠义，赐谷千斛，常以八月长吏问起居，加赐羊酒”。[6]顺帝永建四年，赐樊英几杖，“数月，英称疾笃，诏以为光禄大夫，赐告归。令在所送谷千斛，常以八月致牛一头，酒三斛；如有不幸，祠以中牢”。[7]这些长者以“贤”“能”闻名，为汉廷所尊养，每于仲秋八月多有赐给。在地方社会行政和社会管理中，长吏同样对所属辖地中的贤老以尊养存问，其时间也是仲秋八月。如章帝建初年间，秦彭为山阳太守，“以礼训人，不任刑罚。崇好儒雅，敦明庠序。每春秋飨射，辄修升降揖让之仪。乃为人设四诫，以定六亲长幼之礼。有遵奉教化者，擢为乡三老，常以八月致酒肉以劝勉之”。[8]秦彭所为，与中央尊养贤老于八月，以教化世俗是一样的。

除恩赏恤罚、存问尊养之外，《礼记·月令》所云仲秋之月“授几杖”在东汉也逐步形成制度。章帝章和元年七月壬戌，诏曰：“秋，令是月养衰老，授几杖，行糜粥饮食。”[9]以此诏为标志，援引《礼记·月令》，于仲秋之月行授几杖，以

[1]〔南朝宋〕范晔：《后汉书·礼仪志中》，北京：中华书局，1965 年版，第 3124 页。

[2] 臧知非：《“王杖诏书”与汉代养老制度》，《史林》2002 年 2 期。

[3]〔南朝宋〕范晔：《后汉书·邓彪传》，北京：中华书局，1965 年版，第 1495 页。

[4]〔南朝宋〕范晔：《后汉书·刘恺传》，北京：中华书局，1965 年版，第 1308 页。

[5]〔南朝宋〕范晔：《后汉书·江革传》，北京：中华书局，1965 年版，第 1303 页。

[6]〔南朝宋〕范晔：《后汉书·毛义传》，北京：中华书局，1965 年版，第 1294 页。

[7]〔南朝宋〕范晔：《后汉书·方术列传上》，北京：中华书局，1965 年版，第 2723 页。

[8]〔南朝宋〕范晔：《后汉书·循吏列传》，北京：中华书局，1965 年版，第 2467 页。

[9]〔南朝宋〕范晔：《后汉书·章帝纪》，北京：中华书局，1965 年版，第 157 页。

示尊养高年被正式确立。《后汉书·礼仪志》又曰：“仲秋之月，县道皆案户比民。年始七十者，授之以玉杖，铺之糜粥，八十九十，礼有加赐。玉杖长〔九〕尺，端以鸠首为饰。”[1] 由此，东汉时期的几杖行授制度得以明晰：官府于每年八月案比之时，统计人口年龄，将年七十以上者，授予几杖，其杖的形制也有了具体的规定。这种仲秋之月行授几杖在具体社会管理过程中也被践行。如东汉顺帝永建四年“赐（樊英）几杖……数月，英称疾笃，诏以为光禄大夫，赐告归。令在所送谷千斛，常以八月致牛一头，酒三斛；如有不幸，祠以中牢”。[2] 所以，《礼记·月令》所云仲秋之月养老举措中的“授几杖”在东汉时期被贯彻实施。

因此，在相关社会习惯基础上，《礼记·月令》所云仲秋尊养高年之举，在经学时代被逐步践行，诸帝从对习惯法的承继，逐步转向对经典义理的主动附会，东汉时期，遂逐步制度化、法制化，其时间选择和相关仪制，与《礼记·月令》所云渐趋契合。“仲秋养老”成为《礼记·月令》影响汉代政治运作的又一例证。

七、月令与应时赦宥

赦宥是传统社会皇权的重要标志，是缓解社会矛盾、维护社会秩序和巩固自身统治的主要政治手段之一。经过长期的演变，赦宥在汉代逐步成熟完备，不仅类分细致、程序系统，而且受阴阳五行思想的浸润及《礼记·月令》经学化的影响，与时令的关联愈发紧密。

孔颖达疏《易·解卦》之“君子以赦过肴罪”引《正义》云：“赦谓放免，过谓误失，肴谓宽宥，罪谓故犯。过轻则赦，罪重则有，皆解缓之义也。”[3] 检史籍所叙，先秦时期的赦宥并未形成一套完整的体系，经过春秋战国至秦的发展，赦宥才渐趋完备，成为“常法”。“汉兴，承秦兵革之后，大愚之世，比屋可刑，故设三章之法，大赦之令，荡涤秽流，与民更始，时势然也。”[4] 而随着阴阳五行思想的传布以及以经治国的确立，这种“明德慎罚”思想引导下的汉代赦宥，不仅体系趋于完备，而且开始强调与时节的关联。

两汉时期的赦宥不仅名目众多，而且多集中于春夏两季。以赦天下为例，“纵观两汉赦天下之诏令多集中于春夏两季（正月至六月），这一时段赦天下共 168 次，

[1]〔南朝宋〕范晔：《后汉书·礼仪志中》，北京：中华书局，1965 年版，第 3124 页。

[2]〔南朝宋〕范晔：《后汉书·方术列传上》，北京：中华书局，1965 年版，第 2723 页。

[3]〔清〕阮元校刻：《十三经注疏·周易正义》，北京：中华书局，1980 年影印版，第 52 页。

[4]〔汉〕荀悦：《汉纪》，北京：中华书局，2002 年版，第 389 页。

占总数 178 次（不包括更迭时期）的 94% 还多。……很明显，赦宥时令之选择不言而喻”。[1] 究其原因，则与两汉时期阴阳五行思想的流布和以经治国时代背景下《礼记·月令》的经学化有密切关系。

阴阳五行思想中，阴阳的消长与时令息息相关，呈现出节律特征。《月令》疏云：“天地之气谓之阴阳，一年之中，或升或降，故圣人作象，各分为六爻，以象十二月。阳气之升，从十一月为始，阳气渐升，阴气渐下，至四月六阳皆升，六阴皆伏。至五月一阴初升，阴气渐升，阳气渐伏，至十月六阴尽升，六阳尽伏。”[2] 可见，在不同的季节月份，其阴阳消长不同。而阴阳运动被视为天道自然之大经，乃是天意的具体呈现。以此为基础，将自然气象、物候星象、方位变化、天子衣饰居处、行政管理等类分，并附会于一年十二个月之中，就是月令图式，《礼记·月令》则是其典型代表。

因此，在以经治国的时代背景下，援引《礼记·月令》为政治运作和社会管理之用，被时人视作循天道、顺阴阳的“德政”，是实现人与自然协调、天人合一的基本方式和途径。在《礼记·月令》中，春夏两季为养长万物的时段，“春东从青道，发生万物”“夏南从赤道，荣养万物”，疏引《律历志》云：“南，任也，阳气任养万物，于时为夏，夏，假也；假，大也。……东者动也，阳气动物，于时为春，春，蠢也：物蠢生也。”因此，检《礼记·月令》春夏两季所云，多讲求“布德行惠”“行庆施惠”“行爵出禄”“推贤举良”，并禁刑杀等，这些被视为“顺时应气”之举。当《礼记·月令》于西汉逐渐完成经学化，在以经治国的时代背景下，诸帝附会《礼记·月令》，于春夏之际颁赦宥之诏，在时人看来，正是以经治国、顺时应气的举措，更是追求天人合一的体现。所以，通过对两汉赦宥颁定时间的梳理和统计，我们仍然能够看出《礼记·月令》对汉代政治影响的深刻。

总之，通过上述分析我们不难发现，汉代行政运作中，诏令颁制、建储封侯、行施恩惠、尊贤养老等诸多方面的改良实施，都受到《礼记·月令》的影响。统治者将《礼记·月令》的内容和义理，引入具体的行政运作中，赋予以时序政以经典依据和理论依据，使得政治运作和社会管理脱离朴素的经验的层面，变得有章可据、有法可依。

---

[1] 谢芝华：《两汉赦宥研究》，南昌大学 2008 年硕士学位论文，第 32 页。

[2]〔清〕阮元校刻：《十三经注疏·礼记正义·月令》，北京：中华书局，1980 年影印版，第 1357 页。

第二节 月令与汉代法制损益

法制是政治生活的重要组成部分，是保障社会节奏与自然节律相契合，维护社会秩序的基本手段。在以经治国思潮的影响下，《礼记·月令》对经学时代的汉代法律制度和司法实践产生了持续且深远的影响，在几次重大的改律活动中，都可以发现《礼记·月令》的身影。

《礼记·月令》中时令与刑罚律令的匹配不仅系统完备，而且与阴阳五行的结合也基本成熟。在《礼记·月令》中，涉及刑罚律令的月份包括：仲春、孟夏、仲夏、孟秋、仲秋、季秋、孟冬和仲冬之月。其中，春夏虽有刑罚之时，但多为省刑去罚之举，其立足点和目的是为顺阳助长。如仲春之月“命有司，省囹圄，去桎梏，毋肆掠，止狱讼”。[1]孔疏此举是为“顺阳宽也”。[2]孟夏之月“靡草死，麦秋至。断薄刑，决小罪，出轻系”。[3]郑玄注曰：“刑无轻于墨者，今以纯阳之月，断刑决罪，与毋有坏堕自相违，似非。”[4]认为纯阳之月行性阴之举，二者存在矛盾。但孙希旦引徐师曾的观点认为：“此恤刑之事。是时天气始炎，恐罪人之系者或以郁蒸而生疾，故刑之薄者即断决之，罪之小者即决遣之，系之轻者即纵出之。”[5]强调的乃是宽和恩惠，而非逆时气而动。《礼记·月令》仲夏之月“挺重囚，益其食。……百官静事毋刑，以定晏阴之所成”。[6]疏引正义曰：“皇氏以为增益囚之饮食，义当然也。熊氏以为益群臣禄食，其义非也。……清静止息之事，以正定身中安阴之所成就，谓初感安阴，若不清静，则微阴与人为病，故须定之。”[7]认为“益重囚食”

[1]〔清〕阮元校刻：《十三经注疏·礼记正义·月令》，北京：中华书局，1980年影印版，第1361页。

[2]〔清〕阮元校刻：《十三经注疏·礼记正义·月令》，北京：中华书局，1980年影印版，第1361页。

[3]〔清〕阮元校刻：《十三经注疏·礼记正义·月令》，北京：中华书局，1980年影印版，第1365页。

[4]〔清〕阮元校刻：《十三经注疏·礼记正义·月令》，北京：中华书局，1980年影印版，第1365页。

[5]〔清〕孙希旦撰，沈啸寰、王星贤点校：《礼记集解》，北京：中华书局，1989年版，第446页。

[6]〔清〕阮元校刻：《十三经注疏·礼记正义·月令》，北京：中华书局，1980年影印版，第1370页。

[7]〔清〕阮元校刻：《十三经注疏·礼记正义·月令》，北京：中华书局，1980年影印版，第1370页。

是符合时气之“义当然也”，此月“毋刑”原因在于“阴之初起”。孙希旦解释曰：“重囚禁系严密，是月稍宽之，而且益其食，恐其不堪暑热以致死也。”[1]同时，“夏至之日，微阴初起，故致其敬慎安静以养之，而定此晏阴之所成就也”。[2]可见，《礼记·月令》春夏时节虽涉刑罚律令之事，但观其行止，多为去罚省刑而非专意诛戮。考其性质，则多是崇宽尚和而非务求苛责。究其目的，乃是顺阳助长。这与秋冬之际顺时刑杀存在本质区别。

在《礼记·月令》中，秋冬之际刑罚律令多现。如孟秋之月“命有司，修法制，缮囹圄，具桎梏，禁止奸，慎罪邪，务搏执。命理瞻伤，察创，视折，审断决。狱讼必端平。戮有罪，严断刑”。[3]郑玄认为此举目的在于“顺秋气，政尚严”。[4]孙希旦曰：“孟秋之政，首言治兵，而继以明刑，顺天地肃杀之气也。”[5]《礼记·月令》仲秋之月“乃命有司，申严百刑，斩杀必当，毋或枉桡。枉桡不当，反受其殃”。[6]疏云：“言断决罪人之时，必须当值所犯之罪。经云‘枉桡不当’，枉谓违法曲断，桡谓有理不申，应重乃轻，应轻更重，是其不当也。”[7]孙希旦曰：“人命至重，用刑不当，则反受其殃，明有国法，幽有天道，无可逃也。”[8]认为刑杀于此时，是“国法”合于“天道”。《礼记·月令》季秋之月“乃趣狱刑，毋留有罪”。[9]郑玄认为原因是“杀气已至，有罪者即决也”。孙希旦也认为：“因天地杀气之盛，以明

[1]（清）孙希旦撰，沈啸寰、王星贤点校：《礼记集解》，北京：中华书局，1989年版，第453页。

[2]（清）孙希旦撰，沈啸寰、王星贤点校：《礼记集解》，北京：中华书局，1989年版，第454页。

[3]（清）阮元校刻：《十三经注疏·礼记正义·月令》，北京：中华书局，1980年影印版，第1373页。

[4]（清）阮元校刻：《十三经注疏·礼记正义·月令》，北京：中华书局，1980年影印版，第1373页。

[5]（清）孙希旦撰，沈啸寰、王星贤点校：《礼记集解》，北京：中华书局，1989年版，第468页。

[6]（清）阮元校刻：《十三经注疏·礼记正义·月令》，北京：中华书局，1980年影印版，第1373页。

[7]（清）阮元校刻：《十三经注疏·礼记正义·月令》，北京：中华书局，1980年影印版，第1374页。

[8]（清）孙希旦撰，沈啸寰、王星贤点校：《礼记集解》，北京：中华书局，1989年版，第473页。

[9]（清）阮元校刻：《十三经注疏·礼记正义·月令》，北京：中华书局，1980年影印版，第1380页。

此月可顺时而行杀也。”[1]《礼记·月令》孟冬之月“命大史，衅龟筴占兆，审卦吉凶，是察阿党，则罪无有掩蔽”。[2] 疏云：“谓当是正审察狱吏阿党之事，则在下犯罪之人，狱吏不能掩蔽。”[3]《礼记·月令》仲冬之月“农有不收藏积聚者，马牛畜兽有放佚者，取之不诘。山林薮泽，有能取蔬食田猎禽兽者，野虞教道之。其有相侵夺者，罪之不赦”。[4] 孙希旦解释说：“既教道以遂其求，又禁侵夺以止其争，所以为民计者周矣。”[5] 可见，《礼记·月令》于秋冬施刑罚，是“顺阴阳，从天道”的“时政”。庾注云：“春阳气始著，仁泽之时，故顺其时而赏朝臣及诸侯也。至夏阳气尤盛，万物增长，故用是时庆赐转广，是以无不欣说也。秋阴气始著严凝之时，故从其时而赏军帅及武人也。至冬阴气尤盛，万物衰杀，故用是时赏死事者及其妻子也。”[6] 四时赏罚不同，但都是“顺时气也”。

《礼记·月令》对法律制度和司法实践的设计，彰显了“天人合一”的政治旨趣。这在汉代迅速引发了统治者的关注，并被有意识地引入现实司法改良中。

一、月令与昭宣时期的司法时令

从武帝开始，汉代法制完善与经学成熟开始逐渐兴起，两者的并兴局面绝非偶然，而是存在着紧密的联系。董仲舒提出“则天顺时”，详细诠释了天时与刑德之间的关系。他认为：“天地之常，一阴一阳。阳者天之德也，阴者天之刑也。迹阴阳终岁之行，以观天之所亲而任。成天之功。”[7] 他从“天道”的高度对司法时令加以肯定和强调，藉阴阳五行将“天道自然”、刑罚律令、自然时令和王者行政相勾连贯通，为“赏以春夏，刑以秋冬”提供了系统的理论依据。

---

[1]（清）孙希旦撰，沈啸寰、王星贤点校：《礼记集解》，北京：中华书局，1989 年版，第 483 页。

[2]（清）阮元校刻：《十三经注疏·礼记正义·月令》，北京：中华书局，1980 年影印版，第 1381 页。

[3]（清）阮元校刻：《十三经注疏·礼记正义·月令》，北京：中华书局，1980 年影印版，第 1381 页。

[4]（清）阮元校刻：《十三经注疏·礼记正义·月令》，北京：中华书局，1980 年影印版，第 1383 页。

[5]（清）孙希旦撰，沈啸寰、王星贤点校：《礼记集解》，北京：中华书局，1989 年版，第 497 页。

[6]（清）阮元校刻：《十三经注疏·礼记正义·月令》，北京：中华书局，1980 年影印版，第 1356 页。

[7] 苏舆撰，钟哲点校：《春秋繁露义证·阴阳义》，北京：中华书局，1992 年版，第 341 页。

昭帝时，文学与大夫在盐铁会议上，对刑罚时令进行了辩论。文学认为应重德教轻刑罚，曰："故春生，仁；夏长，德；秋成，义；冬藏，礼。此四时之序，圣人之所则也。刑不可任以成化，故广德教。"[1] 而大夫则反对专任德教，"秋始降霜，草木损零，合冬行诛，万物毕藏。春夏生长，利以行仁。秋冬杀藏，利以施刑。故非其时而树，虽生不成。秋冬行德，是谓逆天道。《月令》：'凉风至，杀气动，蜻蛚鸣，衣裘成。天子行微刑，始貙蒌，以顺天令。'文学同四时，合阴阳，尚德而除刑。如此，则鹰隼不鸷，猛兽不攫，秋不蒐狝，冬不田狩者也。"[2] 继而文学再引时令之说反驳道："天道好生恶杀，好赏恶罪。故使阳居于实而宣德施，阴藏于虚而为阳佐辅。阳刚阴柔，季不能加孟。此天贱冬而贵春，申阳屈阴。故王者南面而听天下，背阴向阳，前德而后刑也。霜雪晚至，五谷犹成。雹雾夏陨，万物皆伤。由此观之：严刑以治国，犹任秋冬以成谷也。故法令者，治恶之具也，而非至治之风也。是以古者，明王茂其德教，而缓其刑罚也。网漏吞舟之鱼，而刑审于绳墨之外，及臻其末，而民莫犯禁也。"[3]

这次争论有两点值得关注，首先文学与大夫虽然围绕司法时令进行争论，但是其分歧点主要是"德""刑"二者孰轻孰重，两派事实上都接受了刑罚律令与时令应当相结合的观念。"春夏生长，圣人象而为令。秋冬杀藏，圣人则而为法。故令者教也，所以导民人；法者刑罚也，所以禁强暴也。二者，治乱之具，存亡之效也，在上所任。"[4] 他们都认为应当顺应时令以行罚。其次，大夫在论证过程中，引用《礼记·月令》以为理论依据，但文辞与《礼记·月令》多有出入，这一方面表明时令思想对刑罚律令的影响由"自然"层面开始上升到"理论"层面，另一方面也从侧面印证《礼记·月令》的采择编纂是一个历史过程。

宣帝时期时令与刑罚律令的关系进一步深化。仲夏之月省刑去罚，季秋之月顺时刑狱都有开展，而且还引《礼记·月令》之文制诏为令。宣帝于地节四年夏五月、元康二年夏五月分别颁诏，强调省刑去罚以示恩惠。地节四年夏五月诏曰："自今，子首匿父母，妻匿夫，孙匿大父母，皆勿坐。其父母匿子，夫匿妻，大父母匿孙，

[1] 王利器校注：《盐铁论校注·论菑》，北京：中华书局，1992 年版，第 556 页。

[2] 王利器校注：《盐铁论校注·论菑》，北京：中华书局，1992 年版，第 557 页。

[3] 王利器校注：《盐铁论校注·论菑》，北京：中华书局，1992 年版，第 557—558 页。

[4] 王利器校注：《盐铁论校注·诏圣》，北京：中华书局，1992 年版，第 595 页。

罪殊死，皆上请廷尉以闻。”[1] 元康二年夏五月诏强调“吏务平法”。[2] 两次颁诏的时间选择与《礼记·月令》所言仲夏之月“百官静，事毋刑，以定晏阴之所成”[3] 相符。宣帝又于地节四年九月制诏曰：“其令郡国岁上系囚以掠笞若瘐死者所坐名、县、爵、里，丞相御史课殿最以闻。”[4] 此诏颁行的时间与相关内容，与《礼记·月令》所云季秋之月“乃趣狱刑，毋留有罪”[5] 是相契合的。同时，元康三年夏六月，宣帝制诏曰：“其令三辅毋得以春夏擿巢探卵，弹射飞鸟。具为令。”[6] 这一律令明显受《礼记·月令》所云“毋覆巢，毋杀孩虫，胎夭飞鸟。毋麛毋卵”[7] 的影响，是援引《礼记·月令》以制诏为令的体现。

此外，宣帝时期还对司法实践的时间选择进行调整。与西汉初年奏谳时间为秋七、八月不同，宣帝地节三年十二月规定，“季秋后请谳”，[8] 从而将奏谳时间推迟至九月，那么廷尉“治请谳”，其时间也顺推至冬月。《汉书·于定国传》述其为廷尉，“冬月治请谳，饮酒益精明”。[9] 又因春至不刑，所以，宣帝对司法实践加以调整后，“论囚行刑”的时间也多为冬季，因此，《后汉书》称西汉“断狱报重”的时限“常尽三冬之月”。这种调整，不仅没有违背“刑以秋冬”的传统，反而将之细化和制度化。可见，昭宣时期时令与刑罚律令的结合不仅越发紧密，与相关理论，特别是《礼记·月令》的糅合更为明显，同时开始趋于制度化。

二、月令与元成至西汉末的司法时令

元成之后，诸帝从“承天地、顺阴阳”的高度，对时令与刑罚律令的关系予以认知，强调顺时刑罚，以期“天人合一”。这一时期，月令对刑罚时令的影响在不断加深。

---

[1]〔汉〕班固：《汉书·宣帝纪》，北京：中华书局，1962 年版，第 251 页。

[2]〔汉〕班固：《汉书·宣帝纪》，北京：中华书局，1962 年版，第 256 页。

[3]〔清〕阮元校刻：《十三经注疏·礼记正义·月令》，北京：中华书局，1980 年影印版，第 1370 页。

[4]〔汉〕班固：《汉书·宣帝纪》，北京：中华书局，1962 年版，第 253 页。

[5]〔清〕阮元校刻：《十三经注疏·礼记正义·月令》，北京：中华书局，1980 年影印版，第 1380 页。

[6]〔汉〕班固：《汉书·宣帝纪》，北京：中华书局，1962 年版，第 258 页。

[7]〔清〕阮元校刻：《十三经注疏·礼记正义·月令》，北京：中华书局，1980 年影印版，第 1357 页。

[8]〔汉〕班固：《汉书·刑法志》，北京：中华书局，1962 年版，第 1102 页。

[9]〔汉〕班固：《汉书·于定国传》，北京：中华书局，1962 年版，第 3043 页。

元帝初元三年命“有司勉之，毋犯四时之禁”。[1] 而成帝阳朔二年春，诏曰：“其务顺四时月令。”[2] 以此诏为标志，“西汉国家所采纳的月令体系因此变得明晰”。[3] 刑罚律令与《礼记·月令》的关系得以强化，作为经学的《礼记·月令》不仅可以为“司法时令”提供权威的理论依据和经典依据，而且相关司法时令行为的开展，也为月令影响的深化提供了契机。

此后，春季省刑去罚以示恩惠的行为多见史载，如元帝建昭五年春三月诏曰：“今不良之吏，覆案小罪，征召证案，兴不急之事，以妨百姓，使失一时之作，亡终岁之功，公卿其明察申敕之。”[4] 成帝鸿嘉元年春二月，诏曰：“方春生长时，临遣谏大夫理等举三辅、三河、弘农冤狱。”[5] 成帝鸿嘉四年春正月，诏曰：“数敕有司，务行宽大，而禁苛暴，讫今不改。一人有辜，举宗拘系，农民失业，怨恨者众，伤害和气，水旱为灾，关东流冗者众，青、幽、冀部尤剧，朕甚痛焉。”[6] 平帝元始四年春正月诏曰：“其明敕百僚，妇女非身犯法，及男子年八十以上七岁以下，家非坐不道，诏所名捕，它皆无得系。其当验者，即验问。定著令。”[7] 这种于春季省刑去罚的“惠政”，符合“赏以春夏，刑以秋冬”的传统，也与《礼记·月令》所言相合，是月令影响汉代法制的重要表现。

不仅如此，在地方行政和司法实践过程中，“顺时刑罚”的原则也被贯彻。元帝时诸葛丰就因“以春夏系治人”，元帝责其“不顺四时，修法度，专作苛暴，以获虚威”，最终将其“免为庶人”。[8] 而絮舜讥张敞为“五日京兆耳，安能复案事？”后被张敞收捕，“是时冬月未尽数日，案事吏昼夜验治舜，竟致其死事。舜当出死，敞使主簿持教告舜曰：‘五日京兆竟何如？冬月已尽，延命乎？’乃弃舜市”。[9] 沈家本《历代刑法考》就此云：“是西汉之制，杀人尽冬月。既立春，即不得杀人。”[10]

[1]〔汉〕班固：《汉书·元帝纪》，北京：中华书局，1962 年版，第 284 页。
[2]〔汉〕班固：《汉书·成帝纪》，北京：中华书局，1962 年版，第 312 页。
[3] 杨振红：《出土简牍与秦汉社会》，桂林：广西师范大学出版社，2009 年版，第 225—226 页。
[4]〔汉〕班固：《汉书·元帝纪》，北京：中华书局，1962 年版，第 296 页。
[5]〔汉〕班固：《汉书·成帝纪》，北京：中华书局，1962 年版，第 315 页。
[6]〔汉〕班固：《汉书·成帝纪》，北京：中华书局，1962 年版，第 318 页。
[7]〔汉〕班固：《汉书·平帝纪》，北京：中华书局，1962 年版，第 356 页。
[8]〔汉〕班固：《汉书·诸葛丰传》，北京：中华书局，1962 年版，第 3251 页。
[9]〔汉〕班固：《汉书·张敞传》，北京：中华书局，1962 年版，第 3223 页。
[10] 沈家本：《历代刑法考》，北京：中华书局，1985 年版，第 1237 页。

而哀帝时李寻“独好《洪范》灾异，又学天文月令阴阳”。[1] 他以阴阳时令说评判时政多“今朝廷忽于时月之令”“号令不顺四时”，如“间者春三月治大狱，”因而“以喜怒赏罚，而不顾时禁，虽有尧舜之心，犹不能致和”。他提出应当“尊天地，重阴阳，敬四时，严月令”。“诸侍中尚书近臣宜皆令通知月令之意，设群下请事；若陛下出令有谬于时者，当知争之，以顺时气。”[2] 可见，时人在理论和实践两个层面上，都强调《礼记·月令》与刑罚之事的关系，认为应当“顺时刑罚”，如此才能循阴阳而合于天道。

敦煌悬泉置出土的《四时月令五十条》为我们揭示了平帝时期，月令对法制的影响。首先，《四时月令五十条》与《礼记·月令》在体例和文辞方面存在高度的一致性，这一方面意味着《四时月令五十条》受《礼记·月令》的影响直接而深切，另一方面《四时月令五十条》也将《礼记·月令》的实用性和工具性充分彰显，“《四时月令五十条》则是以皇帝诏令的形式颁布的法律，所强调的是它的可操作性和实用性，每条后面所附的说明文字，也都是从现实的应用出发，其主要目的是使每一条规定在可操作性和实用方面更加具体化”。[3] 其次，在司法实践方面，《四时月令五十条》因循了“春夏不刑”的观念，规定“毋聚大众。谓聚民缮治也，尤急事若追索□捕盗贼之属也，□下 ……追捕盗贼，尽夏”。[4] 其“尽夏”所指，与“春夏不刑”相通。此外，作为受经学《月令》影响而制定的诏令，在随后逐步下发至地方，也意味着《礼记·月令》对汉代法制的影响也逐步从理论层面走向现实层面，由中央朝堂走向地方官府，可以说其影响在逐步深化。因此，“《月令》影响汉代法律的最直接的证据，莫过于这份《四时月令五十条》了”。[5]

王莽时期时令与刑罚律令的结合已为社会所接受。王莽时期颁制的诏书律令多有依照《礼记·月令》者，同时因为诸多违背司法时令的行为而被诟病，成为政权崩解的重要原因。从依照《礼记·月令》颁制诏书律令方面看，地皇三年王莽下书曰：“惟民困乏，虽溥开诸仓以赈赡之，犹恐未足。其且开天下山泽之防，诸能采取山泽之物而顺月令者，其恣听之，勿令出税。”[6] 明确提出“顺月令”。居延简文有曰：“制诏纳言：其令百辽（僚）屡省所典，修厥职，务顺时气。始建国天凤三年十一月戊

[1]〔汉〕班固：《汉书·李寻传》，北京：中华书局，1962 年版，第 3179 页。
[2]〔汉〕班固：《汉书·李寻传》，北京：中华书局，1962 年版，第 3188 页。
[3] 于振波：《简牍与秦汉社会》，长沙：湖南大学出版社，2012 年版，第 310 页。
[4] 胡平生、张德芳：《敦煌悬泉汉简释粹》，上海：上海古籍出版社，2001 年版，第 193 页。
[5] 于振波：《简牍与秦汉社会》，长沙：湖南大学出版社，2012 年版，第 311 页。
[6]〔汉〕班固：《汉书·王莽传下》，北京：中华书局，1962 年版，第 4176 页。

寅下。”[1] 可见，“顺时气”的要求已经制定成为成文法，并颁行全国。居延简文又云：“制诏纳（细）言其㬥官，伐林木，取竹箭。始建国天凤二年十一月戊寅下。”[2] 这与《礼记・月令》仲冬之月，“日短至，则伐木取竹箭”[3] 的规定相类。居延新简中还有王莽时期的这样一条简文：“制诏纳言农事有不收藏积聚牛马畜兽有之者取之不诛。始建国天凤三年十一月戊寅下。”[4] 这与《礼记・月令》仲冬之月所云“是月也，农有不收藏积聚者，马牛畜兽有放佚者，取之不诘。山林薮泽，有能取蔬食田猎禽兽者，野虞教道之。其有相侵夺者，罪之不赦”[5] 是相类的。

但是，王莽时期也多有违逆时令的司法行为，并引发严重的社会后果。王莽地皇元年正月乙未，赦天下。下书曰：“方出军行师，敢有趋讙犯法者，辄论斩，毋须时，尽岁止。”这种刑罚毋须时的诏令，完全悖逆了“顺时刑罚”的传统，也不符合《礼记・月令》的要求，“于是春夏斩人都市，百姓震惧，道路以目”。[6] 王莽的这种行为，引发严重的社会后果，史称“莽为不顺时令，百姓怨恨”，[7] 这也成为此后政权因民众反抗而崩解的重要原因。邓晨就曾借此劝刘秀起兵，“王莽悖暴，盛夏斩人，此天亡之时也”。[8] 可见，“顺时刑罚”的观念已经深入人心，成为被广泛认同的社会规范。

三、月令与东汉初期的司法时令

东汉时期刑罚律令更加注重时令问题，不仅诏书律令中多见《礼记・月令》之经义，具体的法律制度和司法实践也越发注重对《礼记・月令》的附会，并出现了数次律法改制活动。这表明，月令对法制的损益改良进入一个新阶段。

---

[1] 甘肃文物考古研究所等编：《居延新简：甲渠候官与第四燧》，北京：文物出版社，1990 年版，第 363 页。

[2] 陈直：《居延汉简研究》，天津：天津古籍出版社，1986 年版，第 227 页。

[3]〔清〕阮元校刻：《十三经注疏・礼记正义・月令》，北京：中华书局，1980 年影印版，第 1383 页。

[4] 甘肃文物考古研究所等编：《居延新简：甲渠候官与第四燧》，北京：文物出版社，1990 年版，第 363 页。

[5]〔清〕阮元校刻：《十三经注疏・礼记正义・月令》，北京：中华书局，1980 年影印版，第 1383 页。

[6]〔汉〕班固：《汉书・王莽传下》，北京：中华书局，1962 年版，第 4158 页。

[7]〔汉〕班固：《汉书・王莽传下》，北京：中华书局，1962 年版，第 4163 页。

[8]〔南朝宋〕范晔：《后汉书・邓晨传》，北京：中华书局，1965 年版，第 582 页。

春季减省刑罚作为“惠政”，在光武时期频现。建武二年三月，光武帝诏曰“顷狱多冤人，用刑深刻，朕甚愍之。孔子云：‘刑罚不中，则民无所措手足。’其与中二千石、诸大夫、博士、议郎议省刑法”。[1] 赦宥是减省刑罚的重要方面，光武帝建武七年春正月“诏中都官、三辅、郡、国出系囚，非犯殊死，皆一切勿案其罪。见徒免为庶人。耐罪亡命，吏以文除之”。[2] 光武帝建武二十九年夏四月“诏令天下系囚自殊死已下及徒各减本罪一等，其余赎罪输作各有差”。[3] 光武帝还关注对奴婢的赦免和保护，如光武帝建武十一年春二月诏曰：“天地之性人为贵。其杀奴婢，不得减罪。”[4] 建武十二年三月又“诏陇、蜀民被略为奴婢自讼者，及狱官未报，一切免为庶人”。[5] 这与《礼记·月令》所云春季“命有司，省囹圄，去桎梏，毋肆掠，止狱讼”[6] 是相通相符的。

光武帝还常于秋冬时节颁定诏令，改良法律制度和司法实践，以督导刑狱及时。如建武三年秋七月诏曰：“吏不满六百石，下至墨绶长、相，有罪先请。男子八十以上，十岁以下，及妇人从坐者，自非不道、诏所名捕，皆不得系。当验问者即就验。女徒雇山归家。”[7] 此诏对“皆不得系”的群体进行界定。建武十一年八月和十月，连颁两诏，将对奴婢的保护制定为律，如八月诏曰：“敢灸灼奴婢，论如律，免所灸灼者为庶人。”[8] 十月“诏除奴婢射伤人弃市律”。[9] 同时，又于二十八年冬十月和三十一年秋九月，规定“诏死罪系囚皆一切募下蚕室，其女子宫”。[10] 这些法令制度和司法实践的制定改良，注重时间选择，符合《礼记·月令》“秋冬刑罚”的精神。

此外，光武帝建武五年五月，诏曰：“其令中都官、三辅、郡、国出系囚，罪非犯殊死一切勿案，见徒免为庶人。”[11] 此诏内容与《礼记·月令》所言孟夏之月“断

[1]（南朝宋）范晔：《后汉书·光武帝纪上》，北京：中华书局，1965 年版，第 29 页。
[2]（南朝宋）范晔：《后汉书·光武帝纪下》，北京：中华书局，1965 年版，第 51 页。
[3]（南朝宋）范晔：《后汉书·光武帝纪下》，北京：中华书局，1965 年版，第 80 页。
[4]（南朝宋）范晔：《后汉书·光武帝纪下》，北京：中华书局，1965 年版，第 57 页。
[5]（南朝宋）范晔：《后汉书·光武帝纪下》，北京：中华书局，1965 年版，第 59 页。
[6]（清）阮元校刻：《十三经注疏·礼记正义·月令》，北京：中华书局，1980 年影印版，第 1361 页。
[7]（南朝宋）范晔：《后汉书·光武帝纪上》，北京：中华书局，1965 年版，第 35 页。
[8]（南朝宋）范晔：《后汉书·光武帝纪下》，北京：中华书局，1965 年版，第 58 页。
[9]（南朝宋）范晔：《后汉书·光武帝纪下》，北京：中华书局，1965 年版，第 58 页。
[10]（南朝宋）范晔：《后汉书·光武帝纪下》，北京：中华书局，1965 年版，第 80 页。
[11]（南朝宋）范晔：《后汉书·光武帝纪上》，北京：中华书局，1965 年版，第 39 页。

薄刑，决小罪，出轻系”[1]是一致的，“罪非犯殊死”所指，即为“薄刑小罪”，可见，光武帝时期颁布诏令中所涉刑罚律令深受《礼记·月令》的影响。

明帝时期春夏减省刑罚以示恩惠的传统得以延续，并上升到“顺时气”的层面，以强调与天道自然的“同气合德”。明帝初即位，便下诏曰：“方春戒节，人以耕桑。其敕有司务顺时气，使无烦扰。天下亡命殊死以下，听得赎论：死罪人缣二十匹，右趾至髡钳城旦舂十匹，完城旦舂至司寇作三匹。其未发觉，诏书到先自告者，半入赎。”[2]不仅明确提出应“顺时气”，对具体的刑罚减省加以规定，而且这两个举措的颁行都强调与时令的关系，即“方春戒节”。此后，明帝一朝常于春季颁诏勉劝有司因循时气，减免刑罚，如永平二年春正月“其令天下自殊死已下，谋反大逆，皆赦除之。百僚师尹，其勉修厥职，顺行时令，敬若昊天，以绥兆人”。[3]永平三年春正月诏曰：“有司其勉顺时气，劝督农桑，去其螟蜮，以及蝥贼；详刑慎罚，明察单辞，夙夜匪懈，以称朕意。”[4]永平四年春二月诏曰：“有司勉遵时政，务平刑罚。”[5]永平九年春三月“诏郡国死罪囚减罪，与妻子诣五原、朔方占著，所在死者皆赐妻父若男同产一人复终身；其妻无父兄独有母者，赐其母钱六万，又复其口筭”。[6]永平十五年春二月“诏亡命自殊死以下赎：死罪缣四十匹，右趾至髡钳城旦舂十匹，完城旦至司寇五匹；犯罪未发觉，诏书到日自告者，半入赎。”[7]永平十八年春三月丁亥，诏曰：“其令天下亡命，自殊死已下赎：死罪缣三十匹，右趾至髡钳城旦舂十匹，完城旦至司寇五匹；吏人犯罪未发觉，诏书到自告者，半入赎。”[8]可见，春季减省刑罚作为惠政贯穿明帝一朝，成为其施政的重要组成部分。

这一时期，群臣也注重从天人之际的高度，匹配刑罚律令与时令的关系，强调顺时刑罚。如钟离意曾上疏言：“诏有司，慎人命，缓刑罚，顺时气，以调阴阳，垂之无极。”[9]他将刑罚的施行视作“顺时气，调阴阳”之举，认为顺时刑罚才能

[1]〔清〕阮元校刻：《十三经注疏·礼记正义·月令》，北京：中华书局，1980年影印版，第1365页。

[2]〔南朝宋〕范晔：《后汉书·明帝纪》，北京：中华书局，1965年版，第98页。

[3]〔南朝宋〕范晔：《后汉书·明帝纪》，北京：中华书局，1965年版，第100页。

[4]〔南朝宋〕范晔：《后汉书·明帝纪》，北京：中华书局，1965年版，第105页。

[5]〔南朝宋〕范晔：《后汉书·明帝纪》，北京：中华书局，1965年版，第107页。

[6]〔南朝宋〕范晔：《后汉书·明帝纪》，北京：中华书局，1965年版，第112页。

[7]〔南朝宋〕范晔：《后汉书·明帝纪》，北京：中华书局，1965年版，第118页。

[8]〔南朝宋〕范晔：《后汉书·明帝纪》，北京：中华书局，1965年版，第123页。

[9]〔南朝宋〕范晔：《后汉书·钟离意传》，北京：中华书局，1965年版，第1409—1410页。

上与天合，而能做到“天人合一”的政治，自然是可以“垂之无极”的。

而据出土资料来看，顺时刑罚不仅体现在朝廷诏令和群臣上疏中，而是通过层层传达，贯彻到地方官府的行政和司法之中的。居延新简中，有简文曰：“建武五年八月甲辰朔　甲渠鄣候　敢言之府下赦令诏书曰其赦天下自殊死以下诸不当得赦者皆赦除之上赦者人数罪别之。”[1] 这条简文所言内容与光武帝建武五年五月丙子诏令“中都官、三辅、郡、国出系囚，罪非犯殊死一切勿案，见徒免为庶人”，是相近的，应当是诏令传达至居延地区的体现。另居延简中，有诸多“毋犯四时禁”“毋得伐树木”的简文，“建武四年五月辛巳朔戊子，甲渠塞尉放行候事，敢言之：府书曰，吏民毋犯四时禁，有无，四时言。谨案：部吏毋犯四时禁者，敢言之”。[2]“建武六年七月戊戌朔乙卯甲渠鄣守候　敢言之府书曰吏民毋犯四时禁有无四时言谨案部吏毋犯四……时禁者敢言之。”[3] 这些“毋犯四时禁”的简文，说明光武帝时期朝廷已经将诸多“以时禁发”的内容写入法令，并层层颁定执行，应当说是受到月令深刻影响的。

此外，明帝时期死刑论囚的执行时间仍规定为秋冬时节。在西汉宣帝细化请谳、治谳和论囚时间之后，至东汉明帝时期一直奉行。永平元年，樊儵提出“行辟宜须秋月，以顺时气”，[4] 明帝“并从之”。襄楷延熹九年上疏提道：“永平旧典，诸当重论皆须冬狱，先请后刑，所以重人命也。”[5] 因此，就断刑论囚的时间来看，仍然是延续了宣帝时期的程序和时间，多于秋冬之际进行，这与《礼记·月令》所言秋冬“乃趣狱刑，毋留有罪”[6] 是一致的。

四、月令与章帝“元和改律”

章帝时期沿袭故事成例，常于春季减免刑罚，秋冬理狱断刑，其立意在于“顺

[1] 甘肃文物考古研究所等编：《居延新简：甲渠候官与第四燧》，北京：文物出版社，1990 年版，第 487 页。

[2] 甘肃文物考古研究所等编：《居延新简：甲渠候官与第四燧》，北京：文物出版社，1990 年版，第 480 页。

[3] 甘肃文物考古研究所等编：《居延新简：甲渠候官与第四燧》，北京：文物出版社，1990 年版，第 480 页。

[4]〔汉〕班固：《汉书·樊儵传》，北京：中华书局，1962 年版，第 1123 页。

[5]〔南朝宋〕范晔：《后汉书·襄楷传》，北京：中华书局，1965 年版，第 1078 页。

[6]〔清〕阮元校刻：《十三经注疏·礼记正义·月令》，北京：中华书局，1980 年影印版，第 1380 页。

时令”，求取天人合一。而元和年间改律事件，不仅重申了刑罚律令与时令匹配的问题，更将《礼记・月令》明确地运用于法制改革中，使月令对东汉法制的影响更为深巨。

章帝常于春季颁制诏令以减免刑罚，如建初元年春正月诏曰：“罪非殊死，须立秋案验。有司明慎选举，进柔良，退贪猾，顺时令，理冤狱。”[1] 建初五年三月诏曰：“孔子曰：‘刑罚不中，则人无所措手足。’今吏多不良，擅行喜怒，或案不以罪，迫胁无辜，致令自杀者，一岁且多于断狱，甚非为人父母之意也。有司其议纠举之。”[2] 元和二年春正月诏三公曰：“其令有司，罪非殊死且勿案验，及吏人条书相告不得听受，冀以息事宁人，敬奉天气。立秋如故。”[3] 章帝诏令中对刑罚的减省集中于春季，既是对先帝旧典的遵循，也符合《礼记・月令》所云。

同样，章帝于秋冬之际也常制诏督导刑狱及时。如建初七年九月“诏天下系囚减死一等，勿笞，诣边戍；妻子自随，占著所在；父母同产欲相从者，恣听之；有不到者，皆以乏军兴论。及犯殊死，一切募下蚕室；其女子宫。系囚鬼薪、白粲已上，皆减本罪各一等，输司寇作。亡命赎：死罪入缣二十匹，右趾至髡钳城旦舂十匹，完城旦至司寇三匹，吏人有罪未发觉，诏书到自告者，半入赎。”[4] 元和元年秋七月诏曰：“《律》云‘掠者唯得榜、笞、立’。又《令丙》，箠长短有数。自往者大狱已来，掠考多酷，钻钻之属，惨苦无极。念其痛毒，怵然动心。《书》曰‘鞭作官刑’，岂云若此？宜及秋冬理狱，明为其禁”。[5] 元和元年八月又诏曰：“郡国中都官系囚减死一等，勿笞，诣边县；妻子自随，占著在所。其犯殊死，一切募下蚕室；其女子宫。系囚鬼薪、白粲以上，皆减本罪一等，输司寇作。亡命者赎，各有差。”[6] 这里对刑狱中所涉部分对象的减免、刑制的更变等，多于秋季进行，可视为是对《礼记・月令》所言孟秋之月“命有司，修法制，缮囹圄，具桎梏，禁止奸，慎罪邪，务搏执。命理瞻伤，察创，视折，审断决。狱讼必端平。戮有罪，严断刑”[7] 的社会呈现。

[1]〔南朝宋〕范晔：《后汉书・章帝纪》，北京：中华书局，1965 年版，第 133 页。

[2]〔南朝宋〕范晔：《后汉书・章帝纪》，北京：中华书局，1965 年版，第 140 页。

[3]〔南朝宋〕范晔：《后汉书・章帝纪》，北京：中华书局，1965 年版，第 148 页。

[4]〔南朝宋〕范晔：《后汉书・章帝纪》，北京：中华书局，1965 年版，第 143 页。

[5]〔南朝宋〕范晔：《后汉书・章帝纪》，北京：中华书局，1965 年版，第 146 页。

[6]〔南朝宋〕范晔：《后汉书・章帝纪》，北京：中华书局，1965 年版，第 147 页。

[7]〔清〕阮元校刻：《十三经注疏・礼记正义・月令》，北京：中华书局，1980 年影印版，第 1373 页。

而在对这些刑罚律令加以规制的时候，章帝注重对时令的强调，如建初元年春正月丙寅诏，首言“方春东作，宜及时务”。[1] 将减省刑罚视作春季“时务”。元和二年春正月乙酉减省刑罚诏，颁行的原因在于“方春生养，万物莩甲，宜助萌阳，以育时物”，[2] 正是《礼记·月令》所强调的“顺阳助长”之义。而韦彪因盛夏多寒，曾上疏曰：“臣闻政化之本，必顺阴阳。伏见立夏以来，当暑而寒，殆以刑罚刻急，郡国不奉时令之所致也。”[3] 他认为气候不时，原因在于“刑罚刻急”，这种行为违反了“时令”，也就悖逆了“天道自然”。可见，在以经治国的时代背景下，天子与群臣已经自觉地从“循天意、顺阴阳”的高度，从天人合一的角度看待时令与刑罚律令的关系，更看重《礼记·月令》在协调时令与刑罚律令关系中的作用。

而元和改律对“断狱报重”问题的辩争和规定，则充分体现了《礼记·月令》对汉代法制因循时令的影响。在此之前，“春至不刑”的观念已在西汉逐步纳入司法体系。元和二年秋七月，章帝诏曰：“《春秋》于春每月书‘王’者，重三正，慎三微也。律十二月立春，不以报囚。《礼记·月令》冬至之后，有顺阳助生之文，而无鞠狱断刑之政。朕咨访儒雅，稽之典籍，以为王者生杀，宜顺时气。其定律，无以十一月、十二月报囚。”[4] 章帝此诏依经义，将报囚的时间由冬季三月缩短为冬十月，以此“顺时气”。

但是，章帝此举因随后发生的旱灾而招致非议，长水校尉贾宗等人上言，“以为断狱不尽三冬，故阴气微弱，阳气发泄，招致旱灾，事在于此”。[5] 于是，章帝以其言下公卿议，陈宠据经力争，曰：“夫冬至之节，阳气始萌，故十一月有兰、射干、芸、荔之应。《时令》曰：‘诸生荡，安形体。’天以为正，周以为春。十二月阳气上通，雉雊鸡乳，地以为正，殷以为春。十三月阳气已至，天地已交，万物皆出，蛰虫始振，人以为正，夏以为春。三微成著，以通三统。周以天元，殷以地元，夏以人元。若以此时行刑，则殷、周岁首皆当流血，不合人心，不稽天意。《月令》曰：‘孟冬之月，趣狱刑，无留罪。’明大刑毕在立冬也。又：‘仲冬之月，身欲宁，事欲静。’若以降威怒，不可谓宁；若以行大刑，不可谓静。议者咸曰：‘旱之所由，咎在改律。’臣以为殷、周断狱不以三微，而化致康平，无有灾害。自元和以前，皆用三冬，

[1]（南朝宋）范晔：《后汉书·章帝纪》，北京：中华书局，1965 年版，第 133 页。

[2]（南朝宋）范晔：《后汉书·章帝纪》，北京：中华书局，1965 年版，第 148 页。

[3]（南朝宋）范晔：《后汉书·韦彪传》，北京：中华书局，1965 年版，第 918 页。

[4]（南朝宋）范晔：《后汉书·章帝纪》，北京：中华书局，1965 年版，第 152—153 页。

[5]（南朝宋）范晔：《后汉书·陈宠传》，北京：中华书局，1965 年版，第 1550 页。

而水旱之异，往往为患。由此言之，灾异自为它应，不以改律。秦为虐政，四时行刑，圣汉初兴，改从简易。萧何草律，季秋论囚，俱避立春之月，而不计天地之正，二王之春，实颇有违。陛下探幽析微，允执其中，革百载之失，建永年之功，上有迎承之敬，下有奉微之惠，稽《春秋》之文，当《月令》之意，圣功美业，不宜中疑。”[1]经过辩争，陈宠之意为章帝所纳，十月报囚成为定制，遂不复改。

在这次改律事件中，章帝、贾宗和陈宠的意见虽有差异，但是都强调律法应“顺时应气”，其立意和出发点都是“谋与天合”。章帝诏令援引《礼记·月令》经义，认为刑狱之事，理当遵循其“冬至之后，有顺阳助生之文，而无鞠狱断刑之政”的精神。而陈宠在奏疏中，不仅以历史典故为据，强调据此可“化致康平，无有灾害，”而且援引《礼记·月令》作为经典依据，认为此举“当《月令》之意，圣功美业，不宜中疑”。

在元和改律中，《礼记·月令》被明确地应用于汉代司法制度改革中。时令与司法律令的结合，因此而具有不一般的意蕴，除却经验和传统的依据，更兼具经典依据和理论依据。顺时刑罚被从更高的层面予以承认和强调。

五、月令与和帝“永元改律”

和帝时期因循春季减免刑罚、秋冬刑罚的故事成例，时令与刑罚律令结合的传统得以延续。在永元十五年，和帝据《礼记·月令》改革案验薄刑的时间，由立秋始，改为夏至始。永元改律是月令影响汉代法制的又一次集中体现。

春季减省刑罚的传统在和帝时期仍被沿袭。如永元三年春正月，诏令“郡国中都官系囚死罪赎缣，至司寇及亡命，各有差”。[2]永元十一年春二月，“诏郡国中都官徒及笃癃老小女徒各除半刑，其未竟三月者，皆免归田里”。[3]而秋冬也多颁制诏令以督导刑罚及时，如永元六年秋七月“收洛阳令下狱抵罪，司隶校尉、河南尹皆左降”。[4]永元八年八月“诏郡国中都官系囚减死一等，诣敦煌戍。其犯大逆，募下蚕室；其女子宫。自死罪已下，至司寇及亡命者入赎，各有差”。[5]这些举措行止时间，与《礼记·月令》所云存在诸多重合之处。

和帝对刑罚律令在不同时节减省或施行的目的，强调的仍是顺时气。春季减省

[1]〔南朝宋〕范晔：《后汉书·陈宠传》，北京：中华书局，1965年版，第1551页。

[2]〔南朝宋〕范晔：《后汉书·和帝纪》，北京：中华书局，1965年版，第171页。

[3]〔南朝宋〕范晔：《后汉书·和帝纪》，北京：中华书局，1965年版，第185页。

[4]〔南朝宋〕范晔：《后汉书·和帝纪》，北京：中华书局，1965年版，第179页。

[5]〔南朝宋〕范晔：《后汉书·和帝纪》，北京：中华书局，1965年版，第182页。

刑罚是为顺阳助长，而秋季趣刑狱，是为顺阴刑杀。以永元十六年秋七月戊午诏为例，“今秋稼方穗而旱，云雨不沾，疑吏行惨刻，不宣恩泽，妄拘无罪，幽闭良善所致。其一切囚徒于法疑者勿决，以奉秋令”。[1] 此诏中，和帝以天人感应的方式，将天旱无雨视作上天的警戒，并究因认为在于“吏行惨刻，不宣恩泽，妄拘无罪，幽闭良善”，因此，和帝诏令将“一切囚徒于法疑者勿决，”借此“以奉秋令”，试图调整自身统治与天道之间的关系，重新获取“天人合一”的理想效果。和帝诏令中所言“秋令”，即是《礼记·月令》所言秋三月之令，其颁诏的时间和内容，也符合《礼记·月令》所言孟秋之月“命有司，修法制，缮图圄，具桎梏，禁止奸，慎罪邪，务搏执。命理瞻伤，察创，视折，审断决。狱讼必端平。戮有罪，严断刑”。[2] 可见，和帝时刑罚律令深受《礼记·月令》影响。

而据出土资料看，在地方官府司法实践过程中，秋冬刑罚而春夏不刑的准则被具体地贯彻执行。长沙五一广场出土东汉王皮木牍 J1③：325-1-140：“闰月十日乙亥，长沙大守行文事大守丞虞谓临湘：写移县，知皮受僦当保载，而盛卷佝留皮，又不遣孝家受取直，更相推移，何？书到，亟处，言，会急疾如律令。”[3] 简文所记据考证为和帝永元十五年闰正月，“涉案主要人物王皮既欠孝钱，同时又承担用船运送四千五百斛粮食至军营的重任。而官员或因债务问题拘押了王皮，致使送军粮的任务被耽搁，这无疑是因小失大，招致军方担心乃至不满，从而催促长沙府命令临湘县赶紧找人替代王皮完成输送军粮至军营的任务”。[4] 其中“盛卷”有学者考释当为“盛春”，“长沙太守府以‘盛春佝（拘）留皮’指责临湘县，实际是批评临湘县处理此事时没有遵循春令，亦即批评临湘县违反了朝廷宽大诏书的精神”。[5] 可知，春至不刑已经贯彻到地方官吏的具体司法过程中。

和帝时期月令影响司法的一个重要体现是改革案验薄刑时间的“永元改律”。《礼记·月令》孟夏之月曰：“靡草死，麦秋至。断薄刑，决小罪，出轻系。”[6] 疏言“因

[1]（南朝宋）范晔：《后汉书·和帝纪》，北京：中华书局，1965 年版，第 192 页。

[2]（清）阮元校刻：《十三经注疏·礼记正义·月令》，北京：中华书局，1980 年影印版，第 1373 页。

[3] 长沙市文物考古研究所：《湖南长沙五一广场东汉简牍发掘简报》，《文物》，2013 年第 6 期。

[4] 长沙市文物考古研究所：《湖南长沙五一广场东汉简牍发掘简报》，《文物》，2013 年第 6 期。

[5] 刘乐贤：《长沙五一广场出土东汉王皮木牍考述》，《中山大学学报（社会科学版）》，2015 年第 3 期。

[6]（清）阮元校刻：《十三经注疏·礼记正义·月令》，北京：中华书局，1980 年影印版，第 1365 页。

断之时，崇尚宽恕”，因此断决者，多为薄刑小罪。检两汉史籍，对薄刑小罪的减省多为春夏惠政，其对“薄刑小罪”的定义也不一。如光武帝建武二十九年夏四月“诏令天下系囚自殊死已下及徒各减本罪一等，其余赎罪输作各有差”。[1] 这种赦宥常见于两汉史籍。对于官府案验薄刑，章帝建初元年春正月诏曰：“罪非殊死，须立秋案验。有司明慎选举，进柔良，退贪猾，顺时令，理冤狱。”[2] 规定除“殊死”外，皆须立秋以后案验。

和帝永元十五年十二月，“有司奏，以为夏至则微阴起，靡草死，可以决小事。是岁，初令郡国以日北至案薄刑”。[3] 由此，将案验薄刑的时间，从立秋始，改为由夏至始。有司所奏“靡草死，可以决小事”，援引自《礼记·月令》：“靡草死，麦秋至。断薄刑，决小罪，出轻系。”[4] 但此条在《礼记·月令》中属孟夏四月，《后汉书》将“案薄刑”的时间理解为“日北至”，即仲夏五月，两者月份上存在差异。李贤注曰：“五月一阴爻生，可以言微阴，今《月令》云‘孟夏’，乃是纯阳之月；此言‘夏至’者，与《月令》不同。”[5] 胡三省以为有司所奏“夏至乃谓夏之初至”，而非传统节气名称，范晔以“日北至”称之，“其误后人甚矣”。因此，有司所云“夏至”，是指“夏之初至”的“孟夏四月”，并非是指节气系统中“夏至”所在的“仲夏五月”。这在史籍中也有旁证。鲁恭于安帝时上疏言：“和帝末，下令麦秋得案验薄刑。”[6] 指出和帝末年将案验薄刑的时间定为“麦秋”时。蔡邕《月令章句》中，认为：“百谷各以其初生为春，熟为秋。故麦以孟夏为秋。”因此，“麦秋”时节即为“孟夏之月”。可知，“麦秋”即为“孟夏”。鲁恭在上疏安帝时又云：“旧制至立秋乃行薄刑，自永元十五年以来，改用孟夏。”[7] 可知，有司所奏，确实是指孟夏四月。

因此，和帝永元十五年依有司所奏，更改律制时，将案验薄刑的起始时间，由章帝年间的“立秋以后”改为“孟夏四月”。有司提请改律的依据是《礼记·月令》

---

[1]〔南朝宋〕范晔：《后汉书·光武帝纪下》，北京：中华书局，1965 年版，第 80 页。

[2]〔南朝宋〕范晔：《后汉书·章帝纪》，北京：中华书局，1965 年版，第 132—133 页。

[3]〔南朝宋〕范晔：《后汉书·和帝纪》，北京：中华书局，1965 年版，第 192 页。

[4]〔清〕阮元校刻：《十三经注疏·礼记正义·月令》，北京：中华书局，1980 年影印版，第 1365 页。

[5]〔南朝宋〕范晔：《后汉书·和帝纪》，北京：中华书局，1965 年版，第 192 页。

[6]〔南朝宋〕范晔：《后汉书·鲁恭传》，北京：中华书局，1965 年版，第 879 页。

[7]〔南朝宋〕范晔：《后汉书·鲁恭传》，北京：中华书局，1965 年版，第 879 页。

所云孟夏之月“靡草死，麦秋至。断薄刑，决小罪，出轻系”。[1] 经和帝允许而行之。可见，月令与汉代法制的结合更为深入。

六、月令与安帝“永初改律”

安帝时因循汉家故事，对司法时令仍旧关注，刑罚以时的传统继续沿袭。如元初二年冬十月，“诏郡国中都官系囚减死一等，勿笞，诣冯翊、扶风屯，妻子自随，占著所在；女子勿输。亡命死辜以下赎，各有差。其吏人聚为盗贼，有悔过者，除其罪”。[2] 延光三年九月“诏郡国中都官死罪系囚减罪一等，诣敦煌、陇西及度辽营；其右趾以下及亡命者赎，各有差”。[3] 在秋冬之际减罪的同时，也对赎及除罪加以规定，仍旧是沿袭刑以秋冬的传统。

安帝永初年间，“专以德化为理，不任刑罚”的鲁恭，结合社会实际情况以及汉家故事，在元和、永元两次改律的基础上，据《礼记·月令》对汉律案验薄刑、断狱报重的时间又进行了一次调整。由此，月令与汉代法制的影响更为深入，此后直至汉末，案验薄刑、断狱报重等未再进行大规模的损益改良，诸帝所为，多因循成例而行。

永初改律将案验薄刑的时间，再次调整为“立秋为断”。和帝永元改律将案验薄刑的起始时间更定为孟夏四月，但是“州郡好以苛察为政，因此遂盛夏断狱”。鲁恭认为顺时刑罚是“敬若天时”之举，但是在具体司法实践中，官吏常“以盛夏征召农人，拘对考验，连滞无已。司隶典司京师，四方是则……烦扰郡县，廉考非急，逮捕一人，罪延十数，上逆时气，下伤农业”。如此，则有悖于“循天意，顺阴阳”的本意和初衷，又鉴于“比年水旱伤稼，人饥流冗。今始夏，百谷权舆，阳气胎养之时。自三月以来，阴寒不暖，物当化变而不被和气”的征兆，又据《礼记·月令》言“孟夏断薄刑，出轻系。行秋令则苦雨数来，五谷不熟”“仲夏挺重囚，益其食。行秋令则草木零落，人伤于疫”。因此，他提出“今孟夏之制，可从此令，其决狱案考，皆以立秋为断”，将案验薄刑的时间再次调整为“立秋”始。

永初改律又将断狱报重的时间，再次调整为“尽冬月乃断。其立春在十二月中者，

[1]〔清〕阮元校刻：《十三经注疏·礼记正义·月令》，北京：中华书局，1980 年影印版，第 1365 页。

[2]〔南朝宋〕范晔：《后汉书·安帝纪》，北京：中华书局，1965 年版，第 224 页。

[3]〔南朝宋〕范晔：《后汉书·安帝纪》，北京：中华书局，1965 年版，第 240 页。

勿以报囚”。章帝元和改律规定断狱报重以十月，“无以十一月、十二月报囚”。[1] 但是，“自后论者互多驳异”。鲁恭认为，章帝改律虽然“深惟古人之道，助三正之微，定律著令，冀承天心，顺物性命，以致时雍”，但是，自改律之后，“年岁不熟，谷价常贵，人不宁安”，而且在具体实践中，“小吏不与国同心者，率入十一月得死罪贼，不问曲直，便即格杀，虽有疑罪，不复谳正”。这样的行径，非但不能“谋与天合”，反而会导致“王道为亏”。因此，鲁恭根据“相扶而行，发动用事，各有时节。若不当其时，则物随而伤”的阴阳之义，引《礼记·月令》为援，因时为法，提出可令疑罪使详其法，大辟之科，尽冬月乃断。其立春在十二月中者，勿以报囚如故事。[2] 如此，将断狱报重的时间，又调整为冬三月。

可以说，永初改律参考方面更为全面细致，鲁恭认为如此改动，既参考了社会实际情况，避免吏失伤政，又有汉家故事为历史依据，更有《礼记·月令》为经典依据和理论依据，必然可以达到“以顺时节，育成万物，则天地以和，刑罚以清矣”[3] 的效果，如此，则可以实现人与天合。因此，其建议经邓太后诏公卿以下会议，“后卒施行”。[4]

此后诸帝历朝，再未出现如此规模的讨论和改制，多因循而施为。如顺帝时多于秋冬时制诏减死罪及不用此令者，并规定“赎，各有差”。如永建元年冬十月、永建五年冬十月、阳嘉元年九月、汉安二年冬十月皆有诏令。质帝即位初，即于五月颁诏曰：“其令中都官系囚罪非殊死考未竟者，一切任出，以须立秋。”[5] 本初元年春正月又诏曰：“其敕有司，罪非殊死，且勿案验，以崇在宽。”[6] 案验不于春正月，而需至“立秋”，正是对永初改律的因循。灵帝在建宁元年冬十月、熹平三年冬十月、熹平四年冬十月、熹平六年冬十月都曾下诏“令天下系囚罪未决，入缣赎”。灵帝于十月下诏提出对“未决罪囚”的处理，反映出冬十月始断刑狱的思想，“入缣赎”乃是示恩惠之举，也未曾越出永初改律的范畴。这也从侧面反映出，月令与汉代法制的结合，至永初改律，已经基本达到一个较为完善的状态。

因此，月令对汉代法制产生的影响可谓深巨，不仅《礼记·月令》中的部分内容被制成律令颁行全国，而且相关义理原则也被纳入法制思想和司法实践活动中，

[1]〔南朝宋〕范晔：《后汉书·章帝纪》，北京：中华书局，1965 年版，第 153 页。

[2]〔南朝宋〕范晔：《后汉书·鲁恭传》，北京：中华书局，1965 年版，第 882 页。

[3]〔南朝宋〕范晔：《后汉书·鲁恭传》，北京：中华书局，1965 年版，第 880 页。

[4]〔南朝宋〕范晔：《后汉书·鲁恭传》，北京：中华书局，1965 年版，第 882 页。

[5][6]〔南朝宋〕范晔：《后汉书·质帝纪》，北京：中华书局，1965 年版，第 278 页，第 280 页。

在东汉几次重大的改律活动中，《礼记·月令》是朝臣相互辩驳的依据，而改律的结果也是符合《礼记·月令》内涵的，所以说，月令对汉代法制影响深远。

第三节　月令与汉代礼制变更

经学时代，礼制作为“承天治民”的关键环节，为统治者所密切关注。他们据《礼记·月令》的文本和义理，在国傩祓除、春耕籍田、四孟迎气等诸多礼制的设置践行中，增设新仪、改革旧制，形成高度体系化、理论化的礼制，以此“上”报于天，“下”示于民，因此说，月令对汉代礼制的改革，是影响汉代政治的重要体现。

一、月令与国傩祓除礼

国傩祓除礼渊源甚早，自先秦以来其形制与内容也不断演变。在汉代，国傩祓除礼的用月选择，与月令关系密切。

国傩与祓除之礼，目的都是为了驱疫禳灾，《周礼·夏官》云：“方相士，狂夫四人。方相士。掌蒙熊皮，黄金四目，玄衣朱裳，执戈扬盾，帅百隶而时难，以索室驱疫。”《礼记·月令》关于国傩之礼有三处，季春之月“命国难，九门磔攘，以毕春气”。[1]仲秋之月“天子乃难，以达秋气。以犬尝麻，先荐寝庙”。[2]季冬之月“命有司，大难旁磔，出土牛，以送寒气”。[3]郑注季春国傩云“此难，难阴气也。阴寒至此不止，害将及人。所以及人者，阴气右行，此月之中，日行历昴，昴有大陵积尸之气，气佚则厉鬼随而出行，命方相氏帅百隶素室殴疫以逐之，又磔牲以攘于四方之神，所以毕止其灾也”。[4]

这种禳灾驱疫的仪式，在当时是很受重视的。因此，两汉政府无不践行国傩之礼。《汉官六种》云：“常以正岁十二月命时傩，以桃弧、苇矢且射之，赤丸、五谷播洒之，

[1]〔清〕阮元校刻：《十三经注疏·礼记正义·月令》，北京：中华书局，1980 年影印版，第 1364 页。

[2]〔清〕阮元校刻：《十三经注疏·礼记正义·月令》，北京：中华书局，1980 年影印版，第 1374 页。

[3]〔清〕阮元校刻：《十三经注疏·礼记正义·月令》，北京：中华书局，1980 年影印版，第 1383—1384 页。

[4]〔清〕阮元校刻：《十三经注疏·礼记正义·月令》，北京：中华书局，1980 年影印版，第 1364 页。

以除疾殃。”[1]《后汉书·礼仪志》述东汉时期，“先腊一日，大傩，谓之逐疫”。[2]并制定了繁复的仪式。这与《礼记·月令》季冬之月天子命国傩的记述是一致的。

与国傩相类，祓除礼也是如此。吕后八年三月曾于灞水行祓除礼，武帝时沿袭这一习俗，行祓除礼于灞上，孟康曰：“祓，除也。于霸水上自祓除，今三月上巳祓禊也。”[3]平帝元始年间，王莽乃令太后“春幸茧馆，率皇后列侯夫人桑，遵霸水而祓除”。[4]可见，三月上巳行祓除礼，以禳灾驱疫为汉家所沿袭。《后汉书·礼仪志》云：“是月上巳，官民皆洁于东流水上，曰洗濯祓除去宿垢为大洁。洁者，言阳气布畅，万物讫出，始洁之矣。”[5]

虽然，祓除礼不见于《礼记·月令》，却又与其季春之月“命国难，九门磔攘，以毕春气”[6]的规定有着密不可分的联系，因此，我们姑妄以测，可将祓除礼视为国傩礼的组成之一。《后汉书·礼仪志》所述国傩礼，繁复异常，于最后之时，“北面读哀火弃雒水中。百官官府各以木面兽能为傩人师讫，设桃梗、郁儡、苇茭毕”，于水边弃哀火，禳灾驱疫，洗濯去垢，即是祓除之礼。因此，祓除礼虽然未名见于《礼记·月令》，但是却应是《礼记·月令》的延伸。

二、月令与高禖之礼

高禖之意，郑玄以为源自媒氏之官以燕鸟为候，“高辛氏之出，玄鸟遗卵，娀简吞之而生契，后王以为媒官嘉祥，而立其祠焉。变媒言禖，神之也。”[7]《郑志》焦乔答王权云：“先契之时，必自有禖氏，祓除之祀，位在于南郊，盖以玄鸟至之日祀之矣。然其禋祀，乃于上帝也。娀简狄吞凤子之后，后王为媒官嘉祥，祀之以配帝，谓之高禖。”孔颖达疏引《正义》曰：“据此言之，则郊禖之祭，契已前祭天南郊，以先媒配之，故谓之郊禖。至高辛氏之时，既简狄之异，后王以是为媒官

[1]〔清〕孙星衍等撰，周天游点校：《汉官六种·汉旧仪补遗》，北京：中华书局，1990年版，第104页。

[2]〔南朝宋〕范晔：《后汉书·礼仪志中》，北京：中华书局，1965年版，第3127页。

[3]〔汉〕班固：《汉书·外戚传》，北京：中华书局，1962年版，第3949页。

[4]〔汉〕班固：《汉书·元后传》，北京：中华书局，1962年版，第4030页。

[5]〔南朝宋〕范晔：《后汉书·礼仪志上》，北京：中华书局，1965年版，第3110—3111页。

[6]〔清〕阮元校刻：《十三经注疏·礼记正义·月令》，北京：中华书局，1980年影印版，第1364页。

[7]〔清〕阮元校刻：《十三经注疏·礼记正义·月令》，北京：中华书局，1980年影印版，第1361页。

之嘉祥，即以高辛之君立为禖神以配天，其古昔先媒则废之矣。高辛氏配之，后谓之高禖。”[1] 由此观之，高禖之礼似乎源出古老。

《礼记·月令》仲春之月云：“是月也，玄鸟至。至之日，以大牢祠于高禖。天子亲往，后妃帅九嫔御。乃礼天子所御，带以弓韣，授以弓矢，于高禖之前。”[2] 孔颖达疏此，认为“以祭神必福降”。

而高禖之礼在武帝之前似乎已断其绪，《汉书·枚皋传》曰：“武帝春秋二十九乃得皇子，群臣喜，故皋与东方朔作《皇太子生赋》及《立皇子禖祝》，受诏所为，皆不从故事，重皇子也。”[3] 颜师古注认为武帝礼高禖，在于“得皇子”，可知，高禖之礼并非汉家故事，武帝元朔元年得皇子，“因此据月令重行此礼”。[4] 此后，至东汉仍存，《后汉书·礼仪志》云：“仲春之月，立高禖祠于城南，祀以特牲”。[5] 可见，高禖之礼在汉代当沿袭未绝。

因此，《礼记·月令》中所云高禖之礼，在武帝之后得以践行，直至东汉都不曾断绝。高禖礼的践行是月令对汉代礼制影响的重要一环。

三、月令与春耕籍田礼

在传统社会，率劝农功的政治文化在礼制上的表现之一就是帝耕籍田的设置实施。《左传》襄公七年夏四月，孟献子曰“夫郊祀后稷，以祈农事也。是故启蛰而郊，郊而后耕。”[6] 但是，究其籍田之礼的具体时间和仪制，并不具有明晰的标准。而《礼记·月令》的成文以及经学化，为汉代春耕籍田礼的设置实施提供了基本的参考。

《礼记·月令》孟春之月言春耕籍田礼云：“是月也，天子乃以元日，祈谷于上帝。乃择元辰，天子亲载耒耜，措之参保介之御间，帅三公九卿诸侯大夫，躬耕帝籍。天子三推，三公五推，卿诸侯九推。反执爵于大寝，三公、九卿、诸侯、大夫，皆御，

[1]〔清〕阮元校刻：《十三经注疏·礼记正义·月令》，北京：中华书局，1980 年影印版，第 1361 页。

[2]〔清〕阮元校刻：《十三经注疏·礼记正义·月令》，北京：中华书局，1980 年影印版，第 1361 页。

[3]〔汉〕班固：《汉书·枚皋传》，北京：中华书局，1962 年版，第 2366—2367 页。

[4] 杨振红：《月令与秦汉政治再探讨——兼论月令源流》，《历史研究》，2004 年第 3 期。

[5]〔南朝宋〕范晔：《后汉书·礼仪志上》，北京：中华书局，1965 年版，第 3106 页。

[6]〔清〕阮元校刻：《十三经注疏·春秋左传正义·襄公七年》，北京：中华书局，1980 年影印版，第 1938 页。

命曰劳酒。”[1] 作为顺时气的重要体现，春耕籍田礼是天子劝民农功的基本方式之一，为历代统治者所重。

文景时期虽然也有相应的籍田礼，但究其初衷，仍是朴素的“重农本”。随着《礼记·月令》的经学化，汉代籍田礼不仅在用月、仪制等方面受到《礼记·月令》的影响，而且，其立意也转向“谋与天合”。检典籍所载，经学时代诸帝常兴籍田礼，如东汉明帝永平四年春二月辛亥诏曰：“朕亲耕籍田，以祈农事。”[2] 明帝永平十三年春二月，“帝耕于籍田”。[3] 明帝永平十五年春二月“帝耕于下邳”。[4] 章帝元和二年二月“帝耕于定陶”。[5] 章帝元和三年春正月“帝耕于怀”。[6] 献帝兴平元年二月“帝耕于籍田”。[7] 可见，两汉籍田礼的举行时间都在春季，与《礼记·月令》所云相类。

与天子亲耕相应，皇后亲桑行先蚕之礼，同样是勉劝农功的重要举措，历代于此皆极为关注。《夏小正》曰：“妾子始蚕，执养宫事。”《周礼·内宰职》曰：“仲春，诏后帅外内命妇始蚕于北郊。”由此，事神以治民，以达农功。《礼记·月令》季春之月云“后妃齐戒，亲东乡躬桑。禁妇女毋观，省妇使，以劝蚕事。蚕事既登，分茧称丝效功，以共郊庙之服，无有敢惰”。[8] 对皇后亲桑之礼有着明确的记述规定。检两汉史籍，对皇后亲桑之礼也多有记述，其时间选择和仪式与《礼记·月令》多有相合。如王莽主政时，“知太后妇人厌居深宫中，莽欲虞乐以市其权，乃令太后四时车驾巡狩四郊，存见孤寡贞妇。春幸茧馆，率皇后列侯夫人桑……岁以为常”。[9] 可见，《礼记·月令》中的皇后亲桑礼在西汉得到了具体的设置和践行。

东汉时礼制多沿袭西汉故事，皇后亲桑之礼也是如此，荀悦言：“帝耕籍田，后桑蚕宫，国无游人，野无荒业，财不贾用，力不妄加，以周人事。是谓养生。”[10]《后

[1]〔清〕阮元校刻：《十三经注疏·礼记正义·月令》，北京：中华书局，1980 年影印版，第 1356 页。

[2]〔南朝宋〕范晔：《后汉书·明帝纪》，北京：中华书局，1965 年版，第 107 页。

[3]〔南朝宋〕范晔：《后汉书·明帝纪》，北京：中华书局，1965 年版，第 116 页。

[4]〔南朝宋〕范晔：《后汉书·明帝纪》，北京：中华书局，1965 年版，第 118 页。

[5]〔南朝宋〕范晔：《后汉书·章帝纪》，北京：中华书局，1965 年版，第 149 页。

[6]〔南朝宋〕范晔：《后汉书·章帝纪》，北京：中华书局，1965 年版，第 154 页。

[7]〔南朝宋〕范晔：《后汉书·献帝纪》，北京：中华书局，1965 年版，第 375 页。

[8]〔清〕阮元校刻：《十三经注疏·礼记正义·月令》，北京：中华书局，1980 年影印版，第 1363—1364 页。

[9]〔汉〕班固：《汉书·元后传》，北京：中华书局，1962 年版，第 4030 页。

[10]〔南朝宋〕范晔：《后汉书·荀悦传》，北京：中华书局，1965 年版，第 2059 页。

汉书·礼仪上》云：三月“皇后帅公卿诸侯夫人蚕。祠先蚕，礼以少牢”。《汉官六种》叙皇后亲桑礼之仪制曰：“皇后春桑，皆衣青，手采桑，以缫三瓮茧，群臣妾从。春桑生而皇后亲桑，于苑中蚕室，养蚕千薄以上。祠以中牢羊豕，祭蚕神曰苑窳妇人、寓氏公主，凡二神。群臣妾从桑还，献于茧观，皆赐从采桑者乐。皇后自行。”[1]

因此，《礼记·月令》所云天子亲耕、皇后亲桑之礼，在两汉受到历代统治者的重视，不仅设置和践行了这一礼仪，并且基于传统和对经义的理解，发展了相关仪式，将《礼记·月令》中的记述纳入国家礼制中，并得以具体生动的展演。这成为汉代礼制为月令所影响的重要体现。

四、月令与大射之礼

射礼源起问题，目前学界尚无统一而权威的结论，多认为其源自狩猎或相关军事训练，传世文本与出土资料多有记载。《礼记·月令》季春之月云：“是月之末，择吉日大合乐，天子乃率三公、九卿、诸侯、大夫，亲往视之。”[2] 注云：“大合乐者，所以助阳达物，风化天下也。其礼亡，今天子以大射、郡国以乡射礼代之。”这里，大射礼及郡国乡射礼举行的时间和仪制都有了明晰的规定。这为两汉官府设置实施大射礼提供了参照。

检两汉之世，大射礼于西汉初年得立，后附会《礼记·月令》，对行礼的时间等予以调整。《汉书·儒林传》载：“及高皇帝诛项籍，引兵围鲁，鲁中诸儒尚讲诵习礼，弦歌之音不绝，岂非圣人遗化好学之国哉？于是诸儒始得修其经学，讲习大射乡饮之礼。”但是古传大射乡饮之礼仅存其仪，其义已经难辨，《汉书·礼乐志》云：“大儒公孙弘、董仲舒等皆以为音中正雅，立之大乐。春秋乡射，作于学官，希阔不讲。故自公卿大夫观听者，但闻铿锵，不晓其意，而欲以风谕众庶，其道无由。”[3] 经儒生的整顿，附会《礼记·月令》之后，季春三月行大射之礼的传统得以恢复，西汉成帝“鸿嘉二年三月，博士行大射礼”，[4] 王莽时曾改在正月，“居摄元年正月，莽祀上帝于南郊，迎春于东郊，行大射礼于明堂，养三老五更，成礼而去”。[5] 东汉

[1]（清）孙星衍等撰，周天游点校：《汉官六种·汉官旧仪》，北京：中华书局，1990 年版，第 45 页。

[2]（清）阮元校刻：《十三经注疏·礼记正义·月令》，北京：中华书局，1980 年影印版，第 1364 页。

[3]（汉）班固：《汉书·礼乐志》，北京：中华书局，1962 年版，第 1071—1072 页。

[4]（汉）班固：《汉书·五行志中》，北京：中华书局，1962 年版，第 1417 页。

[5]（汉）班固：《汉书·王莽传上》，北京：中华书局，1962 年版，第 4082 页。

初立，对于大射之礼也很重视，《后汉书·伏湛传》曰："中兴以后，居台相总权衡多矣，其能以任职取名者，岂非先远业后小数哉？故惠公造次，急于乡射之礼"，[1]但光武余暇未及，明帝遂设行之。明帝永平二年，"三月，临辟雍，初行大射礼"。[2]"每飨射礼毕，正坐自讲，诸儒并听，四方欣欣。"[3]此后沿袭未绝，如和帝永元十四年，"三月戊辰，临辟雍，飨射"。[4]顺帝阳嘉元年三月，"庚寅，帝临辟雍飨射"。[5]季春三月行大射之礼遂为定制。

因此，大射之礼虽非两汉新置，但是其行礼的时间选择和影响的深化，与《礼记·月令》应当是关系密切的。

五、月令与四孟迎气礼

迎气作为顺时令、应天时的礼仪，很早就受到先民重视，《国语·周语》云："瞽告有协风至"时，"王斋戒迎气"。《礼记·月令》中有迎气之礼于四孟之时举行，天子分别于立春、立夏、立秋、立冬时，率三公、九卿、诸侯、大夫等，"迎春于东郊"，[6]"迎夏于南郊"，[7]"迎秋于西郊"，[8]"迎冬于北郊"，[9]疏引庾注释四孟迎气之礼云："顺时气也。春阳气始著，仁泽之时，故顺其时而赏朝臣及诸侯也。至夏阳气尤盛，万物增长，故用是时庆赐转广，是以无不欣说也。秋阴气始著严凝之时，故从其时而赏军帅及武人也。至冬阴气尤盛，万物衰杀，故用是时赏死事者及其妻子也。"可知，天子四孟之时以迎气，乃是为了承循天意，以行时政，是求取天人合一的举措。

[1]〔南朝宋〕范晔：《后汉书·伏湛传》，北京：中华书局，1965年版，第906页。

[2]〔南朝宋〕范晔：《后汉书·明帝纪》，北京：中华书局，1965年版，第102页。

[3]〔南朝宋〕范晔：《后汉书·樊准传》，北京：中华书局，1965年版，第1125页。

[4]〔南朝宋〕范晔：《后汉书·和帝纪》，北京：中华书局，1965年版，第189页。

[5]〔南朝宋〕范晔：《后汉书·顺帝纪》，北京：中华书局，1965年版，第260页。

[6]〔清〕阮元校刻：《十三经注疏·礼记正义·月令》，北京：中华书局，1980年影印版，第1355页。

[7]〔清〕阮元校刻：《十三经注疏·礼记正义·月令》，北京：中华书局，1980年影印版，第1365页。

[8]〔清〕阮元校刻：《十三经注疏·礼记正义·月令》，北京：中华书局，1980年影印版，第1373页。

[9]〔清〕阮元校刻：《十三经注疏·礼记正义·月令》，北京：中华书局，1980年影印版，第1381页。

四孟迎气之礼在东汉时期被正式设置。明帝永平二年“始迎气于五郊”。[1] 章帝建初五年“冬，始行月令迎气乐”，[2] 又对迎气礼加以丰富。《后汉书·祭祀志》中对东汉的四孟迎气礼所应具备仪式、规制、时间、奏乐等都有详细记载，“迎时气，五郊之兆。自永平中，以《礼谶》及《月令》有五郊迎气服色，因采元始中故事，兆五郊于雒阳四方。中兆在未，坛皆三尺，阶无等。立春之日，迎春于东郊，祭青帝句芒。车旗服饰皆青。歌《青阳》，八佾舞《云翘》之舞。及因赐文官太傅、司徒以下缣各有差。立夏之日，迎夏于南郊，祭赤帝祝融。车旗服饰皆赤。歌《朱明》，八佾舞《云翘》之舞。先立秋十八日，迎黄灵于中兆，祭黄帝后土。车旗服饰皆黄。歌《朱明》，八佾舞《云翘》《育命》之舞。立秋之日，迎秋于西郊，祭白帝蓐收。车旗服饰皆白。歌《西皓》，八佾舞《育命》之舞。使谒者以一特牲先祭先虞于坛，有事，天子入囿射牲，以祭宗庙，名曰驱刘。语在《礼仪志》。立冬之日，迎冬于北郊，祭黑帝玄冥。车旗服饰皆黑。歌《玄冥》，八佾舞《育命》之舞。”[3] 这种实践和礼制规定，可以明显地看到《礼记·月令》的影响。

六、月令与明堂授时礼

明堂与月令关系密切，“仰取象于天，俯取度于地，中取法于人，乃立明堂之朝，行明堂之令，以调阴阳之气，以和四时之节，以辟疾病之灾”。[4] 明堂班朔即为月令的践行。明堂的建筑形制不仅法天象地，而且在这里根据四时流变颁布相应的政法教令，借助高度的象征性和仪式感，承天治民，顺时行政，赋予天人合一以直观的呈现，从而在思想心理上强化统治的神圣性。

对于明堂修造的议论，早在汉初就有。贾山在文帝时曾建议“以夏岁二月，定明堂，造太学，修先王之道”。[5] 武帝建元元年“议立明堂”。[6] 但都未能付诸实施。此后，武帝封禅泰山，结合古明堂及公玉带上黄帝时明堂图等，初步确立明堂制度。“明堂图中有一殿，四面无壁，以茅盖，通水，圜宫垣为复道，上有楼，从西南入，命曰昆仑，天子从之入，以拜祠上帝焉。于是上令奉高作明堂汶上，如带图。及五年修封，则祠泰一、五帝于明堂上坐，令高皇帝祠坐对之。祠后土于下房，以二十

[1]〔南朝宋〕范晔：《后汉书·明帝纪》，北京：中华书局，1965 年版，第 104 页。
[2]〔南朝宋〕范晔：《后汉书·章帝纪》，北京：中华书局，1965 年版，第 141 页。
[3]〔南朝宋〕范晔：《后汉书·祭祀志中》，北京：中华书局，1965 年版，第 3181—3182 页。
[4] 冯逸、乔华点校：《淮南鸿烈集解·泰族训》，北京：中华书局，1989 年版，第 671 页。
[5]〔汉〕班固：《汉书·贾山传》，北京：中华书局，1962 年版，第 2336 页。
[6]〔汉〕班固：《汉书·武帝纪》，北京：中华书局，1962 年版，第 157 页。

太牢。天子从昆仑道入，始拜明堂如郊礼。”[1] 此后，又曾多次祀明堂。王莽循古改制，对明堂倍加关注。平帝元始四年“安汉公奏立明堂、辟雍”。[2] 刘歆等人随即对明堂、辟雍加以规整，“令汉与文王灵台、周公作洛同符”。[3] 在平帝元始五年春正月，“祫祭明堂”。[4] 在“居摄元年正月，莽祀上帝于南郊，迎春于东郊，行大射礼于明堂，养三老五更，成礼而去”。[5] 王莽对明堂制度的推动虽然有代汉的目的，但也从侧面反映了明堂在沟通天人方面的地位与意义。

东汉建国，不仅保留了明堂制度，而且在形制和礼乐等方面加以完备。光武帝中元元年“是岁，初起明堂、灵台、辟雍，及北郊兆域”。[6] 但尚未来得及完善而崩。明帝永平二年“春正月辛未，宗祀光武皇帝于明堂，帝及公卿列侯始服冠冕、衣裳、玉佩、絇屦以行事。礼毕，登灵台”，并且“班时令，敕群后。事毕，升灵台，望元气，吹时律，观物变”，下令“百僚师尹，其勉修厥职，顺行时令，敬若昊天，以绥兆人”。[7] 这里将明堂月令的精神和原则以及具体的举措系统地展演出来。此后，宗祀明堂以行时政遂为成例故事，传袭不绝。章帝建初三年春正月己酉，“宗祀明堂。礼毕，登灵台，望云物”。[8] 章帝元和二年二月壬申，“宗祀五帝于汶上明堂”。[9] 和帝永元五年春正月乙亥，“宗祀五帝于明堂，遂登灵台，望云物”。[10] 安帝延光三年春二月“宗祀五帝于汶上明堂”。[11] 顺帝永和元年春正月己巳，“宗祀明堂，登灵台”。[12] 顺帝汉安元年春正月癸巳，“宗祀明堂”。[13] 可见，明堂月令逐步在历史上得以展演和完善。

因此，礼制作为天子承循天意以治万民，法奉阴阳以行德政的中枢，沟通天人

[1]〔汉〕司马迁：《史记·孝武本纪》，北京：中华书局，1959 年版，第 480 页。

[2]〔汉〕班固：《汉书·平帝纪》，北京：中华书局，1962 年版，第 357 页。

[3]〔汉〕班固：《汉书·平帝纪》，北京：中华书局，1962 年版，第 359 页。

[4]〔汉〕班固：《汉书·平帝纪》，北京：中华书局，1962 年版，第 358 页。

[5]〔汉〕班固：《汉书·王莽传上》，北京：中华书局，1962 年版，第 4082 页。

[6]〔南朝宋〕范晔：《后汉书·光武帝纪下》，北京：中华书局，1965 年版，第 84 页。

[7]〔南朝宋〕范晔：《后汉书·明帝纪》，北京：中华书局，1965 年版，第 100 页。

[8]〔南朝宋〕范晔：《后汉书·章帝纪》，北京：中华书局，1965 年版，第 136 页。

[9]〔南朝宋〕范晔：《后汉书·章帝纪》，北京：中华书局，1965 年版，第 149 页。

[10]〔南朝宋〕范晔：《后汉书·和帝纪》，北京：中华书局，1965 年版，第 174 页。

[11]〔南朝宋〕范晔：《后汉书·安帝纪》，北京：中华书局，1965 年版，第 238 页。

[12][13]〔南朝宋〕范晔：《后汉书·顺帝纪》，北京：中华书局，1965 年版，第 265 页，第 272 页。

之际，赋予天子行政以天道自然的依据和不可悖逆怀疑的神圣性。《礼记·月令》由诸子百家言跃升为经学之后，作为政教国典，成为天子治国的有效参照，国傩祓除、高禖之礼、春耕籍田、皇后亲桑、大射之礼、四孟迎气、明堂授时等礼的改革实施，都不同程度地受到它的影响，成为月令改良汉代政治的重要表现。

总之，《礼记·月令》以时间为轴，设计了系统的“以时行政”模式，对天子如何合一于天，进行了程序性表达。当《礼记·月令》在西汉跃升为经学之后，它成为天子施政治国的基本参考，其内容和义理被引入行政、法制和礼制等各项活动中，对汉代政治产生了巨大影响。

第四节 “因自然”与“顺天意”

从时令角度考察秦汉政治，我们不难发现，早期统治者推行“时政”虽然注意到了与时偕行的必要性，但仍处于具体朴素层面，以时令经验为参照，以满足民众生存和统治维系为主要目的。而经学时代的“时政”则是“德政”的体现，以《礼记·月令》内容义理作为标准与依据，立意在于天子与天意的合一。这种演变恰好反映出月令对汉代政治更深层次的影响。

一、秦汉“时政”立意的转变

秦及汉初统治者对因循自然节律的必要性有着明确认知，并通过政治与时令的结合，形成“务时寄政”的制度规范，以督导社会秩序“与时偕行”，这本是一种朴素的“因自然以纪人事”的行为。而在大一统的政治背景和以经治国的时代氛围下，统治者将《礼记·月令》的内容和义理融入政治中，由此，朴素的“务时寄政”演变成为“合德于天”的“德政”，天子以时行政，超脱出对自然节律被动依附的范畴，上升到“天人合一”的高度。

（一）“循时”到“顺天”

秦汉时期，社会节奏对自然节律存在高度的依赖，行政运作、社会管理、司法实践、礼仪祭祀等政治活动循时而动是一种自然而然的选择。统治者对社会秩序的督导，最初也是立足于此。在生产组织管理方面，《吕氏春秋》认识到自然节律的客观性以及遵循的必要性，提出“圣人不能为时，而能以事适时。事适于时者其功大”[1]的

[1]〔战国〕吕不韦著，陈奇猷校释：《吕氏春秋新校释·召类》，上海：上海古籍出版社，2002 年版，第 1369 页。

主张，认为“凡农之道，厚之为宝：斩木不时，不折必穗；稼就而不获，必遇天菑。夫稼为之者人也，生之者地也，养之者天也”。[1] 为了取得民治国安的理想效果，统治者应当总结时令经验，并据此制定政令以指导生产劳作，颁布相关律令对“与时偕行”以强制保障，在生态资源的采择上强调“以时禁发”。这类主张和相关内容，在出土秦律中都有相应条文，此处不再赘述。

汉初，这一朴素的思想仍为人们注重，马王堆汉墓出土的帛书云：人主“不天天则失其神。不重地则失其根。不顺【四时之度】则民疾”。[2] 张家山汉简有云：“循天之时，逆之有譌（祸），顺之有福。行地之德，得时则岁年孰（熟），百生（姓）饱食；失时则危其国家，顷（倾）其社稷。”[3] 可见，在前经学时代，政治与时令的结合，是基于现实的生存需要。

但是，进入经学时代之后，统治者对时令的遵循，侧重的是合于天意，如宣帝本始四年春正月，诏曰：“盖闻农者兴德之本也。”[4] 此诏中，将农业生产的组织和管理，视为天子兴“德”之本。成帝阳朔四年春正月，诏曰：“方东作时，其令二千石勉劝农桑，出入阡陌，致劳来之。”[5] 其诏令颁定的时间不仅合于《礼记·月令》，而且“勉劝农桑”的缘由是春天“方东作时”，此时为阳起生长时，成帝颁诏面劝农桑，正符合天道流转，阴阳大经，是“天人合一”的体现。元延元年，灾异尤数，谷永也从天人合一的角度，对此进行解释，提出“立春，遣使者循行风俗，宣布圣德，存恤孤寡，问民所苦，劳二千石，敕劝耕桑，毋夺农时，以慰绥元元之心，防塞大奸之隙。诸夏之乱，庶几可息”。[6] 可见，经学时代上至天子，下至诸臣，无不将行政运作、社会生产组织和生活管理的“与时偕行”，视作是天子与天意合一的体现。

与之相类，经学时代礼仪祭祀循时而为，其立意也转向天子与天意的合一。如汉代春耕籍田礼的施行虽然早在文景时期就已初行，但是，在当时行籍田礼的初衷和目的仍是朴素的重农，文帝诏曰“农，天下之本，其开籍田，朕亲率耕，以给宗

---

[1]〔战国〕吕不韦著，陈奇猷校释：《吕氏春秋新校释·审时》，上海：上海古籍出版社，2002 年版，第 1790 页。

[2] 马王堆汉墓帛书整理小组编：《经法·论》，北京：文物出版社，1976 年版，第 27 页。

[3] 张家山二四七号汉墓竹简整理小组编著：《张家山汉墓竹简〔二四七号墓〕（释文修订本）》，北京：文物出版社，2006 年版，第 161 页。

[4]〔汉〕班固：《汉书·宣帝纪》，北京：中华书局，1962 年版，第 245 页。

[5]〔汉〕班固：《汉书·成帝纪》，北京：中华书局，1962 年版，第 314 页。

[6]〔汉〕班固：《汉书·谷永传》，北京：中华书局，1962 年版，第 3471 页。

庙粢盛”。[1]景帝后元二年四月的籍田，也是因“欲天下务农蚕，素有蓄积，以备灾害”。[2]文景推行籍田礼，其目的在于“率劝农功”，这仍然是朴素的“重农”体现。但《礼记·月令》经学化以后，不仅春耕籍田之礼依据《礼记·月令》规范了用月和仪制，而且也将其视为“天人合一”、循天而治的表现，如《白虎通》认为春耕籍田“耕于东郊何？东方少阳，农事始起。桑于西郊？西方少阴，女功所成”。[3]这一礼制活动，因此成为“循阴阳”之举，天子行之，则可合一于天意。

司法时令的立意，原是在于对“重农务本”的强调，是“毋妨农功”的朴素体现。因狱讼常牵连广泛，严重影响社会秩序，“万官挠民，令长自衒，百姓废农桑而趋府庭者，非朝晡不得通，非意气不得见，讼不讼辄连月日，举室释作，以相瞻视，辞人之家，辄请邻里应对送饷，比事讫，竟亡一岁功。”[4]因此，前经学时代对于狱讼之事，多于农闲时节行之，前文已有具体分析。这是非常朴素的“自然法”思想，法令颁制、司法实践与时令的结合，是出于保障生产生活秩序和王朝存续的实际需要。而经学时代《礼记·月令》对汉代法制的渗透，使得顺时刑罚的立意，上升到循天理、顺阴阳的高度。成帝阳朔二年“其务顺四时月令”诏，目的是“欲望阴阳和调”，[5]李寻疏谏哀帝更是明确认为“夫以喜怒赏罚，而不顾时禁，虽有尧舜之心，犹不能致和”。因此，应当“尊天地，重阴阳，敬四时，严月令”。[6]敦煌悬泉置《四时月令五十条》中，首言其颁行的目的是“惟□帝明王，靡不躬天之磿（历）数，信执厥中，钦顺阴阳，敬授民时”。[7]文中对诸多律令条文的解释中，多强调“以顺时气也”。章帝元和二年春正月乙酉“罪非殊死且勿案验诏”的原因也是“方春生养，万物莩甲，宜助萌阳，以育时物”。[8]可见，经学时代“顺时刑罚”的立意在于“钦顺阴阳”，目的是天子行时政，求取天人合一。

敦煌悬泉置出土的《四时月令五十条》则集中地体现了前汉时期时政的推行，以及立意的演变。我们将相关简牍与《四时月令五十条》部分内容作成表格比对如下：

[1]〔汉〕司马迁：《史记·孝文本纪》，北京：中华书局，1959年版，第423页。

[2]〔汉〕班固：《汉书·景帝纪》，北京：中华书局，1962年版，第151页。

[3]〔清〕陈立撰，吴则虞点校：《白虎通疏证·耕桑》，北京：中华书局，1994年版，第276页。

[4]〔汉〕王符著，〔清〕汪继培笺，彭铎校正：《潜夫论笺·爱日》，北京：中华书局，1979年版，第214页。

[5]〔汉〕班固：《汉书·成帝纪》，北京：中华书局，1962年版，第312页。

[6]〔汉〕班固：《汉书·李寻传》，北京：中华书局，1962年版，第3188页。

[7]胡平生、张德芳：《敦煌悬泉汉简释粹》，上海：上海古籍出版社，2001年版，第192页。

[8]〔南朝宋〕范晔：《后汉书·章帝纪》，北京：中华书局，1965年版，第148页。

青川木牍	睡虎地秦简《田律》	张家山汉简《田律》	《四时月令五十条》
	春二月，毋敢伐材木山林及雍（壅）隄水。不夏月，毋敢夜草为灰，取生荔、麛（卵）鷇，毋□□□□□□毒鱼鳖，置穽罔（网），到七月而纵之。唯不幸死而伐绾（棺）享（椁）者，是不用时。	禁诸民吏徒隶，春夏毋敢伐材木山林，及进〈壅〉隄水泉，燔草为灰，取产麛（麛）鷇卵鷇（鷇）；毋杀其绳重者，毋毒鱼。	禁止伐木。谓大小之木皆不得伐也，尽八月。草木零落，乃得伐其当伐者。 毋擿剿（巢）。谓剿空实皆不得擿也。空剿（巢）尽夏，实者四时常禁。 毋杀□虫。谓幼少之虫、不为人害者也，尽九【月】。 毋杀孡。谓禽兽、六畜怀任（妊）有胎者也，尽十二月常禁。 毋夭蜚鸟。谓夭蜚鸟不得使长大也，尽十二月常禁。 毋麑。谓四足……及畜幼少未安者也，尽九月。 毋卵。谓蜚鸟及鸡□卵之属也，尽九月。
以秋八月，修封捋（埒），正疆畔，及登千（阡）百（陌）之大草。		恒以秋七月除千（阡）佰（陌）之大草。	谨雍（壅）【塞】谓完坚隄□……【备秋水□】……

由上表可见，作为经学时代的《四时月令五十条》，其与时偕行的原则，与前经学时代的简牍是一致的，并且在内容上也多有相似之处。但是，《四时月令五十条》颁行的目的，已经不单纯是驱民趣时了，在其文起手处，便已言明，“大（太）皇大（太）后诏曰：往者阴阳不调，风雨不时，降（隋）农自安，不堇作【劳】，是以数被菑害，恻然伤之。惟□帝明王，靡不躬天之磿（历）数，信执厥中，钦顺阴阳，敬授民时，□劝耕种，以丰年□，盖重百姓之命也。故建羲和，立四子……时以成岁，致熹……其宜□岁分行所部各郡”。[1] 所以，颁定《四时月令五十条》的原因是“风雨不时，降（隋）农自安，不堇作【劳】，是以数被菑害”，天子因此“恻然伤之”，意识到这是自身统治与天意相背离，于是颁布这一诏令以“敬授民时”，以期“钦顺阴阳”，重新实现自身统治与天命的合一。所以说，《四时月令五十条》强调的是“天人合一”问题。

所以，经学时代天子“务时寄政”的立意，已经由前经学时代朴素客观的“因自然”，转变为神圣的“顺天意”。在他们看来，行政运作、社会管理、司法实践、

[1] 胡平生、张德芳：《敦煌悬泉汉简释粹》，上海：上海古籍出版社，2001 年版，第 192 页。

礼仪祭祀等各类政治活动的因时而为，已经不单纯是对自然节律的被动遵循，而是以“循阴阳大经”的方式实现与天意的合一。而《礼记·月令》则为此提供了具体的理论依据和参考规范。这也是经学时代统治者将《礼记·月令》内容和义理引入政治生活中，改革行政，损益律令、改良礼制的缘由。

（二）时政与德政

时政推行的立意，在秦汉时期的演变，引发了“时政”与“德政”的关系问题。经学时代，在“时政即德政”的思路影响下，祥瑞灾异被视为天子施政是否达到“天人合一”的反馈。《礼记·月令》中，天道自然与社会人事既然是彼此相通相感的，那么，天象物候、气象星象等是否依时呈现，对人来说则是一种意义的体现。天子法天而行，行政以时，那么上天自然会降祥瑞以示嘉奖，若违背天道、错行时政，那么上天就会现灾异而为警示。

灾异祥瑞的思想渊源甚早，它们被视作“天命”的体现，先民将自然现象政治化，为施政提供相应借鉴。[1] 在早期月令类文本中，时序被人们视作一种区分正常与否的标准。人们将天象物候、气候星象等与社会人事相联系、类分和匹配，从而确立了天道和社会人事的“正常样态”，凡与此相悖者，即意味着“反常”的社会问题。这种反常，有的是作为嘉奖统治者的祥瑞，有的则是警示统治者的灾异。《礼记·月令》疏引正义曰：“若施之顺时，则气序调释；若施令失所，则灾害滋兴。”[2] 即是此意。

---

[1] 受认知水平的限制，先民将“非正常”的自然社会现象类分为灾异和祥瑞两大类，在分析其缘由时，将其视作“天命”的体现，使自然现象政治化，为施政提供相应借鉴。从出土资料来看，“小臣墙刻辞中的“白麟”应该是出土文献中最早而且是目前仅见的关于“白麟”祥瑞的记录，同时也是中国历史上最早的祥瑞记录”。（刘钊：《“小臣墙刻辞”新释——揭示中国历史上最早的祥瑞记录》，《复旦学报（社会科学版）》，2009 年第 1 期）《左传·庄公十一年》记“宋大水”，庄公派臧文仲前往慰问，在叙及“天作淫雨，害于粢盛”的原因时，宋湣公曰：“孤实不敬，天降之灾，又以为君忧，拜命之辱。”他认为水灾的原因在于自己施政有误、对上天“不敬”，因此上天以此作为警示。（见〔清〕阮元校刻：《十三经注疏·春秋左传正义·庄公十一年》，中华书局，1980 年影印版，第 1770 页）上海博物馆藏战国楚竹书中，《鲁邦大旱》篇中孔子以“刑德之治”回复鲁哀公关于“鲁邦大旱”的问询，（马承源：《上海博物馆藏战国楚竹书（二）》，上海古籍出版社，2002 年版，第 201—210 页）《柬大王泊旱》篇认为大旱的缘由是因为上帝对简王失政所施警示，（马承源：《上海博物馆藏战国楚竹书（四）》，上海古籍出版社，2002 年版，第 191—215 页）而《鲍叔牙与隰朋之谏》篇则认为日食是对桓公失政的谴告，桓公应当改行善政，而非仅以驱邪以期免除灾厄。（马承源：《上海博物馆藏战国楚竹书（五）》，上海古籍出版社，2002 年版，第 163—192 页）

[2]〔清〕阮元校刻：《十三经注疏·礼记正义·月令》，北京：中华书局，1980 年影印版，第 1357 页。

统治者希望借此以顺从天道自然，避免灾异。

由战国晚期以至两汉，祥瑞灾异逐步受到统治者重视，并被视作天意的体现，它们的出现意味着自身序政是否“合时”，统治是否与天意“合一”。我们将两汉时期因祥瑞灾异而颁布的诏书统计并列表如下：

西汉时期灾异祥瑞诏书数量表

	高祖	孝惠	高后	文帝	武帝	昭帝	宣帝	元帝	成帝	哀帝
灾异诏书	0	0	0	2	0	0	4	10	9	2
祥瑞诏书	0	0	0	0	6	0	9	0	1	0

（资料据叶秋菊：《汉代的灾异祥瑞诏书》，《史学月刊》，2010 年第 5 期）

东汉时期灾异祥瑞诏书数量表

	光武	明帝	章帝	和帝	殇帝	安帝	顺帝	质帝	桓帝	灵帝	献帝
灾异诏书	4	4	5	4	1	13	7	1	13	2	3
祥瑞诏书	1	1	3	0	0	0	0	0	0	0	0

（资料据叶秋菊：《汉代的灾异祥瑞诏书》，《史学月刊》，2010 年第 5 期）

由上表可知，在武帝之前，灾异祥瑞及其与时令的联系对政治影响有限。检两汉史籍，这一时期附会祥瑞灾异以演说政治运作和社会管理是否“合时”，进而德合天地、道洽政治者亦不多见。陆贾在《新语·道基》中提出“天生万物，以地养之，圣人成之，功德参合，而道术生焉”。其中，天者，“张日月，列星辰，序四时，调阴阳，布气治性，次置五行，春生夏长，秋收冬藏”，作为天道“纪纲”，可以“改之以灾变，告之以祯祥”。[1] 武帝太初元年，夏侯始昌曾预言未央宫柏梁台灾日 [2]，但史籍所叙未见有政治意味。元平元年前夏侯胜据《洪范五行传》认为“天久阴而不雨”，天象有违时令，谏昌邑王刘贺，“王怒，谓胜为袄言”。[3] 大约同时，龚遂亦以灾异谏刘贺却不为所纳。董仲舒因为以灾异推说辽东高庙、长陵高园殿灾获罪，

[1] 王利器撰：《新语校注·道基》，北京：中华书局，1986 年版，第 2 页。

[2]〔汉〕班固：《汉书·五行志上》，北京：中华书局，1962 年版，第 1334 页。

[3]〔汉〕班固：《汉书·夏侯胜传》，北京：中华书局，1962 年版，第 3155 页。

“遂不敢复言灾异[1]”。史籍所载的寥寥事例，说明时令、灾异祥瑞与政治之间的关系认知尚未形成权威系统的体系，难以形成对现实政治的深刻影响，这与《礼记·月令》尚未成为经学，关系颇深。

从汉武帝时期开始，经学成为政教法典，以经治国渐为时人所重，《礼记·月令》经学化之后，诸帝附会《礼记·月令》以改良政治，行恩惠、养衰老、受几杖、立太子等诸多事务愈发注重与时令的关系。董仲舒、夏侯始昌、魏相、刘向、京房、翼奉、谷永、李寻等结合儒家经典，将灾异祥瑞与时令、政治结合起来，形成较为系统的理论学说，认为诸帝施政是否“合时”并合于“天道”可由灾异祥瑞表征出来。其中，魏相提出“明王谨于尊天，慎于养人”，认为“阴阳者，王事之本，群生之命……天子之义，必纯取法天地”。魏相以阴阳五行说解释一年之中天象物候的流转，进而为天子行政的“合时”提供理论依据，并举例高皇帝时“法天地，顺四时”置天子四时服色，仿“羲和之官以乘四时，节授民事”而设中谒者职四时，以及晁错谏文帝二月施恩惠乃“颇非时节”，遂建议宣帝“选明经通知阴阳者四人，各主一时，时至明言所职，以和阴阳”。[2] 这些学说将序政以时视为法天顺地的必要途径。天子只有行“时政”才能德合天地、道洽政治，有祥瑞之奖而无灾异为祸，最终实现“天人合一”。

人们相信，只要遵循月令，因时系事，以时行政，将自身的运作纳入天道自然之“洪流”中，那么不但社会秩序整齐有序，而且上天也会降下祥瑞征兆。这表明政治社会与人的行为，与天地“合德同气”，其行止举措皆与天道相通，与阴阳相合，这种“天人合一”的政治也必然是最理想、最无可置疑的政治。《白虎通》卷六《封禅》云：“天下太平，符瑞所以来至者，以为王者承天统理，调和阴阳。阴阳和，万物序，休气充塞，故符瑞并臻，皆应德而至。德至天，则斗极明，日月光，甘露降。德至地，则嘉禾生，蓂荚起，秬鬯出，太平感。德至文表，则景星见，五纬顺轨。德至草木，则朱草生，木连理。德至鸟兽，则凤凰翔，鸾鸟舞，麒麟臻，白虎到，狐九尾，白雉降，白鹿见，白鸟下。”[3] 检两汉史籍，这些祥瑞频现，如《廿二史札记》中“两汉多凤凰条”云：“两汉多凤凰，而最多者，西汉则宣帝之世，东汉则章帝之世。”[4]

---

[1]〔汉〕班固：《汉书·董仲舒传》，北京：中华书局，1962 年版，第 2524 页。

[2]〔汉〕班固：《汉书·魏相传》，北京：中华书局，1962 年版，第 3140 页。

[3]〔清〕陈立撰，吴则虞点校：《白虎通疏证·封禅》，北京：中华书局，1994 年版，第 283—284 页。

[4]〔清〕赵翼著，王树民校证：《廿二史劄记校证》，北京：中华书局，1984 年版，第 63 页。

而灾异的出现，则从反面说明天子没有做到行事以时，政治运作脱离了天道自然的大经，而不同的灾异则代表了不同的“失政”，“政失于春，岁星盈缩，不居其常；政失于夏，荧惑逆行；政失于秋，太白不当，出入无常；政失于冬，辰星不效其乡，四时失政，镇星摇荡，日月见谪，五星悖乱慧星出。春政不失禾黍滋，夏政不失雨降时，秋政不失民殷昌，冬政不失国家宁康”。[1] 两汉时期自然灾害频仍，但却有相当一部分录于《五行志》中，据统计，“西汉时（不含新莽时期）有水灾35次、旱灾39次、地震37次、雪霜冻灾20次，而这些灾害见载于《汉书·五行志》的次数分别为9次、15次、9次、12次，各占本类灾次的26%、39%、24%和60%。东汉时水、旱、地震和雪霜冻之灾各有69次、70次、75次和17次，《后汉书·五行志》载其次数分别为43次、19次、54次和3次，各在本类灾次中所占的比例依次为62%、27%、72%和18%”。[2] 这些自然灾害录著于《五行志》中，反映了时人这样一种观念，即社会人事活动违逆五行时令，乃是招致诸多灾害的重要原因。

祥瑞灾异的出现，在月令天人关系中，意味着上天对人君的谴告。“天所以有灾变何？所以谴告人君，觉悟其行，欲令悔过修德，深思虑也。”[3] 统治者必须采取相应的调整，以顺应天意。祥瑞出现时，诸帝多行赐赏，而灾异出现时，天子则下诏罪己。据统计，“两汉皇帝因灾异所下罪己诏书凡58条，西汉28：文2、宣4、元10、成9、哀2、莽1；东汉30：光武4、明3、章3、和4、殇1、安5、顺4、质1、桓5”。[4] 在这些灾异诏书中，诸帝多归咎于己，“万方有罪，在予一人”认为“政有所亏，咎至于此”的原因，是“朕之不明”“朕之不德”“朕之不敏”“朕之不逮”，并因此“既惊且惧”，《廿二史札记》总结认为“汉诏多惧词”，[5] 如“朕甚自愧”“朕甚忧之”“朕战栗恐惧”“朕甚惧焉”“战战兢兢，惧失天心”。此外，诸帝并行策免大臣、诏举贤良等举措。西汉时期因灾异策免三公之事，凡6人：薛宣、师丹、孔光、董贤、逯并、陈茂。东汉时期从安帝永初元年到献帝兴平元年，“凡88年，因灾异策免三公62人次，平均每10年策免7人次，其中安帝时4次，

[1] 李定生、徐慧君校注：《文子要诠·精诚》，上海：复旦大学出版社，1988年版，第66页。

[2] 陈业新：《两〈汉书〉“五行志”关于自然灾害的记载与认识》，《史学史研究》，2002年第3期。

[3]〔清〕陈立撰，吴则虞点校：《白虎通疏证·灾变》，北京：中华书局，1994年版，第267页。

[4] 吴青：《灾异与汉代社会》，《西北大学学报（哲学社会科学版）》，1995年第3期。

[5]〔清〕赵翼著，王树民校证：《廿二史劄记校证》，北京：中华书局，1984年版，第42页。

顺 12，桓 13，灵 24，献 9”。[1] 其中，“东汉共策免太尉 28 次，大多是因日食；司空 23，大多因地震；司徒 11，大多因疾疫”。[2] 而因灾异诏举贤良也多见史载，如元帝永光二年三月，成帝建始三年十二月、元延元年七月，哀帝元寿元年正月，平帝元始元年二月等，其名目包括“贤良方正、贤良文学、明经、至孝、有道、敦厚、明阴阳灾异、四行等，其中举贤良数量最多，凡 20 次：西汉 5、东汉：15，其他各科凡 24 次：西汉 14、东汉 10”。[3] 诸帝希望通过这些举措，纠正政治偏颇，使施政契于“时节”而合于“天道”，努力求取“天人合一”。“事实上，中国历史上的许多‘德政’不但是以这样的名义，而且是在这样的信仰支配之下作出的。”[4]

因此，经学时代的行政运作、社会管理和司法实践等沿袭了此前“与时偕行”的传统，但是与经学义理的结合，将这类行为的立意从朴素的经验的“因自然”层面，提升到神圣的“顺天意”高度，天子“以时行政”不仅是被动地遵循客观自然节律，更是对天命的主动附会。“时政”就成为德合天地、道洽政治的“德政”。可以说，经学时代月令与政治的结合，不仅为两汉统治者制定政策、组织生产和管理民众提供了具体的参照和依据，也为其统治笼上了一层神圣的光环。

二、秦汉“时政”内容的演变

秦与汉初，官府掌握土地等资源，为保障赋税徭役征发和统治的延续，统治者在授田于民的同时，因循时令制定诸多政治运作、社会管理和司法实践的细则，规范民众生活，其“时政”内容多集中于基层民众具体生产生活的组织和管理。而随着月令的经学化及其对政治影响的展开，官府组织生产、管理生活的职能弱化，统治者更关注礼仪等抽象的表达，侧重的是与天意的合一。因此，秦汉时期的时政内容，发生了重大的变化。

（一）秦与汉初侧重驱民趣时

生产能否依时有序地展开，既关乎民众个体的生存，也关乎王朝的存续发展。因此，前经学时代，为了确保社会生产的循时有序，统治者在土地授受、户籍管理、生产组织等方面，采取一系列配套措施，以确保生产生活的有序和稳定。作为生产生活的组织者和管理者，各级官府的首要职责就是“导民以时”，使民众“力于地

[1] 吴青：《灾异与汉代社会》，《西北大学学报（哲学社会科学版）》，1995 年第 3 期。
[2] 吴青：《灾异与汉代社会》，《西北大学学报（哲学社会科学版）》，1995 年第 3 期。
[3] 吴青：《灾异与汉代社会》，《西北大学学报（哲学社会科学版）》，1995 年第 3 期。
[4] 梁治平：《寻求自然秩序的和谐——中国传统法律文化研究》，上海：上海人民出版社，1991 年版，第 324 页。

而动于时”。为保障生产生活的有序依时，秦及汉初统治者基于辈代累积的时令经验，制定并颁行相应的律令法条，从而对基层民众生产生活进行细致而具体的规定。

为保障具体细致地践行“时政”，官府对生产生活中的各项要素进行严格统计和明确规定。从出土资料来看，秦及汉初，官府为强化民众与田土的结合，进而保障生产生活“与时偕行”，他们对于面积大小、阡陌疆界的设置等，也有具体的法令规定，青川秦简中所记秦武王二年更修田律，其文曰：“田广一步，袤八则为畛。亩二畛，一百（陌）道。百亩为顷，一千（阡）道，道广三步。封，高四尺，大称其高。捋（埒），高尺，下厚二尺。”[1] 这里将国家对田亩大小、阡陌疆界的设置等以法令的形式规定下来，强制推行，此后被西汉初期所承继，张家山汉简对此也有相关的规定，“田广一步，袤二百卌步，为畛，亩二畛，一佰（陌）道；百亩为顷，十顷一千（阡）道，道广二丈”。[2] 而人口管理中，对于民户年龄、体貌特征、家庭结构、析产立户、民户迁徙、财产继承、赋税徭役标准等诸多问题，在睡虎地秦简和张家山汉简中都有明确规定。这些简牍内容表明，前经学时代官府组织民众生产生活时，已经对相关的土地、人口等问题进行了严格系统的整顿，这为驱民趣时奠定了基础。

对于民众何时开始何种生产事务，在青川秦律、睡虎地秦简、张家山汉简等出土简文中，都有细致的规定，我们将部分出土简文和《礼记·月令》进行比对，列表如下：

[1] 四川省博物馆、青川县文化馆：《青川县出土秦更修田律木牍——四川青川县战国墓发掘简报》，《文物》，1982 年第 1 期。

[2] 张家山二四七号汉墓竹简整理小组编著：《张家山汉墓竹简〔二四七号墓〕（释文修订本）》，北京：文物出版社，2006 年版，第 42 页。

青川木牍	睡虎地秦简·田律	张家山汉简·田律	《礼记·月令》
	春二月，毋敢伐材木山林及雍（壅）隄水。不夏月，毋敢夜草为灰，取生荔、麛鷇（卵）鷇，毋□□□□□□毒鱼鳖，置穽罔（网），到七月而纵之。唯不幸死而伐绾（棺）享（椁）者，是不用时。	禁诸民吏徒隶，春夏毋敢伐材木山林，及进〈壅〉隄水泉，燔草为灰，取产麛（麛）卵郭（鷇）；毋杀其绳重者，毋毒鱼。	孟春之月，禁止伐木。毋覆巢，毋杀孩虫，胎夭飞鸟。毋麛毋卵。 仲春之月，是月也，毋竭川泽，毋漉陂池，毋焚山林。 季春之月，修利堤防，道达沟渎，开通道路，毋有障塞。田猎罝罘、罗网、毕翳、馁兽之药，毋出九门。 仲夏之月，令民毋艾蓝以染，毋烧灰，毋暴布。 季夏之月，乃命虞人，入山行木，毋有斩伐。
以秋八月，修封捋（埒），正疆畔，及发千（阡）百（陌）之大草。		恒以秋七月除千（阡）佰（陌）之大草。	孟秋之月，命百官始收敛。完隄防，谨壅塞，以备水潦。修宫室，坏墙垣，补城郭。
九月，大除道及除（浍）。		九月大除道□阪险。	
十月为桥，修陂堤，利津□。		十月为桥，修波（陂）堤，利津梁。	孟冬之月，谨关梁，塞徯径。

由上表我们可以很清楚地看到，简文内容不仅与《礼记·月令》有着相似之处，而且对于时间的规定严格细致。可知，在秦与汉初，土地为官府所严格掌握，官府可以借此对民众的人身和行为进行严格规定。对于基层日常生活中的整修阡陌、除草修桥、疏通沟渠、整顿水利设施以及各种自然资源的采伐都有细致的规定。除此之外，对于夏季作物生长环境，睡虎地秦律《田律》规定："雨为澍〈澍〉，及诱（秀）粟，辄以书言澍〈澍〉稼、诱（秀）粟及豤（垦）田毋（无）稼者顷数。稼已生后而雨，亦辄言雨少多，所利顷数。早〈旱〉及暴风雨、水潦、（螽）、群它物伤稼者，亦辄言其顷数。近县令轻足行其书，远县令邮行之，尽八月□□之。田律。"[1] 简文规定，对于夏季田土受雨亩数、作物抽穗顷数、田土开垦而尚未耕种的数量、庄稼受雨量、旱涝灾害及病虫灾害多寡等都要详细加以清查并形成书面报告，上报中央。并根据距离的远近决定是采用"轻足"还是"邮行"的方式。

对于徭役的征发，关乎统治的存续，在具体的施行中，秦与西汉初期既关注其贯彻程度，更注重与时令的关系，其执行实施具体而细致。睡虎地秦简《徭律》中，规

[1] 睡虎地秦墓竹简整理小组编：《睡虎地秦墓竹简》，北京：文物出版社，1990 年版，第 19 页。

定：“县所葆禁苑之傅山、远山，其土恶不能雨，夏有坏者，勿稍补缮，至秋毋（无）雨时而以（徭）为之。”[1] 这充分体现了在徭役征发时间问题上，对自然节律的因循。而对徭役征发对象，也有细致规定，里耶秦简云：“廿七年二月丙子朔庚寅，洞庭守谓县啬夫卒史嘉、叚（假）卒史谷、属尉，令曰：传送委输，必先悉行城旦舂、隶臣妾、居赀、赎责（债），急事不可留，乃兴（徭）。今洞庭兵输内史及巴、南郡、苍梧，输甲兵当传者多节传之，必先悉行乘城卒、隶臣妾、城旦舂、鬼薪、白粲、居赀、赎责（债）、司寇、隐官、践更县者。田时殹（也），不欲兴黔首。嘉、谷、尉各谨案所部县卒、徒隶、居赀、赎债、司寇、隐官、践更县者薄，有可令传甲兵，县弗令传之而兴黔首，[兴黔首]可省少弗省少而多兴者，辄劾移县，[县]亟以律令具论，当坐者言名史泰守府。”[2] 简文明确规定，对于这次“传送委输”，官府应先征调“乘城卒、隶臣妾、城旦舂、鬼薪、白粲、居赀、赎责（债）、司寇、隐官、践更县者”，而非“黔首”，原因就在于“田时殹（也）”。而且，简文还强调，若故意忽视法律而兴黔首，不遵从“能省少则省少”原则者，要“以律令具论”。这里明确规定了“田时”不欲兴黔首服徭役。在张家山汉简《二年律令·徭律》中也有相似规定：“免老、小未傅者、女子及诸有除者，县道勿敢徭使。節（即）载粟，乃发公大夫以下子、未傅年十五以上者。补缮邑□，除道桥，穿波（陂）池，治沟渠，堑奴苑；自公大夫以下，勿以为徭。市垣道桥，命市人不敬者为之。”[3] 简文规定，对于不同的公共工程，征发对象的年龄、性别和爵位也应有所区别，而若是不予区分，擅兴徭役，“兴□□□□□为□□□□及发徭戍不以次，若擅兴车牛，及徭不当徭使者，罚金各四两”。[4]

秦与汉初官府不仅对以时管理民众生产生活进行了细致具体的规定，还形成了完善的法令传达执行体系，同时对于悖逆者的处罚也相当细致。这从另一个角度保障了统治者“以时序政”，督导社会秩序“与时偕行”意志的贯彻。如睡虎地秦简《行书律》规定：“行传书、受书，必书其起及到日月夙莫（暮），以辄相报殹（也）。书有亡者，亟告官。隶臣妾老弱及不可诚仁者勿令。书廷辟有曰报，宜到不来者，追之。”[5] 简文规定，对于文书的传送或收受，必须对收发的时间予以登记，以便

[1] 睡虎地秦墓竹简整理小组编：《睡虎地秦墓竹简》，北京：文物出版社，1990 年版，第 47 页。

[2] 湖南省文物考古研究所、湘西土家族苗族自治州文物处：《湘西里耶秦代简牍选释》，《中国历史文物》，2003 年第 1 期。

[3][4] 张家山二四七号汉墓竹简整理小组编著：《张家山汉墓竹简〔二四七号墓〕（释文修订本）》，北京：文物出版社，2006 年版，第 64 页，第 65 页。

[5] 睡虎地秦墓竹简整理小组编：《睡虎地秦墓竹简》，北京：文物出版社，1990 年版，第 61 页。

及时回复。文书如果有遗失，应该立即向官府报告。对于选派传递文书的人，不能用隶臣妾年老体弱及不足信赖的。其中文书上写明须急到的，如果没能按时送达，应加追查。而对于律令的执行，同样规定严格，“为（伪）听命书，法（废）弗行，耐为侯（候）”。[1] 地方官员收到朝廷命书，假装听命而实际上不予执行的，应耐为候。对于社会管理过程中，如在土地授受、人口统计、驱民趣时等活动中，违反相关法令，其处置也是严格且具体。如在人口统计中，睡虎地秦律《傅律》规定：“匿敖童，及占（癃）不审，典、老赎耐，百姓不当老，至老时不用请，敢为酢（诈）伪者，赀二甲；典、老弗告，赀各一甲；伍人，户一盾，皆（迁）之。 傅律。”[2] 隐匿成童，及申报废疾不破实，里典、伍老应赎耐。百姓不应免老，或已应免老而不加申报、敢弄虚作假的，罚二甲；里典、伍老不加告发，各罚一甲；同伍的人，每家罚一盾，都加以流放。

由此可见，秦与汉初官府通过对土地人口的严格控制，在行政运作、社会管理和司法践行中，不仅能够有效督导社会节奏与自然节律的契合，而且，其组织管理也极为细致具体，呈现出朴素的实用特征。

（二）经学时代侧重天人合一

经学时代，授田制渐趋瓦解，原官府控制下的编户和土地大量流失，民众对官府的依附关系减弱，政府失去了组织民众、程序生活的凭借，其生产组织和生活管理职能被削弱，天子驱民趣时的统治意志难以贯彻到基层社会具体的生产生活环节之中。为了贯通天人之际，实现天人合一，经学时代的汉帝，附会《礼记·月令》，将关注重心更多地集中在了礼仪祭祀等内容上。

随着以经治国的深化，契合《礼记·月令》的礼制活动在国家政治生活中的地位和影响在不断上升。前经学时代，“除了一些敬天祭祖以及阴阳五行、天人相应的基本原则之外，并没有一明确的教条，而祭祀仪节的内容，则视当时的主导人物依据那些基本原则而发挥所得，其形式和内容应依照何种标准，是没有绝对答案的。而最后做决定的皇帝本身在何种情况之下会接受何种主张，也有相当程度的偶然因素”。[3] 因此这一时期的礼制体系庞杂，具有自发色彩，且包含强烈的神仙方术意蕴，整体上显得神秘怪异、简单粗疏。此后，随着月令的经学化，它所蕴含的这套沟通天人之际的基本途径和规范“程序”，有效地解决了时人关于为何、如何有效沟通天人，

[1][2] 睡虎地秦墓竹简整理小组编：《睡虎地秦墓竹简》，北京：文物出版社，1990 年版，第 80 页，第 87 页。

[3] 蒲慕州：《追求一己之福：中国古代的信仰世界》，上海：上海古籍出版社，2007 年版，第 108 页。

进而求取天人合一、人与自然和谐的诸多疑问，使得抽象的天意或天命不再是不可知或不可测。

《礼记·月令》从具体层面对天道自然和社会人事加以统筹配制，又从抽象层面对其加以理论支撑和意义解释，从形上和行下两个维度有效满足了人们对天人关系的追问。因此，从逻辑上讲，天子只要依照《礼记·月令》所云，保障礼制的设置实施合乎经义，便能够将自身统治纳入天道大经、阴阳洪流，实现天人一体和天人合一。质言之，统治集团依据《礼记·月令》所云的基本途径和规范程序以沟通天人，自然就能够导出天人合一、王政大化的理想效果。因此，被《礼记·月令》重新改良和解释后的国傩祓除、高禖之礼、春耕籍田、皇后亲桑、四孟迎气、明堂授时等礼被不断施行，并且随着历史发展，被不断强化，不仅设置具体负责的职官，对于其中的车马服色、时间行止等也多有补充。经学时代天子“设礼事神”最终是为了证明自身统治与天命的合一，以祈求统治的稳定和延续。因此不仅在承平时代广受重视，即便在王朝后期，各种社会问题不断涌现的时期，天子对其注重也不曾稍却。由此可见，在无法将统治意志切实贯彻到基层社会具体生产生活领域的时期，两汉天子对抽象的礼仪祭祀等活动的重视程度反而在不断增强。这种此消彼长，反映出汉代天子在社会控制和管理方面，由具体到抽象的转变。

与之相应，受社会结构、国家形态和土地私有化的影响，经学时代天子督导社会节奏与自然节律的契合，由治民转为治吏，从直接参与生产组织、驱民趣时转为退出具体生产组织，强调教化。

在前经学时代，为确保生产依时有序，保障民众生存和统治延续，在朝堂诏书律令的指导下，基层官吏无不切实参与到社会生产的组织和生活的管理中，也以此将天子“与时偕行”的统治意志贯彻到每家每户。从出土的睡虎地秦简、张家山汉简中，我们不难发现，在基层社会的徭役征缴、土地授受、户籍管理、生产组织、文化教育等各个方面，基层官吏都有具体的职掌细则。质言之，前经学时代基层社会生活的各个方面都受到基层官吏的直接管理控制。而且，朝廷颁布的相关诏书律令，基层官吏也负责宣教于民，睡虎地秦简云：“故腾为是而修法律令、田令及为闲私方而下之，令吏明布，令吏民皆明智（知）之，毋巨（歫）于罪。”[1] 这种“令吏明布，使民知之”的方式，将天子“与时偕行”的统治意志贯彻到了每家每户。所以，从一定程度上讲，前经学时代基层官吏的职掌重心颇为“向下”，社会日常生产生

[1] 睡虎地秦墓竹简整理小组编：《睡虎地秦墓竹简》，北京：文物出版社，1990年版，第13页。

活都受到他们的严格组织和管理。

进入经学时代，政府对基层社会和民众的控制力不断减弱，在贯彻天子意志至每家每户时逐渐力不从心。在这样的时代背景下，各级官吏的施政重点侧重于“通于世务，明习文法，以经术润饰吏事”，[1]强调从教化的角度督导民众以时开展生产生活。典型者如文翁守蜀、任延守九真、周嘉守零陵、邓训守张掖、许荆守桂阳、张翕守越嶲、张奂守武威，无不将经学义理融汇到具体施政中，教化民众以时劳作，按时休憩。在这一时期的文献中，各级官吏深入具体的生产生活环节中，直接进行组织和管理的记载鲜见，偶有官员为之，则被视为难得的品行而为时人称道。如建初元年秦彭为山阳太守，“以礼训人，不任刑罚。崇好儒雅，敦明庠序。每春秋飨射，辄修升降揖让之仪。乃为人设四诫，以定六亲长幼之礼。有遵奉教化者，擢为乡三老，常以八月致酒肉以劝勉之。吏有过咎，罢遣而已，不加耻辱。百姓怀爱，莫有欺犯。兴起稻田数千顷，每于农月，亲度顷亩，分别肥塉，差为三品，各立文簿，藏之乡县。于是奸吏跼蹐，无所容诈。彭乃上言，宜令天下齐同其制。诏书以其所立条式，班令三府，并下州郡”。[2]其“每于农月”所为，与《礼记·月令》所云孟春之月“皆修封疆，审端经术。善相丘陵、阪险、原隰，土地所宜，五谷所殖，以教道，民必躬亲之。田事既饬，先定准直，农乃不惑”[3]是相契合的。秦彭因此被视为“循吏”。这与前经学时代将之作为官吏基本吏职相比，有着本质差别。

因此，对不同时期政治与时令关系进行比对，我们可以发现，随着社会结构、国家形态和土地关系的演变，天子附会因循《礼记·月令》以治国施政，更注重与天意的沟通和合一。官府的生产组织和生活管理职能被削弱，统治者对基层社会遵循时令的控制和管理，也从具体直接地参与转向仪式性的教化。

三、影响的深化及上移

月令是时令经验的总结，这些经验在先民日常生产生活和政治中曾经起到了实际的作用。但是，随着《礼记·月令》在汉代的经学化，其地位的跃升也引发其影响的变化。在前文横向分析了《礼记·月令》对汉代政治的影响之后，在这里我们通过纵向的眼光，梳理秦汉政治与月令的关系，我们可以看到，月令对汉代政治影

[1]〔汉〕班固：《汉书·循吏传》，北京：中华书局，1962年版，第3623—3624页。

[2]〔南朝宋〕范晔：《后汉书·循吏列传》，北京：中华书局，1965年版，第2467页。

[3]〔清〕阮元校刻：《十三经注疏·礼记正义·月令》，北京：中华书局，1980年影印版，第1356—1357页。

响的程度是渐趋深化和广泛的，其影响的层域则不断上移。

秦与汉初，因为尚未形成统一权威的经学作为政治运作的指导，这一时期对于政治与时令的结合，尚处于一个初级阶段。从传世文献和出土资料来看，汉初统治者形制多样的月令类文献，如先秦时代的《管子》诸篇、《吕氏春秋》十二纪、《月令》等，时人也有相应的叙述设计，如银雀山汉简中有《三十时》与《四时令》篇，也非常强调“顺天行政”。因此，“或许正因为时令系统不一，系统内各家又有种种排列组合，要具体落实成为制度，各系各家就不免要经过一番竞争。在竞争、选择或妥协的过程里，某些时令或月令宜忌会不规则、不完全地出现在现实的政治中。等到一个较优势的系统浮现（不论是凭借自身系统的优良或整合各家之长或依赖其他因素），成为主导的力量，此一系统的时令，在理论上才有可能较全面地落实成为制度”。[1] 因此，这一时期的行政运作、社会管理和司法活动的施行多基于朴素的现实需求，所实施的举措也多与国计民生相关。如高祖时期的尊养高年、行授几杖之举，吕后时期于灞水行祓除礼，《二年律令》中对生产组织、生活管理的细致规定，文景时期的振贷法，皇帝亲耕籍田和皇后亲桑之礼，都显示出对政治与时令相关联的重视。但究其源自和初衷，则多源自先秦以来的惯行故事，是出于保障生产生活秩序和王朝存续的实际需要，这是非常朴素的“自然法”思想。

武帝时期开始探讨与政治一统相匹配的意识形态，着手尊崇儒术，建立经学。这一时期政治与时令的关系开始深化。武帝对先秦以来形成的时令行为，如以时循行、八月案比、秋冬上计等“时政”以不同程度地保存和发展。如设置刺史，将“以时循行”归为常职，“诸州常以八月巡行所部郡国，录囚徒，考殿最。初岁尽诣京都奏事”。[2] 除了因循时令和故事，武帝时期还颁行受鬻法，行高禖礼，亲耕籍田并着手建立规范的国家礼制，其祥瑞灾异思想开始受到特别关注，“武帝时布德施惠的措施因为加入郊祀、祥瑞元素而与以往有所不同，但并未与月令行事剥离开来，只是使其内容更为丰富而已”。[3] 其政治运作、社会管理等，开始部分出现与《礼记•月令》所云相同之处。从整体而言，“从文帝到武帝和昭帝的时代，文献里只见若干零星顺应时令的建议或举措，施政似乎还没有依照像《礼记•月令》中那样完整固定的系统”。[4]

---

[1] 邢义田：《治国安邦：法制•行政与军事》，北京：中华书局，2011 年版，第 139 页。

[2]〔南朝宋〕范晔：《后汉书•百官志五》，北京：中华书局，1965 年版，第 3617 页。

[3] 杨振红：《月令与秦汉政治再探讨——兼论月令源流》，《历史研究》，2004 年第 3 期。

[4] 邢义田：《治国安邦：法制•行政与军事》，北京：中华书局，2011 年版，第 136 页。

宣元以后，随着《礼记·月令》的经学化，政治行为有了系统权威的经典依据和理论依据，天子“援经术以饰吏事”，强调以经治国，月令与政治的关系渐趋紧密，附会、援引《礼记·月令》以颁制诏令、管理社会开始出现。在先秦司法时令的基础上，宣帝时奏谳、请谳、论囚的时令选择也以制度的形式加以规定。宣帝时附会《礼记·月令》颁定诏书、律令，并贯彻至基层，切实影响到政治运作和社会管理，如元康三年颁布的“毋弹射飞鸟令”，居延出土的元康五年“仲夏寝兵”简，都是明证。此后，西汉诸帝常引《礼记·月令》颁制诏书法律，如元帝初元三年“毋犯四时之禁”令，建昭五年春三月诏曰：“方春农桑兴，百姓戮力自尽之时也，故是月劳农劝民，无使后时。今不良之吏，覆案小罪，征召证案，兴不急之事，以妨百姓，使失一时之作，亡终岁之功，公卿其明察申敕之。”[1] 这与《礼记·月令》仲春之月“毋作大事，以妨农之事”，[2] 以及“命有司，省囹圄，去桎梏，毋肆掠，止狱讼”[3] 是一致的，以此诏书为转折点，经学时代汉帝的春季“顺阳助长”由此前的布德行惠、劝课农功和存问孤寡，拓展至省刑去罚，崇宽尚和。这种转变在此后被继承，如成帝建始元年二月、鸿嘉四年正月借由相关诏书颁定，平帝将不同群体，如高年、妇女触法所应省减的制度，也作为春季惠政以施行。成帝于鸿嘉二年行大射礼，于阳朔二年颁布“务顺四时月令”诏，由此“西汉国家所采纳的月令体系因此而变得明晰”。[4] 此后，诸帝行政更加关注对《礼记·月令》的援引附会，如哀帝时李寻批评刑罚不时，就以“月令”之说作为依据。

而敦煌悬泉置出土的《四时月令五十条》，不论在内容还是形制上，与《礼记·月令》保持着高度的相似，这成为西汉时期月令政治化和法制化的重要体现。以一月为例，我们将《四时月令五十条》与《礼记·月令》的内容制表比对如下：

《四时月令五十条》与《礼记·月令》一月内容比对表

	《四时月令五十条》	《礼记·月令》
天文星象		日在营室，昏参中，旦尾中。

[1]〔汉〕班固：《汉书·元帝纪》，北京：中华书局，1962 年版，第 296 页。

[2]〔清〕阮元校刻：《十三经注疏·礼记正义·月令》，北京：中华书局，1980 年影印版，第 1362 页。

[3]〔清〕阮元校刻：《十三经注疏·礼记正义·月令》，北京：中华书局，1980 年影印版，第 1361 页。

[4] 杨振红：《月令与秦汉政治再探讨——兼论月令源流》，《历史研究》，2004 年第 3 期。

（续表）

	《四时月令五十条》	《礼记·月令》
物候气象		东风解冻，蛰虫始振，鱼上冰，獭祭鱼，鸿雁来。
应行事宜	敬授民时，曰：扬谷，咸趋南亩。瘗骼狸（埋）骴。骼谓鸟兽之□也，其有肉者为骴，尽夏。	命相布德和令，行庆施惠，下及兆民。王命布农事，命田舍东郊，皆修封疆，审端经术。善相丘陵、阪险、原隰，土地所宜，五谷所殖，以教道，民必躬亲之。命乐正入学习舞。掩骼埋胔。
毋行事宜	禁止伐木。谓大小之木皆不得伐也，尽八月。草木零落，乃得伐其当伐者。 毋擿剿（巢）。谓剿空实皆不得擿也。空剿（巢）尽夏，实者四时常禁。 毋杀□虫。谓幼少之虫、不为人害者也，尽九【月】。 毋杀狑。谓禽兽、六畜怀任（妊）有胎者也，尽十二月常禁。 毋夭蜚鸟。谓夭蜚鸟不得使长大也，尽十二月常禁。 毋麑。谓四足……及畜幼少未安者也，尽九月。 毋卵。谓蜚鸟及鸡□卵之属也，尽九月。 毋聚大众。谓聚民缮治也，尤急事若（？）追索□捕盗贼之属也，□下 ……追捕盗贼，尽夏。其城郭宫室坏败尤甚者，得缮补□。 毋筑城郭。谓毋筑起城郭也，……三月得筑，从四月尽七月不得筑城。	禁止伐木。 毋覆巢， 毋杀孩虫， 胎夭飞鸟。 毋麛毋卵。 毋聚大众， 毋置城郭。 不可以称兵。
天干		甲乙
所尊帝名		大皞
所奉之神		句芒
虫		鳞
音		角
律		大蔟
数		八
味		酸

（续表）

	《四时月令五十条》	《礼记·月令》
臭		膻
天子居处		青阳左个
天子乘驾		乘鸾路，驾仓龙，载青旗
天子衣饰		衣青衣，服仓玉
天子食器		食麦与羊，其器疏以达
礼仪庆赏祭祀牺牲		立春之日，天子亲帅三公、九卿、诸侯、大夫，以迎春于东郊。还反，赏公卿、诸侯、大夫于朝。乃以元日，祈谷于上帝。乃择元辰，天子亲载耒耜，措之参保介之御间，帅三公九卿诸侯，大夫，躬耕帝藉。天子三推，三公五推，卿诸侯九推。反执爵于大寝，三公、九卿、诸侯、大夫，皆御，命曰劳酒。乃修祭典。命祀山林川泽，牺牲毋用牝。
政失致灾		孟春行夏令，则雨水不时，草木蚤落，国时有恐。行秋令，则其民大疫，猋风暴雨总至，藜莠蓬蒿并兴。行冬令，则水潦为败，雪霜大挚，首种不入。

（资料源自胡平生、张德芳：《敦煌悬泉汉简释粹》，上海古籍出版社2001年版，第192—193页。〔清〕阮元校刻：《十三经注疏·礼记正义·月令》，中华书局1980年版，第1352—1384页）

由上表可见，《四时月令五十条》去除了《礼记·月令》中关于天文星象、气候物象、礼仪祭祀、政失致灾等内容，将相关的行政运作、生产组织和生活管理等内容转化为诏书条令，并对各类事项的起止时间予以明确规定，如《礼记·月令》中“禁止伐木”的规定，在《四时月令五十条》中不仅也有“禁止伐木”的表述，而且对这一政令进行解释和规定，“谓大小之木皆不得伐也，尽八月。草木零落，乃得伐其当伐者”。[1]这种继承和细化，最大限度地将《礼记·月令》应用于现实政治实践中。而且，《四时月令五十条》的颁制，目的在于天子“躬天之曆（历）数，信执厥中，

[1] 胡平生、张德芳：《敦煌悬泉汉简释粹》，上海：上海古籍出版社，2001年版，第192页。

钦顺阴阳”，强调的是天子与天意的合一。因此说，《四时月令五十条》的颁制，意味着月令与西汉政治的结合已经相当紧密。

由此可见，在西汉时期，诸帝对政治与时令的重视是不断强化的，而《礼记·月令》的编纂和经学化，则极大地推动和影响了这一进程。通过对不同时期的分析，我们可以很清楚地看到月令对西汉政治影响的渐次深化。而东汉时期，月令对政治的影响进一步拓展，与政治的关联进入一个更为全面深化的时代。

东汉初年，光武帝在政权草创之际就听取侯霸等人建议，顺时行政，“每春下宽大诏，奉四时之令”。在出土的居延简中，有不少建武年间强调“与时偕行”“毋犯四时禁”的简文，如“建武四年五月辛巳朔戊子甲渠塞尉放行候事敢言之府书曰吏民毋犯四时禁有无四时言●谨案部吏毋犯四时禁者，敢言之”。[1]“建武六年七月戊戌朔乙卯甲渠鄣守候　敢言之府书曰吏民毋犯四时禁有无四时言●谨案部吏毋犯四……时禁者敢言之。”[2]“建武六年七月戊戌朔乙卯甲渠鄣候　敢言之府书曰吏民毋得伐树木有无四时言●谨案部吏毋伐树木。”[3]这些“毋犯四时禁”“毋得伐树木”的简文，说明光武帝时期朝廷已经将诸多“以时禁发”的内容写入法令，并层层颁定执行。简文中上级官府常质询“有无四时言”，而下层官府即上报文书曰“毋犯四时禁者”“毋伐树木者”，可见这种法律制度的严肃性和系统性。光武帝还试图在明堂制度、相关礼乐方面加以改良，如中元元年“是岁，初起明堂、灵台、辟雍，及北郊兆域”。[4]但尚未来得及完善而崩。可见，东汉立国初始，月令的影响就已经拓展到行政、法制、礼乐等各个方面。

明帝时期根据《礼记·月令》对政治进行大力改良，将《礼记·月令》中的很多内容付诸实施，在很大程度上深化了月令对政治的影响。明帝初即位，便下诏曰：“方春戒节，人以耕桑。其敕有司务顺时气，使无烦扰。”[5]将劝课农桑、毋妨农功的立意上升到“顺时气”的层面，以强调与天道自然的“同

[1] 甘肃文物考古研究所等编：《居延新简：甲渠候官与第四燧》，北京：文物出版社，1990年版，第480页。

[2] 甘肃文物考古研究所等编：《居延新简：甲渠候官与第四燧》，北京：文物出版社，1990年版，第480页。

[3] 甘肃文物考古研究所等编：《居延新简：甲渠候官与第四燧》，北京：文物出版社，1990年版，第480页。

[4]〔南朝宋〕范晔：《后汉书·光武帝纪下》，北京：中华书局，1965年版，第84页。

[5]〔南朝宋〕范晔：《后汉书·明帝纪》，北京：中华书局，1965年版，第98页。

气合德”。明帝接受樊鯈的建议，恢复秋月刑辟，此后又行春耕礼、大射礼、养老礼、五郊迎气礼，特别是于永平二年春正月“宗祀光武皇帝于明堂，帝及公卿列侯始服冠冕、衣裳、玉佩、絇屦以行事。礼毕，登灵台”，并且“班时令，敕群后。事毕，升灵台，望元气，吹时律，观物变”，下令“百僚师尹，其勉修厥职，顺行时令，敬若昊天，以绥兆人”。[1] 这里将《礼记·月令》的精神和原则以及具体的举措系统地展演出来。此后，宗祀明堂以行时政遂为成例故事，传袭不绝，章帝、和帝、安帝、顺帝皆有奉行。

这些受《礼记·月令》影响而不断设置改良的举措，在此后的东汉历史上作为“故事”“成例”被因循和遵奉。同时，在司法方面，东汉诸帝突破西汉时期简单援引《礼记·月令》经文以制诏颁令的方式，将《礼记·月令》的精神和原则全面引入司法领域，不仅强化了刑罚律令与时令的匹配，督导顺时刑罚，以时宽宥，更将《礼记·月令》明确地运用于法制改革中，如章帝元和改律、和帝永元改律、安帝永初改律等，使月令对东汉法制的影响更为深巨。

综观东汉时期月令与政治关系的深化，不仅在附会《礼记·月令》以改良时政上，在具体的职官设置、仪制规范等方面，较之西汉也有很大发展。如此前的“以时循行”制度，在东汉不仅得以继承实施，更对不同层级官吏的职责义务进行严格区分，《后汉书·百官志》释郡国之责曰：“凡郡国皆掌治民，进贤劝功，决讼检奸。常以春行所主县，劝民农桑，振救乏绝。秋冬遣无害吏案讯诸囚，平其罪法，论课殿最。岁尽遣吏上计。并举孝廉，郡口二十万举一人。”[2] 而基层官府如“每县、邑、道，大者置令一人，千石；其次置长，四百石；小者置长，三百石；侯国之相，秩次亦如之。本注曰：皆掌治民，显善劝义，禁奸罚恶，理讼平贼，恤民时务，秋冬集课，上计于所属郡国”。[3] 对于大射礼的职官设置，东汉设太常，卿一人，中二千石，本注曰：“掌礼仪祭祀。……大射、养老、大丧，皆奏其礼仪。”[4] 东汉时期明堂授时也设置了具体的职官，规定了相应的礼仪规范。《后汉书·百官志》云：“明堂及灵台丞一人，二百石。本注曰：二丞，掌守明堂、灵台。灵台掌候日月星气，皆属太史。”[5] 对于明堂之车驾、服色等

[1]（南朝宋）范晔：《后汉书·明帝纪》，北京：中华书局，1965 年版，第 100 页。

[2]（南朝宋）范晔：《后汉书·百官志五》，北京：中华书局，1965 年版，第 3621 页。

[3]（南朝宋）范晔：《后汉书·百官志五》，北京：中华书局，1965 年版，第 3623 页。

[4]（南朝宋）范晔：《后汉书·百官志二》，北京：中华书局，1965 年版，第 3571 页。

[5]（南朝宋）范晔：《后汉书·百官志二》，北京：中华书局，1965 年版，第 3572 页。

相关礼仪，其规定更是细致，“天子、三公、九卿、特进侯、侍祠侯，祀天地明堂，皆冠旒冕，衣裳玄上纁下。乘舆备文，日月星辰十二章，三公、诸侯用山龙九章，九卿以下用华虫七章，皆备五采，大佩，赤舄絇履，以承大祭。百官执事者，冠长冠，皆祗服。五岳、四渎、山川、宗庙、社稷诸沾秩祠，皆袀玄长冠，五郊各如方色云。百官不执事，各服常冠袀玄以从”。[1] 再如春耕籍田礼，《后汉书·礼仪志》规定：“正月始耕。昼漏上水初纳，执事告祠先农，已享。耕时，有司请行事，就耕位，天子、三公、九卿、诸侯、百官以次耕。力田种各耰讫，有司告事毕。是月，令曰：郡国守相皆劝民始耕，如仪。诸行出入皆鸣钟，皆作乐。其有灾眚，有他故，若请雨、止雨，皆不鸣钟，不作乐。”[2] 而且，还对相关的服饰、车驾等进行详细的规定，如籍田时皇帝所乘耕车，“耕车，其饰皆如之。有三盖。一曰芝车，置辎耒耜之箙，上亲耕所乘也。戎车，其饰皆如之。蕃以矛麾金鼓羽析幢翳，胄甲弩之箙。猎车，其饰皆如之。重辋缦轮，缪龙绕之。一曰阘猪车，亲校猎乘之”。[3] 这些职官的设置、仪制规范的规定，从本质上讲，其实是月令影响东汉政治的一种拓展和深化。它们弥补了《礼记·月令》文本记述的简约，使之与东汉政治的联系更为紧密和自然。

可见，从政治与时令关系的角度，通观秦汉时代，我们应当看到，经学时代的政治继承了前期注重时令的传统，并结合《礼记·月令》内容和义理，形成了更为系统完备的行政、司法和礼制。同时，经学时代政治与时令的结合，立意已经由朴素实用的“因自然”跃升为天子与天意的合一，天子将“时政”视为“德政”的体现，为保障“天人合一”，遂愈发关注礼仪祭祀等活动，官府具体的生产组织和生活管理职能渐趋弱化。这一系列演变，反映了月令对汉代政治的深刻影响。

总而言之，在秦与汉初，为保障赋役征缴，维护自身统治及民众生存，统治者结合先秦以时序政的传统，总结时令经验，因循自然节律以时开展行政运作、社会管理和司法实践，以行政的力量促导社会节奏契合自然节律。普通民众对官府存在高度的依附关系，只能在各级官吏的督导下，按照官府制定的程序生产生活。随着《礼记·月令》的编撰成文和地位的抬升，汉廷以时序政有了具体依据和参照，于是改革礼制以承继天命，改良行政以体现天命，损益律令以强化天人合一，月令深

---

[1]〔南朝宋〕范晔：《后汉书·舆服志下》，北京：中华书局，1965 年版，第 3663 页。

[2]〔南朝宋〕范晔：《后汉书·礼仪志上》，北京：中华书局，1965 年版，第 3106 页。

[3]〔南朝宋〕范晔：《后汉书·舆服志上》，北京：中华书局，1965 年版，第 3646 页。

刻嵌入和影响了汉代政治生活，将天子施政的立意，从朴素的经验层面，提高到“天人合一”的神圣状态，使天子“循天而治”以“协和万民”，进而求取天人合一如“运诸掌上”。

这种历史演变，意味着月令在对汉代政治影响深化的同时，其影响范畴也在渐趋上移。所以，在基层社会具体的组织管理中，官府的生产组织和生活管理职能在削弱，已经逐步从具体的生产生活环节中退出，并向仪式性的教化演变。降至东汉，随着地方豪族的兴起，他们遂逐渐取代地方官府的部分职能，具体地组织族民和依附民，依照自然时序从事各种生产活动，《四民月令》的写就，正揭示了这一历史演变。

第四章　农家月令发端

月令观念萌发于人们对自然节律的认知，随着生产生活经验的累积而不断发展。经过先秦诸子的梳理提炼，月令图式得以成熟，成为统治者施政治国的重要参照。在“以经治国”的时代背景下，《礼记·月令》对汉代国家制度、行政运作、社会管理产生了重要影响。东汉时期《四民月令》的出现反映出月令发展的另一个新趋向。以往学界关于《四民月令》的研究多集中在基层社会生产生活的组织和管理，以及它是否呈现了豪族庄园经济方面[1]。实际上，它虽然在基本特征上对《礼记·月令》多有承继，但更重要的是，将重心转移到地方社会民间日常生产生活上，并推动了“岁

[1] 对于这一问题，有学者认为《四民月令》反映的是东汉豪族庄园经济及其管理，如邱汉生在《从“四民月令”看东汉大地主的田庄》中，认为“它比较全面地反映了东汉时期大地主田庄的情况”。（《历史教学》，1959 年第 11 期）卢嘉锡总主编，董恺忱、范楚玉分卷主编的《中国科学技术史·农学卷》也认为“《四民月令》的确主要是为地主设计的，在这个意义上，可以称之为地主家庭经济的经营手册”。（科学出版社，2000 年版，第 218 页）但是，也有学者认为《四民月令》反映的生产经营具有普遍意义，而非特指豪族庄园经济，如李成贵的《〈四民月令〉新论》，认为《四民月令》“是东汉时期农村大众的经济活动（以农业生产为主体）和日常行事的全面的真实反映”。（《古今农业》，1993 年第 1 期）许倬云在《汉代农业：中国农业经济的起源及特性》中认为：“《四民月令》中经营农业的地主，可能代表了散布于汉代中国各个郡县的数以千算的这种地方精英家庭。他们既不是特别富有的地主，能够脱离实际的农业生产，也不是普通农夫，因为他们的生活比纯粹的农民要舒服得多、复杂得多。”（王勇译，广西师范大学出版社，2005 年版，第 57 页）柳春藩在《东汉地主制经济发展的特点》一文中对相关观点进行总结，认为“《四民月令》在一定程度上反映了田庄的存在……但应指出的是，《四民月令》反映的生产生活情况，不都是属于田庄的。《四民月令》写的是一个地区（主要是洛阳地区）士、农、工、商的时令情况。既不是一个田庄（或几个田庄），也不是一个村社（或几个村社）；既包括田庄主及其他大地主，也包括中小地主和自耕农、半自耕农。它并没有单一的、完整的、具体的反映大地主田庄这一经济实体的内容”。（《吉林大学社会科学学报》，1991 年第 4 期）

时记”的发生发展。因此，以长时段的眼光来看，《四民月令》构成了王官月令向民间岁时过渡的中间环节。它的出现，既显示了月令王命意义的淡化和发展取向的下移，也意味着农家月令的发端，同时，也体现了汉代国家职能和社会经济结构的重大演变。

第一节 官府驱民趣时及弱化

月令对汉代的影响也不仅仅局限于朝堂之上的制度建构，而是伴随着相应的社会实践，从中央向地方，由官府向民间不断贯彻和落实，形成了“驱民趣时”的社会管理模式。这种模式的建立和维持，表面看来月令主要面向的是天子治国，但它在指导民众以时生产休憩方面，同样表现出极强的工具性。其实，从更深层面来讲，则是得益于国家对民众人身与行为的有效控制。

一、月令对民间日常生活的设计与落实

经学具有强烈的实用取向，“通经”的目的在于“致用”。无论《礼记·月令》对天道自然和社会人事做出了怎样的匹配和解释，它与政治的结合，对礼制、行政和法制实现了怎样的渗透和结合，最终的目的实际上还是落脚于“移风易俗”，实现对社会的影响。

（一）月令中的民间因素

自然节律对民间社会生产生活的次序性展开具有决定意义。在先秦两汉，农业生产、手工造作、商贾贸易等社会日常实践都有相应的时间要求，因时而作是一种基于生存经验的总结。因此，先民从不同角度和层面对此予以强调。《管子》认为：“不务天时则财不生，不务地利则仓廪不盈。”[1]在面对客观自然节律时，人们应当主动因循而不可悖逆，“其功顺天者天助之，其功逆天者天违之。天之所助，虽小必大；天之所违，虽成必败”。[2]《吕氏春秋》云：“天生阴阳寒暑燥湿，四时之化，万物之变，莫不为利，莫不为害。圣人察阴阳之宜，辨万物之利以便生，故精神安乎形，而年寿得长焉。”[3]对于农业民族而言，对自然节律的认知、总结和运

[1] 赵守正撰：《管子注译·牧民》，南宁：广西人民出版社，1982年版，第1页。

[2] 赵守正撰：《管子注译·形势》，南宁：广西人民出版社，1982年版，第10页。

[3]〔战国〕吕不韦著，陈奇猷校释：《吕氏春秋新校释·尽数》，上海：上海古籍出版社，2002年版，第138页。

用能力，直接关系到人的生存发展。“凡农之道，厚之为宝：斩木不时，不折必穗；稼就而不获，必遇天菑。夫稼为之者人也，生之者地也，养之者天也。”[1]《吕氏春秋·审时》中，对禾、黍等六种作物加以“得时”“失时”的对比，如下表所示：

《审时》六种作物“得时”“失时”生产效果比较表

作物	得时			先时		后时	
	植株	子实	其他	植株	子实	植株	子实
禾	茎秆坚硬，穗子长大	子粒饱满，糠薄，米粒油润	吃着有劲	茎叶细弱，穗子秃钝	有秕粒，米不香	茎叶细弱，穗子尖细	有青粒，不饱满
黍	茎高而直，穗子长大	米圆糠薄	容易舂，有香味	植株高大，但不坚实，叶子繁盛，穗子短小		茎矮细弱，穗子短小	糠皮厚，子粒小，不香
稻	植株强大，分蘖较多，穗如马尾	子粒饱满米圆糠薄	容易舂，有香味	植株高大，茎叶徒长，穗子短小	秕谷多，糠皮厚，米粒薄	植株细弱	秕谷多，糠皮薄，子粒小
麻	株高节间长，茎细而坚实，色泽鲜亮	花多，子多	纤维厚而均匀，可以免蝗				
菽	茎秆强大，分枝较多，叶密荚多	豆粒大而圆，饱满	容易饱，有香味，不受虫害	茎叶徒长，叶稀节疏	秕荚多	茎短节疏，植株细弱	不结实
麦	穗长色深，小穗七八对	子粒饱满子粒重大	容易饱，有香味，不受虫害		粒小而不饱满	易遭病虫害，苗弱穗青	不成熟

（资料源自卢嘉锡主编：《中国科学技术史·农学卷》，科学出版社2000年版，第90页）

可见，在农业社会中，对时间的把握要相对精确，对时间的使用要做到不违其时，时未至而不动，“水冻方固，后稷不种，后稷之种必待春，故人虽智而不遇时无功。方叶之茂美，终日采之而不知，秋霜既下，众林皆羸。事之难易，不在小大，务在知时”，[2]

[1]〔战国〕吕不韦著，陈奇猷校释：《吕氏春秋新校释·审时》，上海：上海古籍出版社，2002年版，第1790页。

[2]〔战国〕吕不韦著，陈奇猷校释：《吕氏春秋新校释·首时》，上海：上海古籍出版社，2002年版，第773页。

逆时而行，必然难以取得预期效应。同时，也要做到时至而不失，“春三月，山林不登斧，以成草木之长；夏三月，川泽不入网罟，以成鱼鳖之长。且以并农力执，成男女之功。夫然，则有生而不失其宜，万物不失其性，人不失其事，天不失其时，以成万财”。[1] 总之，对于时间，正确的态度是与时偕行，“圣人不能为时，而能以事适时。事适于时者其功大”。[2] 因时而动，与时偕行，“因春而生，因秋而杀，所生者弗德，所杀者非怨，则几于道也”。[3] 这些论述，无不强调了基层社会日常生活对自然节律的因循。

在应时动事，因循自然节律的同时，人们还应注意对相关资源的“以时禁发”问题。早在先秦，以时禁发作为一种因循时令的行为，就被先哲明确提出和践行了。雍季对晋文公说：“焚林而田，偷取多兽，后必无兽；以诈遇民，偷取一时，后必无复。”[4] 这已经是非常具体的例证了。先秦诸子对此也多从现实的角度多有论述，孟子认为，“不违农时，谷不可胜食也；数罟不入洿池，鱼鳖不可胜食也；斧斤以时入山林，材木不可胜用也。谷与鱼鳖不可胜食，材木不可胜用，是使民养生丧死无憾也，养生丧死无憾，王道之始也”。[5] 而荀子更是将此作为“圣王之制”加以表述，认为“草木荣华滋硕之时，则斧斤不入山林，不夭其生，不绝其长也；鼋鼍、鱼鳖、鳅鳣孕别之时，罔罟毒药不入泽，不夭其生，不绝其长也；春耕、夏耘、秋收、冬藏四者不失时，故五谷不绝，而百姓有余食也；汙池、渊沼、川泽谨其时禁，故鱼鳖优多而百姓有余用也。斩伐养长不失其时，故山林不童而百姓有余材也”。[6]《吕氏春秋》则直截了当地提出“竭泽而渔，岂不获得，而明年无鱼。焚薮而田，岂不获得，而明年无兽。诈伪之道，虽今偷可，后将无复，非长术也”。[7]

这些理念、经验和知识在月令发展过程中被不断吸收。在成熟的月令文本《礼

[1] 黄怀信、张懋镕、田旭东撰：《逸周书汇校集注·大聚解第三十九》（修订本），上海古籍出版社，2007 年版，第 406 页。

[2]〔战国〕吕不韦著，陈奇猷校释：《吕氏春秋新校释·召类》，上海：上海古籍出版社，2002 年版，第 1369 页。

[3] 刘文典撰，冯逸、乔华点校：《淮南鸿烈集解·诠言训》，北京：中华书局，1989 年版，第 468 页。

[4]〔清〕王先慎撰：《韩非子集解·难一》，钟哲点校，北京：中华书局，1998 年版，第 347 页。

[5]〔清〕阮元校刻：《十三经注疏·孟子注疏·梁惠王章句上》，北京：中华书局，1980 年影印版，第 2666 页。

[6]〔清〕王先谦撰，沈啸寰、王星贤点校：《荀子集解·王制》，北京：中华书局，1988 年版，第 165 页。

[7]〔战国〕吕不韦著，陈奇猷校释：《吕氏春秋新校释·义赏》，上海：上海古籍出版社，2002 年版，第 786—787 页。

记·月令》中，囿于篇幅，对基层社会日常生产生活的记述有限，但从中仍然能够看出月令对基层社会的关注。

以孟春之月为例，此时“日在营室，昏参中，旦尾中”。[1] 而气象物候也有相应的变化，“东风解冻，蛰虫始振，鱼上冰，獭祭鱼，鸿雁来”。[2] 这是一个冬去春来的时节，“是月也，天气下降，地气上腾，天地和同，草木萌动。”[3] 民众应当以时开展农事劳作，如“田舍东郊，皆修封疆，审端经术。善相丘陵、阪险、原隰，土地所宜，五谷所殖，以教道，民必躬亲之。田事既饬，先定准直，农乃不惑。”[4] 另外，还要做一些公共事务，如“掩骼埋胔”。[5] 一切要与时偕行。当然，也应注意相应的行为禁忌，如“牺牲毋用牝。禁止伐木。毋覆巢，毋杀孩虫，胎夭飞鸟。毋麛毋卵。毋聚大众，毋置城郭。”[6] 同时，在这一时节还要接受和参与官府的实践活动，如接受官府的“行庆施惠”，参与春耕籍田礼等。这些与民众的日常生产生活密切相关。其他诸月也是如此，如下表所示：

《礼记·月令》诸月所见民间日常事务表

月份	应行事宜
孟春	田舍东郊，皆修封疆，审端经术。善相丘陵、阪险、原隰，土地所宜，五谷所殖，以教道，民必躬亲之。掩骼埋胔。
仲春	安萌牙，养幼少，存诸孤。省囹圄，去桎梏，止狱讼。同度量，钧衡石，角斗甬，正权概。

[1]（清）阮元校刻：《十三经注疏·礼记正义·月令》，北京：中华书局，1980 年影印版，第 1353 页。

[2]（清）阮元校刻：《十三经注疏·礼记正义·月令》，北京：中华书局，1980 年影印版，第 1355 页。

[3]（清）阮元校刻：《十三经注疏·礼记正义·月令》，北京：中华书局，1980 年影印版，第 1356 页。

[4]（清）阮元校刻：《十三经注疏·礼记正义·月令》，北京：中华书局，1980 年影印版，第 1356—1357 页。

[5]（清）阮元校刻：《十三经注疏·礼记正义·月令》，北京：中华书局，1980 年影印版，第 1357 页。

[6]（清）阮元校刻：《十三经注疏·礼记正义·月令》，北京：中华书局，1980 年影印版，第 1357 页。

（续表）

月份	应行事宜
季春	发仓廪，赐贫穷，振乏绝，开府库，出币帛，周天下。循行国邑，周视原野，修利堤防，道达沟渎，开通道路，毋有障塞。合累牛腾马，游牝于牧。
孟夏	劳农劝民，毋或失时。巡行县鄙，命农勉作，毋休于都。聚畜百药。断薄刑，决小罪，出轻系。
仲夏	挺重囚，益其食。游牝别群，则絷腾驹，班马政。百官静，事毋刑。
季夏	命渔师伐蛟、取鼍、登龟、取鼋。命泽人纳材苇。命妇官染采。可以粪田畴，可以美土疆。
孟秋	修法制，缮囹圄，具桎梏，禁止奸，慎罪邪，务搏执。命理瞻伤，察创，视折，审断决。狱讼必端平。戮有罪，严断刑。命百官始收敛。完堤防，谨壅塞，以备水潦。修宫室，坏墙垣，补城郭。
仲秋	养衰老，授几杖，行糜粥饮食。可以筑城郭，建都邑，穿窦窖，修囷仓。趣民收敛，务畜菜，多积聚。乃劝种麦，毋或失时。同度量，平权衡，正钧石，角斗甬。易关市，来商旅，纳货贿，以便民事。
季秋	农事备收，举五谷之要，藏帝藉之收于神仓。霜始降，则百工休。班马政。伐薪为炭。乃趣狱刑。
孟冬	循行积聚，无有不敛。坏城郭，戒门闾，修键闭，慎管龠，固封疆，备边竟，完要塞，谨关梁，塞徯径。饬丧纪，辨衣裳，审棺椁之薄厚，茔丘垄之大小、高卑、厚薄之度，贵贱之等级。
仲冬	农有不收藏积聚者，马牛畜兽有放佚者，取之不诘。山林薮泽，有能取蔬食田猎禽兽者，野虞教道之。日短至，则伐木取竹箭。涂阙廷门闾，筑囹圄。
季冬	出土牛，以送寒气。命渔师始渔，命取冰，冰以入。令告民出五种。命农计耦耕事，修耒耜，具田器。

（资料源自〔清〕阮元校刻：《十三经注疏·礼记正义·月令》，中华书局1980年版，第1352—1384页）

《礼记·月令》诸月所见政令表

月份	毋行事宜
孟春	禁止伐木。毋覆巢，毋杀孩虫，胎夭飞鸟。毋麛毋卵。毋聚大众，毋置城郭。
仲春	毋肆掠，毋作大事，以妨农之事。毋竭川泽，毋漉陂池，毋焚山林。
季春	田猎罝罘、罗网、毕翳、餧兽之药，毋出九门。命野虞无伐桑柘。
孟夏	继长增高，毋有坏堕，毋起土功，毋发大众，毋伐大树。驱兽毋害五谷，毋大田猎。

（续表）

月份	毋行事宜
仲夏	令民毋艾蓝以染，毋烧灰，毋暴布。门闾毋闭，关市毋索。
季夏	树木方盛，乃命虞人，入山行木，毋有斩伐。不可以兴土功，不可以合诸侯，不可以起兵动众，毋举大事，以摇养气。毋发令而待，以妨神农之事也。
孟秋	毋以封诸侯、立大官。毋以割地、行大使、出大币。
仲秋	申严百刑，斩杀必当，毋或枉桡。
季秋	无有宣出。毋留有罪。
孟冬	毋或敢侵削众庶兆民，以为天子取怨于下。
仲冬	土事毋作，慎毋发盖，毋发室屋，省妇事，毋得淫，虽有贵戚近习，毋有不禁。其有相侵夺者，罪之不赦。
季冬	专而农民，毋有所使。

（资料源自〔清〕阮元校刻：《十三经注疏·礼记正义·月令》，中华书局1980年版，第1352—1384页）

两个表格清晰地揭示了月令图式对基层社会民间日常生产生活的设计。就内容来看，可谓丰富多样，农业方面既包括基本的播种、收获，也包括中耕除草、施肥、预防疫害、农具修缮等；手工业方面不仅强调生活必需品的制造，还重视药材的采集处理，织布染色等；渔猎方面非常注重对自然资源的以时禁发，以期生态运用；饮食方面不仅记录了几种常见食物的食用，也涉及相关的制作；畜牧饲养方面强调了牛、马等常见牲畜的管理、繁殖、病害预防等；商业贸易问题上，也注重以时开展贩卖，以及度量衡的校准等。当然，各种公共工程建设也是民众需要承担的社会责任，因此，月令图式也设计了城墙修建、宫室修缮、河堤桥梁修整等内容。当然，对于民众日常生活中常见的司法刑狱、礼仪祭祀、赏赐恩典等，月令图式也多有涉及。所以说，月令实际上也包含有众多的基层社会日常生产生活事项。

这些内容其实并非完全来自知识精英的想象和设计，而是有着悠久的历史基础。如果将相关内容与现在发现的先秦和汉初的相关简牍进行比对的话，这一点可以得到很好地证明。如下表所示：

青川木牍	睡虎地秦简《田律》	张家山汉简《田律》	《礼记·月令》
	春二月，毋敢伐材木山林及雍（壅）隄水。不夏月，毋敢夜草为灰，取生荔、麛鷇（卵）鷇，毋□□□□□□毒鱼鳖，置穽罔（网），到七月而纵之。唯不幸死而伐绾（棺）享（椁）者，是不用时。	禁诸民吏徒隶，春夏毋敢伐材木山林，及进〈壅〉隄水泉，燔草为灰，取产麛（麛）卵鷇（鷇）；毋杀其绳重者，毋毒鱼。	孟春之月，禁止伐木。毋覆巢，毋杀孩虫，胎夭飞鸟。毋麛毋卵。 仲春之月，是月也，毋竭川泽，毋漉陂池，毋焚山林。 季春之月，修利堤防，道达沟渎，开通道路，毋有障塞。田猎罝罘、罗网、毕翳、餧兽之药，毋出九门。 仲夏之月，令民毋艾蓝以染，毋烧灰，毋暴布。 季夏之月，乃命虞人，入山行木，毋有斩伐。
以秋八月，修封捋（埒），正疆畔，及癹千（阡）百（陌）之大草。		恒以秋七月除千（阡）佰（陌）之大草。	孟秋之月，命百官始收敛。完隄防，谨壅塞，以备水潦。修宫室，坏墙垣，补城郭。
九月，大除道及除（浍）。		九月大除道□阪险。	
十月为桥，修陂堤，利津□。		十月为桥，修波（陂）堤，利津梁。	孟冬之月，谨关梁，塞徯径。

我们不是完全否认知识阶层在建构月令体系时，为了凸显月令图式的完整和系统，曾经做了诸多附会之举，使之显得有些机械和呆板。但是，我们能够从上面的表格中清晰地看到，《礼记·月令》中与基层社会民众日常生产生活相关的内容，其实都是有现实依据和历史传统的。

这说明月令从未完全脱离民众日常生活，而蜕变成纯粹的学术理论，或存身于朝堂之上而悬浮于现实社会。这就为月令的下行和落实，提供了基本的支撑，对汉代月令的民俗转变无疑是一种利好。

（二）王官月令的贯彻与落实

两汉经学是经世致用之学，它对制度改良损益的目的，最终是为了将经学的价值取向和标准推向社会，以期对社会生活产生实际的影响。月令的“致用”取向表现同样强烈和明晰。当“儒家文化上升为官方意识形态后，一般情况下，统治者都希望将它延伸向基层乡村社会，在思想上实现对民众的控制，以维护自身的统治。

而儒家知识分子也希望借助官方的途径，使民众接受按照儒家理念制定的行为习惯，实现其化民成俗的政治理想”。[1] 因此，两汉出现了很多通经致用、教化乡里的官吏。如第五伦上疏批评地方官吏为政“专念掠杀，务为严苦”，使得“吏民愁怨，莫不疾之”，认为这“违天心，失经义”。[2] 何敞迁汝南太守，“在职以宽和为政。立春日，常召督邮还府，分遣儒术大吏案行属县，显孝悌有义行者。及举冤狱，以《春秋》义断之。是以郡中无怨声，百姓化其恩礼”。[3] 他们自觉依循经义治理地方社会，对不合经义处，能针刺贬斥，真正将经典义理“致用”于社会生活之中。在这其中，常见的手段和方式有如下几种：

首先，敬授民时。时历的制定和颁授对社会存续发展意义重大。“历法的产生表明人们已经对时间的连续性和间断性有了清楚的认识，形成了明确的过去、现在和将来的观念，进入对时间进行量的计算时代。通过历法人们可以了解各个生产环节的顺序性，确切地指导某一个生产环节已经过去了多久，正在进行的生产环节要延续多长，计划要进行的生产环节什么时候去实现，这就使人们可以适时地进行各种生产活动，并对未来的生产活动进行谋划和准备。”[4] 因此，作为一种工具，在满足社会存续发展方面，时历不可或缺。

但时历的总结和制定需要系统完备的知识、技术准备，这超出个体能力范畴，因此为官方所垄断。秦汉时期，传统的天文历法格局趋向成立，各种观测工具和技术不断发展，对日月五星的基本运动规律进行了初步的掌握，历法的制定从对天象的观测记录发展到以观测记录为基础的梳理推算，成熟的盖天说、浑天说和宣夜说等宇宙学说出现，而且，天文学作为一个学术知识体系在传统文化中的地位和官僚制度中的位置也逐步明晰，政府以现实权力机制为保障，颁行全国统一的历法。

在大一统的政治格局下，历法被赋予了强烈的政治色彩，成为王朝正统合法的重要表征。因此，秦汉王朝多强调“改正朔”。“王者易姓受命，必慎始初，改正朔，易服色，推本天元，顺承厥意。”[5] 因此，时历界定了政治的合法与非法、正常与非常。“可以说只要从朝廷的正朔，无论何地，无论具体时间的生活如何安排，生活所依托的时间架构都是统一的，来自朝廷的编排。从这个意义上讲，各地人们的生活具有形式上的统一性。朝廷通过颁布历法对疆域内人民的生活节奏产生结构性的

[1] 徐朝旭等著：《儒家文化与民间信仰》，北京：人民出版社，2013 年版，第 198 页。
[2]〔南朝宋〕范晔：《后汉书·第五伦传》，北京：中华书局，1965 年版，第 1400 页。
[3]〔南朝宋〕范晔：《后汉书·何敞传》，北京：中华书局，1965 年版，第 1487 页。
[4] 徐朝旭：《中国古代科技伦理思想》，北京：科学出版社，2010 年版，第 201 页。
[5]〔汉〕司马迁：《史记·历书》，北京：中华书局，1959 年版，第 1256 页。

影响。”[1] 随着经学时代的到来，时历颁制也被提升到天人之际的高度来加以对待。

《礼记·月令》强调“毋变天之道，毋绝地之理，毋乱人之纪”。[2] 为天子施政梳理出系统的行为规范。对于时历问题，《礼记·月令》云在季冬之月，因“日穷于次，月穷于纪，星回于天。数将几终，岁且更始”，所以“天子乃与公卿大夫，共饬国典，论时令，以待来岁之宜”。[3] 并于孟春之月“命大史，守典奉法，司天日月星辰之行，宿离不贷，毋失经纪，以初为常”。[4] 所以，在经学时代天子制历授时，既是对《礼记·月令》“为人君南面而听天下，视时以授民事”的践行，同时也将其融入时历之中。

近世不断有历谱出土，陈梦家通过对居延、敦煌和酒泉简的统计，认为“其可推定的有本始二年（前 72 年，博），本始四年（前 70 年，A14），元康三年（前 63 年，敦），神爵元年（前 61 年，破、地），神爵三年（前 59 年，敦），五凤元年（前 57 年，敦），永光五年（前 39 年，敦），鸿嘉四年（前 17 年，敦），永始四年（前 13 年，敦），建平二年（前 5 年，大），居摄元年（后 6 年，A21），居摄三年（后 8 年，A6），永元六年（后 94 年，敦），永元十七年（后 105 年，金），永兴元年（后 153 年，敦），共十五年”。[5] 而尹湾汉墓出土的“元延元年历谱”木牍，“可反映出元延元年全年每一个月的天数及其每一天的干支……也就是说，通过此历谱，可查阅到这一年全年每一个月的天数及其每一天的干支”。[6] 其中，一些节气的日期与节日的具体日期书于相应的干支日期，一目了然。敦煌悬泉置出土的《四时月令五十条》，其体例、内容与《礼记·月令》高度相似，详细规定一年之中诸月所应关注和禁止之事，以此指导和规范民众的生产生活，从而以“敬授民时”的方式，将《礼记·月令》落实到民众的日常生活之中。

因此，历法修订、敬授民时既是秦汉官府的社会义务，更是一种被独占的权力象征。民众对官方历法的接受和遵循，意味着对政权的承认和服从。“一如《礼记·月

[1] 侯旭东：《朝廷、州县与村里：北朝村民的生活世界》，载牟松发主编《社会与国家关系视野下的汉唐历史变迁》，上海：华东师范大学出版社，2006 年版，第 220—221 页。

[2]〔清〕阮元校刻：《十三经注疏·礼记正义·月令》，北京：中华书局，1980 年影印版，第 1357 页。

[3]〔清〕阮元校刻：《十三经注疏·礼记正义·月令》，北京：中华书局，1980 年影印版，第 1384 页。

[4]〔清〕阮元校刻：《十三经注疏·礼记正义·月令》，北京：中华书局，1980 年影印版，第 1356 页。

[5] 陈梦家：《汉简年历表叙》，《考古学报》，1965 年第 2 期。

[6] 张显成、周群丽：《尹湾汉墓简牍校理》，天津：天津古籍出版社，2011 年版，第 98 页。

令》的名称所表现的那样，时间是被作为法令规定的时间——对于民众日常时间的把握，一定意义上就是对民众把握的象征。”[1] 可以说，秦汉王朝通过控制时间而控制了社会，而“敬授民时”也将《礼记·月令》的影响引导入民众的日常生活中。

其次，地方长吏理民。在先秦以至汉初，官府在行政运作和社会管理过程中，已经形成了较为系统的时令行为。以时循行、秋冬上计、司法以时等即是明证。这种“应时动事”的行为方式，将时令与官方行为紧密结合在一起，成为官府能够对民众生产生活加以组织和管理的有效保障。随着月令的经学化，这种“应时动事”的取向与具体惯行不仅得到认可，更被从天道自然的高度予以强调。

这与两汉官员结构和知识背景的变迁密切相关。随着“罢黜百家，独尊儒术”政策的确定和推行，入仕儒生在数量上不断增加，“在汉代四百年的历史中，官吏群体的文化结构是发展变化的。就官吏群体的文化水平状况而言，体现出由低到高的特点；就官吏群体的学术派别状况而言，呈现出儒学化、儒者化的趋向”。[2] 出现了诸多名儒，比如韦贤、魏相、丙吉、萧望之、张禹、翟方进、孔光等，他们占据朝廷要津，直接影响到国家制度、政策、律令的制定。地方官吏也多有儒学知识背景，据统计，从元成至东汉末，“儒家官吏占据了绝对优势，官吏群体的儒学化程度进一步加深”。[3] 他们在承担文化责任，通经治学的同时，又承担相应的行政责任，以经治国。

这类人明习经书，又通政事，具有强烈的“士志于道”、教化万民的精神。儒家官吏在为两汉王朝建构系统的天人理论模式和文化价值的同时，也积极地将其投入社会实践以影响和改造现实，将儒家的道德学说普及到整个社会。可以说，他们是真正发挥作用改造汉政的人。他们从天人之际的高度，注重对民众生产生活的组织和管理，应时动事，将《礼记·月令》的精神和规范融汇到理民的过程中。检两汉史籍，任延所守九真郡、周嘉所守零陵郡、邓训所守张掖郡、许荆所守桂阳郡、张翕所守越巂郡、张奂所守武威郡等，多是如此。这些人长期治理一方，有的甚至一任长至十数年，有充足的时间和机会，将儒家理念渗透到基层社会，并实现对民众思想、行为的影响。他们“自觉地用儒家经学改造社会传统的地方官员，在西汉

[1] 刘晓峰：《东亚的时间：岁时文化的比较研究》，北京：中华书局，2007 年版，第 407 页。

[2] 刘丁豪：《汉代官吏群体的儒学化及其对汉代社会的影响》，《四川师范学院学报（哲学社会科学版）》，2003 年第 1 期。

[3] 刘丁豪：《汉代官吏群体的儒学化及其对汉代社会的影响》，《四川师范学院学报（哲学社会科学版）》，2003 年第 1 期。

中后期还有很多，他们沟通了社会上层学术文化与下层民众生活之间的联系，真正将儒家经学推广到社会，实现了移风易俗、教化民众的责任”，[1] 可以说是汉代意识形态的创造者、维护者和践行者。

因此，具有儒学知识背景的知识阶层通经入仕，沟通了思想与现实、中央与地方、官与民的联结。“他们既是下层平民的代表，又是朝廷皇帝的依靠力量。这是一种沟通两端的中介社会层。”[2] 因此，在“以经治国”的时代背景下，他们促导《礼记·月令》的经学化，以之为汉廷提供治国施政的意识形态和系统理论，同时也背负着通经致用、教化万民的文化责任。在为吏治民的过程中，从客观自然节律和《礼记·月令》经义两个角度，应时动事，循时理民，将理民与经义相结合。这成为《礼记·月令》渗透并影响民众日常生活的重要途径之一。

第三，律令的传递与宣教。律令法凸显了中央王朝的权威和天子的意志。它的颁布、传达和宣教，本身就是一种将月令导向民众日常生活的基本方式。从出土资料看，早在先秦至西汉初，官府就已经注重司法律令与时令的关系，青川秦简、睡虎地秦简《田律》、张家山汉简《田律》等，都以法律的形式，将应时动事、以时禁发的原则规定下来，并强制执行。

如前所述，汉代律令受月令影响深刻，两汉诸帝多次援引《礼记·月令》经文制度法令，如尊养高年的受鬻法、宣帝元康三年毋弹射飞鸟令、元帝初元三年毋犯四时之禁令、成帝阳朔二年务顺四时月令诏、敦煌出土的平帝元始五年《四时月令五十条》等，东汉时期又多次依循《礼记·月令》对案验薄刑、断狱报重的时间进行修改，从而将《礼记·月令》揉入现实法制之中。它们的宣教和执行，本身就是推动月令向民间社会贯彻落实最可靠的手段之一。

这些法令并非“虚悬朝堂之上”，而是层层传达，具体执行。如丙吉于宣帝朝为御史大夫时，引《礼记·月令》仲夏条“百官静，事毋刑，以定晏阴之所成”，建议“仲夏寝兵”，为宣帝采纳，制诏颁授天下。从出土资料看，“第四至第八简是命令传达执行诏文的文字，各简的内容为分别传达诏文的程序：第四简是由御史大夫向丞相；第五简是由丞相向车骑将军、将军等中央政府各机关以及郡太守、诸侯的相；第六简是由张掖太守向属国都尉、农都尉、部都尉、肩水仓长、县的令长；

[1] 张立文主编，周桂钿、李祥俊著：《中国学术通史·秦汉卷》，北京：人民出版社，2004 年版，第 129 页。

[2] 马彪：《论秦汉异同与士大夫的社会平衡机制》，载牟松发主编《社会与国家关系视野下的汉唐历史变迁》，上海：华东师范大学出版社，2006 年版，第 315 页。

第七简是由张掖肩水都尉向肩水城尉；第八简是由肩水侯向所属尉、侯长传达诏文”。[1] 由此揭示了此令颁授传达的过程。与此相似，敦煌悬泉置《四时月令五十条》，是平帝时王莽依照《礼记·月令》所制，体例内容，甚至具体文辞与《礼记·月令》存在高度相似之处，是《礼记·月令》影响汉代法制的典型代表，其内容也揭示了其从制定到“下中二千石、二千石下郡太守、诸侯相”、[2] 敦煌长史、部都尉以至县乡的过程。

而相关法令颁定和传达至地方之后，基层官吏对相关条令的宣教活动，则将《礼记·月令》的义理真正地宣导于民众生活世界之中。先秦以来，时人皆注重对朝廷律令的宣教，《管子》云：“正月之朔，百吏在朝，君乃出令，布宪于国。五乡之师，五属大夫，皆受宪于太史。”[3] 受宪之后，五乡之师、五属大夫随后也于所辖之地进行“布宪”，这与《周礼》所言相类。《周礼》记大宰之职曰：“正月之吉，始和，布治于邦国都鄙。乃县治象之法于象魏，使万民观治象，挟日而敛之。”[4] 注云：“大宰以正月朔日，布王治之事于天下，至正岁，又书而县于象魏，振木铎以徇之，使万民观焉。小宰亦帅其属而往，皆所以重治法、新王事也。”[5] 这种律令宣教的构想，在秦汉时期早已付诸实践，如睡虎地秦简中“故腾为是而修法律令、田令及为间私方而下之，令吏明布，令吏民皆明智（知）之，毋巨（歫）于罪”。[6] 敦煌汉简中也有汉代地方官宣教朝廷律令于民的规定，“知令，重写令，移书到，各明白大扁（遍）书市里、官所、寺舍、门亭、燧堠中，令吏卒民尽讼知之，且遣鄣吏循行问吏卒，凡知令者案论，尉丞令丞以下毋忽，如律令，敢告卒人”。[7] 这种具体的宣教活动，可以造成“使民知之”的社会效果。

为保障相关律令的传达和落实，秦汉官府还专门制定了相应的监察方案，睡虎

[1]［日］大庭修：《秦汉法制史研究》，林剑鸣等译，上海：上海人民出版社，1991 年版，第 34 页。

[2] 胡平生、张德芳：《敦煌悬泉汉简释粹》，上海：上海古籍出版社，2001 年版，第 198 页。

[3] 赵守正撰：《管子注译·立政》，南宁：广西人民出版社，1982 年版，第 28 页。

[4]（清）阮元校刻：《十三经注疏·周礼注疏·大宰》，北京：中华书局，1980 年影印版，第 648 页。

[5]（清）阮元校刻：《十三经注疏·周礼注疏·大宰》，北京：中华书局，1980 年影印版，第 648 页。

[6] 云梦秦墓竹简整理小组：《云梦秦简释文（一）》，《文物》，1976 年第 6 期。

[7] 吴礽骧、李永良、马建华释校：《敦煌汉简释文》，兰州：甘肃人民出版社，1991 年版，第 142 页。

地秦律云：“为（伪）听命书，法（废）弗行，耐为侯（候）。”[1] 可见，地方官员收到朝廷命书，假装听命而实际上不予执行的，应耐为候。由此，民不敢犯，吏不敢违。

因此，与具体的政治运作、社会管理所体现出的“劝诱”功能相比，司法律令则表现出较为积极的“规范和约束”功能。当相关律令制定之后，通过严格的程序，次第传达至地方社会，并遍书各处，宣教诵读，当民众“尽讼知之”时，月令自然也就进入其思想世界，进而影响其行为。可以说，这种传递和宣教为月令的贯彻和落实提供了切实的制度保障。

第四，通俗展演。受认知能力和文化水平的局限，秦汉时期普通民众可能很难理解《礼记·月令》关于天道自然和社会认识的抽象诠释，也很难识别各种文本呈现的意识形态，但对具体通俗的物质文化表现出特有的青睐。这是民众生活逻辑所决定的。因此，官府在基层社会按规定举行的各类具体的礼仪、祭祀、司法活动，可以将《礼记·月令》所包含的文化设计与政治意旨，以通俗的方式呈现出来，从而方便民众的理解和接受。

《礼记·月令》中包含有很多以时举行的仪式和祭祀，如春耕籍田礼，在《礼记·月令》中，被视作天子“顺阳助长”的重要体现，武帝征和四年、昭帝始元元年、始元六年、明帝永平四年、永平十三年、永平十五年、章帝元和二年、元和三年、献帝兴平元年，诸帝附会《礼记·月令》于春月亲耕籍田。在地方上，长吏常循行郡县，劝民农桑，同时于立春之日作土牛以示兆民，“立春之日，夜漏未尽五刻，京师百官皆衣青衣，郡国县道官下至斗食令史皆服青帻，立青幡，施土牛耕人于门外，以示兆民，至立夏”。[2] 南阳出土的东汉桓帝延熹二年张景造土牛碑有“府南门外劝农土牛□□□□”[3] 之文。可见，在《礼记·月令》的影响下，汉代从天子以至基层职官皆行相应的春耕礼仪。这种天子亲耕籍田、长吏春行郡县，以及相关的衣饰、土牛等，共同构成一个具体的场景，将《礼记·月令》的抽象经义通俗地呈现出来，民众由此可视可知，从而强化了对《礼记·月令》的认知和接受。

再比如地方官吏班春行县活动，它本身与《礼记·月令》关系密切，成帝阳朔四年春正月，诏曰：“方东作时，其令二千石勉劝农桑，出入阡陌，致劳来之。”[4]

---

[1] 睡虎地秦墓竹简整理小组编：《睡虎地秦墓竹简》，北京：文物出版社，1990 年版，第 80 页。

[2]〔南朝宋〕范晔：《后汉书·礼仪志上》，北京：中华书局，1965 年版，第 3102 页。

[3] 郑杰祥：《南阳新出土的东汉张景造土牛碑》，《文物》，1963 年第 11 期。

[4]〔汉〕班固：《汉书·成帝纪》，北京：中华书局，1962 年版，第 314 页。

以此诏为标志，“此后二千石行春遂成为制度”。[1] 地方郡守如韩延寿为左冯翊、杜密为太山太守，许荆为桂阳太守，何敞为汝南太守，谢夷吾为钜鹿太守，皆班春行县、秋冬上计，秦彭为山阳太守，“崇好儒雅，敦明庠序。……兴起稻田数千顷，每于农月，亲度顷亩，分别肥塉，差为三品，各立文簿，藏之乡县。于是奸吏跼蹐，无所容诈”。[2] 这与《礼记·月令》所言孟春之月“皆修封疆，审端经术。善相丘陵、阪险、原隰，土地所宜，五谷所殖，以教道，民必躬亲之。田事既饬，先定准直，农乃不惑”[3] 是一致的。因此，地方长吏以这种具体的活动，将抽象的经义生动地呈现出来，转化成民众能够理解的图景，无疑增强了民众对月令的认可和接受。

而司法过程本身也是对《礼记·月令》的宣教和通俗呈现。两汉法律思想、法律制度和司法活动深受《礼记·月令》的影响，作为亲民之官，地方长吏立身朝廷与民众之间，其对民间辞讼的处理，本身即是对《礼记·月令》的一种宣教和通俗呈现。如严延年“冬月，传属县囚，会论府上，流血数里，河南号曰‘屠伯’”。[4] 这种冬月论囚的践行，本身就体现了《礼记·月令》“刑以秋冬”的内涵。诸葛丰“为司隶校尉，不顺四时，修法度，专作苛暴”，乃至“以春夏系治人”，[5] 最终被免为庶人，这也以具体的事例，向兆民传达“司法以时”的观念。可以说，各级长吏遵循国家法制，以时司法，通过具体的司法实践活动，将司法与时令的关系，导入民众的观念之中，强化了民众对《礼记·月令》的理解。

第五，教育引导。教育对于意识形态的传播无疑具有巨大的作用，也能在无声无息中实现对民众思想和行为的改造。《礼记·月令》在当时已经受到社会的广泛关注，在进入经学体系后，对它研习的热度更是随之抬升。刘向《别录》对其就加以著录，而刘歆也曾多次征引。戴圣的弟子桥仁撰《礼记章句》四十九篇，对它的诠释、传播贡献良多。而诸多名儒的加入，更是进一步抬升了《礼记·月令》的知名度，如马融就曾“注《孝经》《论语》《诗》《易》《三礼》《尚书》《列女传》《老子》《淮南子》《离骚》”。[6] 卢植受学于马融，“能通古今学，好研精而不守章句”，

[1] 杨振红：《出土简牍与秦汉社会》，桂林：广西师范大学出版社，2009 年版，第 226 页。

[2]〔南朝宋〕范晔：《后汉书·循吏列传》，北京：中华书局，1965 年版，第 2467 页。

[3]〔清〕阮元校刻：《十三经注疏·礼记正义·月令》，北京：中华书局，1980 年影印版，第 1356—1357 页。

[4]〔汉〕班固：《汉书·酷吏传》，北京：中华书局，1962 年版，第 3669 页。

[5]〔汉〕班固：《汉书·诸葛丰传》，北京：中华书局，1962 年版，第 3251 页。

[6]〔南朝宋〕范晔：《后汉书·马融传》，北京：中华书局，1965 年版，第 1972 页。

“作《尚书章句》《三礼解诂》”。[1] 曹褒“博物识古，为儒者宗。十四年，卒官。作《通义》十二篇，演经杂论百二十篇，又传《礼记》四十九篇，教授诸生千余人，庆氏学遂行于世”。[2] 而郑玄“本习《小戴礼》，后以古经校之，取其义长者，故为郑氏学。玄又注小戴所传《礼记》四十九篇，通为《三礼》焉”。[3] 传习不绝的《礼记》，地位日隆，最终成为“三礼之首”。天下多少向道之人倾其心力于《礼记》研习，其社会影响难以估量。

考虑到儒学对汉代教育和选官的垄断，整个社会关注、研习《礼记》者，人数恐怕要远超我们的想象。对于教育，董仲舒提出：“不在六艺之科孔子之术者，皆绝其道，勿使并进。”[4] 这种独尊儒术的建议被汉武帝采纳，“六艺之科，孔子之术”成为钦定的官方学术。而选官方面，公孙弘提出“小吏浅闻，不能究宣，无以明布谕下”。因此，他建议以明习儒家典籍的“文学”为官，具体措施是“为博士官置弟子五十人，复其身。太常择民年十八已上，仪状端正者，补博士弟子。郡国县道邑有好文学，敬长上，肃政教，顺乡里，出入不悖所闻者，令相长丞上属所二千石，二千石谨察可者，当与计偕，诣太常，得受业如弟子。一岁皆辄试，能通一艺以上，补文学掌故缺；其高弟可以为郎中者，太常籍奏。即有秀才异等，辄以名闻。其不事学若下材及不能通一艺，辄罢之，而请诸不称者罚”。[5] 公孙弘的建议获得天子认可，“自此以来，公卿大夫士吏彬彬多文学之士矣”。[6]

五经官学因此获得快速发展，京师太学、地方郡国官学乃至个人私学，都以五经之学为本，《礼记·月令》作为经学，由此获得稳定的传习研究保障。至“昭帝时举贤良文学，增博士弟子员满百人，宣帝末增倍之。元帝好儒，能通一经者皆复。数年，以用度不足，更为设员千人，郡国置《五经》百石卒史。成帝末，或言孔子布衣养徒三千人，今天子太学弟子少，于是增弟子员三千人。岁余，复如故。平帝时王莽秉政，增元士之子得受业如弟子，勿以为员，岁课甲科四十人为郎中，乙科二十人为太子舍人，丙科四十人补文学掌故云”。[7] 博士弟子虽不断倍增，但所研习

---

[1]〔南朝宋〕范晔：《后汉书·卢植传》，北京：中华书局，1965 年版，第 2113、2116 页。

[2]〔南朝宋〕范晔：《后汉书·曹褒传》，北京：中华书局，1965 年版，第 1205 页。

[3]〔南朝宋〕范晔：《后汉书·儒林列传下》，北京：中华书局，1965 年版，第 2577 页。

[4]〔汉〕班固：《汉书·董仲舒传》，北京：中华书局，1962 年版，第 2523 页。

[5]〔汉〕司马迁：《史记·儒林列传》，北京：中华书局，1959 年版，第 3119 页。

[6]〔汉〕班固：《汉书·儒林传》，北京：中华书局，1962 年版，第 3596 页。

[7]〔汉〕班固：《汉书·儒林传》，北京：中华书局，1962 年版，第 3596 页。

内容则限于五经之学，《礼记・月令》自然是其修习的重要组成部分。

而在地方郡国，长吏也大力推动五经官学教育。汉代典籍中就曾记录了诸多自觉地通经致用的地方官，典型如文翁守蜀“选郡县小吏开敏有材者张叔等十余人亲自饬厉，遣诣京师，受业博士，或学律令。……数岁，蜀生皆成就还归，文翁以为右职，用次察举，官有至郡守刺史者”。同时在当地“修起学官于成都市中，招下县子弟以为学官弟子，为除更繇，高者以补郡县吏，次为孝弟力田。常选学官童子，使在便坐受事。每出行县，益从学官诸生明经饬行者与俱，使传教令，出入闺阁”。这一系列的举措，收到了极好的社会效果，“县邑吏民见而荣之，数年，争欲为学官弟子，富人至出钱以求之。繇是大化，蜀地学于京师者比齐鲁焉”。[1] 建初元年，秦彭为山阳太守，“以礼训人，不任刑罚。崇好儒雅，敦明庠序”。[2] 建武六年，李忠迁丹阳太守“以丹阳越俗不好学，嫁娶礼仪，衰于中国，乃为起学校，习礼容，春秋乡饮，选用明经，郡中向慕之”。[3] 张霸为会稽太守，“郡中争厉志节，习经者以千数，道路但闻诵声”。[4] 在整个两汉，如文翁、秦彭、李忠、张霸者不胜枚举。

甚至在私学和蒙学中，也以经学为主。《四民月令》每年正月、八月、十月和十一月对幼童入小学，成童入大学以学五经加以明确规定，如正月“农事未起，命成童已上入大学，学五经；师法求备，勿读书传。砚冻释，命幼童入小学，学篇章”。[5] 可见，五经官学的确立和推行，将包括《礼记・月令》在内的五经之学导入基础教育层面。

因此，五经官学和教育体系的完善，为《礼记・月令》的研习传布提供了稳定的渠道和有效的保障。与单篇别传时期不同，《礼记・月令》在汉代作为经学，是官方认可的教育内容，也是选仕的重要参照。时人或出于仕途考虑，或出于义理探究，对《礼记・月令》加以研究和传播，使得《礼记・月令》不断深入社会。同时，随着教育的灌输，《礼记・月令》所蕴含的抽象义理，逐步让渡到个体的认知世界中，改变着时人的认知底色，将相关的行为规范、思维模式和价值取向传播到民众日常生活世界之中。可见，教育将意识形态持续且坚定地传播、贯彻到基层社会日常生活之中。《礼记・月令》是经学的组成部分，在这一潮流中，自然也备受民间社会

[1]〔汉〕班固：《汉书・循吏传》，北京：中华书局，1962 年版，第 3625—3626 页。

[2]〔南朝宋〕范晔：《后汉书・循吏列传》，北京：中华书局，1965 年版，第 2467 页。

[3]〔南朝宋〕范晔：《后汉书・李忠传》，北京：中华书局，1965 年版，第 756 页。

[4]〔汉〕班固：《汉书・张霸传》，北京：中华书局，1962 年版，第 1241 页。

[5]〔汉〕崔寔著，石声汉校注：《四民月令校注》，北京：中华书局，1965 年版，第 9 页。

的关注。

总之，《礼记·月令》不仅对汉代国家制度、行政、律令、司法和礼仪的建设影响深刻，而且伴随着国家运作、社会管理、生产组织等，自上而下的传播、贯彻到基层社会，融汇到民众日常生活之中。在这个过程中，基层官吏的行政活动、律令传达宣教、礼仪祭祀展演、教育引导等方式，将抽象的经义以具体的形式呈现出来，把相关政治理念、文化旨趣、价值规范、行为准则等转换成民众能够把握的内容，从而最大限度地保障了王官月令贯彻落实的效果。可以说，不管汉代基层民众身处何方，对《礼记·月令》是否完全理解，对国家要求的遵循是出于自愿，还是听命行事，抑或希望通经入仕，在国家以各种方式持续不断的灌输、引导和强制下，他们都不可避免地受到不同程度的影响，董仲舒所期望的“统纪可一而法度可明，民知所从”[1]应该说在很大程度上得以实现了。这反映了作为意识形态的王官月令被贯彻、落实以及地方化的过程，也向我们展示了王官月令是如何走进了普通民众的生命与日常。

二、官府驱民趣时的构建与维持

先秦时期先哲关于天道自然、社会人事的诸多认知和构想，在当时大多只是存在于理论层面。真正将这些认知和构想引入现实，则是在秦汉时期。特别是《礼记·月令》完成经学化以后，极大地加速了这一进程，在政治权力的推动下，迅速影响了国家的行政、律令、礼仪等方面，并伴随着具体的社会生产组织和生活管理，从上到下，逐步贯彻和落实到基层社会。各级官吏依照制度规定和律令要求，按时督导民众开始农业生产、手工制作、商业买卖、文化教育、礼仪祭祀、庆赏恩赐、休憩娱乐等，形成了官府驱民趣时的社会样态。

但令人讶异的是，统治阶层着力建构的这种驱民趣时模式，不仅没有历久弥坚，反而快速走向衰弛，最终崩解。须知，《礼记》的经学地位一经实现，并未动摇，甚至越发坚固，以至于发展成为“三礼之首”，对它展开研习，并以经致用者层出不穷，统治者对其也是表现出格外的重视，不遗余力地加以强调，试图维持它的存续。其中的缘由是什么？

想要回答这一问题，我们需要进一步追问，官府建立和维持驱民趣时模式的力量之源是什么？是月令本身的多样的内容、规范的形制、统一的逻辑、抽象的理论、深邃的哲思吗？这可能是一个重要方面，但理论不会自动呈现出“力量”的状态，况且，

[1]〔汉〕班固：《汉书·董仲舒传》，北京：中华书局，1962年版，第2523页。

在对《礼记·月令》传习不绝的情况下，仍未能阻止驱民趣时的崩散，说明它并不是决定性因素。那么，想要找出答案，可能就需要走出月令本身，从更宽泛的秦汉社会中找寻答案。而授田制度则为我们提供了一个很好的切入点。

（一）户籍编伍与人身控制

春秋战国时期，个体小农劳作方式逐渐取代"万夫俱作"的集体耕作模式。这种"五口之家"的个体小农家庭劳作方式，适应了社会生产力的发展，可以不必借助联合的集体经营方式也能保障生存，具有较强的生产生活独立性，而且对官府赋税徭役收缴也表现出更强的满足能力。但它也有与生俱来的不足，比如生产周期长，积累率低，抗风险能力弱等，此外还面临一个能力范畴的问题，对于超出家庭能力之外的公共工程，常显得力不从心。

对于秦汉政府而言，个体小农家庭数量的稳定、生存的状况直接关乎国家统治。"故民数者，庶事之所自出也，莫不取正焉。以分田里，以令贡赋，以造器用，以制禄食，以起田役，以作军旅。国以之建典，家以之立度，五礼用修，九刑用措者，其惟审民数乎？"[1] 为保障其生存，维护自身统治，秦汉在相关经验基础上，整齐制度，修订户籍，编户齐民，比地为伍，分区居处，严格人身控制，将全国人口都置于国家力量的严密控制之下，并施以严密有序的组织管理，进而实施统一的生产，户口登记，徭赋分摊以及生活管理，国家力量和君主意志借此直接贯彻至社会基层，并控制每家每户的生产生活，为驱民趣时奠定了相应基础。

首先，修订户籍，编户齐民。秦汉时期的户籍管理讲求"四境之内，丈夫女子皆有名于上，生者著，死者削"。[2] 秦献公十年下令"为户籍相伍"，开始着手建立系统的户籍制度，以强化对所辖民户的控制和管理。商鞅变法，在秦国全面推行户籍制度，"令民为什伍"。[3] 汉承秦制，其户籍编伍制度得以继承推行。秦及西汉初期对于人口的管理，主要包括对新生与死亡人口的统计，初为算赋及全体算赋人口的统计，分户析产的管理，人口迁徙的管理等方面，时间多集中在秋八月。张家山汉简《户律》规定："民皆自占年。小未能自占，而毋父母、同产为占者，吏以□比定其年。……产子者恒以户时占其□□罚金四两。"[4]"民欲别为户者，皆以八

[1]［魏］徐幹撰，孙启治解诂：《中论解诂·民数》，北京：中华书局，2014 年版，第 370—371 页。

[2] 高亨注译：《商君书注译·境内》，北京：中华书局，1974 年版，第 146 页。

[3]（汉）司马迁：《史记·商君列传》，北京：中华书局，1959 年版，第 2230 页。

[4] 张家山二四七号汉墓竹简整理小组编著：《张家山汉墓竹简〔二四七号墓〕（释文修订本）》，北京：文物出版社，2006 年版，第 53 页。

月户时，非户时勿许。”[1] 八月算民对于社会管理意义关键，基层官府完成对民户的调查之后，将新编户籍藏之县廷，作为政府授田授宅、征发徭役等的凭借，“恒以八月令乡部啬夫、吏、令史相襍案户籍，副臧（藏）其廷”。[2] 户籍同时也是调解民户纠纷，稳定社会秩序的依据，“官恒先计雠，□籍□不相（？）复者，毄（繫）劾论之。民欲先令相分田宅、奴婢、财物，乡部啬夫身听其令，皆参辨券书之，辄上如户籍。有争者，以券书从事；毋券书，勿听”。[3] 可见，在秦与西汉前期，政府对于民人户籍的管理细密而严格。通过系统的人口统计和户籍管理，统治者可以对人口基本状况有较为细致的掌握，这为官府强化人身控制，统一组织生产生活，促导社会节奏循时有序，创造了基本的条件。

其次，比地为伍，居处有别。在战国乡里基层行政机构和什伍制度的基础上，秦汉官府加以调整完善。秦行军功爵制，以爵位明尊卑，划分民户的不同等级身份，并规定不同的政治和经济待遇，“明尊卑爵制等级，各以差次名田宅，臣妾衣服以家次”。[4] 睡虎地秦简云：“可（何）谓‘四邻’？‘四邻’即伍人谓殹（也）。”[5] 张家山汉简《户律》云：“自五大夫以下，比地为伍，以辨□为信。”[6] 可见，秦及西汉政府有编民为伍之制。在此基础上，官府规划基层里制，控制民户居处。官府于里与里、户与户之间设城垣，分隔并固定民户居处空间，睡虎地秦简《法律答问》云：“越里中之与它里界者，垣为‘完（院）’不为？巷相直为‘院’；宇相直者不为院’。”[7] 可知，里与里之间隔设为“垣”，户与户之间以“院”相隔。而且，每里设门若干，以定时启闭的方式，统一里民的出入。张家山汉简《户律》规定：“募民欲守县邑门者，令以时开闭门，及止畜产放出者，令民共（供）食之，月二户。”[8] 简文为招募里门

[1] 张家山二四七号汉墓竹简整理小组编著：《张家山汉墓竹简〔二四七号墓〕（释文修订本）》，北京：文物出版社，2006 年版，第 56 页。

[2] 张家山二四七号汉墓竹简整理小组编著：《张家山汉墓竹简〔二四七号墓〕（释文修订本）》，北京：文物出版社，2006 年版，第 54 页。

[3] 张家山二四七号汉墓竹简整理小组编著：《张家山汉墓竹简〔二四七号墓〕（释文修订本）》，北京：文物出版社，2006 年版，第 54 页。

[4]〔汉〕司马迁：《史记·商君列传》，北京：中华书局，1959 年版，第 2230 页。

[5] 睡虎地秦墓竹简整理小组编：《睡虎地秦墓竹简》，北京：文物出版社，1990 年版，第 116 页。

[6] 张家山二四七号汉墓竹简整理小组编著：《张家山汉墓竹简〔二四七号墓〕（释文修订本）》，北京：文物出版社，2006 年版，第 51 页。

[7] 睡虎地秦墓竹简整理小组编：《睡虎地秦墓竹简》，北京：文物出版社，1990 年版，第 137 页。

[8] 张家山二四七号汉墓竹简整理小组编著：《张家山汉墓竹简〔二四七号墓〕（释文修订本）》，北京：文物出版社，2006 年版，第 51 页。

看守，对于其定时启闭里门等职责叙述明晰。这种比地为伍、居处有别的管理方式，从空间上限定了民户的活动范围，强化了官府对民户的人身控制。

第三，同伍连坐，居处相察，出入相司。秦献公十年行“为户籍相伍”，商鞅变法时在秦国全面推行“令民为什伍而相牧司连坐”。[1] 同伍连坐的组织管理方式，保障了官府对民户的人身控制，使民户相互监察，以造成民不敢犯、人不敢违的社会效果，“然则去微奸之奈何？其务令之相规其情者也。则使相窥奈何？‘曰：盖里相坐而已。’禁尚有连于己者，理不得相窥，惟恐不得免。有奸心者不令得忘，窥者多也。如此，则慎己而窥彼，发奸之密。告过者免罪受赏，失奸者必诛连刑”。[2] 睡虎地秦简《法律答问》云：“伍人相告，且以辟罪，不审，以所辟罪罪之。”[3] 简文论述了对“伍人相告”的处理方法，其“伍人相告”就有相互监察和告发之意。汉承秦制，张家山汉简《户律》规定：“自五大夫以下，比地为伍，以辨□为信。居处相察，出入相司。有为盗贼及亡者，辄谒吏、典。”[4] 简文明确提出“比地为伍”的目的在于“居处相察，出入相司”，如此，将官府权威和君主意志贯彻到基层社会的每家每户，民户被官府牢牢掌控，只能按照官府的程序，在地方官吏的组织和管理下，以时农作娱庆。

（二）田土授受与经济控制

秦汉循战国授田制，严格土地管理，通过对土地的清丈和划分，以每夫“良田百亩”的标准，因名籍授田，循名而责实以征收田税赋役。授田制将全国人口严密地组织起来，以时农作，按时缴纳赋税，官府从经济层面对民户实施了严格的统治管理，从而保障了社会节奏与自然节律的协同。

首先，清丈田土，以备授田。秦汉承战国之制，在土地授予之前，对全国的田土进行清查丈量，并对不同地域、类别或质量的田土进行划分，确定相应的授田数量。同时，官府对土地阡陌疆界予以规定，土地一经划定，其阡陌疆界不得私自变动。青川秦简中所记秦武王二年更修田律，其文曰：“二年十一月己酉朔朔日，王命丞相戊（茂）、内史匽，□□更修为田律：田广一步，袤八则为畛。亩二畛，一百（陌）

[1]〔汉〕司马迁：《史记·商君列传》，北京：中华书局，1959 年版，第 2230 页。

[2]〔清〕王先慎撰，钟哲点校：《韩非子集解·制分》，北京：中华书局，1998 年版，第 476—477 页。

[3] 睡虎地秦墓竹简整理小组编：《睡虎地秦墓竹简》，北京：文物出版社，1990 年版，第 116 页。

[4] 张家山二四七号汉墓竹简整理小组编著：《张家山汉墓竹简〔二四七号墓〕（释文修订本）》，北京：文物出版社，2006 年版，第 51 页。

道。百亩为顷，一千（阡）道，道广三步。封，高四尺，大称其高。捋（埒），高尺，下厚二尺。”[1] 这里将国家对田亩大小，阡陌疆界的设置等以法令的形式规定下来。张家山汉简对此也有相关的规定，“田广一步，袤二百卌步，为畛，亩二畛，一佰（陌）道；百亩为顷，十顷一千（阡）道，道广二丈”。[2] 秦汉官府通过行田，明晰了全国范围内土地的数量、质量、用途等状况，并以法令的形式规定了亩积大小、阡陌疆界等，从而较为真实和细致地掌握了全国土地的基本情况。这为授田于民，进而统筹社会行为，协调社会节奏奠定基础。

其次，制土分民，每夫百亩。在战国授田制的基础上，商鞅变法后，授田制度在秦国被严格执行，睡虎地秦简《田律》云：“入顷刍稾，以其受田之数，无豤（垦）不豤（垦），顷入刍三石、稾二石。”[3] 简文所云“受田”，即指编户受田于官府。西汉循秦之制，行授田以制土分民，其标准是每夫百亩，而有军功爵者，则依爵位高低依次增加。在张家山汉简《户律》中，规定了自彻侯、关内侯至司寇、隐官等不同爵位所应授田的数量。官府授普通民户之“良田百亩”是一个法定标准。“按每夫百亩良田的标准授之于民而后课之以税，百亩既是授田的基本单位也是征税的基本单位。”[4] 由于各地田土资源和人口数量等的差异，对于土质低劣、不可垦之地，则通过对授田数量的调节以弥补质量的差异，良田者依照标准授予，若土质非良田则加倍、再倍乃至更多授予。银雀山汉墓出土的《田法》揭示了西汉时代授田时，以数量弥补质量差异的概况，其文曰：“……大材之用焉，五而当一。山有木，无大材，然而斤斧得入焉，九而当一。秃……□□蒹（镰）缨得入焉，十而当一。秃尺（斥）津□……罔（网）得入焉，七而当一。小溪浴（谷）古（罟）罔（网）不得入焉，百而当一。美霃（沈）泽蒲苇……□□石，白而【当一】。”[5] 这里所出现的“百而当一”“九而当一”“十而当一”或“五而当一”等，指的就是非良田之地，即山泽林地等与法定良田的折算比例。所以，在秦及汉初，官府以授田制度不仅明晰了全国土地的数量、质量和用途，而且通过系统严格的管理，将土地作为控制民户行

[1] 四川省博物馆、青川县文化馆：《青川县出土秦更修田律木牍——四川青川县战国墓发掘简报》，《文物》，1982 年第 1 期。

[2] 张家山二四七号汉墓竹简整理小组编著：《张家山汉墓竹简〔二四七号墓〕（释文修订本）》，北京：文物出版社，2006 年版，第 42 页。

[3] 睡虎地秦墓竹简整理小组编：《睡虎地秦墓竹简》，北京：文物出版社，1990 年版，第 21 页。

[4] 臧知非：《汉代田税征收方式与农民田税负担新探》，《史学月刊》，1997 年第 2 期。

[5] 银雀山汉墓竹简整理小组编：《银雀山汉墓竹简［壹］·守法守令等十三篇》，北京：文物出版社，1985 年版，第 146 页。

为的根本，民户只能从官府处接受授田，在官府的组织和管理下，以时农作，其生产生活体现了官府的权威和君主的意志。

（三）人地结合，程序生活

秦汉官府以授田制度将民户束缚在土地上，迫使民户只能从官府手中获取必需的生产资料，并按照官府既定的程序和方式从事生产劳作，强制其依照国家意志行事。

当春天来临，地方官吏根据国家要求，行春耕礼，督促民户以时开展春耕劳作，其管控细致到土壤翻耕、种子播撒、以粪肥田等细节。如果胆敢不从官府管束，则要加以相应处罚，龙岗秦简第155号简文云："一盾。非田时也，及田不□□坐……"简文所云"非田时"即指没有遵从官府法令规定，以时开展农作。对于各种自然资源的开采，要注意以时禁发，"春二月，毋敢伐材木山林及雍（壅）堤水。不夏月，毋敢夜草为灰，取生荔、麛（卵）鷇，毋□□□□□□□毒鱼鳖，置穽罔（网），到七月而纵之。唯不幸死而伐绾（棺）享（椁）者，是不用时"。[1] 随着雨季的到来，要高度关注降雨对农作物的影响，并及时上报，"雨为澍〈澍〉，及诱（秀）粟，辄以书言澍〈澍〉稼、诱（秀）粟及豤（垦）田畼毋（无）稼者顷数。稼已生后而雨，亦辄言雨少多，所利顷数。早〈旱〉及暴风雨、水潦、蚤（螽）蚰、群它物伤稼者，亦辄言其顷数。近县令轻足行其书，远县令邮行之，尽八月□□之。田律"。[2] 可见，在春耕之后直至八月这段时间内，对于田土受雨亩数、作物抽穗顷数、田土开垦而尚未耕种的数量、庄稼受雨量、旱涝灾害及病虫灾害多寡等都要详加清查，书面呈报中央。随着秋季的到来，民户要在官府的督促下，对损毁的道路沟渠进行修缮，"恒以秋七月除千（阡）佰（陌）之大草；九月大除道□阪险；十月为桥，修波（陂）堤，利津梁。虽非除道之时而有陷败不可行，辄为之"。[3] 在组织民众收获粮食的同时，也及时地开展赋役的征缴。同时，对户口状况进行摸底统计，处理各种移籍、分户、傅籍等活动。而且还要在农闲时，组织一些军事训练活动。冬闲时节，不仅要处置部分司法案件，还要关注女性纺织问题，同时进行各类祭祀典礼和节庆娱乐。

对于民众生活中出现的各类饮食起居问题，秦汉官府制定诸多时间细则和规范进行指导。从考古资料看，天水放马滩、云梦睡虎地、江陵张家山、随州孔家坡、居延等地区出土了大量《日书》，其内容涉及动土、祭祀、婚嫁、冠带、生育、病疗、

[1] 睡虎地秦墓竹简整理小组编：《睡虎地秦墓竹简》，北京：文物出版社，1990年版，第20页。

[2] 睡虎地秦墓竹简整理小组编：《睡虎地秦墓竹简》，北京：文物出版社，1990年版，第19页。

[3] 张家山二四七号汉墓竹简整理小组编著：《张家山汉墓竹简〔二四七号墓〕（释文修订本）》，北京：文物出版社，2006年版，第42页。

赴任、饮食、制衣、居室、探病、出行、交易、收藏等民众日常生活的各个方面，在这些《日书》中，有许多是作为官吏施政的指导手册使用的。“墓主身份为官吏的，陪葬品均有律令简和《日书》，这绝非偶然。因为《日书》同律令一样，都是官吏为政的必备工具书。”[1] 因此，地方官吏依照《日书》所云，进行相应的时间管理，以指导辖下民众的日常起居饮食等。

可见，秦汉官府在掌握各类社会资源的基础下，通过授田制度，有能力对普通民户的生产生活进行统一的组织和管理。被束缚于土地之上的民户，不得不依照朝廷政令律条，在地方官吏的组织和管理下，依时有序地从事农业生产、手工造作、副业生产、文化学习等。这就是驱民趣时模式能够建立和维系的基本力量。

三、官府驱民趣时的弱化与衰弛

一旦发现了秦汉驱民趣时的力量之源，那么，对于这种模式衰弛崩解的疑惑也就迎刃而解了。土地私有与兼并的发展，民户身份与居住形态的紊乱，必然严重影响国家对民户的控制，其生产组织和生活管理的功能也就不可避免地弱化。所以，即便《礼记·月令》本身功能别样，与政治结合也很深，相关研习也不曾断绝，但官府驱民趣时仍然会面临难以维系的困局。

（一）土地的私有与兼并

秦汉时期行授田制度，以国家政权为行政保障，并颁定系统的法律，严格土地的清丈、授受和继承，并在一定时期内收到了较好的效果，保障了人口与土地的结合，维护了民户及政权的存续发展，并以此强化了官府对社会的控制。但是，“土地制度有一个不以人的意志为转移的发展规律，即土地一经确定为长期占有，必然迅速演变为土地私有制，而土地私有又必然导致土地兼并”。[2] 授田的实际推行、土地买卖的频仍以及吏政失职等因素都会加速这一过程。

首先，秦汉官府虽然制定了严格的授田制度，但是在实际操作层面，是否能达到制度设计的标准，尚有值得商榷之处。作为官府控制社会的根本，秦汉官府行授田制度，面向的是全国，而具体的土地数量和质量、局地人地矛盾等都会影响授田制度的实际执行。湖北江陵凤凰山 10 号汉墓出土简牍《郑里廪簿》，其中列举民户

[1] 林剑鸣：《秦汉政治生活中的神秘主义》，《历史研究》，1991 年第 4 期。

[2] 朱绍侯：《论汉代的名田（受田）制及其破坏》，《河南大学学报（社会科学版）》，2004 年第 1 期。

所拥之田，数量不一，最少者仅八亩“户人圣能田一人口一人　田八亩”，[1] 最多者有五十四亩，“户人胜能田三人口五人　田五十四亩”，[2] 其中有爵者二人，其土地所有状况分别为：“户人公士田能田三人口六人　田廿一亩”，“[户人] 公士市人能田三人口四人　田卌二亩”。[3] 简簿时代为汉文帝至景帝时期，去吕后《二年律令》颁定时间不久，但其所云占田情况已与《二年律令》规定普通民户受田百亩，“公士一顷半顷”[4] 相差甚远了。而两汉人口迅速增加，以荆州为例，“荆州——南阳、南郡、江夏、长沙、桂阳、零陵、武陵共七郡。西汉平帝元始二年（2 年），人口为 3597258；到东汉顺帝永和五年（140 年）的人口上升为 6265952，增长率为 42.6%。扬州——庐江、九江、丹阳、豫章、会稽、吴郡共六郡。西汉元始二年人口为 3206213；东汉永和五年的人口上升到 4338538，增长率为 26.1%”。[5] 人口的迅速增加激化了局地人地矛盾，因此，汉代授田制的维系已经出现危机。

其次，土地买卖强化了其私有化和兼并的进程。秦始皇于三十一年，令“黔首自实田”，这一举措从国家法律的层面，承认了土地私有的合法性。从出土资料看，两汉时期，虽然官府颁布了《户律》《置后律》等一系列法律，对官府所授土地的继承、赠予、买卖和转让加以明确的规定，并督导其严格执行。但是，普通民户常因生存压力而不得不出卖土地，文帝时晁错曾上疏言：“今农夫五口之家，其服役者不下二人，其能耕者不过百亩，百亩之收不过百石。春耕夏耘，秋获冬藏，伐薪樵，治官府，给徭役；春不得避风尘，夏不得避暑热，秋不得避阴雨，冬不得避寒冻，四时之间亡日休息；又私自送往迎来，吊死问疾，养孤长幼在其中。勤苦如此，尚复被水旱之灾，急政暴赋，赋敛不时，朝令而暮改。”[6] 因此，他们不得不“卖田宅鬻子孙以偿债”。此外，关于土地买卖的记述也常见史载，如卜式“有少弟，弟壮，式脱身出，独取畜羊百余，田宅财物尽与弟。式入山牧，十余年，羊致千余头，买田宅”。[7] 张禹“为人谨厚，内殖货财，家以田为业。及富贵，多买田至四百顷，皆泾、

[1] 李均明、何双全编：《散见简牍合辑》，北京：文物出版社，1990 年版，第 70 页。

[2] 李均明、何双全编：《散见简牍合辑》，北京：文物出版社，1990 年版，第 71 页。

[3] 李均明、何双全编：《散见简牍合辑》，北京：文物出版社，1990 年版，第 72 页。

[4] 张家山二四七号汉墓竹简整理小组编著：《张家山汉墓竹简〔二四七号墓〕（释文修订本）》，北京：文物出版社，2006 年版，第 52 页。

[5] 黄今言：《秦汉江南经济发展的几个问题》，《南方文物》，1998 年第 4 期。

[6]〔汉〕班固：《汉书·食货志上》，北京：中华书局，1962 年版，第 1132 页。

[7]〔汉〕班固：《汉书·卜式传》，北京：中华书局，1962 年版，第 2624 页。

渭溉灌，极膏腴上贾”。[1] 出土资料中也包含许多土地买卖的券书，如《徐胜买地铅券》：“建武中元元年丙辰四月甲午朔廿八日乙酉，广阳太守官大奴徐胜，从武邑男子高纪成，卖所名有黑石滩部罗佰田一町，贾钱二万五千，钱即日毕。田东比皇甫忠，南比孙仲信，西比张淮，北比大道。根生土着毛物，皆属徐胜。田中若有尸死，男即为奴，女即为婢，皆当徐胜给使。时旁人姜同、许义皆知券约，沽酒各半。”[2]《曹仲成买地铅券》：“光和元年十二月丙午朔十五日，平阴都乡市南里曹仲成，从同县男子陈胡奴买长谷亭部马岭佰北冢田六亩，亩千五百，并直九千，钱即日毕。”[3] 这些土地买卖的记述，表明两汉时期土地流转及私有化的加速，这势必导致土地兼并，破坏授田制度。

第三，吏政之失常致民户破产而影响授田制的维系。授田制下土地依名籍授予，其目的最终是为了保障税赋的征缴以维持自身统治的延续，所以，完成税赋征缴任务是各级官吏的吏职所在，也是其以时组织民众生产生活的初衷。因此，一方面地方官吏属意于赋税征缴。在此条件下，对民众如何生产、作物结构、产量高低等具体事宜并不关注，疏于生产的组织和生活的管理，甚至为自己谋求财富地位，“守闾阎者食粱肉，为吏者长子孙”，[4] 使得法律规定的基层官吏的职能很难严格落实。另一方面，他们又为了保禄升职，假造计书，欺骗中央，甚至为了不得罪权势豪门，转移其赋役至普通民户身上，进而加重民户的负担，导致其破产。因此，随着吏政失职，引起民户破产和土地的买卖，这加重了土地的私有化和兼并的集中，最终导致授田制的破坏，由此，削弱了官府对民户的控制能力。

（二）身份与居住形态的紊乱

传统农业社会强调重农抑末，“夫明王治国之政，使其商工游食之民少而名卑，以寡趣本务而趋末作”。[5] 秦汉授田制下，民户被划分为不同的身份等级，赋予相应的政治经济权益，比地为伍，分区而居，并被牢固地束缚于土地之上，按照官府的组织和管理，以时有序地从事生产生活，按时应节地缴纳赋税徭役。因此形成了有利于官府控制和管理的民户身份与居住形态，即贾谊所云“末技、游食之民转而缘

[1]〔汉〕班固：《汉书·张禹传》，北京：中华书局，1962 年版，第 3349 页。

[2] 鲁波：《汉代徐胜买地铅券简介》，《文物》，1972 年第 5 期。

[3]《曹仲成买地铅券》，转引自马新《论汉代土地占有形态及其矛盾运动》，《东岳论丛》，2004 年第 2 期。

[4]〔汉〕班固：《汉书·食货志上》，北京：中华书局，1962 年版，第 1135 页。

[5]〔清〕王先慎撰、钟哲点校：《韩非子集解·五蠹》，北京：中华书局，1998 年版，第 455 页。

南亩，则民安性劝业而无县愆之心，无苟得之志”。[1] 但是，社会的发展，引起了民户地位和身份的变化，进而导致居住形态的紊乱。

首先，财富改变部分民户社会地位。秦汉时期虽然依军功爵严格划分了民户的身份等级，作为土地授受和社会管理的重要依据。但是，随着商品经济的发展，部分民众从事商品交易，因为经营有方，而成为富甲一方的手工业者或商人。“夫用贫求富，农不如工，工不如商，刺绣文不如倚市门”，[2] 弃本逐末成为备受社会关注的社会问题。盐铁会议上，文学就指出“今郡国有盐铁、酒榷，均输，与民争利。散敦厚之朴，成贪鄙之化。是以百姓就本者寡，趋末者众”。[3] 获得财富的他们，多购田置业，其财富与授田制下规定的田宅数量已经出入较大。而破产民户则“卖田宅、鬻子孙”，生活难以为继，不得不出售官府所授土地和田宅，从而失去了基本的生活保障变为流民或依附民。因此，财富的变动影响到部分民户的社会地位和身份，等级有序严格的社会结构出现变动，导致授田制的破坏和瓦解，严重影响了官府对社会的实际掌控。

其次，强宗豪右，田宅逾制。秦汉行授田制，对有爵位者，依其爵位高低而授予相应的土地住宅，一经授予则不再收回。张家山汉简中的《置后律》《傅律》和《户律》中，对于其田宅继承人的确定、继承的内容、继承方式等进行了明确规定。如《傅律》云：“不为后而傅者，关内侯子二人为不更，它子为簪袅；卿子二人为不更，它子为上造；五大夫子二人为簪袅，它子为上造；公乘、公大夫子二人为上造，它子为公士；官大夫及大夫子为公士；不更至上造子为公卒。当士（仕）为上造以上者，以适（嫡）子；毋适（嫡）子，以扁（偏）妻子、孽子，皆先以长者若次其父所，所以未傅，须其傅，各以其傅时父定爵士（仕）之。父前死者，以死时爵。当为父爵后而傅者，士（仕）之如不为后者。”[4] 由简文可知，虽然在授田制下军功地主的爵位因继承制度而辈代降低乃至丧失，但是，其田宅则代代相继。这种爵位与田宅数量的矛盾，严重影响了授田制所云依爵位授相应数量田宅的原则标准，军功地主的后代以其父祖之功而荣华乡里，成为虽无政治特权，但有经济势力的大小“豪民”。因此，这种强宗豪右田

---

[1] 吴云、李春台校注：《贾谊集校注·瑰玮》增订版，天津：天津古籍出版社，2010 年版，第 92—93 页。

[2]〔汉〕司马迁：《史记·货殖列传》，北京：中华书局，1959 年版，第 3274 页。

[3]〔汉〕桓宽：《盐铁论·本议》，上海：上海人民出版社，1974 年版，第 1 页。

[4] 张家山二四七号汉墓竹简整理小组编著：《张家山汉墓竹简〔二四七号墓〕（释文修订本）》，北京：文物出版社，2006 年版，第 58 页。

宅逾制的问题，导致授田制难以切实维系。

第三，居住形态的变化。秦汉授田制下，民户被依照地缘比地为伍，分区居处，严格里户管理，以居处相察，出入相司，从而强化官府对民户的控制和管理。但是，随着社会的发展，一方面贫富差距扩大，富者田宅多逾制，贫者则背井离乡，卖宅鬻子，原有的依身份等级的里民居住规划被打破。另一方面，随着土地私有和兼并的发展，部分民户为生计所迫，不断迁出城邑，徙往乡野，自然村落的发展遂渐次打破了政府严格的里民居住规划布局。而居处的流散，相应削弱了政府对民户的控制能力。

因此，随着编户民身份、地位和居处形态的变化，原本授田制下严格系统的编户管理受到强烈且持续的冲击，逐步走向衰弛，进而直接弱化了官府对普通民户的控制。官府再也无法有效地进行统一的生产组织和生活管理，这一方面导致驱民趣时的模式不可避免地面临难以维系的局面，另一方面也为豪族并兴，争夺基层社会生产组织权和生活管理权创造了契机。由此，汉代农家月令的兴起也就有迹可循了。

第二节　豪强渐兴与循时役民

豪右强宗的发展贯穿秦汉历史。在秦与西汉前期，由于国力强盛，法度严明，朝廷采取诸多措施以抑制豪族的兴起。随着国力的衰弛，授田制瓦解，汉廷难以对基层社会实施全面直接的控制管理，普通民众对官府的依附弱化。失地民户脱离官府掌控，转而依附豪族。崛起的豪族不断兼并土地，兼营工商，通经致用，独断乡曲，组织族民及依附民，按时农作，以时娱庆，遂代行了基层官府的部分职能。

一、豪强崛起，雄张闾里

豪右强宗在地方社会生活中，多占据重要地位。“所谓豪族，并不是单纯的同姓同宗的集团；是以一个大家族为中心，而有许多家或许多单人以政治或经济的关系依附着它。这样合成一个豪族单位。”[1]他们在地方生活中呈现出巨大的势力和影响，“往者豪强大家，得管山海之利，采铁石鼓铸，煮海为盐。一家聚众或至千余人，大抵尽收放流人民也。远去乡里，弃坟墓，依倚大家。聚深山穷泽之中，成奸伪之业，遂朋党之权，其轻为非亦大矣！”[2]这对于大一统政治局面下的皇权而言，无疑是一种威胁。

---

[1] 杨联陞：《东汉的豪族》，《清华大学学报（自然科学版）》，1936 年第 4 期。

[2]〔汉〕桓宽：《盐铁论·复古》，上海：上海人民出版社，1974 年版，第 13 页。

（一）秦与西汉前期的豪强政策

秦及汉初朝廷整齐制度，颁定法律，严格督查，强力维护政治一统。在这一时期，地方官基于吏职，依照国家法令，具体组织基层社会的生产生活。同时，对天下豪右常采取强硬政策，维护社会稳定，保障官府对社会的控制和管理。

首先，秦与汉初常迁徙地方豪桀，以强干弱枝。秦并天下，始皇即“徙天下豪富于咸阳十二万户”。[1]汉初，刘敬曾建议高祖曰：“臣愿陛下徙齐诸田，楚昭、屈、景，燕、赵、韩、魏后，及豪桀名家居关中。无事可以备胡；诸侯有变，亦足率以东伐。此强本弱末之术也。”[2]为高祖所从。武帝时仍循此例，建元三年“赐徙茂陵者户钱二十万，田二顷”。[3]元朔二年，“又徙郡国豪杰及訾三百万以上于茂陵”。[4]秦汉官府迁徙地方豪桀的目的，如《后汉书》所言，乃是强干弱枝，强化社会控制，“与乎州郡之豪桀，五都之货殖，三选七迁，充奉陵邑，盖以强干弱枝，隆上都而观万国”。[5]所谓“三选七迁”，注曰：“三选，选三等之人，谓徙于诸陵。”由此可知，对于所迁豪右，当时已经有明确的标准，即“吏二千石”“高赀富人”“豪桀并兼之家”。

其次，秦与汉初还重用酷吏以打击地方豪右。如景帝时郅都为济南守，“济南瞯氏宗人三百余家，豪猾，二千石莫能制，于是景帝拜都为济南守。至则诛瞯氏首恶，余皆股栗。居岁余，郡中不拾遗，旁十余郡守畏都如大府”。[6]王温舒为河内太守，“捕郡中豪猾，相连坐千余家。上书请，大者至族，小者乃死，家尽没入偿臧。奏行不过二日，得可，事论报，至流血十余里。河内皆怪其奏，以为神速。尽十二月，郡中无犬吠之盗”。[7]田延年为河东太守，“选拔尹翁归等以为爪牙，诛锄豪强，奸邪不敢发”。[8]他们“酷烈为声”“一切禁奸”，在汉初抑制地方豪右过程中发挥了重要作用。

第三，汉武帝又设置刺史以监察强宗。《汉书·百官公卿表》言：“武帝元封五年初置部刺史，掌奉诏条察州，秩六百石，员十三人。”[9]颜师古引《汉官典职

[1]（汉）司马迁：《史记·秦始皇本纪》，北京：中华书局，1959年版，第239页。

[2]（汉）司马迁：《史记·刘敬列传》，北京：中华书局，1959年版，第2720页。

[3]（汉）班固：《汉书·武帝纪》，北京：中华书局，1962年版，第158页。

[4]（汉）班固：《汉书·武帝纪》，北京：中华书局，1962年版，第170页。

[5]（南朝宋）范晔：《后汉书·班固传》，北京：中华书局，1965年版，第1338页。

[6]（汉）班固：《汉书·酷吏传》，北京：中华书局，1962年版，第3647页。

[7]（汉）司马迁：《史记·酷吏列传》，北京：中华书局，1959年版，第3148页。

[8]（汉）班固：《汉书·酷吏传》，北京：中华书局，1962年版，第3656页。

[9]（汉）班固：《汉书·百官公卿表上》，北京：中华书局，1962年版，第741页。

仪》注曰："刺史班宣，周行郡国，省察治状，黜陟能否，断治冤狱，以六条问事，非条所问，即不省。一条，强宗豪右田宅踰制，以强凌弱，以众暴寡。……六条，二千石违公下比，阿附豪强，通行货赂，割损正令也。"[1] 刺史以六条问事，其中有两条涉及地方豪右问题，可见统治者对此的关注。而刺史周行郡国，以此监察强宗，打击豪右，也起到了抑制地方豪族势力的作用。

第四，汉初还通过经济手段打击豪强宗族，以强化社会控制。武帝时，"网疏而民富，役财骄溢，或至兼并豪党之徒，以武断于乡曲"。[2] 于是，武帝行算缗令，"诸贾人末作贳贷卖买，居邑稽诸物，及商以取利者，虽无市籍，各以其物自占，率缗钱二千而一算。诸作有租及铸，率缗钱四千一算。非吏比者三老、北边骑士，轺车以一算；商贾人轺车二算；船五丈以上一算。匿不自占，占不悉，戍边一岁，没入缗钱。有能告者，以其半畀之。贾人有市籍者，及其家属，皆无得籍名田，以便农。敢犯令，没入田僮"。[3] 此后，"杨可告缗遍天下，中家以上大抵皆遇告。杜周治之，狱少反者。乃分遣御史廷尉正监分曹往，即治郡国缗钱，得民财物以亿计，奴婢以千万数，田大县数百顷，小县百余顷，宅亦如之。于是商贾中家以上大率破"。[4] 虽然武帝推行算缗、告缗，并非完全针对地方豪右，但破产者中，必然包括地方豪族。

可见，在秦与西汉前期，官府对地方豪右进行全面打压，从而确保官府对基层社会的直接掌控，地方豪族无法与朝廷相抗，地方社会生产的组织和生活的管理，为地方官府所掌握。但是这一情形在西汉中后期以后发生了根本变化。

（二）西汉中期以后豪强并兴

西汉中期之后，豪强迅速发展。汉廷虽然屡施手段以图予以打击控制，但受国力所限，无法根治其患。秦与西汉初所行豪桀迁徙之策，于元帝时已难以为继，"元帝以后，中央衰弱，就无力再作了"。[5] 元帝永光四年冬十月，诏曰："安土重迁，黎民之性；骨肉相附，人情所愿也。顷者有司缘臣子之义，奏徙郡国民以奉园陵，令百姓远弃先祖坟墓，破业失产，亲戚别离，人怀思慕之心，家有不安之意。是以东垂被虚耗之害，关中有无聊之民，非久长之策也。《诗》不云乎？'民亦劳止，迄可小康，惠此中国，以绥四方。'今所为初陵者，勿置县邑，使天下咸安土乐业，

[1]〔汉〕班固：《汉书·百官公卿表上》，北京：中华书局，1962 年版，第 742 页。

[2]〔汉〕司马迁：《史记·平准书》，北京：中华书局，1959 年版，第 1420 页。

[3]〔汉〕司马迁：《史记·平准书》，北京：中华书局，1959 年版，第 1430 页。

[4]〔汉〕司马迁：《史记·平准书》，北京：中华书局，1959 年版，第 1425 页。

[5] 杨联陞：《东汉的豪族》，《清华大学学报（自然科学版）》，1936 年第 4 期。

亡有动摇之心。布告天下，令明知之。”[1] 元帝此诏虽以儒家血缘亲情立论，但实际上表明豪强之势已成，于地方上已立稳脚跟，朝廷已经难以动摇。哀帝即位，师丹辅政，曾建言限制豪强，天子下其议，“时田宅奴婢贾为减贱，丁、傅用事，董贤隆贵，皆不便也。诏书且须后，遂寝不行”。[2] 可见，汉廷已经难以对豪强崛起予以有效的抑制。

在地方社会，虽然有不少长吏曾严治豪强，如严延年为河南太守，“豪强胁息，野无行盗，威震旁郡。其治务在摧折豪强，扶助贫弱”。[3] 王焕“为太守陈宠功曹，当职割断，不避豪右”。[4] 但是，盐铁会议上就有人直言“大抵逋流，皆在大家，吏正畏惮，不敢笃责”。[5] 史籍多有豪强“难治”之言，如张敞“为京兆尹，而敞弟武拜为梁相。是时梁王骄贵，民多豪强，号为难治”。[6]《汉书·韩延寿传》云：“颍川多豪强，难治，国家常为选良二千石。”甚至有郡国大姓豪右聚众为乱，如任延建武初为武威太守，“既之武威，时将兵长史田绀，郡之大姓，其子弟宾客为人暴害。延收绀系之，父子宾客伏法者五六人。绀少子尚乃聚会轻薄数百人，自号将军，夜来攻郡”。[7] 虽然被任延发兵破之，但也反映了地方豪右的“难治”。而且，还有人因侵犯地方豪族利益而被攻讦坐免者，《后汉书·苏章传》云，苏章为并州刺史，“以摧折权豪，忤旨，坐免”。可见豪族在地方社会生活中的影响之深巨。

因此，自西汉中期开始，汉廷已经难为维持早年对豪右的打击抑制之策，财大势雄的豪强逐渐崛起，两者此消彼长，遂深刻影响了地方基层社会秩序。

首先，豪族兼田并地，是地方经济生活中的重要势力。《后汉书》曾云“豪猾之民”“其并兼者则陵横邦邑，桀健者则雄张闾里。且宰守旷远，户口殷大”。[8] 鲍宣总结“民有七亡”中，即有一条曰“豪强大姓蚕食亡厌”，[9] 他们多买田置业，强取豪夺，《史记·酷吏列传》中宁成“乃贳贷买陂田千余顷，假贫民，役使数千家。

[1]〔汉〕班固：《汉书·元帝纪》，北京：中华书局，1962 年版，第 292 页。

[2]〔汉〕班固：《汉书·食货志上》，北京：中华书局，1962 年版，第 1143 页。

[3]〔汉〕班固：《汉书·酷吏传》，北京：中华书局，1962 年版，第 3669 页。

[4]〔南朝宋〕范晔：《后汉书·循吏列传》，北京：中华书局，1965 年版，第 2458 页。

[5] 王利器校注：《盐铁论校注·未通》，北京：中华书局，1992 年版，第 192 页。

[6]〔汉〕班固：《汉书·张敞传》，北京：中华书局，1962 年版，第 3226 页。

[7]〔南朝宋〕范晔：《后汉书·循吏列传》，北京：中华书局，1965 年版，第 2463 页。

[8]〔南朝宋〕范晔：《后汉书·酷吏列传》，北京：中华书局，1965 年版，第 2487 页。

[9]〔汉〕班固：《汉书·鲍宣传》，北京：中华书局，1962 年版，第 3088 页。

数年，会赦。致产数千金”。[1]王莽时期也曾出现“豪民侵陵，分田劫假”[2]的情形。东汉时期，情形愈烈。如功臣马援之子马防“兄弟贵盛，奴婢各千人已上，资产巨亿，皆买京师膏腴美田”。[3]《后汉书·党锢列传》记苑康：“迁太山太守。郡内豪姓多不法，康至，奋威怒，施严令，莫有干犯者。先所请夺人田宅，皆遽还之。”[4]可见太山地区豪姓此前必是存在“夺人田宅”的情形。豪强夺田甚至将手伸向贵戚，如窦宪“恃宫掖声势，遂以贱直请夺沁水公主园田，主逼畏，不敢计”。后为天子发觉，怒斥曰：“今贵主尚见枉夺，何况小人哉。”[5]因此，西汉中期之后，随着豪强的并兴，他们往往兼并田宅，成为大土地所有者。

同时，豪族又兼营工商，以末致利，以本守之。豪宗强族以自身势力为基础，从商作贾，织造经营，以之谋利，横行闾里。“商贾大者积贮倍息，小者坐列贩卖，操其奇赢，日游都市，乘上之急，所卖必倍。故其男不耕耘，女不蚕织，衣必文采，食必粱肉；亡农夫之苦，有仟佰之得。……千里游遨，冠盖相望，乘坚策肥，履丝曳缟。”[6]部分豪族还兼营盐铁，聚众为利，“铁器兵刃，天下之大用也，非众庶所宜事也。往者豪强大家，得管山海之利，采铁石鼓铸，煮海为盐”。[7]豪族以工商之利，成就自身的社会地位，并将财富投入土地买卖，交通王侯等，以此维护和保障自身的经济利益。

其次，西汉中期及东汉豪族在地方社会文化生活中的地位举足轻重，常有累世通经者。“西汉时期，豪族世代通经之家不多，儒学化并不普遍。经过西汉以来的文化建设和文化积累，到东汉时期，豪族与经学的联系十分密切，豪族通经十分普遍，不少世代做官的世族，又是儒学文化的传承者。”[8]《廿二史札记》“东汉功臣多近儒”条中言道：“西汉开国，功臣多出于亡命无赖，至东汉中兴，则诸将帅皆有儒者气象，亦一时风会不同也。”[9]检史籍其例证频仍，如邓禹“年十三，能诵诗，受

[1]〔汉〕司马迁：《史记·酷吏列传》，北京：中华书局，1959年版，第3135页。
[2]〔汉〕班固：《汉书·食货志上》，北京：中华书局，1962年版，第1144页。
[3]〔南朝宋〕范晔：《后汉书·马防传》，北京：中华书局，1965年版，第857页。
[4]〔南朝宋〕范晔：《后汉书·党锢列传》，北京：中华书局，1965年版，第2214页。
[5]〔南朝宋〕范晔：《后汉书·窦宪传》，北京：中华书局，1965年版，第812页。
[6]〔汉〕班固：《汉书·食货志上》，北京：中华书局，1962年版，第1132页。
[7]〔汉〕桓宽：《盐铁论·复古》，上海：上海人民出版社，1974年版，第13页。
[8]崔向东：《汉代豪族的儒化与士族化——以关东豪族为例》，《社会科学战线》，2011年第1期。
[9]〔清〕赵翼著，王树民校证：《廿二史劄记校证》，北京：中华书局，1984年版，第90页。

业长安”。[1]“世为著姓”的寇恂“经明行修，名重朝廷”。[2]冯异“好读书，通《左氏春秋》《孙子兵法》”。[3]而耿弇之父耿况“以明经为郎”，耿弇“少好学，习父业”。[4]通过《汉书》与《后汉书》之《儒林传》的梳理，我们可以发现许多“累世通经”的家族，如下表所示：

《汉书·儒林传》家世传经事例表

姓　氏	地　域	传业世代	传　经	官　职
张仲方	平陵	家世传业	《易》	扬州牧
欧阳生子	千乘	世世相传	《尚书》	御史大夫、少府
陈翁生	梁	家世传业	《尚书》	信都太傅
韦贤	鲁	三代	《诗》	丞相、大司马车骑将军
满昌君都	颍川	家世传业	《齐诗》	詹事
徐生	鲁	四代以上	言《礼》为颂	礼官大夫、广陵内史
徐良	琅邪	家世传业	《礼》	州牧、郡守
桥仁	梁	家世传业	《礼》	大鸿胪
王中	琅邪	家世传业	《公羊春秋》	少府
伏理	琅邪	家世传业	《齐诗》	高密太傅
夏侯胜	鲁	三代	《尚书》	长信少府、太子太傅

《后汉书·儒林传》家世传经事例表

姓　氏	地　域	传业世代	传　经	官　职
刘昆	陈留东昏	子轶传昆业	《易》	弘农太守、宗正
张兴	颍川鄢陵	子承父业	《易》	太子少傅、属国都尉
曹曾	济阴	子承父业	《尚书》	谏议大夫、河南尹
牟长	乐安临济	子承父业	《欧阳尚书》	河内太守

[1]〔南朝宋〕范晔：《后汉书·邓禹传》，北京：中华书局，1965年版，第599页。

[2]〔南朝宋〕范晔：《后汉书·寇恂传》，北京：中华书局，1965年版，第626页。

[3]〔南朝宋〕范晔：《后汉书·冯异传》，北京：中华书局，1965年版，第639页。

[4]〔南朝宋〕范晔：《后汉书·耿弇传》，北京：中华书局，1965年版，第703页。

（续表）

姓　氏	地　域	传业世代	传　经	官　职
孔僖	鲁国	世传业	《古文尚书》	临晋令
桓荣	沛国	世习相传，世宗其道	《欧阳尚书》	太常
周防	汝南汝阳	子为儒宗，当承父业	《古文尚书》	陈留太守、尚书
高诩	平原般	三世	《鲁诗》	上谷太守、大司农
包咸	会稽曲阿	子福，以《论语》授和帝	《论语》	大鸿胪、郎中
伏恭	琅邪东武	少传黯学	《齐诗》	光禄勋、司空
甄宇	北海安丘	三世传业，子孙传学不绝	《严氏春秋》	太子少傅、梁相
薛汉	淮阳	少承父业	《韩诗》	千乘太守
宋登	京兆长安	登少传《欧阳尚书》	《欧阳尚书》	太尉、颍川太守
曹充	鲁国薛	传其子褒	《庆氏礼》	侍中、河内太守

（资料源自崔向东：《汉代豪族的儒化与士族化——以关东豪族为例》，《社会科学战线》，2011 年第 1 期）

在这些累世通经的家族中，有许多是地方大姓豪右之家。如沛地桓荣家族，《后汉书·桓荣传》谓桓荣“少学长安，习《欧阳尚书》”，王莽时教授“徒众数百人。”光武帝时拜为博士，以经授太子，永平二年，“封荣为关内侯，食邑五千户”。[1] 桓荣死后，“除兄子二人补四百石，都讲生八人补二百石，其余门徒多至公卿”。[2] 其子桓郁“传父业，以《尚书》教授，门徒常数百人”，“经授二帝，恩宠甚笃，赏赐前后数百千万，显于当世。门人杨震、朱宠，皆至三公”。[3] 其后世子孙“能世传其家学。”如桓焉“顺帝即位，拜太傅，与太尉朱宠并录尚书事。焉复入授经禁中”，“弟子传业者数百人”。[4] 桓典“复传其家业，以《尚书》教授颍川，门徒数百人。举孝廉为郎”。[5] 桓氏家族自桓典以后，尚有桓莺、桓晔、桓麟、桓彬等人名著于世。

[1]〔南朝宋〕范晔：《后汉书·桓荣传》，北京：中华书局，1965 年版，第 1253 页。

[2]〔南朝宋〕范晔：《后汉书·桓荣传》，北京：中华书局，1965 年版，第 1253 页。

[3]〔南朝宋〕范晔：《后汉书·桓郁传》，北京：中华书局，1965 年版，第 1254、1256 页。

[4]〔南朝宋〕范晔：《后汉书·桓焉传》，北京：中华书局，1965 年版，第 1257 页。

[5]〔南朝宋〕范晔：《后汉书·桓典传》，北京：中华书局，1965 年版，第 1258 页。

范晔以此赞曰："中兴而桓氏尤盛，自荣至典，世宗其道，父子兄弟代作帝师，受其业者皆至卿相，显乎当世。"[1] 桓氏可谓东汉累世通经的典型。

这些家族因自身经营，或天子赏赐，其爵禄田宅巨万，又明经入仕，由累世通经而成就累世官宦，从而显耀于世，成为社会文化生活中不可忽视的势力。

第三，豪族积极融入国家权力体系，甚至把持地方行政。有些豪右强宗直接通过征举进入行政体系，如王龚"山阳高平人也。世为豪族。初举孝廉，稍迁青州刺史，劾奏贪浊二千石数人，安帝嘉之，征拜尚书。建光元年，擢为司隶校尉，明年迁汝南太守。……永建元年，征袭为太仆，转太常。四年，迁司空，……永和元年，拜太尉"。[2] 有些豪族则交通王侯，附身权势，"因其富厚，交通王侯，为过吏势，以利相倾；千里游遨，冠盖相望，乘坚策肥，履丝曳缟"。[3] 东汉窦氏家族，"窦氏一公、两侯、三公主、四二千石，相与并时。自祖及孙，官府邸第相望京邑，奴婢以千数"，[4] 因此常结交豪桀，而豪右之家也愿意倾附，如窦融"家长安中，出入贵戚，连结闾里豪杰，以任侠为名"。[5] 西汉中期之后，随着授田制的瓦解，国家对乡里基层社会的控制趋弱。地方豪宗强族兴起之后，凭借自身经济和文化势力，逐步攫取基层行政职权。"西汉后期，出现由无宗族背景的乡三老、里父老向豪族乡三老、里父老转变的趋势，乡三老、里父老逐渐被豪族家族所占据。"[6]"在地方的最基层，乡官里吏也多被豪族把持。"[7] 在国力渐衰的时期，地方长吏治理辖区，也不得不引当地豪桀为辅。如成帝时朱博，"治郡，常令属县各用其豪桀以为大吏，文武从宜。县有剧贼及它非常，博辄移书以诡责之。其尽力有效，必加厚赏；怀诈不称，诛罚辄行。以是豪强慹服"。[8] 因此，豪族成为这一时期政治生活中的重要势力。

由此可见，豪强自西汉中期以后并兴之势愈烈，他们财大势雄，势力雄厚。《后汉书》谓之"汉承战国余烈，多豪猾之民。……户口殷大"。[9] 哀帝即位，师丹辅政，

---

[1]（南朝宋）范晔：《后汉书·桓荣传》，北京：中华书局，1965 年版，第 1261 页。

[2]（南朝宋）范晔：《后汉书·王龚传》，北京：中华书局，1965 年版，第 1819—1820 页。

[3]（汉）班固：《汉书·食货志上》，北京：中华书局，1962 年版，第 1132 页。

[4]（南朝宋）范晔：《后汉书·窦融传》，北京：中华书局，1965 年版，第 808 页。

[5]（南朝宋）范晔：《后汉书·窦融传》，北京：中华书局，1965 年版，第 808 页。

[6] 崔向东：《汉代豪族研究》，武汉：崇文书局，2003 年版，第 238 页。

[7] 崔向东：《汉代豪族研究》，武汉：崇文书局，2003 年版，第 238 页。

[8]（汉）班固：《汉书·朱博传》，北京：中华书局，1962 年版，第 3401 页。

[9]（南朝宋）范晔：《后汉书·酷吏列传》，北京：中华书局，1965 年版，第 2487 页。

曾批评豪强曰："今累世承平，豪富吏民訾数巨万，而贫弱俞困。"[1]不仅中原地区如此，即便是两汉边陲亦是如此，《后汉书·第五伦传》云："蜀地肥饶，人吏富实，掾史家资多至千万，皆鲜车怒马，以财货自达。"[2]豪强以其势力威震乡里，"身无半通青纶之命，而窃三辰龙章之服；不为编户一伍之长，而有千室名邑之役。荣乐过于封君，势力侔于守令"。[3]东汉时甚至被视为地方社会之权首，周纡征拜洛阳令，"下车，先问大姓主名，吏数闾里豪强以对"。[4]基层官吏将豪强默认为"大姓主"，由此可见当时豪强的势力之强。他们甚至常横行不法，武断乡曲，如宣帝时涿地豪强，"大姓西高氏、东高氏，自郡吏以下皆畏避之，莫敢与牾，咸曰：'宁负二千石，无负豪大家。'宾客放为盗贼，发，辄入高氏，吏不敢追。浸浸日多，道路张弓拔刃，然后敢行，其乱如此"。[5]《后汉书·酷吏传》云："桀健者则雄张闾里。"[6]可见当时地方豪右的嚣张。这些集地主、商人和官僚三位于一体的豪强，在地方社会经济、政治和文化生活中拥有强大的影响力。这为他们控制地方社会，抢夺基层社会组织管理权提供了便利。

二、基层社会组织管理权的争夺与让渡

国家控制能力的衰弛和地方豪强的不断崛起，强力改变着基层社会的权力格局，也造成土地、财富等各类社会资源由国家向豪族的流转。依附于土地求取生存的基层民众，其人身依附的对象也随着发生改变。这从根本上改变了汉代月令的发展方向，决定了农家月令的兴起。

（一）国家控制能力衰减

从国家角度来看，授田制下国家掌握土地等资源，并按规定授予民户，并向民户征徭收税，驱民趣时的模式下，国家以时序政的施政理念得以践行、天子合一于天的政治期望得以保证。民众不管自愿与否，表现出对国家高度的人身依附关系。

但汉代授田制度有着与生俱来的缺陷。汉代律令规定，民户土地、奴婢等财产，可以按遗嘱继承，也可以协商继承，如张家山汉简《户律》规定："民大父母、父母、

[1]（汉）班固：《汉书·食货志上》，北京：中华书局，1962年版，第1142页。

[2]（南朝宋）范晔：《后汉书·第五伦传》，北京：中华书局，1965年版，第1398页。

[3]（南朝宋）范晔：《后汉书·仲长统传》，北京：中华书局，1965年版，第1651页。

[4]（南朝宋）范晔：《后汉书·酷吏列传》，北京：中华书局，1965年版，第2494页。

[5]（汉）班固：《汉书·酷吏传》，北京：中华书局，1962年版，第3668页。

[6]（南朝宋）范晔：《后汉书·酷吏列传》，北京：中华书局，1965年版，第2487页。

子、孙、同产、同产子，欲相分予奴婢、马牛羊、它财物者，皆许之，辄为定籍”。“诸后欲分父母、子、同产、主母、假母，及主母、假母欲分孽子、假子田以为户者，皆许之。”[1]而江苏仪征胥浦出土的“先令”券书，则具体呈现了西汉平帝元始年间关于土地继承的施行状况，“元始五年九月壬辰朔辛丑（亥），高都里朱淩（庐）居新安里。甚疾其死，故请县、乡三老，都乡有秩、左、里师、田谭等为先令券书。淩自言：有三父（夫），子男女六人，皆不同父。（欲）令子各知其父家次。子女以君、子真、子方、仙君，父为朱孙；弟公文，父吴衰近君；女弟弱君，父曲阿病长宾。妪言：公文年十五去家自出为姓，遂居外，未尝持一钱来归。妪予子真、子方自为产业。五年四月十日，妪以稻田一处、桑田二处分予弱君，波（陂）田一处分予仙君。于至十二月，公文伤人为徒，贫无产业。于至十二月十一日，仙君、弱君各归田于妪，让于公文。妪即受田，以田分于公文：稻田二处、桑田二处；田界易如故，公文不得移卖田于他人。时任知者：里师、伍人谭等及家属孔聚、田文、满真。先令券书明白，可以从事”。[2]这份“先令”券书中，户主朱淩首先提请“请县、乡三老，都乡有秩、左、里师、田谭”等基层官吏主持遗嘱建立，并有“里师、伍人谭等及家属孔聚、田文、满真”等里吏、邻居、亲属见证，将自己的稻田、桑田、陂田等财产分给自己的子女。

但是，土地一经授予，可以继承、转赠、买卖，但不得申请再授。《二年律令·户律》云：“受田宅，予人若卖田宅，不得更受。”“代户、贸卖田宅，乡部、田啬夫、吏留弗为定籍，盈一日，罚金各二两。”[3]民户要将所受之田宅转赠、买卖，需要提请基层官吏审查是否合法，并办理相关手续。此后，就不得再向国家申请授田。如此一来，就会导致两个社会问题。

其一，土地、山林等社会资源是一定的，但授田进程不曾间断，导致国家手中掌握的社会资源不断减少，对整个社会的调控能力渐趋弱化。从西汉开始，假民公田、贷种、安辑流民等举措多见史载。如宣帝地节三年春三月“假公田，贷种、食”。[4]地节三年冬十月“池篽未御幸者，假与贫民。郡国宫馆，勿复修治。流民还归者，

[1] 张家山二四七号汉墓竹简整理小组编著：《张家山汉墓竹简〔二四七号墓〕（释文修订本）》，北京：文物出版社，2006 年版，第 55 页。

[2] 李均明，林梅村，《散见简牍合辑·江苏扬州胥浦 101 号汉墓竹简、木牍、封检》，北京：文物出版社 ，1990 年版，第 104—105 页。

[3] 张家山二四七号汉墓竹简整理小组编著：《张家山汉墓竹简〔二四七号墓〕（释文修订本）》，文物出版社，2006 年版，第 53 页。

[4]〔汉〕班固：《汉书·宣帝纪》，北京：中华书局，1962 年版，第 248 页。

假公田，贷种、食，且勿算事”。[1] 元帝初元元年春三月“以三辅、太常、郡国公田及苑可省者振业贫民，訾不满千钱者赋贷种、食”。[2] 明帝永平九年夏四月“诏郡国以公田赐贫人各有差”。[3] 安帝永初元年二月“以广成游猎地及被灾郡国公田假与贫民”。[4] 这些举措虽然在一定时期内对于缓解人地矛盾有一定效果，但是，从长远来看，无异于杯水车薪，无法从根本上解决这一问题。

其二，土地兼并越发严重，自耕农数量不断减少。“西汉后期，自元、成以降，中原内腹之地的土地走向高度集中。……（哀平之际）在文献没有留下各阶层比率的情况下，我们若权且估计西汉后期的地主、商人等占全国总人户的 10% 左右，自耕农因数量下降约占全国人户总数的比例为 80%，剩下的人户中，包括佃农、贫困下户等在 8% ～ 9%。……（东汉前期）这时小农增减的趋势，假若也按比率进行测度的话，自耕农、半自耕农，大约占全国人户总数的 85% 左右不为过，佃农等贫困人户则减少到 5% ～ 6%。……（东汉后期）这时佃农、依附农较前增多了，占全国总人户的 15% 以上，而自耕农的数量则大大下降，大概不会超过总人户的 75%，同东汉前期相比发生了明显变化。”[5] 于是脱离政府管控的流民问题逐渐凸显。

土地兼并的恶化常与编户的流失相伴生。承受着沉重的社会负担的民众为生计所迫，不得不“卖田宅鬻子孙”。《淮南子・本经训》：“民力竭于徭役，财用殚于会赋，居者无食，行者无粮，老者不养，死者不葬，赘妻鬻子，以给上求，犹弗能澹。”[6]《汉书・食货志》晁错言：“勤苦如此，尚复被水旱之灾，急政暴虐，赋敛不时，朝令而暮改。当具有者半贾而卖，亡者取倍称之息，于是有卖田宅鬻子孙以偿者矣。”[7] 为求生存，民户之间强化联合互助，试图优化生存状况，河南偃师出土《汉侍廷里父老僤买田约束石券》铭文曰：“建初二年正月十五日，侍廷里父老僤祭尊于季主疏，左巨等廿五人，共为约束石券里治中迺以永平十五年六月中造起僤，敛钱共有六万一千五百，买田八十二亩。僤中其有訾次当给为里父老者，共以客田借与，得收田上毛物谷实自给。即訾下不中，还田转与当为父老者，传后子孙以为常。

[1]〔汉〕班固：《汉书・宣帝纪》，北京：中华书局，1962 年版，第 249 页。

[2]〔汉〕班固：《汉书・元帝纪》，北京：中华书局，1962 年版，第 279 页。

[3]〔南朝宋〕范晔：《后汉书・明帝纪》，北京：中华书局，1965 年版，第 112 页。

[4]〔南朝宋〕范晔：《后汉书・安帝纪》，北京：中华书局，1965 年版，第 206 页。

[5] 黄今言：《汉代小农的数量、特征与地位问题再探讨》，《农业考古》，2007 年第 4 期。

[6] 刘文典撰，冯逸、乔华点校：《淮南鸿烈集解・本经训》，北京：中华书局，1989 年版，第 266 页。

[7]〔汉〕班固：《汉书・食货志上》，北京：中华书局，1962 年版，第 1132 页。

其有物故，得传后代户者一人。即僤中皆訾下不中父老，季、巨等共假赁田，它如约束。”[1] 碑文不仅提到土地买卖问题，而且也强调作为互助性的“僤”，其八十二亩田为僤中二十五人所有，并可借与充当里父老者，供其“收田上毛物谷实自给”。有学者指出：“由于生产和生活互助的职能已逐渐被排除在作为基层政权的里的职能之外，汉代私社的兴起，或许正是出于私人之间组织起来进行生产和生活互助的需要。侍廷里父老僤应当就是这样的私社。”[2] 可是这种互助联合，也许可以解一时之急，却无法从根本上扭转土地兼并。

不断贫化乃至破产的民众，又无法从国家那里重新取得土地、田宅等社会资源，只能沦为流民。对国家的人身依附关系随之弱化，甚至解除。这种情况下，再遵从国家驱民趣时的管控，也就没有多少意义了。但生存问题迫在眉睫，不允许真空的出现，于是，拥有土地、山林等各类社会资源的豪族，自然成为破产民户投靠和依附的对象。于是，汉代基层社会民众人身依附关系的变动也就自然而然地出现了。

（二）豪族积聚经营

不断崛起的豪族强宗经营所及，包括农业、手工业、商业和文化教育等，呈现“多业并举，诸业兼从”的局面，豪族也逐步发展成地主、商人和官僚三位一体的状态。《史记·货殖列传》则记述了当时豪强“以末致财，用本守之”的经营之道，“若至力农畜，工虞商贾，为权利以成富，大者倾郡，中者倾县，下者倾乡里者，不可胜数”。[3] 而强取豪夺也史不绝载，如东汉张俭举奏侯览“贪侈奢纵，前后请夺人宅三百八十一所，田百一十八顷。起立第宅十有六区，皆有高楼池苑，堂阁相望，饰以绮画丹漆之属，制度重深，僭类宫省”。[4] 这些豪族实力雄厚，显耀当时。

豪族依靠自身在政治、经济和文化方面的优势地位，积极拓展自身势力，雄踞一方。如东汉功臣马援之后马防受朝廷封赐为颍阳侯，邑“六千户。……又平定西羌，增邑千三百五十户”。[5] 史称其“兄弟贵盛，奴婢各千人已上，资产巨亿，皆买京师膏腴美田，又大起第观，连阁临道，弥亘街路，多聚声乐，曲度比诸郊庙。宾客奔凑，四方毕至，京兆杜笃之徒数百人，常为食客，居门下。刺史、守、令多出其家”。[6]

[1] 宁可：《关于〈汉侍廷里父老僤买田约束石券〉》，《文物》，1982 年第 12 期。

[2] 宁可：《关于〈汉侍廷里父老僤买田约束石券〉》，《文物》，1982 年第 12 期。

[3]〔汉〕司马迁：《史记·货殖列传》，北京：中华书局，1959 年版，第 3281—3282 页。

[4]〔南朝宋〕范晔：《后汉书·宦者列传》，北京：中华书局，1965 年版，第 2523 页。

[5]〔南朝宋〕范晔：《后汉书·马防传》，北京：中华书局，1965 年版，第 856 页。

[6]〔南朝宋〕范晔：《后汉书·马防传》，北京：中华书局，1965 年版，第 857 页。

是典型的倚仗政治势力图取经济利益者。东汉豪族发展愈烈，“郡国富民兼业颛利，以货赂自行，取重于乡里者，不可胜数”。[1] 甚至出现地域望族为时人所称道，如“北海有大姓公孙丹，河东有大姓马氏，清河有大姓赵纲，渔阳有大姓阳球。京兆世族张纯，第五伦；汝南名族袁闳；颍川著姓韩稜；家世衣冠如郭躬；上党雄豪陈龟；弘农世族杨震；犍为公子张纲；山阳豪族王龚；洛阳有‘财三千万’之种嵩；下邳有‘历世著名’之陈球；敦煌有‘家世二千石’之盖勋；太原有‘世为冠盖’之王允；‘赵魏豪右往往囤聚’”。[2] 豪族与地域相联，可见其势之盛。

这些豪族经营所及，既包括传统的农业生产，手工造作，也包括副业生产，商业贸易，而且规模往往宏巨。《史记·货殖列传》云：“故曰陆地牧马二百蹄，牛蹄角千，千足羊，泽中千足彘，水居千石鱼陂，山居千章之材。安邑千树枣；燕、秦千树栗；蜀、汉、江陵千树橘；淮北、常山已南，河济之间千树萩；陈、夏千亩漆；齐、鲁千亩桑麻；渭川千亩竹；及名国万家之城，带郭千亩亩钟之田，若千亩卮茜，千畦姜韭：此其人皆与千户侯等。然是富给之资也，不窥市井，不行异邑，坐而待收，身有处士之义而取给焉。”[3] 其所云“千”“万”虽有夸大之嫌，但也从一定程度上揭示了当时豪族经营规模之盛，所营产业之繁复。

在这种情况下，甚至出现了几可“闭门成市”的豪族田庄。如樊重田庄，《后汉书·樊重传》云：“世善农稼，好货殖。重性温厚，有法度，三世共财，子孙朝夕礼敬，常若公家。其营理产业，物无所弃，课役童隶，各得其宜，故能上下戮力，财利岁倍，至乃开广田土三百余顷。其所起庐舍，皆有重堂高阁，陂渠灌注。又池鱼牧畜，有求必给。尝欲作器物，先种梓漆，时人嗤之，然积以岁月，皆得其用，向之笑者咸求假焉。资至巨万。”[4] 由此可见，樊重经营既包括“农稼”，又“好货殖”，同时能够起“陂渠灌注。又池鱼牧畜”。甚至“种梓漆”以“作器物”而售，就其规模而言，已超出普通个体小农的能力范畴，乃是描述的豪族，而樊重经营多样，诸业兼行，也是典型的豪族田庄。

近年出土的资料中，也有一部分体现了西汉中期及东汉豪右之家，多业并举，诸业兼从的盛况。如 1971 年内蒙古和林格尔出土东汉墓前室北耳室壁画“甬道右壁绘有厨炊、井、灶及鱼、肉、雉、兔等食物……耳室南壁为农耕图，绘有农夫扶犁

[1]〔汉〕班固：《汉书·货殖传》，北京：中华书局，1962 年版，第 3694 页。

[2] 陶希圣著：《中国政治思想史》第三册，第四编，第一期，中华印刷出版公司，1948 年影印版，第 6 页。

[3]〔汉〕司马迁：《史记·货殖列传》，北京：中华书局，1959 年版，第 3272 页。

[4]〔南朝宋〕范晔：《后汉书·樊重传》，北京：中华书局，1965 年版，第 1119 页。

驾牛偶耕，有谷堆、牛车等物……北壁左边绘有‘谷仓’，右边绘二人，正以杵臼加工粮食。东壁画牧羊图”。[1] 而后室南壁所绘则更为具体形象，如下图：

在壁画中可见，反映的是“绘崇峦疏树环抱的大庄园，有果树，有参差的长廊列舍，有牛、马、羊、豕、鸡等畜群，有农耕、蚕桑、酿造作坊、车库等事”。[2] 也典型地反映出豪族之家，既进行农业生产，手工造作，也兼营畜牧副业、林业和商品贸易的情境。

（三）土地、人口的流转与基层社会组织管理权让渡

国家控制能力的衰减，地方豪族的不断崛起，二者之间的紧张关系与日俱增，针对土地、山林、住宅等社会资源的争夺更是渐趋白热化。虽然政府屡施手段，但依旧无法抑制豪族的崛起，以及对社会资源的兼并。《文献通考》：“盖自秦开阡陌之后，田即为庶人所擅，然亦惟富者贵者可得之。富者有赀，可以买田；贵者有力，可以占田。”[3] 从历史的进程来看，豪族在地方社会的影响力逐渐压倒了官府。土地之类的社会资源不断流向豪右手中。

国家与豪族的争夺也不可避免地波及到人口方面。《汉书·食货志》载晁错之言，对此有精当的论述，“今农夫五口之家，其服役者不下二人，其能耕者不过百亩，百亩之收不过百石。春耕夏耘，秋获冬藏，伐薪樵，治官府，给徭役；春不得避风尘，夏不得避暑热，秋不得避阴雨，冬不得避寒冻，四时之间，无日休息；有私自送往迎来，吊死问疾，养孤长幼在其中。勤苦如此，尚复被水旱之灾，急政暴赋，赋敛

[1][2] 内蒙古文物工作队、内蒙古博物馆：《和林格尔发现一座重要的东汉壁画墓》，《文物》，1974 年第 1 期。

[3]〔元〕马端临：《文献通考·田赋二》，北京：中华书局，1985 年版，第 43 页。

不时，朝令而暮改。当具有者，半价而卖，无者取倍称之息，于是有卖田宅鬻子孙以尝债者矣。而商贾大者积贮倍息，小者坐列贩卖，操其奇营，日游都市，乘上之急，所卖必倍。故其男不耕耘，女不蚕织，衣必文采，食必粱肉；无农夫之苦，有阡陌之得。因其富厚，交通王侯，力过吏势，以利相倾。千里游遨，冠盖相望，乘坚策肥，履丝曳缟。此商人所以兼并农人，农人所以流亡也”。[1] 这里明确地指出，编户生存压力巨大，导致不断贫化、破产，他们在生存压力的驱使下，脱离官府控制，被豪右之家吸收。“他们虽然在不断地产生，但最终结局还是附着于土地再成为自耕农、依附农民，或者成为事末业者、奴婢，等等，而事末业者与奴婢是一种被封建王朝限制的归宿，随着政策的调整，大量的奴婢及事末业者将被重新附着于土地上，唯有依附人口中的依附农民是破产农民的稳定的归宿，也是大部分破产农民的归宿。”[2] 官府控制下的编户由此逐渐沦为豪右之家的依附民。汉代基层民众的人身依附关系也出现向豪右转移的趋势。

土地、人口的流转，导致基层社会组织管理权的让渡。如前所述，集官吏、地主和商人于一体的大小豪族，在中央和地方社会政治、经济、思想方面拥有极强的威势，如耿弇“其先武帝时，以吏二千石自巨鹿徙焉。父况，字侠游，以明经为郎，与王莽从弟伋共学《老子》于安丘先生，后为朔调连率”。[3] “耿氏自中兴已后迄建安之末，大将军二人，将军九人，卿十三人，尚公主三人，列侯十九人，中郎将、护羌校尉及刺史、二千石数十百人，遂与汉兴衰云。”[4] 还有邓禹家族，“邓氏自中兴后，累世宠贵，凡侯者二十九人，公二人，大将军以下十三人，中二千石十四人，列校二十二人，州牧、郡守四十八人，其余侍中、将、大夫、郎、谒者不可胜数，东京莫与为比”。[5] 号称“累世二千石”的窦融家族，“七世祖广国，孝文皇后之弟，封章武侯。融高祖父，宣帝时以吏二千石自常山徙焉”。[6] “融长子穆，尚内黄公主，代友为城门校尉。穆子勋，尚东海恭王彊女沘阳公主，友子固，亦尚光武女涅阳公主。显宗即位，以融从兄子林为护羌校尉。窦氏一公、两侯、三公主、四二千石，相与

---

[1]〔汉〕班固：《汉书·食货志上》，北京：中华书局，1962 年版，第 1132 页。

[2] 马新：《两汉乡村社会史》，济南：齐鲁书社，1997 年版，第 188 页。

[3]〔南朝宋〕范晔：《后汉书·耿弇传》，北京：中华书局，1965 年版，第 703 页。

[4]〔南朝宋〕范晔：《后汉书·耿弇传》，北京：中华书局，1965 年版，第 724 页。

[5]〔南朝宋〕范晔：《后汉书·邓禹传》，北京：中华书局，1965 年版，第 619 页。

[6]〔南朝宋〕范晔：《后汉书·窦融传》，北京：中华书局，1965 年版，第 795 页。

并时。自祖及孙，官府邸第相望京邑，奴婢以千数，于亲戚、功臣中莫与为此。”[1]即便是在地方社会，情况亦是如此。以济阴成阳仲氏为例，从《孟郁修尧庙碑》《帝尧碑》《成阳灵台碑阴》《廷尉仲定碑》来看，仲定之父曾先后为张掖、广汉太守，仲定本人举孝廉拜尚书左丞，后官至廷尉，其家族成员遍布家乡成阳县的各级官府，把持了几乎大小所有吏职，《成阳灵台碑》碑阴所见题名大部分为济阴成阳仲氏。31 人中，其中就包括司徒掾 1 人、巨鹿太守 1 人、吕县长 1 人，主吏 20 人、督邮 4 人、五官掾 2 人、从事 1 人、“守黄屋啬夫”1 人。可见，仲氏是当地一个拥有强大影响力的豪右之家。

这些大小豪强，在地方的影响有时甚至盖过国家职官。虽然此前国家拥有无上权威，制度律令颁布实施也能得到系统落实，如黄霸为颍川太守，专门“选择良吏，分部宣布诏令，令民咸知上意”。[2]国家权威也一度有所保障，出现“山东吏布诏令，民虽老羸瘙疾，扶杖而往听之”的局面。[3]但很快就受到消极影响和破坏，汉宣帝时曾专门下诏切责，“数下恩泽诏书，吏不奉宣”[4]“今吏或以不禁奸邪为宽大，纵释有罪为不苛，或以酷恶为贤，皆失其中。”[5]甚至出现国家权威不如当地豪强的情况，如薛广德“为御史大夫，凡十月免。东归沛，太守迎之界上。沛以为荣，县其安车传子孙。”[6]而龚舍、龚胜通经为官，后来“舍、胜既归乡里，郡二千石长吏初到官皆至其家，如师弟子之礼”。[7]国家职官对他们恭敬有加，敬之如师，虽然也有礼贤下士的姿态，但不可忽略豪右现实威势的影响。到东汉末年，竟至出现“州郡记，如霹雳，闻诏书，但挂壁”的情形。

豪族由此拥有了役使依附民的资格和能力，《史记·酷吏列传》记宁成“乃贳贷买陂田千余顷，假贫民，役使数千家”。[8]《盐铁论》也揭示道：“往者豪强大家，得管山海之利，采铁石鼓铸，煮海为盐。一家聚众或至千余人，大抵尽收放流人民也。

[1]〔南朝宋〕范晔：《后汉书·窦融传》，北京：中华书局，1965 年版，第 808 页。

[2]〔汉〕班固：《汉书·黄霸传》，北京：中华书局，1962 年版，第 3629 页。

[3]〔汉〕班固：《汉书·贾山传》，北京：中华书局，1962 年版，第 2336 页。

[4]〔汉〕班固：《汉书·黄霸传》，北京：中华书局，1962 年版，第 3629 页。

[5]〔汉〕班固：《汉书·宣帝纪》，北京：中华书局，1962 年版，第 273 页。

[6]〔汉〕班固：《汉书·薛广德传》，北京：中华书局，1962 年版，第 3048 页。

[7]〔汉〕班固：《汉书·两龚传》，北京：中华书局，1962 年版，第 3084 页。

[8]〔汉〕司马迁：《史记·酷吏列传》，北京：中华书局，1959 年版，第 3135 页。

远去乡里，弃坟墓，依倚大家。”[1] 崔寔《政论》言：“下户崎岖，无所跱足，乃父子低首，奴事富人，躬率妻孥，为之服役。”这种破产民户“依倚大家”，众至千人，“为之役使”的情况，反映了汉代豪族崛起之后，在经过不断的争夺后，逐渐兼并了相当数量的土地和人口，并按照自己的意愿，组织依附民开展各种生产经营。基层社会日常生产的组织者和生活的管理者，逐渐由基层官吏让渡为豪宗强族。“人但闻啬夫，不知郡县”[2] 可谓是对此真实而生动的写照。

三、豪强课役属隶，以时而作

豪族积聚经营，规模往往极为惊人，如樊重田庄“其营理产业，物无所弃，课役童隶，各得其宜，故能上下戮力，财利岁倍，至乃开广田土三百余顷”。[3] 马防所拥“奴婢各千人已上，资产巨亿，皆买京师膏腴美田”。[4] 这种规模和多样的产业，仅依靠自己是难以完成的，所以需要众多“役属”的参与。

部分豪右之家累世经学，如扶风茂陵耿氏“敦诗悦礼”；城阳仲氏，以经为业，累世教授，海内称之曰“儒术之宗”；弘农杨氏，世习欧阳尚书。他们在明习经书、通经治学的同时，又具有强烈的“士志于道”、教化乡里的精神。

豪族或为“广其田宅，博其产业，蓄其委积”，或为通经致用，无不以其自身实力，课役其属，积极组织依附民，依时应节地开展各种生产生活事务。

首先，以时开展农业生产。豪右之家对于农耕的诸多环节、作物的生长节律等都有系统的掌握，并可据此以组织依附民和族民进行“及时”的生产活动，做到不先时、不后时。当时社会上对农耕时令经验的总结已经发展到新的阶段，在《氾胜之书》中就多有记载，如土壤翻耕，“春冻解，地气始通，土一和解。夏至，天气始暑，阴气始盛，土复解。夏至后九十日，昼夜分，天地气和。——以此时耕，一而当五，名曰‘膏泽’，皆得时功”。[5] 甚至对不同作物所种之田土的翻耕，也有细致的总结，如“凡麦田，常以五月耕。六月，再耕。七月勿耕！谨摩平以待种时。五月耕，一当三；六月耕，一当再；若七月耕，五不当一”。[6] 各种常见的作物，如麦、

---

[1]（汉）桓宽：《盐铁论·复古》，上海：上海人民出版社，1974 年版，第 13 页。
[2]（南朝宋）范晔：《后汉书·爰延传》，北京：中华书局，1965 年版，第 1618 页。
[3]（南朝宋）范晔：《后汉书·樊重传》，北京：中华书局，1965 年版，第 1119 页。
[4]（南朝宋）范晔：《后汉书·马防传》，北京：中华书局，1965 年版，第 857 页。
[5] 石声汉：《氾胜之书今释（初稿）》，北京：科学出版社，1956 年版，第 3 页。
[6] 石声汉：《氾胜之书今释（初稿）》，北京：科学出版社，1956 年版，第 8 页。

稻、大豆、小豆、枲、麻、瓜、瓠的栽种时间选择，已经细致掌握。豪族之家甚至能很好地处理协作劳动，如四川地区曾出土一个陶制水田模型，“在田里共有五人：一个人用肩拖着罐子，左手提筐，颇似送饭的形状；一人腹前悬鼓，双手执捶，作击鼓状；两人弯着腰，表现着工作的姿态；另一人身穿长服，袖手旁观，很像是地主的监工；在水田旁边的水池里有青蛙和鲢鱼”。[1] 这一模型体现了协作劳动中，豪族作为管理者，组织民众以时生产的场景。

其次，以时修缮维护各类阡陌交通、水利设施。这些活动对于生产的持续和生存的保障，意义重大，因此备受豪族重视，常组织依附民和族民以时予以兴建和修缮。“在四川、云南、贵州、广东、陕西、河南等地出土了三十余件陶陂塘与水田模型，每个模型都有从池塘通往水田的水利灌溉系统。”[2] 如贵州出土的东汉时期陂塘水田模型 M7:12，“圆形，浅盘状。正中一道堤坝将陂塘、水田分为相等两半，陂塘内养有草鱼、鲤鱼、田螺及莲蓬、荷叶、菱角；水田被田埂分隔成形状各异、面积大小不等的六小块，每块田里都刻有行距整齐的秧苗，每道田埂均留有缺口，以利水田的水互相贯通，水田与池塘有一涵洞”。[3] 而兴仁 M8:32 号东汉水田模型，“圆盆形。盆内一道堤坝将陂塘、水田分为两部分：一半为陂塘，一半为水田。陂塘内有鱼两尾，荷叶一片，莲蓬一枝，荷花一朵；水塘被田埂分隔成形状各异、面积不等的四小块，每块田里刻有整齐的秧苗，且田内都有通水缺口；陂塘与水田之间有通水涵洞一个。”[4] 如下图所示：

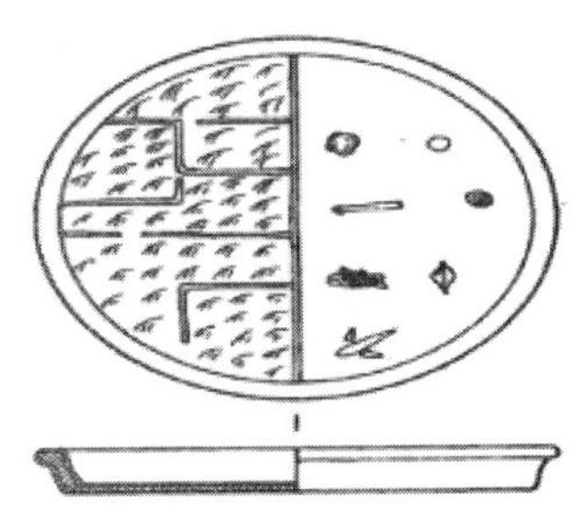

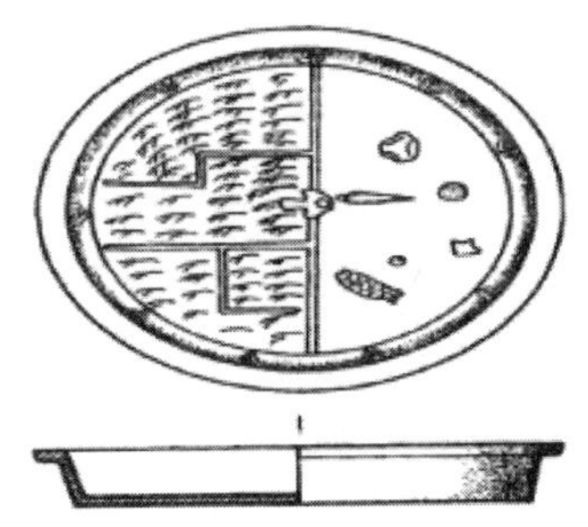

兴仁交乐汉墓（M7：12 1/6）　　兴仁（M8：32 1/6）

这些陶制陂塘水田呈现的是多业并举的生产结构，符合东汉豪族之家的经营方

[1] 尹达：《四年来中国考古工作中的新收获》，《文物参考资料》，1954 年第 10 期。

[2] 马新：《两汉乡村社会史》，济南：齐鲁书社，1997 年版，第 81 页。

[3] 赵小帆：《贵州出土的汉代陂塘水田模型》，《农业考古》，2003 年第 3 期。

[4] 赵小帆：《贵州出土的汉代陂塘水田模型》，《农业考古》，2003 年第 3 期。

式，其中阡陌交通、水利设施的修缮和使用，自然也是在豪族的组织管理下开展的。

第三，以时组织依附民开展手工副业。手工副业是豪族经营的重要组成，其产出既可满足自身所需，也是进行商业贸易、谋取利润的重要途径。在汉代豪族之家中，手工副业的经营频见史载，如《盐铁论》中记载豪强之家"采铁石鼓铸，煮海为盐"。[1]樊重田庄中"又池鱼牧畜，有求必给。尝欲作器物，先种梓漆，时人嗤之，然积以岁月，皆得其用，向之笑者咸求假焉。资至巨万"。[2]内蒙古和林格尔东汉墓壁画中所绘的大庄园中，"有果树，有参差的长廊列舍，有牛、马、羊、豕、鸡等畜群，有农耕、蚕桑、酿造作坊、车库等事"。[3]可见，手工副业是豪族经营体系中重要的组成部分，而其生产运作，自然是由豪族通过组织依附民和族民以时进行的。

第四，以时进行商品贸易。商品贸易能够获取巨额利润，是豪族扩大自身势力，维护相关利益并夸耀自身的重要手段。《史记·货殖列传》历数各地以商品买卖起家的"富商巨贾"，《汉书·货殖列传》也有相类记述，如关中地区，"关中富商大贾，大氐尽诸田，田墙、田兰。韦家栗氏、安陵杜氏亦巨万。前富者既衰，自元、成讫王莽，京师富人杜陵樊嘉，茂陵挚网，平陵如氏、苴氏，长安丹王君房，豉樊少翁、王孙大卿，为天下高訾。樊嘉五千万，其余皆巨万矣"。[4]并总结道："郡国富民兼业颛利，以货赂自行，取重于乡里者，不可胜数。故秦杨以田农而甲一州，翁伯以贩脂而倾县邑，张氏以卖酱而隃侈，质氏以洒削而鼎食，浊氏以胃脯而连骑，张里以马医而击钟，皆越法矣。然常循守事业，积累赢利，渐有所起。"[5]可见，豪姓大族经营商品贸易已是普遍现象，而其经营规模之巨，亦是为世人瞩目，其商品的生产和贸易自然也是豪族组织依附民进行的。

第五，以时开展生活管理。豪右之家以自身实力为基础，在儒家伦理的熏染和传统孝悌观念的影响下，常以时赈赡宗族、扶持乡里，并开始文化教育等活动。如"资至巨万"的樊重"赈赡宗族，恩加乡闾"，[6]童仲玉"遭世凶荒，倾家赈恤，九族乡里赖全者以百数"，[7]马防"奴婢各千人已上，资产巨亿"，但是"岁时赈给乡闾，

[1]〔汉〕桓宽：《盐铁论·复古》，上海：上海人民出版社，1974年版，第13页。

[2]〔南朝宋〕范晔：《后汉书·樊重传》，北京：中华书局，1965年版，第1119页。

[3] 内蒙古文物工作队、内蒙古博物馆：《和林格尔发现一座重要的东汉壁画墓》，《文物》，1974年第1期。

[4]〔汉〕班固：《汉书·货殖传》，北京：中华书局，1962年版，第3694页。

[5]〔汉〕班固：《汉书·货殖传》，北京：中华书局，1962年版，第3694页。

[6]〔南朝宋〕范晔：《后汉书·樊重传》，北京：中华书局，1965年版，第1119页。

[7]〔南朝宋〕范晔：《后汉书·循吏传》，北京：中华书局，1965年版，第2481—2482页。

故人莫不周洽”。[1] 这种“岁时赈给”活动，体现了豪族之家对地方社会生活的管理职能，是维护地方社会稳定、保障生活秩序循时有序的重要方式。

因此，豪右之家在文化知识、社会地位、经济条件等方面拥有诸多优势，其日常经营内容涉及农业、手工业、副业、商业贸易等多方面。他们组织依附民和族民，以时进行积聚经营、赈赡互助、生产组织和生活管理，维持了基层社会秩序。仲长统云：“豪人之室，连栋数百，膏田满野，奴婢千群，徒附万计。船车贾贩，周于四方；废居积贮，满于都城。琦赂宝货，巨室不能容；马牛羊豕，山谷不能受。妖童美妾，填乎绮室；倡讴伎乐，列乎深堂。”[2] 这些豪族虽然“荣乐过于封君，势力侔于守令”，[3] 但是作为地方社会日常生产的组织者和生活的管理者，他们填补了因授田制度瓦解，官府对地方社会控制弱化后的空白，有效保障了社会的稳定。

总之，秦与西汉初期承战国授田之制，严格土地和人口管理，以行政的方式，法律的手段，由基层官吏统一组织编户民，以时开展生产生活，保障社会节奏与自然节律的契合，构建了驱民趣时的管理模式。但随着授田制的逐步衰弛，官府掌握的民户不断流失，虽不断采取减税、灾免、借贷、假田等措施，但难以从根本上改变其对社会控制弱化的历史趋势。而豪族则通过积聚经营、强取豪夺、通经入仕等方式不断兴起，随之与官府就基层社会的土地、人口等内容展开了激烈的争夺，并逐渐占据上风。贫化、破产的民户脱离官府掌控，转身投入豪族门下，接受其组织和管理，依时有序地进行各类社会生产生活事务。社会资源由官府向豪族的流转，民户人身依附对象自官府向豪族的变迁，导致基层社会日常生产生活组织管理权的让渡。这种深刻的历史变迁，也为汉代月令发展注入了新的活力，催生了汉代月令发展的新样态，《四民月令》即为明证。

第三节　从王官时政到民间岁时

“时间就是权力，这对于一切文化形态的时间观而言都是正确的。谁控制了时间体系、时间象征和对时间的解释，谁就控制了社会生活。”[4] 汉代基层社会组织管理结构的变迁，孕育了以民间日常为主导的《四民月令》，它虽然承袭了《礼记·月令》

[1]（南朝宋）范晔：《后汉书·马防传》，北京：中华书局，1965 年版，第 857 页。

[2]（南朝宋）范晔：《后汉书·仲长统传》，北京：中华书局，1965 年版，第 1648 页。

[3]（南朝宋）范晔：《后汉书·仲长统传》，北京：中华书局，1965 年版，第 1651 页。

[4] 吴国盛：《时间的观念》，北京：中国社会科学出版社，1996 年版，第 121 页。

以时系事的框架结构及基本特征，但在基本内容、调节范围、目的和性质等方面发生了重大转变。《四民月令》构成了王官月令向民间岁时过渡的中间环节，它的出现，既显示了月令王命意义的淡化和发展取向的下移，又开启了农家“月令”的端绪，对传统农业社会的存续发展产生了重要影响。

一、《四民月令》内容与含义辨析

崔寔，字子真，一名台，字元始。少沉静，好典籍，家世曾显赫，祖上也是多通经典，又累世官宦，《后汉书》云其祖上崔朝于昭帝时“为幽州从事”，后“擢为侍御史”。其子舒“历四郡太守，所在有能名”。[1] 崔舒小子崔篆，“王莽时为郡文学，以明经征诣公车”。[2] 建武时，“著《周易林》六十四篇”。[3] 崔篆孙崔骃，“年十三能通《诗》《易》《春秋》，博学有伟才，尽通古今训诂百家之言，善属文。少游太学，与班固、傅毅同时齐名”。[4] 并为肃宗及权臣窦宪所重，撰著“诗、赋、铭、颂、书、记、表、《七依》《婚礼结言》《达旨》《酒警》合二十一篇”。[5] 其子崔瑗，即崔寔之父，“锐志好学，尽能传其父业”，并能“明天官、历数、《京房易传》、六日七分”。在当时为“诸儒宗之。与扶风马融、南阳张衡特相友好”。阎太后称制时，他曾“入参政事”。[6] 汉安初，大司农胡广、少府窦章“共荐瑗宿德大儒，从政有迹，不宜久在下位，由此迁济北相”。[7]《后汉书》赞崔氏曰：“崔氏世有美才，兼以沉沦典籍，遂为儒家文林。”[8] 可见崔寔祖上之显赫。

作为累世通经，世为官宦之后，崔寔既有深厚的经学功底，又兼具管理才能。这为他结合《月令》义理与民间日常，作《四民月令》奠定了基础。《后汉书》记崔瑗曾“以事系东郡发干狱。狱掾善为《礼》，瑗间考讯时，辄问以《礼》说”。[9] 可见，作为经学世家，崔瑗曾经专心习《礼》，东汉时《礼记》以为习《礼》之必备，

[1]〔南朝宋〕范晔：《后汉书·崔朝传》，北京：中华书局，1965 年版，第 1703 页。
[2]〔南朝宋〕范晔：《后汉书·崔篆传》，北京：中华书局，1965 年版，第 1703 页。
[3]〔南朝宋〕范晔：《后汉书·崔篆传》，北京：中华书局，1965 年版，第 1705 页。
[4]〔南朝宋〕范晔：《后汉书·崔骃传》，北京：中华书局，1965 年版，第 1708 页。
[5]〔南朝宋〕范晔：《后汉书·崔骃传》，北京：中华书局，1965 年版，第 1722 页。
[6]〔南朝宋〕范晔：《后汉书·崔瑗传》，北京：中华书局，1965 年版，第 1722 页。
[7]〔南朝宋〕范晔：《后汉书·崔瑗传》，北京：中华书局，1965 年版，第 1724 页。
[8]〔南朝宋〕范晔：《后汉书·崔骃传》，北京：中华书局，1965 年版，第 1732 页。
[9]〔南朝宋〕范晔：《后汉书·崔瑗传》，北京：中华书局，1965 年版，第 1722 页。

为当时所重，因此，崔瑗应当通《月令》。而崔寔史称“少沉静，好典籍”，[1]曾“与诸儒博士共杂定《五经》”。[2]所以，崔寔于其父修习《月令》也是自然之义。崔氏是否曾有田庄，学界有所争议，但是就《后汉书》所见，至少在崔瑗、崔寔时代，其家势已经渐趋没落，如崔瑗“家贫，兄弟同居数十年”，[3]原因是他“爱士，好宾客，盛修肴膳，单极滋味，不问余产”。以至于自己“居常蔬食菜羹而已。家无担石储”。[4]及至死后，崔寔只能“剽卖田宅”，以“起冢茔，立碑颂。葬讫，资产竭尽”，崔寔“因穷困，以酤酿贩鬻为业。……及仕官，历位边郡，而愈贫薄。建宁中病卒。家徒四壁立，无以殡敛”。[5]所以，崔寔本人并没有规模较大的田庄。但是，困顿生活却使崔寔积累了丰富的日常生产生活经验，同时，作为官宦之后，崔寔“明于政体，吏才有余”，[6]为五原太守时，当地“俗不知织绩，民冬月无衣，积细草而卧其中，见吏则衣草而出。寔至官，斥卖储峙，为作纺绩、织纴，练缊之具以教之，民得以免寒苦”。[7]因此，崔寔也有丰富的生活经验和社会组织管理经验。所以，通经又明“民事”的崔寔，在王官政治渐趋瓦解的时代背景下，将经学《月令》的义理原则，与民间日常相结合，撰著了《四民月令》。

《四民月令》以基层社会日常生活为视域，既有农事生产劳作和手工副业，也涉及祭祀娱庆、商业交易和诸多生活保障举措，充分体现了东汉基层社会生产生活的日常性和复杂性。它所涉内容虽然繁复多端，但结构上以时节月历为轴，时事相契，以时系事，因而并不杂乱。

（一）《四民月令》内容类述

《四民月令》对农业生产的开展与管理，论述细致严谨。“凡农之道，厚之为宝：斩木不时，不折必穗；稼就而不获，必遇天菑。夫稼为之者人也，生之者地也，养之者天也。”[8]农业生产的开展与管理都有相应的时间要求，览《四民月令》全文，其中涉及的作物种类繁多，“初步统计，《四民月令》涉及的各种作物有 65 种之多，

[1]（南朝宋）范晔：《后汉书・崔寔传》，北京：中华书局，1965 年版，第 1725 页。
[2]（南朝宋）范晔：《后汉书・崔寔传》，北京：中华书局，1965 年版，第 1730 页。
[3]（南朝宋）范晔：《后汉书・崔瑗传》，北京：中华书局，1965 年版，第 1722 页。
[4]（南朝宋）范晔：《后汉书・崔瑗传》，北京：中华书局，1965 年版，第 1724 页。
[5]（南朝宋）范晔：《后汉书・崔寔传》，北京：中华书局，1965 年版，第 1731 页。
[6]（南朝宋）范晔：《后汉书・崔寔传》，北京：中华书局，1965 年版，第 1725 页。
[7]（南朝宋）范晔：《后汉书・崔寔传》，北京：中华书局，1965 年版，第 1730 页。
[8]（战国）吕不韦著，陈奇猷校释：《吕氏春秋新校释・审时》，上海：上海古籍出版社，2002 年版，第 1790 页。

其中粮食作物 13 种、蔬果 22 种、经济作物（包括染料、树木及牧草等）11 种、药材 19 种”。[1] 对于不同作物的种植、管理、收获和贮藏，《四民月令》都有详细而明晰的规定。仅以蔬菜种植为例，列表如下：

《四民月令》中各种蔬菜的农作时间 [2]

蔬菜	月份						
	正月	三月	四月	六月	七月	八月	九月	十月
瓜	播种	播种		储藏				储藏
瓠	播种			结果		收获		
葵	播种			播种		干葵	葵菹	
冬葵		选种		播种				
苜蓿	播种				播种	播种		
芋	播种蘘荷		播种				储藏	
生姜		封生姜					储藏	
芜菁			选种	播种	播种			收获
芥	播种 / 移栽		选种	选种	选种	播种		
葱								
大葱	播种			移栽	播种			移栽
小葱		移栽	移栽		播种			
青葱					播种			
蒜								
大蒜						播种		
小蒜			收获	播种	播种	播种		
杂蒜	播种							
韭								
韭	播种				储藏	收获		

[1] 张睿：《崔寔思想研究》，南开大学 2012 年博士学位论文，第 96 页。

[2] 许倬云：《汉代农业：中国农业经济的起源及特性》，王勇译，桂林：广西师范大学出版社，2005 年版，第 86 页。

（续表）

蔬菜	月 份							
薤	播种／移栽				移栽			
蓼	播种							
苏	播种							

（资料源自许倬云：《汉代农业：中国农业经济的起源及特性》，王勇译，广西师范大学出版社 2005 年版，第 86 页）

此外，《四民月令》又对不同土壤加以区分，并就其翻耕、施肥等予以时间的规划，如正月“雨水中，地气上腾，土长冒橛，陈根可拔，急菑强土黑垆之田”。[1] 而“美田、缓土及河渚小处”[2] 的土壤耕作则在“阴冻毕泽”的二月进行。《四民月令》还关注到相关水利工程的修缮时间，以期为农事生产提供相应的保障，如三月“农事尚闲，可利沟渎”，[3] 五月“霖雨将降，储米、谷、薪、炭，以备道路陷淖不通”。[4] 可见，《四民月令》对于各项农事生产劳作的展开与管理，不仅有具体明细的统筹和安排，而且讲究计划性，提高了时间的利用效率。

手工副业是社会生活的基本组成和重要保障，《四民月令》中对此予以充分关注。《四民月令》对于一年中养蚕、纺绩，织染、浣洗、裁制等皆有涉及，如正月农事未起“命女红趣织布”。[5] 二月“蚕事未起，命缝人浣冬衣，彻复为袷。其有赢帛，遂为秋制”。[6]“清明节，令蚕妾治蚕室……谷雨中，蚕毕生，乃同妇子，以勤其事。”[7] 四月“立夏节后，蚕大食”，[8]“蚕入簇”，[9]“茧既入簇，趣缫；剖绵，具机杼，

[1]〔汉〕崔寔著，石声汉校注：《四民月令校注》，北京：中华书局，1965 年版，第 11 页。
[2]〔汉〕崔寔著，石声汉校注：《四民月令校注》，北京：中华书局，1965 年版，第 20 页。
[3]〔汉〕崔寔著，石声汉校注：《四民月令校注》，北京：中华书局，1965 年版，第 29 页。
[4]〔汉〕崔寔著，石声汉校注：《四民月令校注》，北京：中华书局，1965 年版，第 43 页。
[5]〔汉〕崔寔著，石声汉校注：《四民月令校注》，北京：中华书局，1965 年版，第 9 页。
[6]〔汉〕崔寔著，石声汉校注：《四民月令校注》，北京：中华书局，1965 年版，第 21 页。
[7]〔汉〕崔寔著，石声汉校注：《四民月令校注》，北京：中华书局，1965 年版，第 26 页。
[8]〔汉〕崔寔著，石声汉校注：《四民月令校注》，北京：中华书局，1965 年版，第 31 页。
[9]〔汉〕崔寔著，石声汉校注：《四民月令校注》，北京：中华书局，1965 年版，第 32 页。

敬经络”。[1] 六月“命女红织缣缚”。[2] 七月“处暑中，向秋节，浣故制新，作袷薄，以备始寒”。[3] 八月“凉风戒寒，趣练缣帛，染采色。擘绵，治絮，制新，浣故”。[4] 十月“可析麻，趣绩布缕”。[5] 除女红蚕桑外，对于食品的加工，如食物腌制、诸酱制作和造曲酿酒等，也有相应的时节规定，如正月“命典馔酿春酒……可作诸酱：上旬豆，中旬煮之。以碎豆作‘末都’；至六七月之交，分以藏瓜。可以作鱼酱、肉酱、清酱”。[6] 这些手工副业开展和管理的依时有序，为社会生产生活的存续发展提供了必要的保障，是基层社会日常生活的基本组成。

商业贸易活动是社会生产生活的必要补充，《四民月令》中一年有九个月涉及商业贸易活动。如二月“可粜粟、黍、大、小豆、麻、麦子。收薪炭”。[7] 三月“可粜黍，买布”。[8] 四月“可籴穬及大麦，别小葱”。[9] 五月“粜大小豆、胡麻；粜穬、大小麦。收弊絮及布帛。日至后，可粜麸。”[10] 六月“可粜大豆；籴穬、小麦；收缣缚”。[11] 七月“可粜大小豆，籴麦。收缣练”。[12] 八月“粜种麦，籴黍”。[13] 十月“卖缣、帛、弊絮；籴粟，大小豆，麻子。收栝楼”。[14] 十一月“籴秫稻、粟、米、小豆、麻子”。[15] 可见，《四民月令》中商品买卖不仅频繁，其所涉及的贸易物品也极为丰富，其中既有粮食，也有手工制成品，还有薪炭、药材等生活必需品。如此丰富的贸易物品和高频率的买卖，既说明贸易活动作为社会日常生活的重要组成部分不可或缺，同时也意味着时人对贸易活动与时间节令的关系掌握较为纯熟，能够有效利用时间

[1]〔汉〕崔寔著，石声汉校注：《四民月令校注》，北京：中华书局，1965 年版，第 33 页。
[2]〔汉〕崔寔著，石声汉校注：《四民月令校注》，北京：中华书局，1965 年版，第 49 页。
[3]〔汉〕崔寔著，石声汉校注：《四民月令校注》，北京：中华书局，1965 年版，第 58 页。
[4]〔汉〕崔寔著，石声汉校注：《四民月令校注》，北京：中华书局，1965 年版，第 60—61 页。
[5]〔汉〕崔寔著，石声汉校注：《四民月令校注》，北京：中华书局，1965 年版，第 68 页。
[6]〔汉〕崔寔著，石声汉校注：《四民月令校注》，北京：中华书局，1965 年版，第 16 页。
[7]〔汉〕崔寔著，石声汉校注：《四民月令校注》，北京：中华书局，1965 年版，第 23 页。
[8]〔汉〕崔寔著，石声汉校注：《四民月令校注》，北京：中华书局，1965 年版，第 30 页。
[9]〔汉〕崔寔著，石声汉校注：《四民月令校注》，北京：中华书局，1965 年版，第 34 页。
[10]〔汉〕崔寔著，石声汉校注：《四民月令校注》，北京：中华书局，1965 年版，第 46 页。
[11]〔汉〕崔寔著，石声汉校注：《四民月令校注》，北京：中华书局，1965 年版，第 54 页。
[12]〔汉〕崔寔著，石声汉校注：《四民月令校注》，北京：中华书局，1965 年版，第 58 页。
[13]〔汉〕崔寔著，石声汉校注：《四民月令校注》，北京：中华书局，1965 年版，第 64 页。
[14]〔汉〕崔寔著，石声汉校注：《四民月令校注》，北京：中华书局，1965 年版，第 69 页。
[15]〔汉〕崔寔著，石声汉校注：《四民月令校注》，北京：中华书局，1965 年版，第 72 页。

差以求取利润。

对基层社会日常生活而言，诸多祭祀、仪式和娱庆活动是不可或缺的组成，它们是调节社会节奏，缓解心理压力的重要契机。《四民月令》中有七个月要进行祭祀，其祭祀的对象包括先穑、玄冥、家中平日供奉的神等神祇和祖先。其中，对神祇的祭祀包括正月上丁之日以祭路神、上亥之日祭先穑，八月"筮择月节后良日，祠岁时常所奉尊神"。[1] 十一月冬至之日"荐黍、羔；先荐玄冥于井"。[2] 十二月腊日举行腊祭，"遂腊先祖五祀。其明日，是谓'小新岁'，进酒降神"。[3] 对于先祖的祭祀则于每年的正月初一及上亥日、二月的春社日、五月夏至日、六月初伏日、八月秋社日、十一月冬至日以及十二月的腊祭和蒸祭。各种祭祀活动通常伴随相应的仪式和娱庆等活动，如十二月"祀冢事毕，乃请召宗、亲、婚姻、宾旅，讲好和礼，以笃恩纪。休农息役，惠必下洽"。[4] 诸多的祭祀、仪式和娱庆活动在基层社会日常生活中必不可少，作为社会生活与自然节律协调的产物，它们赋予了物理时间以文化内涵，为民众提供了表达自己情感、意愿的时机。

生活保障与管理方面，《四民月令》既强调对族人的赈济关怀，对盗寇的防御，也关注医药配制和文化学习，同时，也关注各种风俗宜忌。对于聚族而居的时人而言，情感的联络和物质赈济不可或缺。《四民月令》中，在重大节庆时皆互访，如正月之旦，如腊月"群神频行，大蜡礼兴；乃冢祠君、师、九族、友、朋，以崇慎终不背之义"。[5] 物质赈济则与之相应，如三月"冬谷或尽，椹麦未熟；乃顺阳布德，振赡匮乏，务先九族，自亲者始。无或蕴财，忍人之穷；无或利名，罄家继富；度入为出，处厥中焉"。[6] 九月"存问九族，孤、寡、老、病不能自存者。分厚彻重，以救其寒"。[7] 十月"同宗有贫窭久丧不堪葬者，则纠合宗人，共兴举之。以亲疏贫富为差，正心平敛，毋或踰越；务先自竭，以率不随"。[8] 盗寇是基层日常生活的重大威胁，为确保生产生活秩序的稳定，对于盗寇之流的防御也是其中之义，《四民月令》认为三

[1]〔汉〕崔寔著，石声汉校注：《四民月令校注》，北京：中华书局，1965 年版，第 60 页。
[2]〔汉〕崔寔著，石声汉校注：《四民月令校注》，北京：中华书局，1965 年版，第 71 页。
[3]〔汉〕崔寔著，石声汉校注：《四民月令校注》，北京：中华书局，1965 年版，第 74 页。
[4]〔汉〕崔寔著，石声汉校注：《四民月令校注》，北京：中华书局，1965 年版，第 74 页。
[5]〔汉〕崔寔著，石声汉校注：《四民月令校注》，北京：中华书局，1965 年版，第 76 页。
[6]〔汉〕崔寔著，石声汉校注：《四民月令校注》，北京：中华书局，1965 年版，第 28 页。
[7]〔汉〕崔寔著，石声汉校注：《四民月令校注》，北京：中华书局，1965 年版，第 65 页。
[8]〔汉〕崔寔著，石声汉校注：《四民月令校注》，北京：中华书局，1965 年版，第 68 页。

月“缮修门户，警设守备，以御春饥帅窃之寇”。[1] 九月“缮五兵，习战射，以备寒冻穷厄之寇”。[2] 医药的采集、配制是《四民月令》的重点之一，全文诸月多有涉及，其中既包括医药的种植或采集，如二月“可种地黄，及采桃花、茜，及栝楼、土瓜根。其滨山，可采乌头、天雄、天门冬”。[3] 也有相关药方的配制，如正月“上除若十五日，合诸膏、小草续命丸、法药及马舌下散”。[4] 五月“合止利黄连丸、霍乱丸”。[5] 此外，《四民月令》注重族人子弟的文化学习，正月“农事未起，命成童已上入大学，学五经；师法求备，勿读书传。砚冻释，命幼童入小学，学篇章”。[6] 八月“暑小退，命幼童入小学，如正月焉”。[7] 十月“农事毕，命成童以上入大学，如正月焉”。[8] 十一月“研水冻，命幼童读《孝经》《论语》篇章，入小学”。[9] 对于风俗宜忌问题，婚姻如二月“是月也，择元日，可结婚”。[10] 八月“可纳妇”。[11] 成人礼如正月“择元日，可以冠子”。[12] 居处生活如二月、五月、十一月都要“先后各五日，寝别外内”。[13] 由此可知，《四民月令》涉及的日常生活保障和管理的方方面面，虽然细微繁杂，但对个体或宗族的存续发展意义重大。

因此可以说，《四民月令》在内容上几乎涵盖了东汉基层社会日常生活的方方面面，而且对于不同事项都有具体的时间安排，形成时事相契、以时系事的叙述体例。可以说，它的成书对于传统基层社会日常生活具有明显的借鉴意义和指导价值。“该书不仅按月叙述了有关以农业经营为主的治生事项及经验和细致合理的农事活动安

[1]〔汉〕崔寔著，石声汉校注：《四民月令校注》，北京：中华书局，1965年版，第29页。
[2]〔汉〕崔寔著，石声汉校注：《四民月令校注》，北京：中华书局，1965年版，第65页。
[3]〔汉〕崔寔著，石声汉校注：《四民月令校注》，北京：中华书局，1965年版，第22—23页。
[4]〔汉〕崔寔著，石声汉校注：《四民月令校注》，北京：中华书局，1965年版，第8页。
[5]〔汉〕崔寔著，石声汉校注：《四民月令校注》，北京：中华书局，1965年版，第36页。
[6]〔汉〕崔寔著，石声汉校注：《四民月令校注》，北京：中华书局，1965年版，第9页。
[7]〔汉〕崔寔著，石声汉校注：《四民月令校注》，北京：中华书局，1965年版，第60页。
[8]〔汉〕崔寔著，石声汉校注：《四民月令校注》，北京：中华书局，1965年版，第68页。
[9]〔汉〕崔寔著，石声汉校注：《四民月令校注》，北京：中华书局，1965年版，第71页。
[10]〔汉〕崔寔著，石声汉校注：《四民月令校注》，北京：中华书局，1965年版，第20页。
[11]〔汉〕崔寔著，石声汉校注：《四民月令校注》，北京：中华书局，1965年版，第61页。
[12]〔汉〕崔寔著，石声汉校注：《四民月令校注》，北京：中华书局，1965年版，第6页。
[13]〔汉〕崔寔著，石声汉校注：《四民月令校注》，北京：中华书局，1965年版，第20页。

排，而成为农家月令书的代表作。”[1] 而这种时事相契、以时系事的结构体例，则与传统月令书，特别是《礼记・月令》在两汉的流布，关系密切。

（二）“四民”含义推敲

对于《四民月令》，学界的研究多集中于东汉豪族兴起背景下基层社会生产生活的组织和管理，以及它所呈现的是否属于豪族庄园经济[2]。其结论虽各异，但就“四民”的理解而言，学界并未过多留意，也较少进行深入分析，基本笼而统之地认为是传统的士农工商[3]。但是，从《四民月令》的内容和体例来看，既不是按士农工商四种职业来划分，也不是针对从事这四种职业的群体来叙述的，这引发了对《四

[1] 张景书：《〈四民月令〉农业教育思想初探》，《西北农林科技大学学报（自然科学版）》，2003 年第 1 期。

[2] 对于这一问题，有学者认为《四民月令》反映的是东汉豪族庄园经济及其管理，如邱汉生在《从“四民月令”看东汉大地主的田庄》中，认为“它比较全面地反映了东汉时期大地主田庄的情况”。（《历史教学》，1959 年第 11 期）卢嘉锡总主编，董恺忱、范楚玉分卷主编的《中国科学技术史・农学卷》也认为“《四民月令》的确主要是为地主设计的，在这个意义上，可以称之为地主家庭经济的经营手册”。（科学出版社，2000 年版，第 218 页）但是，也有学者认为《四民月令》反映的生产经营具有普遍意义，而非特指豪族庄园经济，如李成贵的《〈四民月令〉新论》，认为其“是东汉时期农村大众的经济活动（以农业生产为主体）和日常行事的全面的真实反映”。（《古今农业》，1993 年第 1 期）许倬云在《汉代农业：中国农业经济的起源及特性》中认为：“《四民月令》中经营农业的地主，可能代表了散布于汉代中国各个郡县的数以千算的这种地方精英家庭。他们既不是特别富有的地主，能够脱离实际的农业生产，也不是普通农夫，因为他们的生活比纯粹的农民要舒服得多、复杂得多。”（王勇译，广西师范大学出版社，2005 年版，第 57 页）柳春藩在《东汉地主制经济发展的特点》一文中对相关观点进行总结，认为“《四民月令》在一定程度上反映了田庄的存在……但应指出的是。《四民月令》反映的生产生活情况，不都是属于田庄的。《四民月令》写的是一个地区（主要是洛阳地区）士、农、工、商的时令情况。既不是一个田庄（或几个田庄），也不是一个村社（或几个村社）；既包括田庄主及其他大地主，也包括中小地主和自耕农、半自耕农。它并没有单一的、完整的、具体的反映大地主田庄这一经济实体的内容。”（《吉林大学社会科学学报》，1991 年第 4 期）

[3] 石声汉在《四民月令校注》中，虽然认为它所反映的是“这是以‘农’业、小手‘工’业收入为主，‘商’业收入为辅，来维持一个‘士’大夫阶级家庭的生活，合‘四民’为一”，但是，仍然沿用了“所谓‘士农工商’四民”的观点。（《四民月令校注》，北京：中华书局，1965 年版，第 89 页）卢嘉锡总主编，董恺忱、范楚玉分卷主编的《中国科学技术史・农学卷》也认为“‘四民月令’，顾名思义，它按时令所安排的各项活动应该对‘士、农、工、商’‘四民’都是实用的；从《四民月令》的内容来考察，它的确有普遍适用的一面，并非只适用于哪一个阶层”。（科学出版社，2000 年版，第 217 页）虽然看到了《四民月令》之“四民”与传统“士农工商”之“四民”的不一致，但并未就其内涵予以进一步剖析。

民月令》所言“四民”的疑惑。

与后世习惯性的表达不同，“士农工商”之“四民”具有特定的历史基础和含义，指的是政府控制社会资源的背景下，对社会成员的职业和身份等进行统一规定和管理，所形成的身份固定、职业世袭、居处有别的社会群体。《谷梁传》成公元年云：“古者有四民，有士民，有商民，有农民，有工民。”[1]《管子·小匡》云：“士农工商，四民者，国之石民也。”[2]《周礼》和《汉书·食货志》中不仅有明确的四民表达，而且对其划分依据也表述明晰。《周礼》云：“作而行之，谓之士大夫；审曲面执，以饬五材，以辨民器，谓之百工；通四方之珍异以资之，谓之商旅；饬力以长地财，谓之农夫。”[3]《汉书·食货志》曰：“士农工商，四民有业。学以居位曰士，辟土殖谷曰农，作巧成器曰工，通财鬻货曰商。”[4]至于四民之分始于何时，文献上难以明确判定，顾炎武认为“士农工商，谓之四民，其说始于管子”。[5]这里不去深究，我们只要明白四民的历史属性就可以了：士农工商是官府管理下的四种职业和身份，有着特定的含义。

按周制，士为低级贵族，是国家公职人员，“大抵皆有职之人”。[6]《国语·周语》云：“诸侯春秋受职于王，以临其民。大夫、士日恪位著，以儆其官。庶人、工、商各守其业，以共其上。”[7]可见，士是有别于庶人、工、商的。《荀子·效儒》云“众人者，工农商贾也”，[8]也从侧面反映出“士”与工、农、商人有别，并非“众人”之流。就其职守而言，早期的“士”允文允武，而随着社会历史的发展，出现文武之别。顾颉刚认为“吾国古代之士，皆武士也。士为低级之贵族，居于国中（即都城中），有统驭平民之权利，亦有执戈以卫社稷之义务”。[9]春秋战国时期武士作为“士”

[1]〔清〕阮元校刻：《十三经注疏·春秋谷梁传注疏·成公元年》，北京：中华书局，1980年影印版，第2417页。

[2]黎翔凤撰，梁连华整理：《管子校注》，北京：中华书局，2004年版，第400页。

[3]〔清〕阮元校刻：《十三经注疏·周礼注疏·冬官考工记》，北京：中华书局，1980年影印版，第905页。

[4]〔汉〕班固：《汉书·食货志上》，北京：中华书局，1962年版，第1117—1118页。

[5]〔清〕顾炎武著，陈垣校注：《日知录校注》，合肥：安徽大学出版社，2007年版，第423页。

[6]〔清〕顾炎武著，陈垣校注：《日知录校注》，合肥：安徽大学出版社，2007年版，第424页。

[7]徐元诰撰，王树民、沈长云点校：《国语集解》，北京：中华书局，2002年版，第33页。

[8]〔清〕王先谦撰，沈啸寰、王星贤点校：《荀子集解·效儒》，北京：中华书局，1988年版，第145页。

[9]顾颉刚：《史林杂识初编》，北京：中华书局，1963年版，第85页。

的指称仍然流行，《国语·齐语》谓管仲治国："士之乡十五。"韦昭注："此士，军士也。"[1]与此同时，"藏书策，习谈论，聚徒役，服文学而议说"的文学之士也在兴起，游学养士盛行一时，"春秋以后，游士日多。《齐语》言：'桓公为游士八十人，奉以车马衣裘，多其资币，使周游四方，以号召天下之贤士。'而战国之君遂以士为轻重，文者为儒，武者为侠"。[2]他们不治而议论，或在朝堂辅佐君王，或在地方为官理事，以其地位作用之显，而成为"士"之代称。

"农"之所指，原是官府控制下从事集体耕作的农夫，并非后世所指的个体小农。《诗经·噫嘻》云："噫嘻成王，既昭假尔。率时农夫，播厥百谷。骏发尔私，终三十里。亦服尔耕，十千维耦。"[3]这正是对官府控制下农夫集体农作的描绘。而工商之意，源起甚早，在先秦很多时候指的是工商食官制度下的工、商，"春秋时，工商皆世袭食于官，盖为贵族御用，非民间之自由营业"。[4]《国语·晋语》云："大夫食邑，士食田，庶人食力，工商食官，皂隶食职，官宰食加。政平民阜，财用不匮。"韦注曰："工，百工。商，官贾也。……食官，官廪之。"[5]工商食官制下，工、商职业、身份都是世袭的，隶属于官府，其生产生活由官府统一安排。

士农工商因为身份和职业的差异而居处有别。如"百工"，《考工记·总序》曰："巧者述之，守之世，谓之工。百工之事，皆圣人之作也。"[6]《说文》释"述"曰："述，循也。"意指百工之事，世代因循。同时，不同职业和身份的社会成员在居住空间上也被划分和固定。《逸周书·做雒》云："农居鄙，得以庶士；士居国家，得以诸公、大夫。凡工贾胥市臣仆，州里俾无交为。"[7]可见，在成周营建之初就已经对不同身份和职业的人在居处空间上加以区分。《国语·齐语》以桓公与管子对话的形式，细致典型地表述了士农工商之四民分业、职业世袭、居处有别的组织管理模式。"士农工商，四民者，国之石民也，不可使杂处。杂处则其言咙，其事乱。

---

[1] 徐元诰撰，王树民、沈长云点校：《国语集解》，北京：中华书局，2002 年版，第 222 页。

[2]（清）顾炎武著，陈垣校注：《日知录校注》，合肥：安徽大学出版社，2007 年版，第 424 页。

[3]（清）阮元校刻：《十三经注疏·毛诗正义·噫嘻》，北京：中华书局，1980 年影印版，第 591—592 页。

[4] 钱穆：《国史大纲》修订本，北京：商务印书馆，2011 年版，第 89 页。

[5] 徐元诰撰，王树民、沈长云点校：《国语集解》，北京：中华书局，2002 年版，第 350 页。

[6]（清）阮元校刻：《十三经注疏·周礼注疏·冬官考工记》，北京：中华书局，1980 年影印版，第 906 页。

[7] 黄怀信、张懋镕、田旭东撰：《逸周书汇校集注》（修订本），上海：上海古籍出版社，2007 年版，第 531—532 页。

是故圣王之处士必于闲燕，处农必就田野，处工必就官府，处商必就市井。”[1]管子提出“叁其国而伍其鄙”的方案。“制国以为二十一乡”，其中，“工商之乡六，士乡十五”，[2]具体编制为“五家为轨，轨为之长；十轨为里，里有司；四里为连，连为之长；十连为乡，乡有良人焉”。[3]与之相应的制鄙之举则为“三十家为邑，邑有司；十邑为卒，卒有卒帅；十卒为乡，乡有乡帅；三乡为县，县有县帅；十县为属，属有大夫”。[4]在分业定居的基础上，《国语·齐语》提出职业世袭，通过“群萃而州处”、父子相习的方式以令士之子恒为士、农之子恒为农、工之子恒为工、商之子恒为商。这种政府控制下身份固定、职业世袭并且居处有别的组织管理是士农工商“四民”的重要特征。

然而，春秋以降，随着国家形态、社会结构及人身依附关系的演变，作为宗法等级社会中低级贵族的“士”，作为一个阶层不存在了，其中的相当一部分融入官府控制下从事集体农作的“农”，农则演变成国家授田制之下的授田民队伍。而私营工商业的发展也促使“工”“商”的含义突破工商食官制，私营工商业者成为一个独立的阶层发展起来。原来固定身份、世袭职业和按职业分区居住的控制方式不可避免地走向崩解。秦汉一统，整齐制度，出于统治的需要和赋役征发的便利，官府编订户籍，次序管理，全国人口都被置于官府的严密控制之下，并被严密有序地组织起来，不管他们从事何种职业，居处如何，其政治身份和法律地位都是国家控制下的普通编户民。

崔寔的《四民月令》著于东汉时期，传统的士农工商“四民”格局早已不复存在，因此，崔寔所言“四民”，不能按照传统概念解释为身份固定、职业世袭、居处有别的士农工商。那应当作何解释呢？我们可以结合当时的社会现实和《四民月令》内容，进行相应的推测。

《四民月令》中，农业生产既包括粮食、蔬菜、瓜果、药材等各类作物的种植、管理、收获和贮藏，也包括土壤翻耕、施肥等田间管理活动。其对手工造作的记述，有关于食品加工，造曲酿酒、药材配制的内容，也有对养蚕、纺绩、织染、浣洗、裁制的规划。商业贸易方面，《四民月令》中一年有九个月涉及商业贸易，如二月“可

[1] 黎翔凤撰，梁运华整理：《管子校注》，北京：中华书局，2004年版，第400页。
[2] 徐元诰撰，王树民、沈长云点校：《国语集解》，北京：中华书局，2002年版，第222页。
[3] 徐元诰撰，王树民、沈长云点校：《国语集解》，北京：中华书局，2002年版，第224页。
[4] 徐元诰撰，王树民、沈长云点校：《国语集解》，北京：中华书局，2002年版，第228页。

粜粟、黍、大、小豆、麻、麦子。收薪炭”。[1] 三月“可粜黍，买布”。[2] 所贸易的物品既有粮食，也有手工制品。同时，《四民月令》还很注重族人子弟的文化学习，在每年正月、八月、十月和十一月对幼童入小学和成童入大学方面加以规定，正月“农事未起，命成童已上入大学，学五经；师法求备，勿读书传。砚冻释，命幼童入小学，学篇章”。[3] 八月“暑小退，命幼童入小学，如正月焉”。[4] 十月“农事毕，命成童以上入大学，如正月焉”。[5] 十一月“研水冻，命幼童读《孝经》《论语》篇章，入小学”。[6] 由此可见，《四民月令》内容涉及农业劳作、百工造作、商贾贸易以及文化教育等诸多方面。

这与传统的“士农工商”所从事的职业有一定相似，但并不等于说崔寔所言“四民”指的是士农工商。相反，《四民月令》所描述的是豪族大地主之家多业并举、诸业皆习的社会情状。“《四民月令》中所记载的田庄经济，也是农林牧副渔、手工业、商业综合经营的，是一个自给自足的封建经济单位。”[7] 这种田庄经济从西汉中期以后逐步发展起来，如樊重所营田庄，“其营理产业，物无所弃，课役童隶，各得其宜，故能上下戮力，财利岁倍，至乃开广田土三百余顷。其所起庐舍，皆有重堂高阁，陂渠灌注。又池鱼牧畜，有求必给。尝欲作器物，先种梓漆，时人嗤之，然积以岁月，皆得其用，向之笑者咸求假焉”。[8] 这与《四民月令》所云的经济结构完全一致，其显著特点都是农业、手工业和商业综合经营等诸业并举。

同时，就社会结构言，《四民月令》中也不存在“分业别居、职业世袭”的“士农工商”，其所叙内容的多样体现的是东汉豪族集地主、官僚和工商业主三位一体的历史情状。如前文所述，这种状况，在西汉时代已经发生，工商业主通过“以末致财，用本守之”的手段而变为地主的描述就有很多，“力农畜，工虞商贾，为权利以成富，大者倾郡，中者倾县，下者倾乡里者，不可胜数”。[9] 同时，地主和工商业主也通过纳粟、入钱等方式获取爵位，跻身于官僚体系之中。董仲舒就曾经指斥曰：

[1]〔汉〕崔寔著，石声汉校注：《四民月令校注》，北京：中华书局，1965 年版，第 23 页。
[2]〔汉〕崔寔著，石声汉校注：《四民月令校注》，北京：中华书局，1965 年版，第 30 页。
[3]〔汉〕崔寔著，石声汉校注：《四民月令校注》，北京：中华书局，1965 年版，第 9 页。
[4]〔汉〕崔寔著，石声汉校注：《四民月令校注》，北京：中华书局，1965 年版，第 60 页。
[5]〔汉〕崔寔著，石声汉校注：《四民月令校注》，北京：中华书局，1965 年版，第 68 页。
[6]〔汉〕崔寔著，石声汉校注：《四民月令校注》，北京：中华书局，1965 年版，第 71 页。
[7] 朱绍侯：《秦汉土地制度与阶级关系》，郑州：中州古籍出版社，1985 年版，第 102 页。
[8]〔南朝宋〕范晔：《后汉书・樊重传》，北京：中华书局，1965 年版，第 1119 页。
[9]〔汉〕司马迁：《史记・货殖列传》，北京：中华书局，1959 年版，第 3281—3282 页。

“夫长吏多出于郎中、中郎，吏二千石子弟选郎吏，又以富訾，未必贤也。”[1] 因此，“武帝以后，官僚贵族、地主、商人已结成一体，不仅商人可以名田为吏，而官僚贵族、地主也多兼营商业”。[2] 西汉政府虽然对此屡加调控，但是，“从西汉后期到东汉，却出现了三者（工商业主、官僚和地主）的结合日益密切，以及许多大土地所有者一身二任或一身三任的现象”。[3] 迄至东汉，豪族遂并兴，他们积聚经营，诸业皆习，《四民月令》对农业生产、手工造作、商业贸易和文化教育等的囊括，正是豪族集地主、官僚和工商业主三位于一体的呈现，而并不是对士农工商四民“分业别居、职业世袭”的社会结构的反映。

此外，于依附民而言，他们接受豪族家长的组织和管理，顺应时节，不仅要从事农业生产、手工实践，也要参与商业贸易和文化教育。在《四民月令》中，作为生产生活的组织者和管理者，豪族家长以“命”“令”的方式，统一安排依附民，依时有序地开展农、工、商、教等活动，如“命成童已上入大学，学五经；师法求备，勿读书传。砚冻释，命幼童入小学，学篇章。命女红趣织布”，“令蚕妾治蚕室”。[4] 他们在不同时节通过不同的“命”和“令”，督导生产生活依时有序，强调“有不顺命，罚之无疑”。在这里，豪族家长既是农业生产、手工造作的组织者和管理者，同样也是商业贸易和文化教育的组织管理者。而依附民在豪族家长的组织管理下，顺时开展不同类型的生产生活劳作。以《四民月令》的正月为例，依附民在这一个月中，既要从事农业生产，如土壤翻耕，“雨水中，地气上腾，土长冒橛，陈根可拔，急菑强土黑垆之田”，作物种植如“可种春麦、豍豆，尽二月止”，也要从事手工造作方面的劳作如酿酒作酱，“命典馔酿春酒……可以作鱼酱、肉酱、清酱”。还要“女红趣织布。”同时，也要趁“农事未起”，开展文化教育，“命成童已上入大学，学五经；师法求备，勿读书传。砚冻释，命幼童入小学，学篇章”。[5] 因此，《四民月令》中并不存在专事某一职业、身份固定、居处有别的专职群体，而是指同一个劳动主体，即豪族控制下的依附民，根据时节转换，在豪族家长的组织管理下，具体从事不同类型的生产和生活事务。这与身份固定、职业世袭、居处有别的士农工商之四民并不一致。

---

[1]〔南朝宋〕范晔：《后汉书·董仲舒传》，北京：中华书局，1965 年版，第 2512 页。

[2] 朱绍侯：《秦汉土地制度与阶级关系》，郑州：中州古籍出版社，1985 年版，第 76 页。

[3] 林甘泉主编：《中国经济通史·秦汉经济卷》，北京：经济日报出版社，1999 年版，第 336 页。

[4]〔汉〕崔寔著，石声汉校注：《四民月令校注》，北京：中华书局，1965 年版，第 9—26 页。

[5]〔汉〕崔寔著，石声汉校注：《四民月令校注》，北京：中华书局，1965 年版，第 9—16 页。

因此，身份固定、职业世袭、居处有别的士农工商四民划分，作为一种国家对社会的组织管理方式，虽然存续于较长的历史时期，但是，随着春秋战国以来国家形态、社会结构和人身依附关系的演变，士农工商的四民划分逐步崩解，成为统一的国家编户民。豪族和依附民虽然在经济地位上存在巨大差异，但是就其政治和法律身份而言，则同样属于国家编户。因此，若将崔寔所言“四民”解作“士农工商”，看似无碍，实际上并不恰当和贴切。所以，从社会历史现实和文本内容来看，将“四”可解为一年四季，将“民”可看作是编户民的泛指，所谓“四民月令”意为编户民于一年四季的生产生活安排，或可作为一说。

二、《四民月令》的分水岭意义与农家月令的发端

《四民月令》在叙事框架、文本体例、价值理念等方面无疑承袭了传统月令书的基本特征，显示出与传统月令在文本和思想上的承继与共通，但在叙述内容、调节范围、目的和性质等方面则发生了巨大的变更。这种承继和变革反映了月令王命意义的淡化，以及农家月令的兴起。《四民月令》由此成为月令发展史上的一道分水岭。

（一）承继共通之处

首先，二者在体例结构上具有承续。《礼记·月令》将不同天文物候、遵奉神祇、虫声数味、帝王衣食住行、政令颁行和政失致灾等按照四时十二月的结构，依时而序。《四民月令》虽历来被视为农书，但全文并未涉及相关农业生产技术或理论，论述的中心在于对基层社会日常生产生活事务有序地分配于一年十二个月之中。《四民月令》虽然未言明四时及孟仲季的时间划分，但以十二月对社会生产生活等事项予以统筹编排的体例，与《礼记·月令》存在内在的一致性。这种一致性源于并反映出社会节奏对自然节律的高度依赖。

其次，二者在论述内容上有一定重叠。如天象物候方面，《礼记·月令》云孟春之月“东风解冻，蛰虫始振”，[1] 仲春之月“蛰虫咸动，启户始出”。[2]《四民月令》则简言之正月“百卉萌动，蛰虫启户”。[3] 对于日常生活，《礼记·月令》云仲春之

[1]（清）阮元校刻：《十三经注疏·礼记正义·月令》，北京：中华书局，1980 年影印版，第 1355 页。

[2]（清）阮元校刻：《十三经注疏·礼记正义·月令》，北京：中华书局，1980 年影印版，第 1362 页。

[3]（汉）崔寔著，石声汉校注：《四民月令校注》，北京：中华书局，1965 年版，第 7 页。

月“先雷三日，奋木铎以令兆民曰：雷将发声，有不戒其容止者，生子不备，必有凶灾”。[1]《四民月令》则同样认为二月“春分中，雷且发声；先后各五日，寝别外内”。[2]对于农事生产而言，《礼记·月令》规定季春之月“命司空曰：时雨将降，下水上腾，循行国邑，周视原野，修利堤防，道达沟渎，开通道路，毋有障塞”。[3]《四民月令》也强调三月“农事尚闲，可利沟渎，葺治墙屋，以待雨”。[4]对于蚕桑女工，《礼记·月令》以为季春之月“后妃齐戒，亲东乡躬桑。禁妇女毋观，省妇使，以劝蚕事”。[5]《四民月令》也规定在三月“清明节，令蚕妾治蚕室”。[6]而作物的收获贮藏也存在高度一致，《礼记·月令》云仲秋之月“可以筑城郭，建都邑，穿窦窖，修囷仓”。[7]《四民月令》同样强调“九月，治场圃，涂囷仓，修窦窖”。[8]可以说，两者因为共同关注自然节律对社会节奏的决定意义，因而在对社会生产生活事项的安排和调整上，必然存在如此多的相似之处。

第三，二者对“时序”原则的关注和强调存在一致性。《四民月令》与《礼记·月令》论述内容差别之处虽然存在，但究其原则和目的，则存在相通的一面。如春季布德行惠，《礼记·月令》规定季春之月“生气方盛，阳气发泄，句者毕出，萌者尽达。不可以内。天子布德行惠，命有司，发仓廪，赐贫穷，振乏绝，开府库，出币帛，周天下。勉诸侯，聘名士，礼贤者”。[9]《四民月令》也同样强调在三月“是月也，冬谷或尽，椹麦未熟；乃顺阳布德，振赡匮乏，务先九族，自亲者始。无或蕴财，

[1]〔清〕阮元校刻：《十三经注疏·礼记正义·月令》，北京：中华书局，1980年影印版，第1362页。
[2]〔汉〕崔寔著，石声汉校注：《四民月令校注》，北京：中华书局，1965年版，第20页。
[3]〔清〕阮元校刻：《十三经注疏·礼记正义·月令》，北京：中华书局，1980年影印版，第1363页。
[4]〔汉〕崔寔著，石声汉校注：《四民月令校注》，北京：中华书局，1965年版，第29页。
[5]〔清〕阮元校刻：《十三经注疏·礼记正义·月令》，北京：中华书局，1980年影印版，第1363页。
[6]〔汉〕崔寔著，石声汉校注：《四民月令校注》，北京：中华书局，1965年版，第26页。
[7]〔清〕阮元校刻：《十三经注疏·礼记正义·月令》，北京：中华书局，1980年影印版，第1374页。
[8]〔汉〕崔寔著，石声汉校注：《四民月令校注》，北京：中华书局，1965年版，第65页。
[9]〔清〕阮元校刻：《十三经注疏·礼记正义·月令》，北京：中华书局，1980年影印版，第1363页。

忍人之穷；无或利名，罄家继富；度入为出，处厥中焉”。[1] 对于农时的注重也是如此，《礼记·月令》强调季夏之月“不可以兴土功，不可以合诸侯，不可以起兵动众，毋举大事，以摇养气。毋发令而待，以妨神农之事也。水潦盛昌，神农将持功，举大事则有天殃”。[2] 而《四民月令》则规定六月“趣耘锄，毋失时。菑麦田”。[3] 此外，《礼记·月令》认为孟春之月“王命布农事，命田舍东郊，皆修封疆，审端经术。善相丘陵、阪险、原隰，土地所宜，五谷所殖，以教道，民必躬亲之。田事既饬，先定准直，农乃不惑”。[4]《四民月令》于此虽然没有明确地加以表达，但是，却对不同土壤的耕作、作物的种植等加以类分，实际上是对《礼记·月令》相关叙述的细化。

第四，二者在理论依据方面也有共通之处。对于四时轮转、气象物候迁变及相关活动开展的理论阐释，《四民月令》与《礼记·月令》都以气与阴阳五行作为解释机制。如《礼记·月令》云孟春之月“天气下降，地气上腾，天地和同，草木萌动”。[5]《四民月令》认为正月“雨水中，地气上腾，土长冒橛，陈根可拔，急菑强土黑垆之田”。[6] 都以气之腾降为依据。而《礼记·月令》中仲夏之月“日长至，阴阳争，死生分。君子齐戒，处必掩身，毋躁。止声色，毋或进。薄滋味，毋致和。节耆欲，定心气”，[7]《四民月令》也认为五月“阴阳争，血气散；先后日至各五日，寝别外内。阴气入，藏腹中寒，不能化腻；先后日至各十日，薄滋味，勿多食肥醲。距立秋，毋食煮饼及水溲饼”。[8] 两者都以气与阴阳五行作为解释天地运作、四时轮转、万物流变以及人事举止的理论。

（二）差异互别之处

《四民月令》虽然在诸多方面表现出对《礼记·月令》的承袭，但是《礼记·月

[1]〔汉〕崔寔著，石声汉校注：《四民月令校注》，北京：中华书局，1965 年版，第 28 页。

[2]〔清〕阮元校刻：《十三经注疏·礼记正义·月令》，北京：中华书局，1980 年影印版，第 1371 页。

[3]〔汉〕崔寔著，石声汉校注：《四民月令校注》，北京：中华书局，1965 年版，第 49 页。

[4]〔清〕阮元校刻：《十三经注疏·礼记正义·月令》，北京：中华书局，1980 年影印版，第 1356—1357 页。

[5]〔清〕阮元校刻：《十三经注疏·礼记正义·月令》，北京：中华书局，1980 年影印版，第 1356 页。

[6]〔汉〕崔寔著，石声汉校注：《四民月令校注》，北京：中华书局，1965 年版，第 11 页。

[7]〔清〕阮元校刻：《十三经注疏·礼记正义·月令》，北京：中华书局，1980 年影印版，第 1370 页。

[8]〔汉〕崔寔著，石声汉校注：《四民月令校注》，北京：中华书局，1965 年版，第 44 页。

令》针对的是统治者，从官方行政的角度对社会的生产组织、生活管理等加以调控，是一种王官时政。而《四民月令》则是针对基层社会，从日常社会的角度针对具体生产生活事项的统筹，属于地方社会的岁时安排。两者虽有承继与共通之处，但同样存在巨大的差异。

首先，从叙述逻辑来看，《礼记·月令》以四时十二月为框架，以时叙述相关的天文星象、帝王衣食住行以及相应的政令颁定，“故先建春以奉天，奉天然后立帝，立帝然后言佐，言佐然后列昆虫之列，物有形可见，然后音声可闻，故陈音。有音，然后清浊可听，故言钟律。音声可以彰，故陈酸膻之属也。群品以著五行，为用于人，然后宗而祀之，故陈五祀。……然后人君承天时行庶政”。[1] 可见它在每个月的叙述中是严格按照由天及人、由王至民的逻辑顺序展开的。而《四民月令》对于每月内容的叙述，并没有严格的内在逻辑可言，多以实际社会情状而定。各种农耕、养蚕，纺绩，祭祀、家礼、贸易、教育的叙述顺序并不具有统一的标准，因此，二者在叙述逻辑上差异明显。

其次，从服务对象来看，《礼记·月令》集中指向“天子”，如前所述，在整个月令图式体系中，天子是唯一有资格与天意交流，以及合一于天的人，“王者南面而坐，视四星之中者，而知民之缓急，急则不赋力役，故敬授民时，是观时候授民事也”。[2] 其余群臣百官和普通民众，只是在天子的指导下，按时劳作，与自然和谐相处。而《四民月令》则主要服务于豪族，对基层民众也有一定的指导和借鉴意义。二者在服务对象上存在巨大差别。

第三，就事务承担者来看，《礼记·月令》在天子之下，也强调三公、九卿、诸侯、大夫、大史、乐正等群臣百官，他们根据各自的职责权限，在天子的号令下，负责具体事务的组织和安排，而国家控制下的民众则是最基本的事务承担者和完成者。但《四民月令》形成于豪族崛起的时代，社会结构和人身依附关系已经发生重大改变，失地破产者，或沦为流民，或依附豪族，他们逐步脱离了政府的管控，不再是国家控制下的编户民，而是豪右之家的依附民。因此，他们的生产劳作和生活存续，不再以国家法令为准，而是以豪族意志为取向。受社会环境、自然条件以及传统等影响，不同豪族之家，所经营的产业多有差异，或以盐铁为主，或以畜牧为主，或

[1]〔清〕阮元校刻：《十三经注疏·礼记正义·月令》，北京：中华书局，1980 年影印版，第 1353 页。

[2]〔清〕阮元校刻：《十三经注疏·礼记正义·月令》，北京：中华书局，1980 年影印版，第 1353 页。

以手工造作为主，或以商品买卖为主，《汉书·货殖列传》云“秦杨以田农而甲一州，翁伯以贩脂而倾县邑，张氏以卖酱而隃侈，质氏以洒削而鼎食，浊氏以胃脯而连骑，张里以马医而击钟”，[1]因此，依附民和族民只能依照宗族长的意志，从事相应的产业。所以，《四民月令》中各类生产生活事务具体的承担者，从身份来讲是豪族控制下的依附民。

第四，从最终目的来看，《礼记·月令》的图式建构，目的是为天子“承天理民”提供理论依据、经典依据和具体参照，“因天时，制人事，天子发号施令，祀神受职，每月异礼，故谓之《月令》。所以顺阴阳，奉四时，效气物，行王政也”。[2]天子据此以时序政，循四时迹阴阳而合德于天。而《四民月令》则是指导豪族组织依附民，应时而动，强化社会节奏与自然节律协调，以此维护和拓展自身利益。各地富商大贾，豪强熊桀，其经营贸易，首重盈利以自存自荣。如齐之刀间，“齐俗贱奴虏，而刀间独爱贵之。桀黠奴，人之所患，唯刀间收取，使之逐鱼盐商贾之利，或连车骑交守相，然愈益任之，终得其力，起数千万。故曰‘宁爵无刀’，言能使豪奴自饶，而尽其力也”。[3]其“使豪奴自饶”正揭示了豪族组织依附民和族民以时生产生活的目的，在于自我发展，“广其田宅，博其产业，蓄其委积”，并非基于吏职，对朝廷负责，更不是瞩目于缥缈的“天人合一”

第五，就参照标准而言，《礼记·月令》在汉代被演绎发展出一系列的制度、政策和律令，伴随着国家运作，全面参与到社会管理之中。在具体的贯彻和执行过程中，有明确的规范和要求。而《四民月令》中，豪族虽然在地方经济、文化和政治生活中占有重要的地位，但是，并不能如官府一般，可以颁定具有强制约束力的法令，其组织依附民因时而动的参照，主要来自辈代累积的时令经验。这些民间时令经验蕴含丰富的天文、气象及物候经验，融合二十四节气等，贴合了普通民众的认知水平，并在指导日常社会生产生活中体现出较强的实用性。由此成为豪族组织依附民和族民以时开展生产、管理生活的基本参照。

第六，从调节范围来看，《礼记·月令》以天地宇宙为视域，讲求天子承天道以治天下，因天时以制人事，它对政治运作和社会管理的立论是基于对天道自然规律认知基础上的主动遵循，政治运作和社会管理的时序性开展乃是天意决定的。而《四民月令》对家族内部生产生活具体事务的叙述，如农业生产、手工制作、商品买卖、

[1]〔汉〕班固：《汉书·货殖传》，北京：中华书局，1962年版，第3694页。

[2]〔清〕严可均校辑：《全上古三代秦汉三国六朝文》，北京：中华书局，1958年版，第903页。

[3]〔汉〕班固：《汉书·货殖传》，北京：中华书局，1962年版，第3691—3692页。

文化教育、祭祀礼仪、娱乐庆祝等事务，主要是以豪族庄园为基本范畴，强调的是实用性和可操作性。

第七，就文本性质和地位而言，《礼记·月令》有着明确的学术和政治地位，是汉代经学的重要组成部分，在以经治国的时代环境中，它不仅拥有思想上的重要性，而且拥有政治上权威性，是能够影响政治运作和社会样态的。而《四民月令》虽然也参照阴阳五行学说规定相应的人事活动，对当时社会生产生活具有很强的指导作用，在整个中国农学史、思想史上都拥有明确的地位，对传统社会发展也产生了深刻影响，但它从来不曾上升为经学，也没有被赋予明确的政治地位。二者在这一方面可谓有着本质差别。

因此，从整体上看，《礼记·月令》的设计，具有自上而下的特征，强调的是集中与统一，政治意味浓厚，它突出的是对秦汉王朝自身权威和影响的维护，面向的是对社会的控制和规范。而《四民月令》更多地表现出分散和不系统，它强调的是实用性，关注四民生存利益的实现，面向的是与民众日常生活密切相关的琐细的生产生活事务。二者之间的相同和差别，不仅反映出《四民月令》对《礼记·月令》的承继与变革，也体现了汉代社会结构、人身依附关系的演变，更昭示了王官时政向民间岁时的转变。

三、农家月令与民间岁时

《礼记·月令》在秦汉一统的政治格局下，由诸子百家言上升为经学，融入天子治国施政的意识形态之中，被赋予了新的政治身份和功能，为天子治国提供了系统完备的理论依据、经典依据和逻辑指向，知识阶层与政治权力合力制造了具有王官性质的月令形态。如果将这种“上行”看作是月令在汉代前期发展过程中最令人瞩目方面的话，那么，《四民月令》的出现可谓是月令在汉代后期最引人深思的事件。它是政治社会变迁的文化呈现，反映了月令的“下行”。这种转向代表了汉代月令发展的新趋向，也构成王官月令向地方社会民间岁时演变的中间环节，对整个月令发展演变而言，可谓是承上启下的关键一环。

（一）月令的转向与下行

经学具有强烈的实用取向，“通经”的目的在于“致用”。“凡先哲所经营想象，皆在人群国家之要务。其尊天也，目的不在天国而在世界，受用不在未来而在现在。”[1]无论《礼记·月令》对天道自然和社会人事做出了怎样的理解和解释，其目的并非

[1] 梁启超：《论中国学术思想变迁之大势》，载夏晓红点校《清代学术概论》，国学基础文库，北京：中国人民大学出版社，2009 年版，第 9 页。

单纯的学术探求，而在于通过对客观自然节律的把握，从形而上的高度，指导国家社会的发展，实现对基层社会的“移风易俗”。可以说，当《礼记·月令》完成经学跃变的时候，也就意味着其“上行”阶段的基本完成。

从它开始被有意识地引入国家政治生活，改良各类制度、律令、礼仪时，月令实际上已经在进行“由上而下”的转向了。伴随着各级官吏具体的行政管理、司法实践、仪式展开等实践，月令逐步向基层社会贯彻落实，月令的转向已经完成，转而进入下行阶段。而《四民月令》的出现，则体现了月令下行的基本样态和结果。

《四民月令》中的月令与民间日常生产生活有机结合在一起。《四民月令》在内容上以基层社会民间日常为中心，大体涵盖了民众生存所需，以时叙述了生产劳作、手工副业、商品贸易和文化保障等活动。

《四民月令》强调实用性，并不侧重义理阐发。将其与《氾胜之书》相比较，这一点更显明晰。氾胜之为西汉时期著名农学家，“成帝时为议郎”，颜师古注曰：“刘向《别录》云使教田三辅，有好田者师之，徙为御史”。[1] 他所著《氾胜之书》为汉代重要的农学著作，包含有诸多实用的经验和知识，历来为人们所盛誉，唐代贾公彦曰：“汉时农书数家，泛胜（之）为上。”。《四民月令》和《氾胜之书》的很多内容及原则具有共同共通，如部分作物的种植时间。我们将两书相关内容列表如下：

《氾胜之书》和《四民月令》常见作物的种植时间对比图

	《氾胜之书》	《四民月令》
禾	三月榆荚时，雨，高地强土可种禾。	三月“时雨降，可种秔稻及植禾”。
黍	先夏至二十日，此时有雨，强土可种黍。	四月“时雨降，可种黍”。
麦	夏至后七十日，可种宿麦。	八月“凡种大、小麦：得白露节，可种薄田；秋分，种中田；后十日，种美田”。
大豆	三月榆荚时，有雨，高田可种大豆。种大豆，夏至后二十日尚可种。	三月“可种大豆，谓之上时”。
麻	二月下旬，三月上旬，傍雨种之。	二月可种“苴麻、胡麻。”三月“时雨降，可种……苴麻……胡麻”。

由上表可见，《四民月令》和《氾胜之书》关于禾、黍、麦、大豆、麻等民间日常所常见作物的种植时间，具有高度的一致性。

[1]〔汉〕班固：《汉书·艺文志》，北京：中华书局，1962 年版，第 1743 页。

对于土壤翻耕等农事活动，二者也高度相似。比如《汜胜之书》提出，“凡耕之本，在于趣时，和土，务粪泽，早锄早获”。[1]《四民月令》正月也强调应当“粪田畴”。[2]对于不同土质的土壤翻耕时间，《汜胜之书》认为“春冻解，地气始通，土一和解。……以此时耕，一而当五，名曰‘膏泽’，皆得时功”。[3]《四民月令》也提出，二月“阴冻毕泽，可菑美田、缓土及河渚小处”。[4]对于“强地黑垆土”，《汜胜之书》认为应在“春地气通，可耕坚硬强地黑垆土。……所谓‘强土而弱之’也”。[5]《四民月令》也在正月时提出“雨水中，地气上腾，土长冒橛，陈根可拔，急菑强土黑垆之田”。[6]而对于“轻土弱土”，《汜胜之书》认为“杏始华荣，辄耕轻土弱土。望杏花落，复耕；耕辄蔺之。草生，有雨，泽，耕重蔺之。土甚轻者，以牛羊践之。如此，则土强。此谓‘弱土而强之’也”。[7]而《四民月令》也提出，在三月“杏华盛，可菑沙、白、轻土之田”。[8]对于麦田，《汜胜之书》认为“凡麦田，常以五月耕。六月，再耕。七月勿耕！谨摩平以待种时。五月耕，一当三；六月耕，一当再；若七月耕，五不当一”。[9]《四民月令》也分别于五月、六月提出翻耕麦田的要求，五月“尽至后二十日止，可菑麦田，刈茭刍。麦既入，多作糒，以供出入之粮”。[10]六月“是月也，趣耘锄，毋失时。菑麦田”。[11]可见，《四民月令》在这些事务开展时间上，与《汜胜之书》是相通的。

二者对于生产生活事务开展时间的选择，除却官方月历之外，同样都很重视物候、气候、节气等指时方式。在两书中，物候指时有“春冻解”“杏始华荣”“榆荚时”“椹黑时”等，二十四节气中也有出现，如夏至、白露、冬至等，它们成为判断不同生产生活事务何时开展的重要依据和标准。而且，两书中都出现了以橛木判断“地气通”的方法。在《汜胜之书》中，认为“春候地气始通：椓橛木，长尺二寸；埋尺见其二寸。

[1] 石声汉：《汜胜之书今释（初稿）》，北京：科学出版社，1956 年版，第 3 页。
[2]〔汉〕崔寔著，石声汉校注：《四民月令校注》，北京：中华书局，1965 年版，第 13 页。
[3] 石声汉：《汜胜之书今释（初稿）》，北京：科学出版社，1956 年版，第 3 页。
[4]〔汉〕崔寔著，石声汉校注：《四民月令校注》，北京：中华书局 1965 年版，第 20 页。
[5] 石声汉：《汜胜之书今释（初稿）》，北京：科学出版社，1956 年版，第 4 页。
[6]〔汉〕崔寔著，石声汉校注：《四民月令校注》，北京：中华书局，1965 年版，第 11 页。
[7] 石声汉：《汜胜之书今释（初稿）》，北京：科学出版社，1956 年版，第 5 页。
[8]〔汉〕崔寔著，石声汉校注：《四民月令校注》，北京：中华书局，1965 年版，第 26 页。
[9] 石声汉：《汜胜之书今释（初稿）》，北京：科学出版社，1956 年版，第 8 页。
[10]〔汉〕崔寔著，石声汉校注：《四民月令校注》，北京：中华书局，1965 年版，第 43 页。
[11]〔汉〕崔寔著，石声汉校注：《四民月令校注》，北京：中华书局，1965 年版，第 49 页。

立春后，土块散，上没橛，陈根可拔。此时。二十日以后，和气去，即土刚。以时耕，一而当四；和气去，耕，四不当一”。[1] 在《四民月令》正月中，也认为“雨水中，地气上腾，土长冒橛，陈根可拔，急菑强土黑垆之田”，[2] 可谓是异曲同工。

如果我们将《氾胜之书》所云看作是真实可靠的生产生活经验的话，那《四民月令》表现出与《氾胜之书》高度的相似性，则意味着它对于民间日常生产生活，确实具有极强的工具性和实用性。这既表明了汉代月令的下行是成功的，也具体表现了月令与基层社会日常生产生活交融的样态。

（二）农家月令发端和民间岁时的兴起

《四民月令》是汉代农家月令出现的标志。汉代土地赋役制度、社会结构，以及人身依附关系的演变，对月令下行及后果产生了直接而深刻的影响。官府驱民趣时模式逐渐衰弛，而不断崛起的豪族在经过不断的争夺后，逐渐取得了基层社会的组织和管理权，甚至代行部分基层官府职能，豪族由此成为月令下行的主导力量。在现实利益和精神追求的双重驱动下，豪族挪借了《礼记·月令》的框架体例，凸显其指时功能，又变更其相关内容和目的指向，将其与基层社会日常生产生活相融汇，造就具有民间色彩的月令形态。

《四民月令》不仅成功实现了对月令发展的历史转向，更分离出反映地域民众日常生活的“岁时记”，并在此后的历史发展中绵延不绝。伴随着汉代王权的衰微和大一统帝国的崩解，以《四民月令》为分水岭，那种讲求统一、具有政令性质的王官月令渐趋淡化。人们愈发关注不同地域民众日常生活与时令的关系，类似于《四民月令》的，甚至更为宽广实际的月令体文本呼之欲出。

南北朝时期，出现了我国历史上第一部系统记录荆楚地域民众日常生活、信仰习俗和思想感情的《荆楚岁时记》，其文本体例与《月令》相似，但更接近《四民月令》，但是其时间叙述方式由四时十二月演变为人文节日系统，而且叙述主体完全以普通民众为主，对政治活动并无涉及，其论述也褪去了《月令》那种自上而下的、严肃规范的强制意蕴和约束氛围。正如有学者指出：“《荆楚岁时记》以岁时民俗为记述对象，依照时间的顺序，从元日到除日，一节一俗，对荆楚地区的岁时民俗作了系统的描述。通过节日民俗活动与神话传说凸现荆楚民众的信仰、情感、社会

[1] 石声汉：《氾胜之书今释（初稿）》，北京：科学出版社，1956 年版，第 4 页。

[2]（汉）崔寔著，石声汉校注：《四民月令校注》，北京：中华书局，1965 年版，第 11 页。

生活与物质生活。”[1]

此后，以地域民众日常生产生活为中心的月令体农书和“岁时记”不断涌现，构成了中国传统农学的重要组成部分，其基本取向是以“农时”为核心，由此形成农家月令派传统。如唐代李淖的《秦中岁时记》、韩鄂的《四时纂要》，宋代周密的《乾淳岁时记》、陈元靓编撰的《岁时广记》，元代费著的《岁华纪丽谱》、鲁明善的《农桑衣食撮要》、娄元礼的《田家五行》，明代邝璠所编的《便民图纂》《沈氏农书》、戴羲的《养余月令》、陆启浤的《北京岁华记》，清代丁宜曾著的《农圃便览》、富察敦崇的《燕京岁时记》、张宗法的《三农纪》、潘荣陛编撰的《帝京岁时纪胜》，等等。他们有的专辟月令章节，有的则直接以月系事，承续着按时间安排农业生产和农家生活的传统。

尤其是元代的《王祯农书》，首创了“授时指掌活法之图”，以简便明了的方式，把天文天象、季节、物候、农业生产以及农事活动联成一个整体，达到了农家月令派一个新的峰值。该图以平面上同一个轴的八重转盘，从内向外，分别代表北斗星斗杓的指向、天干、地支、四季、十二个月、二十四节气、七十二候，以及各物候所指示的应该进行的农事活动。把星躔、季节、物候、农业生产程序灵活而紧凑地联成一体。这种把“农家月令”的主要内容集中总结在一个小图中，明确、经济、使用方便，不能不说是一个令人叹赏的绝妙构思。

可见，以地方社会民间日常为主的“农家月令”和“岁时记”在历史上表现出了旺盛的生命力。这一现象为中外学者所关注，李约瑟曾经就此提出，中国古代思想中具有科学兴趣的，属于农家“月令派”和医学的“素问派”。[2]

推本溯源，《四民月令》催生农家月令的端绪，是“王官月令”向“民间岁时”过渡的关键一环，在月令发展史上居于承前启后的位置。

（三）月令与文化共同体强化

月令在秦汉时期上行、转向与下行的整个发展历程，从一个具体的视角，向我们展示了意识形态如何构建、贯彻和落实，最终走进普通民众的生命与日常，以及在基层社会日常生活中被对待和使用的实际情形。月令也因此实现了对整个国家和社会各阶层的浸润，知识阶层对《礼记·月令》不断注解诠释，国家职官不断援引

---

[1] 萧放：《地域民众生活的时间表述——〈荆楚岁时记〉学术意义探赜》，《北京师范大学学报（人文社会科学版）》，2000 年第 6 期。

[2]［英］李约瑟：《中国科学技术史》第二卷《科学思想史》，北京：科学出版社，1990 年版，第 286 页。

利用，基层民众也尝试借用参考。

经过反复地宣教、尝试和整合，大到国家、地域社会，小到家族家庭，甚至是个人，对月令的认可、遵行无疑都得到质的提升。在《四民月令》中，虽然涉及基层社会民间日常生产生活的诸多方面，但是，这些活动都有着系统严格的时间匹配，如正月时，既要祭先祖，祀先穑，亲朋相贺“乃室家尊卑，无小无大，以次列坐于先祖之前；子、妇、孙、曾，各上椒酒于其家长，称觞举寿，欣欣如也。谒贺君、师、故将、宗人、父兄、父友、友、亲、乡党耆老”。[1] 还要行“冠礼”，配制药物，组织成童、幼童入学，命女子织布，移栽果木，着手耕田，种植相应的瓜果、菜蔬和粮食，制作诸酱等，充分体现了基层社会日常生活的多样复杂。但是《四民月令》在记述这些活动时，都有明确的时间要求，如“正月之旦”“上丁”“上亥”“朔”“晦”“望”“雨水”“上辛”等，所以，基层民众依照《四民月令》，就可以很明确地知晓何时应当开展哪种社会生产生活事务，从而做到“与时偕行”，社会节奏“依时有序”。由官府统一组织和管理以确保社会节奏契合自然节律，到家族家庭层面依循时令经验，有序组织日常生产生活，说明秦汉时期整个社会对时令的认知和运用更为熟练自如。

月令逐渐由思想理论逐渐转化并积淀于民族文化心理结构之中，成为一种日用而不自知的社会常识，存续于国人的日常之中，熏染着国人的认知底色。“常识”意味着月令逐渐溢出国人的关注之外，它“显而易见”且“不证自明”，人们不会将月令作为一个“问题”来看待，对它的接受和遵行是自然而然又理所当然的。不管喜欢与否，它已经是一种历史的和现实的存在，而且不会因为改朝换代而中断。于是，月令就逐渐成为“一般的知识与思想”，它“是指的最普遍的，也能被有一定知识的人所接受、掌握和实用的对宇宙间现象与事物的解释，这不是天才智慧的萌发，也不是深思熟虑的结果，当然也不是最底层的无知识人的所谓‘集体意识’，而是一种‘日用而不知’的普遍知识和思想，作为一种普遍认可的知识与思想，这些知识与思想通过最基本的教育构成人们的文化底色，它一方面背靠人们不言而喻的终极的依据和假设，建立起一整套有效的理解，一方面在日常生活中起着解释与操作的作用，作为人们生活的规则和理由”。[2]

月令虽然“日用而不自知”，但实际上在国人的思维与实践中扮演了“支配性角色”。月令融汇于民族文化中以后，对于这种文化生活中的每一个个体，都表现

[1]〔汉〕崔寔著，石声汉校注：《四民月令校注》，北京：中华书局，1965 年版，第 1 页。

[2] 葛兆光：《中国思想史导论：思想史的写法》，上海：复旦大学出版社，2001 年版，第 14 页。

出了一视同仁的要求。“个体生活的历史首先是适应由他的社区代代相传下来的生活模式和标准。从他出生之时起，他生于其中的风俗就在塑造着他的经验与行为。”[1]常识化的月令为后人解决问题、指导生存提供了重要基础，免除了深思熟虑、重复积累的过程。“在一个变动很少的社会中，从实际经验里累积得来的规范时常是社会共同生活有效的指导。规范对于社会生活的功效不但是它存在的理由，也是受到社会威权支持的理由。”[2]月令因此表现出强大的稳定性和旺盛的生命力，在无形之中约束着国人的意志，规范着国人的行为，“古已有之”仿佛赋予了它绝对而神圣的不证自明性。

月令甚至发展成为区分华夷，判断文明与否的标识。古人很早就意识到“百里不同风，千里不同俗，户异政，人殊服”。[3]秦汉时期对于四周地域和族群的月令问题就多有关注和记录，如北方匈奴“岁有三龙祠，常以正月、五月、九月戊日祭天神”。[4]乌桓“见鸟兽孕乳，以别四节”。[5]马韩“常以五月田竟祭鬼神，昼夜酒会，群聚歌舞，舞辄数十人相随蹋地为节。十月农功毕，亦复如之”。[6]这些地域的族群因月令理念和行为自成一体，表现出与华夏民族巨大的差异。受夷夏有别观念的影响，以及边患问题困扰，时人将其视作野蛮的和未开化的。

月令也因此有效强化了我们的民族凝聚力、向心力和共同体意识。所谓“居楚而楚，居越而越，居夏而夏，是非天性也，积靡使然也”。[7]在相对封闭的自然地理环境中，人们总结自然节律，按大体相当的节奏，从事周而复始的生产活动，并对月令形成高度一致的态度。在这样的条件下，人们不仅可以借由月令，与自己的民族历史进行对话和情感沟通，更能从身边人那里看到类似的表现，从而在心理上得以“确认自己处在一个强大的历史空间和族群文化之中，拥有一些可以充分应对变化的传统资源，自己是这一传统中的一分子，凭着凸显和夸张这种文化传统与民族

[1]〔美〕露丝·本尼迪克特：《文化模式》，上海：华夏出版社，1987年版，第2页。

[2]费孝通：《皇权与绅权》，合录于《乡土中国》，上海：上海人民出版社，2007年版，第103页。

[3]〔汉〕班固：《汉书·王吉传》，北京：中华书局，1962年版，第3063页。

[4]〔南朝宋〕范晔：《后汉书·南匈奴列传》，北京：中华书局，1965年版，第2944页。

[5]〔南朝宋〕范晔：《后汉书·乌桓鲜卑列传》，北京：中华书局，1965年版，第2980页。

[6]〔南朝宋〕范晔：《后汉书·东夷列传》，北京：中华书局，1965年版，第2819页。

[7]〔清〕王先谦撰，沈啸寰、王星贤点校：《荀子集解·儒效》，北京：中华书局，1988年版，第144页。

历史的方式，人们获得所需要的自信心和凝聚力”。[1] 可以说，民族共同体因月令得以加强。这种理念甚至在普通人的日常生活中也有清晰表达，也意味着民族的认知、认同已经在最基础的层面稳固地建立起来了。

总之，月令是窥视秦汉社会的一个重要窗口。“时间的表象是社会意识的基本组成部分，它的结构反映出标志社会和文化进化的韵律和节奏。时间的感觉和知觉方式揭示了社会以及组成社会的阶级、群体和个人的许多根本趋向。”[2] 知识精英对月令的诠释和强调，表达了对天道自然、宇宙社会的理解；统治者对月令的援引挪用，彰显了维护自身统治的意图；基层民众对月令的把握和运用，呈现了与时偕行、保障生存的愿望。不同群体的碰撞、交流和妥协，不仅推动了秦汉社会经济结构、人身依附关系等方面的重大演变，也为月令的蜕变提供了基本的动力，其余蕴波及甚广，影响远迈秦汉。

[1] 葛兆光：《历史记忆、思想资源与重新诠释——关于思想史写法的思考之一》，《中国哲学史》，2001 年第 1 期。

[2] A. J. 古列维奇：《时间：文化史的一个课题》，载［法］路易·加迪等著：《文化与时间》，郑乐平、胡建平译，顾晓鸣校，杭州：浙江人民出版社，1988 年版，第 313 页。

结　语

秦汉是我国历史上的一个重要时期，不仅在事功、疆域和物质文明方面为中华民族奠定了稳固的基础，而且在思想文化方面也产生了深刻的影响。在有效把握月令流变的基础上，通过广泛借鉴前人研究成果，以长时段的视角，系统考察了月令在秦汉时期地位的抬升、影响的拓展、形态的蜕变等问题，也借此进一步深化了对秦汉思想文化、社会经济结构和政治制度等变迁的认知，主要得出如下认识。

月令是初民公共意志的反映，其源起和发展具有一定的客观必然性。存身于自然环境之中，只有掌握和遵循自然节律，人们才能有效保障自身的存续，进而开展更为复杂的社会行为，推动社会发展。所以，对自然节律的认知和运用能力，影响着社会文化的发展程度和方向。

关于月令的渊源流变和成熟定型，自汉代以来就存在诸多争论。前贤论述，以训诂考据见长，但究其视角思路，多属经学范畴。但是，从认知规律的角度看，时代越早，月令类文献的内容越具体，理论思辨色彩愈弱，其系统性越匮乏，考察相关传世文献和出土资料，我们可以大体发现月令的流变过程。原始的月令意识萌芽在卜辞的相关表述中已经出现。如“四方”及“四方风”，意味着先民已经意识到不同的风向与相关时节之间的关系。到《诗经·七月》，开始形成“以时系事”的框架，但就性质而言，它仍是朴素的经验总结，强调的是实用性。春秋战国时期，王纲解纽，官学下移，时令经验的累积以及人们理性认知能力的增强，推动月令图式的快速发展，诸子不仅从不同角度强调了遵循时令的必要性，也从更高的层面深刻思考了与时偕行的原因，同时，还根据自身见解，设计了不同的“时政模式”。因此，这一时期出现了一系列的月令类文本，其涉及的内容不仅大为扩展，其时、事的匹配也愈发系统。其中，《夏小正》在注重“以时系事”的同时，开始强调“依时叙事”，显示了月令类文本在体例上的一次进步。《逸周书》中阴阳五行说开始与时令系统相结合。这种结合的意义，不仅在于内容的拓展，更对后世月令文化的发展和成熟，产生了极为重要的影响。而《楚帛书》中的相关表述，不仅揭示了当时人们对时令起源的思考，也从地理空间的角度，反映了人们对自然节律的普遍依赖。《管子》中时令与阴阳五行说的结合更为深入，并依据四时、五行、五方等，设计了不同的“月令”。在文本体例方面，“以时系事、依时叙事”的结构也渐趋完善，这一切体现了月令文化的进一步发展。在一统六国前夜，吕不韦召集门客，编撰《吕氏春秋》，“备天地方物古今之事”，希望通过“法天地”以“纪治乱存亡也”。[1]其十二纪大体呈现了月令图式的成熟样式。

在月令经验的累积和文本编纂的同时，统治者为保障民众生存和自身统治维系，非常注重将时令经验贯彻到行政运作、社会管理、司法实践以及礼仪活动中，从而形成了诸多具有明显月令色彩的制度规范和政策律令。结合出土资料，我们可以发现，在行政运作方面，统治者以“务时寄政”为指导思想，其政令颁布、土地清丈、人口普查、赋役征缴等活动无不“循时而动”，从而“与四时合其序”，以行政的力量，保障社会节奏与自然节律的契合。在社会组织管理方面，官府严格督导民众，以时开展田间管理、水利修缮、道路疏通、手工副业和生活保障等，“伍于四时”而“不失时功”。在礼仪制度上，人们注重礼仪规范与时令的匹配，以“事神而保民”。在自然资源的采择使用方面，强调“以时禁发”，生态使用，以协调社会需求与自然资源之间的关系，从而“使国家足用而财物不屈”。在司法方面，人们认为“四时者阴阳之大经也，刑德者四时之合也。刑德合于时则生福，诡则生祸”。[2]因此，提出“协日刑杀”的原则，将“司法时令”融入法律思想中，“赏以春夏，刑以秋冬”也逐步落实到司法实践中，而且行政运作和社会管理的诸多细则规范，也多以法令形式颁制，以保障其贯彻实施。通过这些时令性的制度规范和政策法律，统治者希望实现“春生夏长，秋收冬臧，取予有节，出入有时，开阖张歙，不失其叙”。[3]这种以时序政的尝试，为汉代月令发展和以经治国提供了历史依据。

在这些时令经验、文本、制度规范和政策法律的基础上，《礼记·月令》在文本体例、相关内容、理论依据等方面完成了月令图式由具体到抽象、由零散到系统的发展，

[1]〔战国〕吕不韦著，陈奇猷校释：《吕氏春秋新校释·序意》，上海：上海古籍出版社，2002年版，第654页。

[2]赵守正撰：《管子注译·四时》，南宁：广西人民出版社，1987年版，第36页。

[3]冯逸、乔华点校：《淮南鸿烈集解·本经训》，北京：中华书局，1989年版，第259页。

标志着月令图式的成熟。借助前贤时哲的研究成果，我们辨别了《吕氏春秋》十二纪与《月令》的关系，并大体推定《月令》形成于战国晚期。它在内容上囊括了天文物候、神祇先圣、虫声数味、天子饮食居处、车马服饰、政令颁行、各类职官等，在结构上确立了“时事相系、依时叙事”的体例，以及由天及天子，以至百官民众的叙述顺序，而且，阴阳五行说为之提供了解释系统和统一的宇宙自然观，使《月令》中各项内容与四时的匹配，不仅在外在结构层面完成，更从内在理路上得以贯通，天地自然与社会人事分门别类地列入一个完整的由“道”统摄的，源自阴阳消长的，契合为四时五行的，呈现为十二月循环的时序图式系统之中，所有内容都在这一网络中占据着自身“应该”的位置，并伴随着天道自然有序地循环运作，一切都合情合理、整齐有序。

《礼记·月令》这种成熟系统的设计，为天子循天而治以实现天人合一，提供了理论依据和具体的参照。在《礼记·月令》中，虽然也有对朴素自然规律的总结，以及人与自然和谐相处的意蕴，但是，综观全文，其天指的是抽象的天意，人则集中地指向天子，其所云天人关系，强调的是天意与天子的关系。《礼记·月令》囊括天地自然和社会人事等内容，并将其与四时十二月的系统调配，借助阴阳五行说，从源出、形制、本质和运动理路等方面论述了它们之间相沟通的机制、中介和路径，最终目的在于揭示天子与天意“合一”的可能性与必要性，并为天子循天而治，实现与天意的合一，提供具体的参照和依据。可以说，《礼记·月令》是对天子应如何循天而治，实现“道洽政治，钦顺阴阳”的程序性表达。

《月令》的这种别样功能极大满足了汉代统治者的需求。统一王朝的建立，必然要求思想文化与之有一定的一致性，并为其提供一定的方法论指导。随着社会秩序的逐步趋稳，汉代统治者愈发关注自身统治与天道天命之间的沟通问题，而汉初“清静无为”的政治指导思想对此则呈现出乏力迹象。与之相应，汉初儒者吸收百家之学，积极调整与政治的关系，力改“迂阔”之弊，在汉廷完善博士制度，规范五经研习时，取得独尊地位。五经博士成为汉代意识形态的构建者和维护者，他们既承担文化责任，又担负行政职责，从而将经学与政治紧密结合在一起。他们在研习教授五经时，为查漏补缺，多广泛搜集整理各类典籍文献。在这样的时代背景下，礼经博士戴圣采择《月令》编入小戴《礼记》，作为研习《礼》经的参考，从而赋予了《月令》以明确的政治身份。考订戴圣生平，我们大体推定《月令》被编入小戴《礼记》，成为经学的时间，应当不早于西汉宣帝时期。

作为经学的《礼记·月令》，不仅肯定了先秦以来行政运作、社会管理、司法律令等注重时令的趋向，更从天道自然的高度和天人合一的角度，赋予其完备的经典依据、理论依据和意义的解释。在相关历史基础和以经治国时代背景下，汉代统治者不断援引、附会《礼记·月令》以改良政治，以期实现“天人合一”。在行政运作方面，统治者沿袭了此前“序政以时”的传统，附会《礼记·月令》，对政治生活中四时读令、班春行县、春布德惠、孟夏建储、仲夏寝兵、仲秋养老、行授几杖、仲秋存问、赦宥应时等加以改良，从而强化了行政与时令的关系；在法制方面，不断援引《礼记·月令》的内容以制定律令条文，而且也将《礼记·月令》作为理论依据，用以解释诸多法令和司法行为。新莽时期更是出现了与《礼记·月令》高度相似的《四时月令五十条》，集中反映了《礼记·月令》对司法的影响。东汉时期，司法律令与《礼记·月令》的结合更为深入，章帝“元和改律”、和帝“永元改律”及安帝“永初改律”中，天子朝臣将《月令》用作理论和经典依据，对断狱报重、案验薄刑等的时间进行调整；礼制方面，汉廷结合相应历史传统，附会《礼记·月令》，对国傩祓除、高禖、春耕籍田、皇后亲桑、大射、四孟迎气、明堂授时等礼仪制度加以改革，或构设新礼，或改良旧仪，并赋予其完备的理论支撑和意义表达，逐步形成了高度系统化、理论化的礼制。可见，月令不仅深刻影响了汉代政治，也将天子施政的立意，从朴素的“因自然”提升到神圣的“顺天意”高度。

汉代统治集团还通过具体的行政运作、社会管理、司法实践、仪式展演、教育灌输等方式，将月令自上而下贯彻和落实于地方社会。其中，授田制度为此提供了基本的凭借。政府通过修订户籍，编户齐民，并比地为伍、分区居住，将全国人口置于国家的严密控制之下，又通过细密的土地清丈和授受管理，将人口紧紧地束缚在土地之上，从而将国家力量和君主意志直接贯彻至社会基层的每家每户。在此基础上，地方官吏基于吏职，遵循相关制度法令，依时有序地组织人口从事农业生产、手工造作、副业生产和文化教育等，从而征之以税，役之以徭，保障民户的生产和政权的存续。因此，基层社会民户的人身和行为受到政府的严格控制和规范，只能按照官府既定的程序和方式进行。于是，驱民趣时的模式得以建立和维持，在这其中，国家行政色彩浓厚，法令强制意蕴明晰。

而授田制度的瓦解、社会结构的演化和人身依附关系的变迁，严重削弱了西汉官府对民户的控制能力，其生产组织和生活管理的功能渐趋弱化，失地民户不断脱离官府控制，官府驱民趣时的模式渐趋衰弛，难以维系。而豪右之家并兴，他们兼田并宅，积聚经营，常常身兼地主、官僚和商人于一体，经营规模几可“闭门成市”。失地破产民众为求生存，转而投身豪族，为之役使。人身依附关系的变化导致基层社会组织管理权逐渐由官府让渡至豪族，他们行使了基层政府的部分职能，代行其管理社会民众、维持地方秩序的义务。他们参照时令经验，依时有序地开展农业生产、手工副业、商品买卖和文化教育等活动。

这些变化直接影响了汉代月令的发展趋向，王命意义稀释，农家色彩渐浓，《四民月令》应运而生。它在体例结构、相关原则等方面表现出对《礼记·月令》的高度承袭和相通，但是在叙述逻辑、服务对象、叙述目的和调节范围等方面，与《礼记·月令》存在巨大差异。这些异同，不仅反映了汉代社会经济结构的演变，基层社会权力结构的变迁，也折射出意识形态向地方社会民众思想世界和日常生活传播，以及被实际理解和运用的情况。《四民月令》因此在整个中国古代月令发展史上具有重要且独特的地位，它不仅是农家月令的发端，也催生了一系列的岁时记，是王官月令向民间岁时过渡的中间环节。月令在秦汉时期的上行、转向与下行，也极大提升了整个社会对月令的理解程度和遵循自觉，月令也因此融汇于我们民族的思想文化深处。

总而言之，我们以长时段的眼光，全面梳理了月令的流变以及在秦汉时期地位的变迁、功能的演化、影响的拓展、形态的蜕变，分析了它与秦汉社会历史发展的相互促动和影响。在社会和语言都已发生双重变化的当下看来，月令虽然没有从科学的角度正确解读人与自然关系的本质，但是，它保存了相关的经验知识，肯定了自然节律对社会、文化和道德的意义，参与了我们民族的自然观、世界观的塑造，深刻影响了我们的行为模式、心理样态以及价值取向。考虑到它产生于两千多年前，对此我们不能不报以深深的敬意。对于今天的我们而言，在对月令加以扬弃的基础上，吸取历史教训，获得新知，增长智慧，提升理性，增强文化自信，就是历史和现实的统一，也是我们研究的最终意义和目的所向。

参考文献

一、历史文献

[1]〔汉〕司马迁．史记．北京：中华书局，1959.

[2]〔汉〕班固．汉书．北京：中华书局，1962.

[3]〔汉〕崔寔著，石声汉校注．四民月令校注．北京：中华书局，1965.

[4]〔汉〕应劭撰，王利器校注．风俗通义校注．北京：中华书局，1971.

[5]〔汉〕桓宽．盐铁论．上海：上海人民出版社，1974.

[6]〔汉〕桓谭．新论．上海：上海人民出版社，1976.

[7]〔汉〕王符著，〔清〕汪继培笺，彭铎校正．潜夫论笺．北京：中华书局，1979.

[8]〔汉〕郑玄注．礼记．北京：北京图书馆出版社，2003 年．

[9]〔南朝宋〕范晔．后汉书．北京：中华书局，1965.

[10][南朝梁] 宗懔撰，宋金龙校注．荆楚岁时记．太原：山西人民出版社，1987.

[11][唐] 徐坚等著．初学记．北京：中华书局，1962.

[12][唐] 孔颖达撰．礼记正义．北京：北京图书馆出版社，2003 年．

[13][唐] 陆德明撰．礼记释文．北京：北京图书馆出版社，2006 年．

[14]〔宋〕徐天麟撰．西汉会要．北京：中华书局，1957.

[15]〔宋〕徐天麟撰．东汉会要．上海：上海古籍出版社，1978.

[16]〔宋〕魏了翁撰．礼记要义．北京：北京图书馆出版社，2003 年．

[17]〔宋〕卫湜撰．礼记集说．北京：北京图书馆出版社，2003 年．

[18]〔元〕陈澔撰．礼记集说．北京：北京图书馆出版社，2006 年．

[19]（清）严可均辑．全上古三代秦汉三国六朝文．北京：中华书局，1958.

[20]（清）郭庆藩撰，王孝鱼点校．庄子集释．北京：中华书局，1961.

[21]（清）阮元校刻．十三经注疏．北京：中华书局，1980 年．

[22]（清）皮锡瑞．经学通论．北京：中华书局，1982.

[23]（清）赵翼著，王树民校证．廿二史劄记校证．北京：中华书局，1984.

[24]（清）沈家本撰，邓经元、骈宇骞点校．历代刑法考．北京：中华书局，1985.

[25]（清）孙诒让著，孙以楷点校．墨子间诂．北京：中华书局，1986.

[26]（清）王先谦撰，沈啸寰、王星贤点校．荀子集解．北京：中华书局，1988.

[27]（清）孙希旦撰．礼记集解．北京：中华书局，1989.

[28]（清）孙星衍等撰，周天游点校．汉官六种．北京：中华书局，1990.

[29]（清）郭嵩焘撰．礼记质疑．长沙：岳麓书社，1992.

[30]（清）王聘珍撰，王文锦点校．大戴礼记解诂．北京：中华书局，1992.

[31]（清）陈立撰，吴则虞点校．白虎通疏证．北京：中华书局，1994.

[32]（清）王先慎撰．韩非子集解．钟哲点校．北京：中华书局，1998.

[33]（清）顾炎武著，陈垣校注．日知录校注．合肥：安徽大学出版社，2007.

[34] 石声汉撰．氾胜之书今释（初稿）．北京：科学出版社，1956.

[35] 吴则虞编著．晏子春秋集释．北京：中华书局，1962.

[36] 朱谦之撰．老子校释．北京：中华书局，1963.

[37] 高亨注译．商君书注译．北京：中华书局，1974.

[38] 杨伯峻撰．列子集释．北京：中华书局，1979.

[39] 袁珂校注．山海经校注．上海：上海古籍出版社，1980.

[40] 赵守正撰．管子注译．南宁：广西人民出版社，1982.

[41] 王利器校注．盐铁论校注（增订本）．天津：天津古籍出版社，1983.

[42] 王利器撰．新语校注．北京：中华书局，1986.

[43] 汪荣宝撰，陈仲夫点校．法言义疏．北京：中华书局，1987.

[44] 李定生，徐慧君校注．文子要诠．上海：复旦大学出版社，1988.

[45] 冯逸，乔华点校．淮南鸿烈集解．北京：中华书局，1989.

[46] 黄晖撰．论衡校释．北京：中华书局，1990.

[47] 张舜徽．汉书艺文志通释．武汉：湖北教育出版社，1990.

[48] 苏舆撰，锺哲点校．春秋繁露义证．北京：中华书局，1992.

[49] 陈奇猷校释．吕氏春秋新校释．上海：上海古籍出版社，2002.

[50] 黄怀信撰．鹖冠子汇校集注．北京：中华书局，2004.

[51] 黄怀信，张懋镕，田旭东撰．逸周书汇校集注（修订本）．上海：上海古籍出版社，2007.

[52] 吴云、李春台校注．贾谊集校注（增订版）．天津：天津古籍出版社，2010.

二、出土简牍

[1] 甘肃省博物馆、中国科学院考古研究所编著．武威汉简．北京：文物出版社，1964.

[2] 银雀山汉墓竹简整理小组编．银雀山汉墓竹简 [壹]. 北京：文物出版社，1985.

[3] 吴九龙．银雀山汉简释文．北京：文物出版社，1985.

[4] 睡虎地秦墓竹简整理小组编．《睡虎地秦墓竹简》，北京：文物出版社，1990.

[5] 甘肃文物考古研究所等．居延新简：甲渠候官与第四燧．北京：文物出版社，1990.

[6] 李均明，何双全编，散见简牍合辑．北京：文物出版社，1990.

[7] 吴礽骧，李永良，马建华释校．敦煌汉简释文．兰州：甘肃人民出版社，1991.

[8] 胡平生，张德芳编撰．敦煌悬泉汉简释粹．上海：上海古籍出版社，2001.

[9] 马承源．上海博物馆藏战国楚竹书．上海：上海古籍出版社，2002.

[10] 张家山二四七号汉墓竹简整理小组编著．张家山汉墓竹简〔二四七号墓〕（释文修订本）．北京：文物出版社，2006.

[11] 湖北省文物考古研究所，随州市考古队．随州孔家坡汉墓简牍．北京：文物出版社，2006.

[12] 朱汉民，陈松长编．岳麓书院藏秦简（壹）．上海：上海辞书出版社，2010.

[13] 银雀山汉墓竹简整理小组编．银雀山汉墓竹简 [贰]. 北京：文物出版社，2010.

[14] 朱汉民，陈松长编．岳麓书院藏秦简（贰）．上海：上海辞书出版社，2011.

[15] 张显成，周群丽撰．尹湾汉墓简牍校理．天津：天津古籍出版社，2011.

[16] 北京大学出土文献研究所编．北京大学藏西汉竹书（叁）．上海：上海古籍出版社，2015.

[17] 清华大学出土文献研究与保护中心编．清华大学藏战国竹简（拾壹）．上海：中西书局，2021.

三、相关论著

[1] 何兹全．秦汉史略．上海：上海人民出版社，1955.

[2] 侯外庐．中国思想通史．北京：北京人民出版社，1957.

[3] 王国维．观堂集林．北京：中华书局，1959.

[4] 杨向奎．中国古代社会与古代思想研究．上海：上海人民出版社，1962.

[5] 顾颉刚．秦汉的方士与儒生．上海：上海古籍出版社，1978.

[6] 陈遵妫．中国天文学史（第一册），上海：上海人民出版社，1980.

[7] 瞿同祖．中国法律与中国社会．北京：中华书局，1981.

[8] 顾颉刚等著．古史辨（第五册），上海：上海古籍出版社，1982.

[9] 饶宗颐，曾宪通．云梦秦简日书研究．香港：香港中文大学出版社，1982.

[10] 蒋伯潜．十三经概论．上海：上海古籍出版社，1983.

[11] 安作璋，熊铁基．秦汉官制史稿．济南：齐鲁书社，1984.

[12] 李零．长沙子弹库战国楚帛书研究．北京：中华书局，1985.

[13] 瞿宣颖纂辑．中国社会史料丛钞甲集下册，上海：上海书店，1985.

[14] 粟劲．秦律通论．济南：山东人民出版社，1985.

[15] 林剑鸣，育华青，周天游，黄留珠．秦汉社会文明．西安：西北大学出版社，1985.

[16] 陈直．居延汉简研究．天津：天津古籍出版社，1986.

[17] 徐文生编．中国古代生产工具图集（第三册），西安：西北大学出版社，1986.

[18] 葛剑雄．西汉人口地理．北京：北京人民出版社，1986.

[19] 谢桂华，李均明，朱国炤．居延汉简释文合校．北京：文物出版社，1987.

[20] 金春峰．汉代思想史．北京：中国社会科学出版社，1987.

[21] 孙淼．夏商史稿．北京：文物出版社，1987.

[22]《中国法制史资料选编》编选组．中国法制史资料选编．北京：群众出版社，1988.

[23] 朱狄．原始文化研究．上海：生活·读书·新知三联书店，1988.

[24] 彭邦炯．商史探微．重庆：重庆出版社，1988.

[25] 李申．中国古代哲学和自然科学．北京：中国社会科学出版社，1989.

[26] 甘肃省文物考古研究所编．秦汉简牍论文集．兰州：甘肃人民出版社，1989.

[27] 马学良等．彝族文化史．上海：上海人民出版社，1989.

[28] 彭林．《周礼》主体思想与成书年代研究．北京：中国社会科学出版社，1991.

[29] 孙机．汉代物质文化资料图说．北京：文物出版社，1991.

[30] 梁治平．寻求自然秩序的和谐——中国传统法律文化研究．上海：上海人民出版社，1991.

[31] 瞿兑之．汉代风俗制度史．上海：上海文艺出版社，1991.

[32] 江晓原．天学真原．沈阳：辽宁教育出版社，1991.

[33] 江晓原．星占学与传统文化．上海：上海古籍出版社，1992.

[34] 孔庆明．秦汉法律史．西安：陕西人民出版社，1992.

[35] 陈荣富．宗教礼仪与文化．北京：新华出版社，1992.

[36] 杨向奎．宗周社会与礼乐文明．北京：人民出版社，1992.

[37] 罗振玉，王国维编著．流沙坠简．北京：中华书局，1993.

[38] 朱维铮编．周予同经学史论著选集．上海：上海人民出版社，1993.

[39] 刘乐贤．睡虎地秦简日书研究．北京：文津出版社，1994.

[40] 胡适．中国中古思想史长编．上海：华东师范大学出版社，1996.

[41] 冷德熙．超越神话——纬书政治神话研究．北京：东方出版社，1996.

[42] 费孝通．学术自述和反思——费孝通学术文集．上海：生活·读书·新知三联书店，1996.

[43] 梁治平．清代习惯法：社会与国家．北京：中国政法大学出版社，1996.

[44] 田昌五，臧知非．周秦社会结构研究．西安：西北大学出版社，1996.

[45] 钱穆．国史大纲（修订版），北京：商务印书馆，1996.

[46] 钱玄．三礼通论．南京：南京师范大学出版社，1996.

[47] 马新．两汉乡村社会史．济南：齐鲁书社，1997.

[48] 王葆玹．今古文经学新论．北京：中国社会科学出版社，1997.

[49] 陈其泰等编．二十世纪中国礼学研究论集．北京：学苑出版社，1998.

[50] 杨宽．战国史．上海：上海人民出版社，1998.

[51] 杨宽．西周史．上海：上海人民出版社，1999.

[52] 胡厚宣主编．甲骨文合集释文（一）．北京：中国社会科学出版社，1999.

[53] 林甘泉主编．中国经济通史·秦汉经济卷．北京：经济日报出版社，1999.

[54] 吴小强．秦简日书集释．长沙：岳麓书社，2000.

[55] 刘文英．中国古代的时空观念（修订版）．天津：南开大学出版社，2000.

[56] 卢嘉锡总主编．中国科学技术史·农学卷．北京：科学出版社，2000.

[57] 冯友兰．中国哲学史．上海：华东师范大学出版社，2000.

[58] 于振波．秦汉法律与社会．长沙：湖南人民出版社，2000.

[59] 吴小强．秦简日书集释．长沙：岳麓书社，2000.

[60] 胡平生，张德芳．敦煌悬泉汉简释粹．上海：上海古籍出版社，2001.

[61] 葛兆光．中国思想史．上海：复旦大学出版社，2001.

[62] 徐复观．两汉思想史（第二卷），上海：华东师范大学出版社，2001.

[63] 李　零．中国方术考（修订本）．上海：东方出版社，2001.

[64] 晁福林．先秦民俗史．上海：上海人民出版社，2001.

[65] 胡厚宣．甲骨学商史论丛初集．石家庄：河北教育出版社，2002.

[66] 彭卫，杨振红．中国风俗通史·秦汉卷．上海：上海文艺出版社，2002.

[67] 陈来．古代思想文化的世界：春秋时代的宗教、伦理与社会思想．上海：生活·读书·新知三联书店，2002.

[68] 萧放．岁时——传统中国民众的时间生活．北京：中华书局，2002.

[69] 李泽厚．历史本体论．上海：生活·读书·新知三联书店，2002.

[70] 崔向东．汉代豪族研究．武汉：崇文书局，2003.

[71] 余治平．唯天为大：建基于信念本体的董仲舒哲学研究．北京：商务印书馆，2003.

[72] 王子今．睡虎地秦简〈日书〉甲种疏证．武汉：湖北教育出版社，2003.

[73] 杨　宽．杨宽古史论文选集．上海：上海人民出版社，2003.

[74] 程树德．九朝律考．北京：中华书局，2003.

[75] 张立文主编．中国学术通史·秦汉卷．北京：人民出版社，2004.

[76] 周怡．解读社会．北京：社会科学文献出版社，2004.

[77] 陈来生．风俗流变——传统与风俗．长春：长春出版社，2004.

[78] 龚建平．意义的生成与实现：《礼记》哲学思想．北京：商务印书馆，2005.

[79] 王尔敏．史学方法．桂林：广西师范大学出版社，2005.

[80] 瞿同祖．中国封建社会．上海：上海人民出版社，2005.

[81] 郭沫若．青铜时代．北京：中国人民大学出版社，2005.

[82] 龚鹏程．汉代思潮．北京：商务印书馆，2005.

[83] 胡克森．儒家理想与秦汉政权．长沙：湖南人民出版社，2005.

[84] 许倬云．汉代农业：中国农业经济的起源及特性．桂林：广西师范大学出版社，2005.

[85] 杨联陞．国史探微．北京：新星出版社，2005.

[86] 许倬云．中国古代社会史论——春秋战国时期的社会流动．桂林：广西师范大学出版社，2006.

[87] 冯天瑜．中华元典精神．武汉：武汉大学出版社，2006.

[88] 牟松发主编．社会与国家关系视野下的汉唐历史变迁．上海：华东师范大学出版社，2006.

[89] 费孝通．乡土中国．上海：上海人民出版社，2007.

[90] 刘晓峰．东亚的时间：岁时文化的比较研究．北京：中华书局，2007.

[91] 王子今．秦汉时期生态环境研究．北京：北京大学出版社，2007.

[92] 余英时．人文与理性的中国．程嫩生，罗群等译，上海：上海古籍出版社，2007.

[93] 白钢主编．中国政治制度史．北京：社会科学文献出版社，2007.

[94] 陈劲松．儒学社会通论．北京：中国人民大学出版社，2007.

[95] 蒲慕州．追寻一己之福：中国古代的信仰世界．上海：上海古籍出版社，2007.

[96] 王锷．《礼记》成书考．北京：中华书局，2007.

[97] 王尔敏．先民的智慧：中国古代天人合一的经验．桂林：广西师范大学出版社，2008.

[98] 田玉川．礼记与百姓生活．北京：新华出版社，2008.

[99] 李泽厚．中国古代思想史论．上海：生活·读书·新知三联书店，2008.

[100] 柳诒徵．中国文化史（上卷）．上海：东方出版社，2008.

[101] 韩巍．黄土与青铜——先秦的物质文明．北京：北京大学出版社，2009.

[102] 杨振红．出土简牍与秦汉社会．桂林：广西师范大学出版社，2009.

[103] 陈壁生．经学、制度与生活．上海：华东师范大学出版社，2010.

[104] 徐在国编著．楚帛书诂林．合肥：安徽大学出版社，2010.

[105] 中国社会科学院考古研究所编著．中国考古学·秦汉卷．北京：中国社会科学出版社，2010.

[106] 曾锦华．《吕氏春秋·十二纪》纪首、《淮南子·时则训》及《礼记·月令》之比较研究．成都：花木兰文化出版社，2010 年。

[107] 黄人二．敦煌悬泉置《四时月令诏条》整理与研究．武汉：武汉大学出版社，2010.

[108] 张显成，周群丽．尹湾汉墓简牍校理．天津：天津古籍出版社，2011.

[109] 胡火金．协和的农业：中国传统农业生态思想．苏州：苏州大学出版社，2011.

[110] 钮卫星．天文与人文．上海：上海交通大学出版社，2011.

[111] 邢义田．治国安邦：法制、行政与军事．北京：中华书局，2011.

[112] 夏毅辉等著．中国古代基层社会与文化研究．湘潭：湘潭大学出版社，2012.

[113] 臧知非．秦汉赋役与社会控制．西安：三秦出版社，2012.

[114] 钱穆．秦汉史．上海：生活·读书·新知三联书店，2012.

[115] 葛兆光．古代中国文化讲义．上海：复旦大学出版社，2012.

[116] 孟天运．先秦社会思想研究（上）．北京：人民出版社，2012.

[117] 于振波．简牍与秦汉社会．湖南大学出版社，2012.

[118] 齐涛．中国传统政治检讨．海南：南海出版公司，2012.

[119] 朱维铮．走出中世纪（增订本）．上海：复旦大学出版社，2012.

[120] 徐朝旭等著．儒家文化与民间信仰．北京：人民出版社，2013.

[121] 王贵民．先秦文化史．上海：上海人民出版社，2013.

[122] 熊铁基．汉代学术史论．北京：高等教育出版社，2013.

[123] 许倬云．中国古代文化的特质．北京：北京大学出版社，2013.

[124] 何兹全．中国古代社会及其向中世社会的过渡．北京：商务印书馆，2013.

[125] 孙占宇．天水放马滩秦简集释．兰州：甘肃文化出版社，2013.

[126] 陈伟主编．秦简牍合集．武汉：武汉大学出版社，2014.

[127] 臧知非．土地、赋役与秦汉农民命运．苏州：苏州大学出版社，2014.

[128] 臧知非．秦汉土地赋役制度研究．北京：中央编译出版社，2017.

[129] 薛梦潇．早期中国的月令与“政治时间”．上海：上海古籍出版，2018.

四、国外论著

[1][日]守屋美都雄．校注荆楚岁时记．东京：帝国书院，1950.

[2][日]守屋美都雄．中国古岁时记的研究．东京：帝国书院，1963.

[3][日]岛邦男．五行思想与《礼记·月令》之研究．东京：汲古书院，1971.

[4][德]海德格尔．存在与时间．陈嘉映，王庆节译．上海：三联书店，1987.

[5][法]亨利·莱维·布律尔．法律社会学．许钧译．上海：上海人民出版社，1987.

[6][日]渡部武译．四民月令校注．东京：平凡社，1987.

[7][日]金谷治．管子研究．东京：岩波书店，1987.

[8][法]路易·加迪等著．文化与时间．杭州：浙江人民出版社，1988.

[9][法]格拉耐．中国古代的祭礼与歌谣．张铭远译．上海：上海文艺出版社，1989.

[10][美]E.A. 罗斯．社会控制．秦志勇，毛永正译．北京：华夏出版社，1989.

[11][英]李约瑟．中国科学技术史·科学思想卷．北京：科学出版社、上海：上海古籍出版社，1990.

[12]〔加〕布鲁斯·炊格尔．时间与传统．蒋祖棣，刘英译，王宁校．上海：生活·读书·新知三联书店，1991.

[13][日]大庭修．秦汉法制史研究．林剑鸣等译．上海：上海人民出版社，1991.

[14][美]E. 希尔斯．论传统．傅铿，吕乐译．上海：上海人民出版社，1991.

[15][英]崔瑞德，鲁惟一编．剑桥中国秦汉史．杨品泉等译．北京：中国社会科学出版社，1992.

[16][德]恩斯特·卡西尔．神话思维．黄龙保，周振选译，柯礼文校．北京：中国社会科学出版社，1992.

[17][日]天野元之助．中国古农书考．北京：农业出版社，1992.

[18][美]E.A. 霍贝尔．初民的法律：法的动态比较研究．周勇译，北京：中国社会科学出版社，1993.

[19][日]安居香山，中村璋八辑．纬书集成．石家庄：河北人民出版社，1994.

[20][美]张光直．美术、神话与祭祀．郭净译．北京：生活·读书·新知三联书店，2013.

[21][法]谢和耐．蒙元入侵前夜的中国日常生活．刘东译．南京：江苏人民出版社，1995.

[22][日]井上聪．先秦阴阳五行．武汉：湖北教育出版社，1997.

[23][美]郝大维，安乐哲．汉哲学思维的文化探源．施忠连译．南京：江苏人民出版社，1999.

[24][法]涂尔干．宗教生活的基本形式．渠东，汲喆译．上海：上海人民出版社，1999 .

[25][法]米歇尔·福柯．规训与惩罚．刘北成，杨远婴译．上海：生活·读书·新知三联书店，1999.

[26][美]保罗·康纳顿．社会如何记忆．纳日碧力戈译．上海：上海人民出版社，2000.

[27][法]莫里斯·哈布瓦赫．论集体记忆．毕然，郭金华译．上海：上海人民出版社，2002.

[28][日]谷川道雄．中国中世社会与共同体．马彪译．北京：中华书局，2002.

[29][美]黄宗智．法典、习俗与司法实践：清代与民国的比较．上海：上海书店出版社，2003.

[30][德]鲍吾刚．中国人的幸福观．严蓓雯，韩雪临，吴德祖译．南京：江苏人民出版社，2004.

[31][德]恩斯特·卡西尔．人论．甘阳译．上海：上海译文出版社，2004.

[32][美]麦克尔·赫兹菲尔德．什么是人类常识：社会和文化领域中的人类学理论实践．刘珩，石毅，李昌银译．北京：华夏出版社，2005.

[33][美]杜威．经验与自然．傅统先译．南京：江苏教育出版社，2005.

[34][法]葛兰言．古代中国的节庆与歌谣．赵丙祥，张宏明译，赵丙祥校．桂

林：广西师范大学出版社，2005.

[35][英]爱德华·泰勒．原始文化：神话、哲学、宗教、语言、艺术和习俗发之研究（重译本）．连树生译，桂林：广西师范大学出版社，2005.

[36][日]沟口雄三、小岛毅主编．中国的思维世界．孙歌等译．南京：江苏人民出版社，2006.

[37][美]杨庆堃．中国社会中的宗教：宗教的现代社会功能与其历史因素之研究．范丽珠等译．上海：上海人民出版社，2007.

[38][德]哈拉尔德·韦尔策．社会记忆：历史、回忆、传承．季斌，王立君，白锡堃译．北京：北京大学出版社，2007.

[39][英]迈克尔·曼．社会权力的来源（第一卷）．刘北成，李少军译．上海：上海人民出版社，2007.

[40][英]埃里克·霍布斯鲍姆等．传统的发明．顾杭，庞冠群译．南京：译林出版社，2008.

[41][美]夏含夷．远方的时习：《古代中国》精选集．上海：上海古籍出版社，2008.

[42][美]本杰明·史华兹．古代中国的思想世界．程钢译．刘东校，南京：江苏人民出版社，2008.

[43][德]诺贝特·埃利亚斯．文明的进程．王佩莉，袁志英译．上海译文出版社，2009.

[44][美]露丝·本尼迪克特．文化模式．王炜等译．北京：社会科学文献出版社，2009.

[45][英]布劳尼斯娄·马林诺斯基．自由与文明．张帆译．北京：世界图书出版公司北京公司，2009.

[46]〔匈〕阿格妮丝·赫勒．日常生活．衣俊卿译．重庆：重庆出版社，2010.

[47][英]柯林武德．历史的观念（增补版）．何兆武，张文杰，陈新译．北京：北京大学出版社，2010.

[48][日]工藤元男．睡虎地秦简所见秦代国家与社会．上海：上海古籍出版社，2010.

[49][美]乔伊斯·阿普尔比等著．历史的真相．刘北成，薛绚译．上海：上海人民出版社，2011.

五、相关论文

[1] 顾颉刚．五德终始说下的政治和历史．清华大学学报（自然科学版），2013（1）．

[2] 容肇祖．月令的来源考．燕京学报，1935（18）．

[3] 杨联陞．从《四民月令》所见到的汉代家族的生产．食货，1935（6）．

[4] 卷章．读容肇祖先生“月令的来源考”质疑．益世报之《读书周刊》，第38期，1935-3-5（11）．

[5] 杨宽．月令考．齐鲁学报，1941（2）．

[6] 胡厚宣．释殷代求年于四方和四方风的祭祀．复旦学报，1956（1）．

[7] 邱汉生．从“四民月令”看东汉大地主的田庄．历史教学，1959（11）．

[8] 于省吾．岁、时起源初考．历史研究，1961（4）．

[9] 郑杰祥．南阳新出土的东汉张景造土牛碑．文物，1963（11）．

[10] 王梦鸥．读《月令》．政治大学学报，1970（21）．

[11] 竺可桢．中国近五千年来气候变迁的初步研究．考古学报，1972（1）．

[12] 金　立．江陵凤凰山八号汉墓竹简试释．文物，1976（6）．

[13] 王鹏飞．节气顺序和我国古代气候变化．南京气象学院学报，1980（1）．

[14] 曾宪通．楚月名初探——兼谈昭固墓竹简的年代问题．中山大学学报，1980（1）．

[15] 胡家聪．《管子·幼官篇》新考——兼论《吕氏春秋·十二纪》的年代．社会科学战线，1981（2）．

[16] 王缨．农时不可违——论《吕氏春秋》中《上农》等四篇的中心思想．湖北农业科学，1981（2）．

[17] 李学勤．论殷墟卜辞的“星”．郑州大学学报（哲学社会科学版），1981（4）．

[18] 余敦康．殷周之际宗教思想的变革及其对哲学思想发展的影响，世界宗教研究，1981（4）．

[19] 杨宽．战国秦汉的监察和视察地方制度．社会科学战线，1982（2）．

[20] 张汉东．秦汉博士官的设置及其演变．史学集刊，1984（1）．

[21] 李迪．中国古代农业气象的成就．农业考古，1984（1）．

[22] 陈梦家．战国楚帛书考．考古学报，1984（2）．

[23] 庞朴．阴阳五行探源．中国社会科学，1984（3）．

[24] 徐喜辰．《礼记》的成书年代及其史料价值．史学史研究，1984（4）．

[25] 郑慧生．商代卜辞四方神名、风名与后世春夏秋冬四时之关系．史学月刊，1984（6）．

[26] 曹锦炎．楚帛书《月令》篇考释．江汉考古，1985（1）．

[27] 李学勤．睡虎地秦简《日书》与楚、秦社会．江汉考古，1985（4）．

[28] 李学勤．商代的四风与四时．中州学刊，1985（5）．

[29]《日书》研读班．日书：秦国社会的一面镜子．文博，1986（5）．

[30] 李零．《管子》三十时节与二十四节气——再谈《玄宫》和《玄宫图》．管子学刊，1988（2）．

[31] 李根蟠．中国古代耕作制度的若干问题．古今农业，1989（1）．

[32] 杨天宇．秦汉郊礼初探．河南大学学报（哲学社会科学版），1989（1）．

[33] 李学勤．长沙子弹库第二帛书探要．江汉考古，1990（1）．

[34] 姜亦刚．《礼记》成书于西汉考．齐鲁学刊，1990（2）．

[35] 王玉金．从汉画像看四川、山东、陕北的汉代农业．南都学坛（社会科学版），1990（5）．

[36] 连邵明．长沙楚帛书与中国古代的宇宙论．文物，1991（2）．

[37] 朱正义．关于《礼记》的成书时代及编撰人．渭南师专学报（综合版），1991（2）．

[38] 关增建．中国古代的时间观念．自然辩证法通讯，1991（4）．

[39] 晋文．以经治国与汉代教育．徐州师范学院学报（哲学社会科学版），1991（4）．

[40] 李成贵．《四民月令》新论．古今农业，1993（1）．

[41] 赵敏．中国古代农时观初探．中国农史，1993（2）．

[42] 林剑鸣．《睡》简与《放》简《日书》比较研究．文博，1993（5）．

[43] 贺润坤．从云梦秦简《日书》看秦民间的灾变与救灾．江汉考古，1994（2）．

[44] 惠富平．试论中国农书的起源．西北农业大学学报，1994（3）．

[45] 张燕飞．汉代江南农业的发展．中国农史，1994（4）．

[46] 于振波．汉代官吏的考课时间与方式．北京大学学报（哲学社会科学版），1994（5）．

[47] 曹春平．明堂初探．东南文化，1994（6）．

[48] 刘操南．《元光元年历谱》考释．古籍整理研究学刊，1995 年（1-2）。

[49] 王子今．秦汉时期气候变迁的历史学考察．历史研究，1995（2）．

[50] 沈聿之．西周明堂建筑起源考．自然科学史研究，1995（4）．

[51] 陈美东．月令、阴阳家与天文历法．中国文化，1995（12）．

[52] 刘泽民．从汉语看汉民族的传统时间观．兰州大学学报（社会科学版），1996（1）．

[53] 贺润坤．云梦秦简《日书》“行”及有关秦人社会活动考．江汉考古，1996(1).

[54] 林少雄．天人合一：中国祭祀礼仪的文化意蕴．社会科学，1996（2）．

[55] 柳春藩，沈捷．《四民月令》完全反映地主田庄经济说质疑．吉林大学社会科学学报，1996（ 2 ）．

[56] 舒国滢，宇培峰．“司法时令说”及其对中国古代司法制度的影响．政法论坛（中国政法大学学报），1996（4）．

[57] 陈振中．夏商周时代的农时与农历．古今农业，1996（4）．

[58] 楼嘉军．农耕文明和民间娱乐——中国古代民间游憩活动浅析．历史教学问题，1996（5）．

[59] 臧知非．汉代田税征收方式与农民田税负担新探．史学月刊，1997（2）．

[60] 于语和．论汉代的经学与法律．南开学报（哲学社会科学版），1997（4）．

[61] 杨宽．楚帛书的四季神像及其创世神话．文学遗产，1997（4）．

[62] 白奚．中国古代阴阳与五行说的合流——《管子》阴阳五行思想新探．中国社会科学，1997（5）．

[63] 韩秀桃．中国古代礼法合治思想在基层乡里社会中的实践．安徽大学学报（哲学社会科学版），1998（1）．

[64] 邢义田．月令与西汉政治——从尹湾集簿中的“以春令成户”说起．新史学（台北），1998（9）．

[65] 陈业新．秦汉生态法律文化初探．华中师范大学学报（人文社会科学版），1998（2）．

[66] 郭文韬．《月令》中的传统农业哲学略论．中国农史，1998（2）．

[67] 李学勤．郭店简与《礼记》．中国哲学史，1998（4）．

[68] 高恒．汉代上计制度论考——兼评尹湾汉墓木牍《集簿》．东南文化，1999（1）．

[69] 万建中．秦汉风俗文化的演变趋势．南昌大学学报（人社版），1999（2）．

[70] 张冠湘．衣食、农政、天人——《诗经》农事诗昭全录（续）．郴州师范高

等专科学校学报，1999（3）.

[71] 龚建平. 郭店简与《礼记》二题. 武汉大学学报(哲学社会科学版)，1999(5).

[72] 贺凯. 两汉《礼记》源流新考——从《郭店简与礼记谈起》. 福建论坛（文史哲版），1999（5）.

[73] 陈乃华. 先秦阴阳学说初探——《曹氏阴阳》《三十时》的文献学价值. 山东师大学报（社会科学版），1999（6）.

[74] 于希谦. 从时间观的差异探讨中国与西方传统思维方式的区别. 思想战线，2000（1）.

[75] 郭文韬.《月令》中的生态农学思想初探. 古今农业，2000（1）.

[76] 胡大平. 日常生活的时间意识与历史意识的时间性. 江海学刊，2000（2）.

[77] 刘学智.“天人合一”即“天人和谐”？——解读儒家“天人合一”观念的一个误区. 陕西师范大学学报（哲学社会科学版），2000（2）.

[78] 万建中. 试论秦汉风俗的时代特征. 民俗研究，2000（2）.

[79] 黄今言. 汉代自然灾害与政府的赈灾行迹年表. 农业考古，2000（3）.

[80] 史应勇. 两部儒家礼典的不同命运——论大、小戴《礼记》的关系及《大戴礼记》的被冷落. 学术月刊，2000（4）.

[81] 赵奎英. 中国古代时间意识的空间化及其对艺术的影响. 文史哲，2000(4).

[82] 詹石窗. 明堂思想考论. 中国哲学史，2000（4）.

[83] 刘太祥. 秦汉时期的农业和农村经济管理措施. 史学月刊，2000（5）.

[84] 曾振宇.“法天而行”：董仲舒天论新识. 孔子研究，2000（5）.

[85] 杨天宇. 略述中国古代的《礼记》学. 河南大学学报(社会科学版)，2000(5).

[86] 杨巨中. 世界上最早的自然保护法典——云梦秦简《田律》刍议. 人文杂志，2000（5）.

[87] 甘肃省文物考古研究所. 敦煌悬泉汉简内容简述. 文物，2000（5）.

[88] 陈业新. 秦汉时期北方生态与民俗文化. 社会科学辑刊，2001（1）.

[89] 萧放. 明堂与月令关系新证. 民族艺术，2001（1）.

[90] 萧放. 岁时——传统中国人的时间体验. 史学理论研究，2001（2）.

[91] 曾剑平，廖晓明. 时间观与民族文化——中美时间观比较研究. 南昌大学学报（人社版），2001（3）.

[92] 胡火金. 中国古代天文学对传统农业的影响. 南京农业大学学报（社会科

学版），2001（3）.

[93] 杨丁桥，杨雅丽．论《礼记》礼法自然的礼学思想．陕西教育学院学报，2001（4）.

[94] 萧放．《月令》记述与王官之时．宝鸡文理学院学报（社会科学版），2001（4）.

[95] 梁韦弦．《月令》《吕氏春秋·十二月纪》及《周髀算经》所记之节气．古籍整理研究学刊，2001（5）.

[96] 萧放．《四民月令》与东汉贵族庄园生活．文史知识，2001（5）.

[97] 萧放．秦至汉魏民众岁时观念初探．北京师范大学学报（人文社会科学版），2001（6）.

[98] 白奚．邹衍四时教令思想考索．文史哲，2001（6）.

[99] 萧放．中国上古岁时观念论考．西北民族研究，2002（2）.

[100] 臧知非．"王杖诏书"与汉代养老制度．史林，2002（2）.

[101] 晏昌贵，梅莉．楚秦《日书》所见的居住习俗．民俗研究，2002（2）.

[102] 余治平．时间的哲学．东南学术，2002（3）.

[103] 樊志民，朱宏斌．月令书与中国传统农业管理思想之嬗变．中国农史，2002（3）.

[104] 黄慧霞，董剑桥．中西方时间观的差异对比．苏州大学学报（哲学社会科学版），2002（3）.

[105] 杨雅丽．《礼记》"月令"之"令"考辨．西北工业大学学报（社会科学版），2002（3）.

[106] 陈业新．两汉时期气候状况的历史学再考察．历史研究，2002（4）.

[107] 马新．历史气候与两汉农业的发展．文史哲，2002（5 ）.

[108] 于振波．从悬泉置壁书看《月令》对汉代法律的影响．湖南大学学报（社会科学版），2002（5）.

[109] 赵仲牧．时间观念的解析及中西方传统时间观的比较．思想战线，2002(5).

[110] 葛志毅．明堂月令考论．求是学刊，2002（5）.

[111] 梁韦弦．《月令》所记时候与汉易卦气之气候．松辽学刊（人文社会科学版），2002（6）.

[112] 刘丁豪．汉代官吏群体的儒学化及其对汉代社会的影响．四川师范学院学报（哲学社会科学版），2003（1）.

[113] 张景书．《四民月令》农业教育思想初探．西北农林科技大学学报（自然科学版），2003（1）．

[114] 马新．气候与汉代水利事业的发展．中国经济史研究，2003（2）．

[115] 臧知非．两汉之际儒生价值取向探微．史学集刊，2003（2）．

[116] 臧知非．西汉授田制度与田税征收方式新论——对张家山汉简的初步研究．江海学刊，2003（3）．

[117] 张琪亚．先秦祭祀风俗流变论．广西民族学院学报（哲学社会科学版），2003（4）．

[118] 崔永东．张家山汉简中的法律思想．法学研究，2003（5）．

[119] 葛兆光．严昏晓之节——古代中国关于白天与夜晚观念的思想史分析．台大历史学报，2003（32）．

[120] 龙坚毅．从秦简《日书》看秦人盗窃问题．中国社会经济史研究，2004(2)．

[121] 万建中．论民间禁忌的功能．民间文化论坛，2004（3）．

[122] 刘道超．秦简《日书》择吉民俗研究．广西师范大学学报（哲学社会科学版），2004（3）．

[123] 杨振红．月令与秦汉政治再探讨——兼论月令源流．历史研究，2004（3）．

[124] 陈业新．秦汉政府行为与生态．淮南师范学院学报，2004（4）．

[125] 刘长明．天人合意论——对天人和谐的一种大写意式阐释．齐鲁学刊，2004（5）．

[126] 刘太祥．试论秦汉行政巡视制度．郑州大学学报（哲学社会科学版），2004（5）．

[127] 萧放．天时与人时——民众时间意识探源．湖北大学学报（哲学社会科学版），2004（5）．

[128] 于奇智．简说张岱年天人合一观．中国社会科学院研究生院学报，2004(5)．

[129] 唐国军．两汉儒家政治化的行政运行机制．广西民族学院学报（哲学社会科学版），2004（6）．

[130] 韩高年．上古授时仪式与仪式韵文．文献，2004（4）．

[131] 邢义田．月令与西汉政治再议——重读尹湾“春种树”和“以春令成户”的再省思．新史学（台北），2005（16 卷第 1）．

[132] 韩高年．上古授时仪式与农事诗——以《夏小正》《七月》、彝族‘根谱’

为例．西北师大学报（社会科学版），2006（6）．

[133] 沈刚．《张家山汉简· 二年律令》所见汉初国家对基层社会的控制．学术月刊，2004（10）．

[134] 王凯石．论中国古代的司法时令制度．云南社会科学，2005（1）．

[135] 黄怀信．关于《大戴礼记》源流的几个问题．齐鲁学刊，2005（1）．

[136] 臧知非．秦汉“傅籍”制度与社会结构的变迁——以张家山汉简《二年律令》为中心．人文杂志，2005（1）．

[137] 张荣强．从计断九月到岁终为断——汉唐间财政年度的演变．北京师范大学学报（社会科学版），2005 （1）．

[138] 乐爱国．《管子》与《月令》科学思想之比较．管子学刊，2005（2）．

[139] 陈业新．近些年来关于儒家“天人合一 ”思想研究述评——以“人与自然”关系的认识为对象．上海交通大学学报（哲学社会科学版），2005（2）．

[140] 王加华．节气、物候、农谚与老农——近代江南地区农事活动的运行机制．古今农业，2005（2）．

[141] 南玉泉．中国古代的生态环保思想与法律规定．北京理工大学学报（社会科学版），2005（2）．

[142] 王柏中．试论传统祭祀的社会功能——以两汉国家祭祀为例．社会科学战线，2005（5）．

[143] 王谔．戴圣生平和《礼记》的编选．中国文化研究，2006 年春之卷。

[144] 薛富兴．先秦中华天人关系的五种形态．贵州社会科学，2006（1）．

[145]［日］森和．试论子弹库楚帛书群中月名与楚历的相关问题．江汉考古，2006（2）．

[146] 黄今言．汉代不同农耕区之劳动生产率的考察——以粮食生产为研究中心．中国社会经济史研究，2006（3）．

[147] 范志军．《日书》看汉代人的葬日．河南社会科学，2006（3）．

[148] 王谔．战国楚简的发现和《礼记》研究的反思．图书与情报，2006（3）．

[149] 谢继忠．敦煌悬泉置《四时月令诏条》释文补证．河西学院学报，2006（4）．

[150] 王锷．《月令》与农业生产的关系及其成篇年代．古籍整理研究学刊，2006（5）．

[151] 陈斯鹏．楚帛书甲篇的神话构成、性质及其神话学意义．文史哲，2006（6）．

[152] 韩高年．上古授时仪式与农事诗——以《夏小正》《七月》、彝族“根谱”为例．西北师大学报（社会科学版），2006（6）．

[153] 刘成纪．汉代哲学的天人同构论及其美学意义．上海师范大学学报（哲学社会科学版），2006（6）．

[154] 刘乐贤．楚秦选择术的异同及影响——以出土文献为中心．历史研究，2006（6）．

[155] 胡火金．天人合一——中国古代农业思想的精髓．农业考古，2007（1）．

[156] 程曦．汉代天地之祭与阴阳五行学说——读《汉书·郊祀志》偶得．史学史研究，2007（2）．

[157] 黄今言．从张家山竹简看汉初的赋税征课制度．史学集刊，2007（2）．

[158] 余光煜．从汉文帝诏令看文帝朝的重农政策．农业考古，2007（3）．

[159] 陈业新．儒家生态意识特征论略．史学理论研究，2007（3）．

[160] 刘克．古代节令生态习俗对汉画像石艺术的影响．装饰，2007（3）．

[161] 刘太祥．汉代政治社会化的途径和形式．史学理论研究，2007（4）．

[162] 孙晓春．儒家天人观的政治哲学反省．史学集刊，2007（4）．

[163] 成玉玲．汉代乡村农业经济管理探析．史学月刊，2007（7）．

[164] 薛富兴．《月令》：农耕民族的人生模型．社会科学，2007（10）．

[165] 詹冬华．中国古代三种基本的观时方式——切入古代时间意识的一个维度．文史哲，2008（1）．

[166] 张树国．汉至唐郊祀制度沿革与郊祀歌辞研究．陕西师范大学学报（哲学社会科学版），2008（1）．

[167] 赵东．畤祭：从秦国到西汉的重要祭天形式．咸阳师范学院学报，2008（1）．

[168] 石明秀．先秦两汉月令生态观探析——以敦煌悬泉壁书为中心的考察．敦煌研究，2008（2）．

[169] 胡火金．阴阳学说与传统农业．管子学刊，2008（3）．

[170] 张强，杨颖．两汉循行制度考述．南京师大学报（社会科学版），2008（3）．

[171] 龙佳解．论先秦儒家的祭祀思想．湖南大学学报（社会科学版），2008（3）．

[172] 郭浩．汉代王杖制度若干问题考辨．史学集刊，2008（3）．

[173] 孙显军．两戴生平及关系考．南京农业大学学报（社会科学版），2008（4）．

[174] 童强．先秦礼仪的空间代码及其功能．南京大学学报（哲学·人文科学·社会科学），2008（4）．

[175] 巩宝平．略论汉代节日的基本特征．民俗研究，2008（4）．

[176] 谢继忠．从敦煌悬泉置《四时月令五十条》看汉代的生态保护思想．衡阳师范学院学报，2008（5）．

[177] 王崇任．《豳风·七月》中的时间结构与时间意识．西北农林科技大学学报（社会科学版），2008（6）．

[178] 唐国军．天道、人道与治道：中国传统政治学的基本理论问题——中国传统政治学论纲之三．广西社会科学，2008（6）．

[179] 沈刚．睡虎地秦简《日书》所见的秦时民间信仰活动探微．西安财经学院学报，2009（1）．

[180] 巩宝平．汉代节日发展的历史走向．南都学坛（人文社会科学学报），2009（1）．

[181] 盛邦和．《礼记》与中国礼文化．江苏社会科学，2009（1）．

[182] 张树国．汉武帝时代国家祭祀的逐步确立与《郊祀歌》十九章创制时地考论．杭州师范大学学报（社会科学版），2009（2）．

[183] 宋志明．从以吏为师到以天为教——董仲舒天人学说新探．河北学刊，2009（2）．

[184] 贺科伟．从文字瓦当看汉代农业习俗．农业考古，2009（3）．

[185] 傅道彬．《月令》模式的时间意义与思想意义．北方论坛，2009（3）．

[186] 周扬．论中西文化时间观之差异．吕梁教育学院学报，2009（4）．

[187] 王秀臣．祭祀礼仪的象征系统及其文学意义．北方论坛，2009（4）．

[188] 陈业新．儒家天人“合一”思想探析——以“人与自然”关系的认识为对象．孔子研究，2009（4）．

[189] 高长山，骆洋．蔡邕解读《月令》的新变．古籍整理研究学刊，2009（5）．

[190] 程杰．“二十四番花信风”考．阅江学刊，2010（1）．

[191] 李白．《大戴礼·夏小正》所用历法考证．钦州学院学报，2010（1）．

[192] 苗润田．本然、实然与应然——儒家“天人合一”论的内在理路．孔子研究，2010（1）．

[193] 陈侃理．从阴阳书到明堂礼——读银雀山汉简《三十时》．中华文史论丛，

2010（1）.

[194] 杨雅丽．“月令”语义文化溯源——《礼记·月令》解读．贵州文史丛刊，2010（2）．

[195] 张立文．秦汉天人相应哲学思潮的人文语境．晋阳学刊，2010（3）．

[196] 宋文婕．试论《吕氏春秋》的时间表达．西南农业大学学报（社会科学版），2010（4）．

[197] 陈玲．《诗经》中周代先民时间意识的循环性．宜宾学院学报，2010（4）．

[198] 王谔．东汉以来《礼记》的流传（上）．井冈山大学学报（社会科学版），2010（5）．

[199] 王谔．东汉以来《礼记》的流传（下）．井冈山大学学报（社会科学版），2010（6）．

[200] 刘娇．试说出土文献中的“时令”类内容．语言研究集刊第 7 辑，2010 年。

[201] 吴保传，李志松．时间观念对中国古代政治早期建构的影响及其现代意义．理论导刊，2010（11）．

[202] 戴黍．日常生活与社会治理——试析《淮南子》中所见风俗观．学术研究，2010（12）．

[203] 刘海鸥．《月令》的生态保护思想与中国传统生态法律．光明日报，2010-06-29(12).

[204] 朱承．《月令》的自然、生活与政治．中国社会科学报，2010-07-29(11).

[205] 崔向东．汉代豪族的儒化与士族化——以关东豪族为例．社会科学战线，2011（1）．

[206] 冯卓慧．从《四时月令》诏令看汉代的农业经济立法．甘肃政法学院学报，2011（3）．

[207] 臧知非．由“理想”到“现实”：秦汉之际儒生价值观的历史分析．湖湘论坛，2011（3）．

[208] 王勇．楚帛书的宇宙观与古代思想．湖南大学学报（社会科学版），2011（4）．

[209] 胡火金．循环观与农业文化．中州学刊，2011（6）．

[210] 崔建华．汉代反季节栽培与“不时不食”观念．人文杂志，2011（6）．

[211] 韩敏杰．《礼记》的成书及注疏流传．长春教育学院学报，2011（6）．

[212] 赵凯．《汉书·文帝纪》“养老令”新考．南都学刊，2011（6）．

[213] 孙喆．略论汉代“秋冬行刑制”及其影响．史学月刊，2011（7）．

[214] 薛小林．西汉后期郊祀礼的儒学化转向．兰州学刊，2011（11）．

[215] 薛梦潇．东汉“行春”考．北京大学史学论坛论文集，2012.

[216] 石磊．礼以顺天：《礼记》中的天道思想述论．暨南学报（哲学社会科学版），2012（1）．

[217] 胡火金．五行说对古代农业的影响．自然辩证法研究，2012（1）．

[218] 胡火金．气候学时候模式与古代农业．自然辩证法通讯，2012（2）．

[219] 张睿．从《四民月令》看汉代宗族的日常生活．中国城市经济，2012（2）．

[220] 姜守诚．放马滩秦简《日书》“行不得择日”篇考释．鲁东大学学报（哲学社会科学版），2012（4）．

[221] 张开焱．《楚帛书·甲篇》新释．湖北师范学院学报（哲学社会科学版），2012（5）．

[222] 焦天然．“九月除道，十月成梁”考——兼论秦汉月令之统一性．四川文物，2013（1）．

[223] 崔德卿．中国古代的物候和农业（上）．古今农业，2013（1）．

[224] 张玉新，李立．楚帛书《四时》篇神话研究．清华大学学报（哲学社会科学版），2013（2）．

[225] 李亚莉，郭根旺．以月令为主的中国传统生态文明制度及其思考．青海环境，2013（4）．

[226] 刘希庆．从敦煌悬泉置《四时月令诏条》看西汉生态环境保护的国家意志．北京城市学院学报，2013（4）．

[227] 马晓玲．后仓及其弟子礼学传承考述．孔子研究，2013（5）．

[228] 丛月明．《礼记》的来源篇章及其撰写时代考证．文艺评论，2013（10）．

[229] 薛梦潇．东汉郡守“行春”考．中国史研究，2014（1）．

[230] 许迪．论月令系统的时间图式嬗变——以《月令》为中心．武汉科技大学学报（社会科学版），2014（2）．

[231] 王利华．《月令》中的自然节律与社会节奏．中国社会科学，2014（2）．

[232] 于欣，周金泰．从王化到民时：汉唐间敦煌地区的皇家《月令》与本土时令．史林，2014（4）．

[233] 林甸甸．先秦月令文体研究．北京师范大学学报（社会科学版），2014（4）．

[234] 李并成．敦煌文献中蕴涵的生态哲学思想探析．甘肃社会科学，2014（4）．

[235] 徐长波．《月令》生态哲学思想探析．中州学刊，2014（9）．

[236] 张三夕，毋燕燕．《月令》单篇别行现象论析．海南大学学报（人文社会科学版），2015（1）．

[237] 欧扬．岳麓秦简“毋夺田时令”探析．湖南大学学报（社会科学版），2015（3）．

[238] 李欣．由“律”“令”到“时令”——秦汉林业立法及森林保护体系变迁．北京林业大学学报（社会科学版），2015（4）．

[239] 薛梦潇．“五音”配置与齐、楚月令源流．江汉考古，2015（5）．

[240] 薛梦潇．“周人明堂”的本义、重建与经学想象．历史研究，2015（6）．

[241] 张居兰．从《四民月令》看古代农书编纂的新走向．兰台世界，2015（6）．

[242] 李强．秦简“归田农”与战国时期的农业生产管理制度．中国农史，2015（6）．

[243] 汪悦进．入地如何再升天？——马王堆美术时空论．文艺研究，2015（12）．

[244] 陈文．《礼记·月令》的生态智慧．武夷学院学报，2016（1）．

[245] 律璞．汉代的生态保护意识及其法律实现．唐都学刊，2016（1）．

[246] 包艳杰．汉代因时耕作研究——以《四民月令》为中心的考察．农业考古，2016（1）．

[247] 丁鼎．《礼记·月令》与“齐学”的关系——《礼记·月令》的作者与成篇时代再探讨．海岱学刊，2016（2）．

[248] 汤勤福．《月令》祛疑——兼论政令、农书分离趋势．学术月刊，2016（10）．

[249] 杨华．“顺时应节”：时令与中国古代礼制．武汉文史资料，2017（3）．

[250] 马涛．先秦“五行时令”探赜——论《月令》所言“中央土”．史学月刊，2017（10）．

[251] 贾海鹏．《吕氏春秋》“月令篇”的编排规律及文化内涵探析．天中学刊，2018（1）．

[252] 程苏东．《洪范五行传》灾异思想析论——以战国秦汉五行及月令文献为背景．苏州大学学报（哲学社会科学版），2018（6）．

[253] 刘爱敏．银雀山汉简《迎四时》与周秦之际的历法整合．孔子研究，2018（6）．

[254] 高伟洁．敦煌悬泉置《四时月令五十条》的思想史坐标．史学月刊，2018（6）．

[255] 余欣，周金泰．从王政到时妖：汉唐间正史《五行志》中的违时灾异记录．学术月刊，2018（7）．

[256] 周金泰．王莽围绕时令的礼仪与职官改革——从古典国制的视角出发．史学月刊，2018（9）．

[257] 吴志勇．周秦时期生态保护法制解读——以睡虎地云梦秦简为依据．黑龙江生态工程职业学院学报，2019（4）．

[258] 张楠．《四民月令》中农业商品交易研究三题．农业考古，2019（4）．

[259] 毋燕燕．《月令》四时模式对中国古典文学情感四时气象的影响．重庆第二师范学院学报，2019（5）．

[260] 王光华，李秀茹．月令禁忌视域下战国秦汉时期的政治运行机理管窥．重庆科技学院学报（社会科学版），2019（6）．

[261] 霍耀宗．农家“月令”的发端：从《礼记·月令》到《四民月令》．太原师范学院学报（社会科学版），2019（6）．

[262] 苏筱．先秦时期“月令方帝系统”的建构．济南大学学报（ 社会科学版），2020（1）．

[263] 庞慧．《吕氏春秋·十二纪》纪首用历问题辩证．北京师范大学学报（社会科学版），2020（1）．

[264] 孙凤娟，任晓霏．玄宫图式与月令思维：《管子》早期农本思想胜论．贵州社会科学，2020（1）．

[265] 王子剑．阴阳与政教：关于四时五行合流何以可能的再考察——重读《管子》中《幼官》《四时》《五行》诸篇．管子学刊，2020（1）．

[266] 徐福举．读《四民月令》札记两则．农业考古，2020（1）．

[267] 马智全．王杖制度与汉代养老的多样化政策．简牍学研究，2020（2）．

[268] 白坤．从“周礼”到“汉制”——汉代亲蚕礼的制作与实行．古代文明，2020（3）．

[269] 张小稳．月令源流考．中国史研究，2020（4）．

[270] 霍耀宗．春秋战国时期诸子的月令思辨与图式建构．苏州教育学院学报，2020（6）．

[271] 徐莹．春夏与三时：帛书《黄帝四经》“先德后刑”考辨．天津社会科学，2021（1）．

[272] 白奚．帛书《黄帝四经》的阴阳思想及其思想史地位．文史哲，2021（2）．

[273] 霍耀宗．论《管子》与先秦月令变迁．山东理工大学学报（社会科学版），2021（3）．

[274] 梁韦弦，赵辉．历数和五行的结合与战国秦汉的相关学术．哈尔滨师范大学社会科学学报，2021（4）．

[275] 张克宾．海昏竹书《易占》六十四卦时月吉凶与方位问题管窥．中国哲学史，2021（4）．

[276] 刘爱敏．从五行历到四时历——三十时的形成、发展和消亡．文史哲，2021（5）．

[277] 艾中帅．敦煌悬泉置《四时月令诏条》所见汉代灾害预防思想．河西学院学报，2021（6）．